THE BIG BOOK OF KOMBUCHA
콤부차

THE BIG BOOK OF
KOMBUCHA

콤부차

해나 크럼·앨릭스 레이고리 지음

한국 티소믈리에 연구원

THE BIG BOOK OF KOMBUCHA by Hannah Crum and Alex LaGory
Copyright © 2016 by Hannah Crum and Alex M. LaGory
Korean translation rights © 2019 by Korea Teasommelier Institute
This Korean edition published by arrangement with Storey Publishing, North Adams, MA USA through AMO Agency Korea.
All rights reserved.

이 책의 한국어판 저작권은 AMO 에이전시를 통해 저작권자와 독점 계약한 한국티소믈리에연구원에 있습니다.
저작권법에 의해 한국 내에서 보호를 받는 저작물이므로 무단 전재와 무단 복제를 금합니다.

생물체에 기생하는 모든 박테리아는
어느 곳에서든 공생 관계를 이루고 있다.
우리는 그 박테리아에 대해 더 많이 알수록
우리는 더욱더 많이 성장할 것이다.

-CONTENTS-

프롤로그 1 | GT 데이브 _ 008
프롤로그 2 | 샌도 카츠 _ 009
프롤로그 3 | 정승호 _ 011
서문 | 콤부차 여정에 앞서 _ 013

PART 1 · 콤부차 여정의 시작

1장 | 발효 : 자연이 주는 영양 선물 _ 021
2장 | 왜 콤부차인가? _ 029
3장 | 콤부차는 스코비에서 시작 _ 047
4장 | 그 밖의 재료들, 티 설탕, 물 _ 067
5장 | 콤부차의 다양한 용품들 _ 093

PART 2 · 콤부차를 만드는 과정

6장 | 콤부차의 회분 배양법 _ 113
7장 | 콤부차의 연속 배양법 _ 133
8장 | 콤부차의 병입 과정 _ 149
9장 | 콤부차의 고급 기술들 _ 157
10장 | 다양한 문제의 해결 방법들 _ 173

PART 3 · 건강 음료를 넘어서

11장 | 다양한 가향 방법들 _ 199
12장 | 스무디, 소다수, 알코올 음료 _ 241
13장 | 콤부차 칵테일 _ 259

PART 4 · 콤부차 요리

14장 | 주요 저장 식품 _ 273
15장 | 스낵, 샐러드, 사이드, 스위트 _ 295
16장 | 콤부차 배양균의 다양한 활용법 _ 315
17장 | 음료를 넘어서 _ 327

PART 5 · 콤부차 이야기

18장 | 콤부차의 역사와 과학 _ 349
19장 | 훌륭한 선물, 콤부차 _ 365

부록 1 콤부차의 다양한 유효 성분들 _ 375
부록 2 콤부쳐 효능 연구의 하이라이트 _ 382
부록 3 콤부차 생산 차트 _ 389

프롤로그 1

콤부차를 처음 접한 지도 벌써 20년이란 세월이 흘렀다. 나의 삶은 콤부차를 처음 접한 뒤로 송두리째 바뀌었다. 오래전 부모님이 이웃들로부터 콤부차의 문화를 접한 뒤로 집에서는 항상 콤부차를 직접 만들어 마시곤 했다. 그들의 얼굴 표정과 기분만 언뜻 보아도 콤부차를 얼마나 사랑하는지 금방 알 수 있었다. 그러나 나는 어머니가 유방암으로 투병 생활을 하면서부터 비로소 콤부차의 건강적인 효능을 진정으로 알게 되었다. 어머니가 콤부차를 지속적으로 마시면서 유방암이 완치되자, 담당 의사는 놀라움을 금치 못하였다. 이를 계기로 나는 콤부차를 우리 가족에게 크나큰 축복을 안겨 준 소중한 선물로 생각하였고, 이때부터 콤부차를 전 세계의 사람들과 공유해야겠다는 확고한 신념을 갖게 되었다.

콤부차는 소화기계에 균형을 잡아 주고, 면역계를 회복시키며, 마음에 활력을 가져다준다. 또한 몸에 '청신호'를 보냄으로써 두뇌의 사고방식과 삶의 방식도 밝게 해 준다. 한마디로 콤부차는 몸에 건강을 가져다주고 마음에 행복을 안겨 주는 다양한 방법을 제공하는 매개체이다. 콤부차에 든 박테리아와 효모의 공생 균사체 집단인 스코비SCOBY, symbiotic cycle of life with the mother and baby를 통해 사람은 식품으로부터 생명력을 찾고, 삶을 사랑과 긍정의 에너지로 가득 채울 수 있다. 자신만의 콤부차를 '직접 만들어DIY' 마시든, 시중에 판매되는 기성품을 마시든 간에, 이 책은 콤부차가 우리의 삶에 얼마나 큰 영향을 줄 수 있는지, 그리고 그 영향은 개인의 삶을 얼마나 풍요롭게 만들 수 있는지도 잘 보여 줄 것이다.

GT 데이브
'GT's Konbucha' 창립자

프롤로그 2

달콤한 발효차인 콤부차는 뉴밀레니엄 시대에 들어와 새로운 음료로 당당히 자리매김하였다. 사실 콤부차는 어느 날 갑자기 새롭게 등장한 음료는 아니다. 모든 발효 식품과 마찬가지로, 콤부차의 시작도 고대로까지 거슬러 올라가며, 그 구체적인 기원도 뚜렷하지 않다. 서양에서 상업적으로 판매되면서 일반 대중들 사이에서 광범위하게 확산된 것은 2000년대에 이르러서였다.

이러한 콤부차는 발효 식품의 겉면에서 흔히 볼 수 있는 막인 골마지mother(발만이라고도 한다)로부터 만든다. 골마지는 우무와 같은 형질의 원형 물질인데, 이것이 박테리아와 효모의 공생 균사체인 스코비SCOBY로 인해 새로운 층들이 생겨나면서 점차 두꺼워진다. 콤부차 애호가들은 스코비를 배양하여 골마지의 두께가 더 두꺼워지도록 만들고, 또 배양한 스코비는 보다 더 많은 사람들에게 나눠 주려고 열정적으로 노력한다.

콤부차를 처음 접한 것은 1994년 무렵이었다. 당시 후천성면역결핍증AIDS에 걸려 건강이 몹시 안 좋았던 친구가 콤부차가 면역력에 좋다는 이야기를 듣고 원액을 대량으로 구입하여 친구들에게 나눠 주었던 것이 계기였다. 이때부터 콤부차는 사람들 사이에서 확산되기 시작했고, 그 뒤 판매량이 꾸준히 증가하여 오늘날에는 미국에서만 연간 판매량이 6억 달러에 이르고 있을 정도이다.

이 책의 두 저자는 콤부차의 소비 시장이 지속석으로 성장하길 바라는 마음으로 그동안 콤부차에 대한 수많은 워크숍을 진행해 왔고, 또한 소규모의 업체도 설립하여 콤부차의 원액과 키트도 직접 만들어 판매하고 있다.

저자들이 콤부차의 노하우를 집약한 이 책은 '콤부차 직접 만들기'에 나서는 사람들의 두려움을 확연히 줄여 줄 것이다. 다양한 맛과 향의 콤부차를 만드는 창의적인 방법들을 집대성함과 동시에 다양한 상황에서도 문제를 해결할 수 있는 가이드 섹션을 빈틈없이 준비하였기 때문이다. 또한 저자들은 콤부차를 자양강장제로 단순히 홍보하는 것이 아니라, 과학적인 연구 결과를 인용하여 뒷받침하는 등 균형 잡힌 방식으로 소개한다. 일부 사람들이 근거 없이 광고하는 모습과는 사뭇 대조적이다. 물론 음식 하나 또는 음료 하나로 특정한 질병이 완전히 치유될 것이라 믿는 것은 합리적이지 못한 사고방식이다.

한편 콤부차는 미생물학적인 발효 반응으로 변형된 음식과 음료 등 보다 광범위한 범주로 사용되기 때문에 다른 효소에 대해서도 살펴볼 필요가 있다. 한 연구 기관의 조사에 따르면, 사람이 소비하는 식품의 3분의 1이 발효 식품이라고 한다. 빵, 치즈, 가공 육류를 포함하여, 사워크라우트sauerkraut(양배추를 절인 독일식 김치), 김치, 올리브, 피클 등도 발효 식품이다. 또한 조미료로 사용되는 간장이나 액젓, 그리고 식초를 비롯해 커피, 초콜릿, 바닐라, 와인, 맥주도 마찬가지다. 발효 식품은 서양 요리에서뿐 아니라 전 세계의 요리에서도 그 향미가 매우 두드러지는 것이 큰 특징이다. 세계 곳곳의 다양한 발효 식품들은 오늘날 일상생활에서 없어서는 안 될 필수 식품이 되었다. 전통 식품 중에서도 발효 식품이 아닌 것을 찾기란 매우 어려운 일이다.

발효는 식품을 보존하고, 풍미를 깊게 하며, 소화도 더 잘되게 한다. 영양소가 우리 몸속에 더 쉽게 흡수될 수 있도록 하면서 특정한 독성 화합물을 분해하고, 건강에 유익한 물질들을 생산한다. 이 책은 여러분들을 콤부차의 세계로 인도하면서 동시에 발효의 세계로 안내할 것이다.

발효의 세계로 온 것을 환영한다!
샌도 엘릭스 카츠(Sandor Ellix Katz)
『The Art of Fermentation and Wild Fermentation』의 저자.

프롤로그 3

오늘날 전 세계적으로 건강 의식이 고조되고 웰니스의 열풍이 일고 있는 가운데, 홍차의 나라 영국에서는 티·콤부차 페스티벌(tea & kombucha)를 개최하는 등 세계 각지에서는 건강 음료인 티와 발효차인 콤부차를 연계하는 새로운 트렌드가 일고 있습니다. 더욱이 6대 분류의 티뿐 아니라 허브, 약초, 커피까지도 재료로 사용해 다양하게 발효시킨 콤부차도 전 세계의 음료 시장을 강타하고 있습니다.

콤부차는 기원전 220년경 중국 진나라 시대에 오늘날 만주 지역에서 독성을 해독하고 원기를 북돋을 목적으로 마셔 왔던 것으로 전해지는 신비의 발효차로서 시황제가 불로장생을 위해 먹었다는 전설도 있을 정도로 그 건강적인 효능이 높습니다.

일본에서는 19대 천황인 인교천황(允恭天皇, 376?~453)이 413년에 즉위한 뒤 병상에 누웠는데, 그 이듬해 신라국 사신인 김파진한기무(金波鎭漢紀武)(파진찬 신분의 김무라는 뜻)가 인교천황의 질병을 치료하였다는 전설도 〈고사기(古事記)〉와 〈일본서기(日本書紀)〉 등의 기록을 통해 전해지고 있습니다. 더욱 놀라운 사실은 이 콤부차의 이름이 신라국 사신인 김무(金武)의 일본어 발음인 '콤부[kombu]'에서 유래되었다는 것입니다.

이와 같이 콤부차는 2000년 전부터 한때 우리나라 땅이었던 만주 지역을 중심으로 그 신비의 건강적인 효능으로 수많은 사람들이 음용해 왔다고 전해지고, 19세기에 러시아 동부 지역에서 큰 인기를 누리다가 20세기에 유럽으로 전파된 뒤, 21세기에 들어서는 오늘날 북미 대륙에서 발효 과학의 트렌드와 함께 그 시장이 폭발적으로 성장하고 있습니다. 21세기에 들어와서는 오늘날 발효 과학으로 발전되어 당뇨병, 부종, 피부 괴사, 면역력 증진, 자양강장, 항암 등 각종 질환과 관련해 의학적인 효능들도 과학적인 연구를 통해 속속 밝혀지면서 그 열기는 더욱더 증폭되고 있습니다.

한국티소믈리에연구원(원장 정승호)에서는 최근 국내에서도 웰니스 트렌드와 건강에 대한 관심의 고조로 콤부차의 관심과 시장이 성장하고 있는 가운데, 국내 최초의 콤부차 도서인 『the BIG BOOK OF KOMBUCHA_콤부차』를 선보입니다.

이 책은 콤부차의 시작인 발효, 스코비(SCOBY)(공동 배양균체) 만들기, DIY 도구로 콤부차 만들기에서부터 콤부차를 우리는 과정, 착향, 양조, 여과 등의 기술과 스무디, 탄산음료, 알코올 음료(스프리처) 등 콤부차를 사용해 만들 수 있는 다양한 음료, 그리고 팬트리 스테이플, 스낵, 샐러드 등 콤부차를 활용해 만들 수 있는 건강 요리법을 직접 따라 해 볼 수 있게 상세하게 소개하고 있어, 한마디로 '콤부차 길라잡이 책'이 될 것입니다.

또한 콤부차의 역사를 비롯해 발효 과학으로 밝혀진 건강에 좋은 프로바이오틱스, 필수아미노산, 각종 미량 미네랄 성분들의 유효 성분과 콤부차의 발효 효능 하이라이트까지 소개하고 있어, 콤부차가 지금 왜 전 세계의 음료 시장을 강타하고 있는지, 그 이유를 명쾌하게 설명해 주고 있습니다.

이 책은 콤부차 세계에 처음 입문하려는 분들이나 티소믈리에를 비롯해 콤부차를 메뉴에 적용하고자 하는 식음료 분야의 종사자 분들에게 콤부차를 만드는 기본 가이드를 제시하여 콤부차를 직접 만들어 볼 수 있도록 길을 제시해 줄 것으로 기대합니다.

정승호

사단법인 한국티협회 회장
한국티소믈리에연구원 원장

kombucha
revive
BDK
AWAKEN TEA
KOMBUCHA BOTANICA
LOVE POTION
PINK LEMONADE
VIBRANZ
LEMON-GINGER
unity VIBRATION
KOMBUCHA
unity VIBRATION
KOMBUCHA BEER
GINGER
Kickin' kombucha
ZEAL KOMBUCHA
ORIGINAL GREEN
SYNERGY
ORIGINAL
BREW DR. KOMBUCHA
Deane's Kombucha
buchi
KOMBUCHA
Lavender
HEALTH-ADE KOMBUCHA
LIVE
KOMBUCHA
WILD ROOT
humm
KOSMIC
KOMBUCHA
MINT JULEP
GOODNIGHT ROSE
CLEARLY
KOMBUCHA
KOMBUCHA

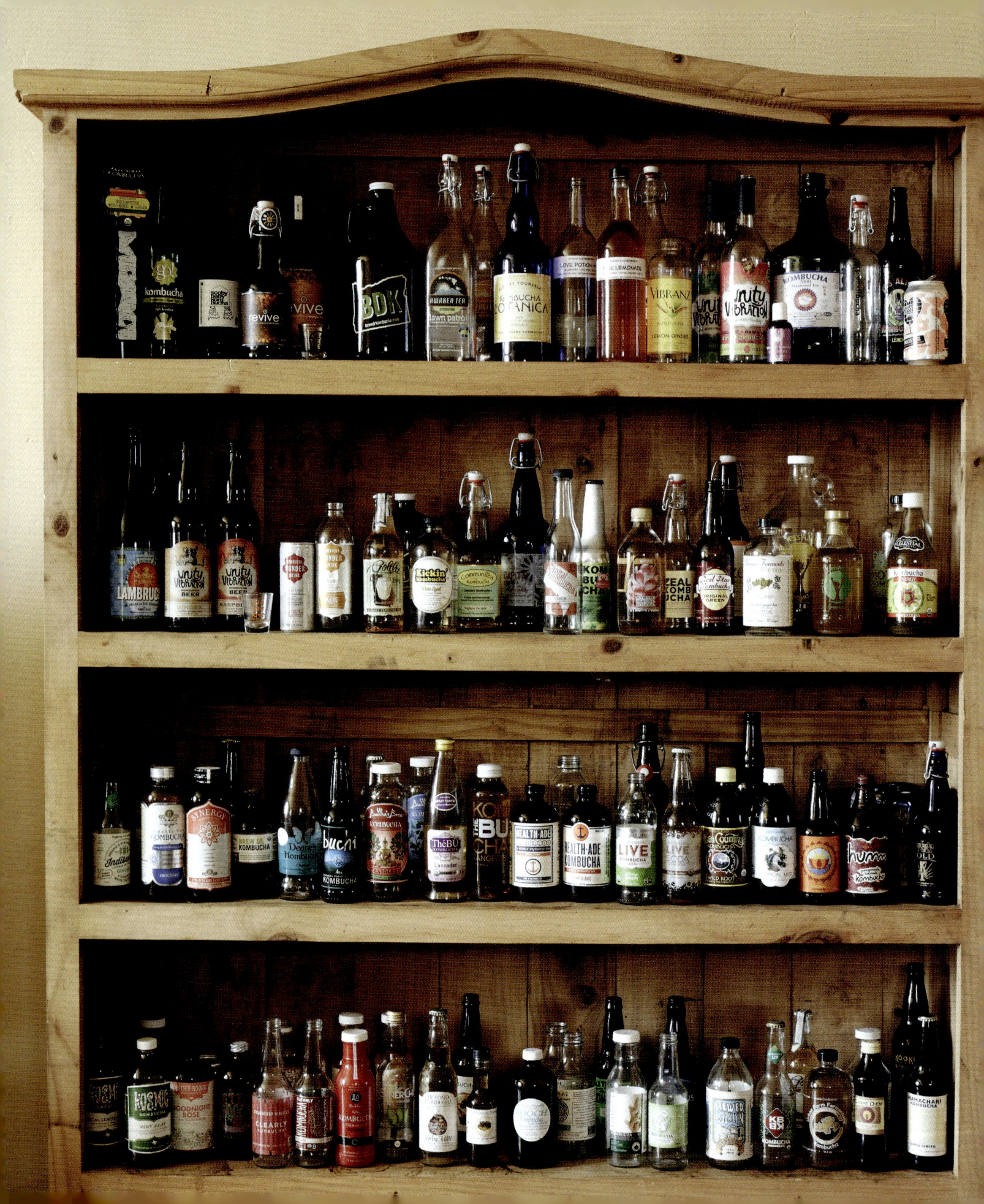

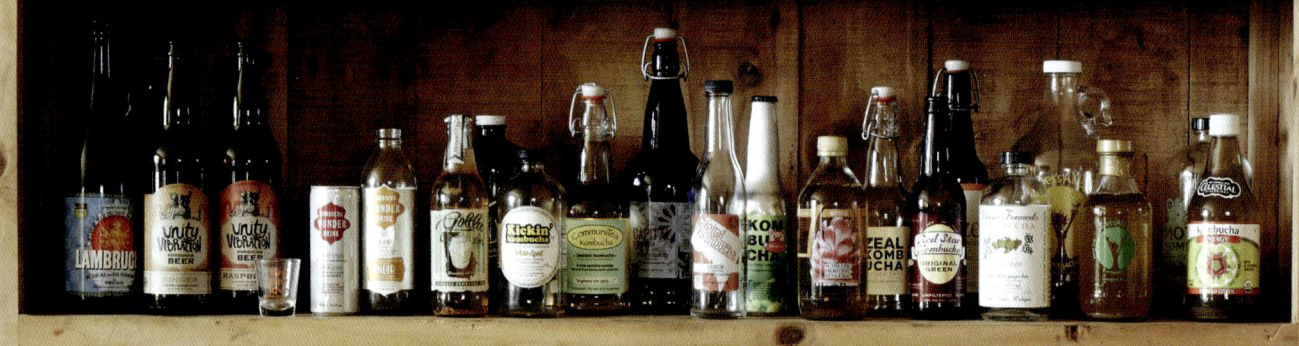

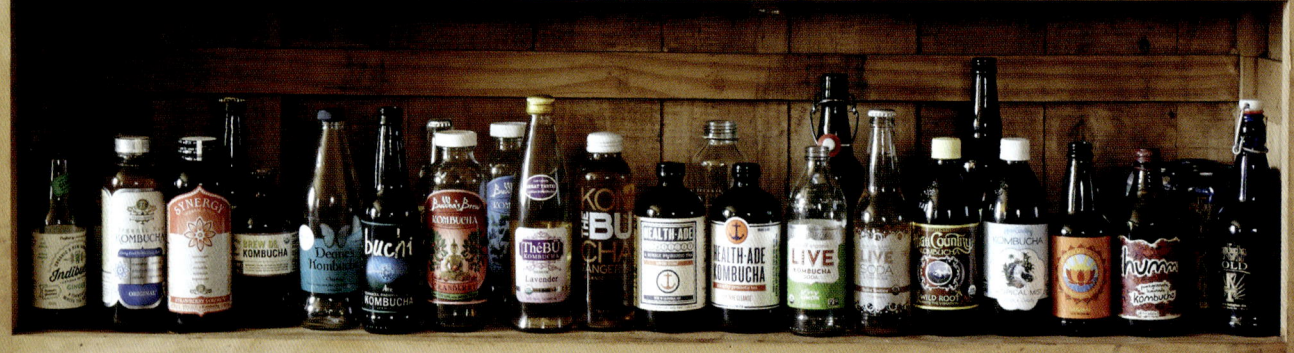

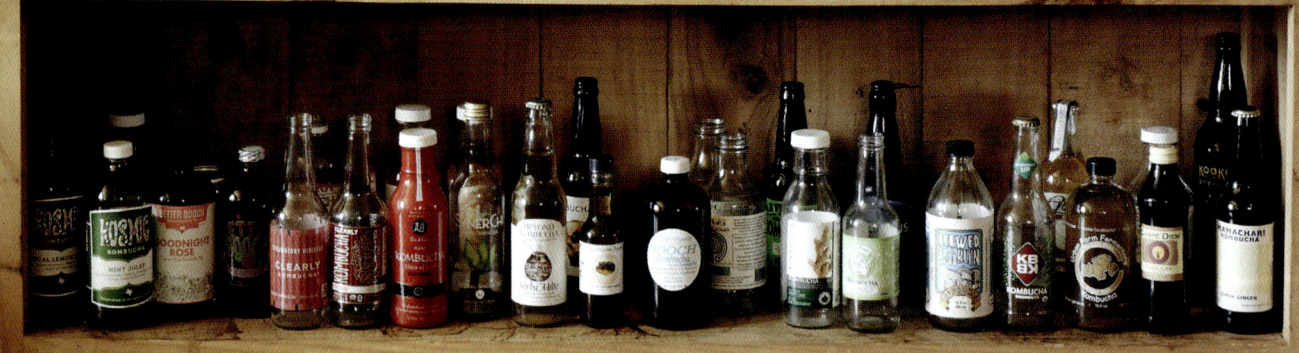

서문

콤부차 여정에 앞서

―― 저자 : 해나 크럼 ――

'콤부차 키즈멧Kombucha Kismet!'
이 말은 사람들이 나에게 콤부차를 처음 어떻게 접하게 되었는지 물어볼 때마다 대답하는 표현이다. 터키어로 키즈멧kismet은 '운명', '숙명' 또는 '삶의 상당 부분'을 의미하며, 아랍어인 카사마qasama에 그 기원을 두고 있다. 나는 평소 문제 해결의 실마리를 찾거나 미스터리를 파헤치거나 가로세로 낱말 퍼즐을 취미로 풀면서 생활을 즐기곤 하였다. 그런데 2003년도에 콤부차를 처음 접한 뒤부터는 나의 삶이 완전히 뒤바뀌었다.

당시 나는 대학 친구가 거주하던 샌프란시스코의 한 근사한 아파트에 방문해 이곳저곳을 유심히 살펴보았다. 그곳에는 모든 것이 가지런히 정돈되어 있었다. 거기에는 샤워필터 헤드, 히말라야 핑크 솔트, 그리고 콤부차도 있었다. 앨릭스와 나는 그 집에서 콤부차를 맛보지는 않았다(사실 준비가 되어 있지 않았다). 갑작스럽게 생긴 위화감에 불쾌감마저 들어서 마셔 보고 싶은 마음이 싹 가셨던 것이다.

1주일이 지나 LA 서부의 슈퍼마켓 체인점인 홀푸드Whole Food에서 콤부차 몇 병을 사서 처음으로 맛을 보았다. 진열장의 밝고 하얀 조명이 깔끔하게 진열되어 있는 호박색, 보석 색상의 액체들을 비추고 있었다. 샌프란시스코의 친구 집에서 보았던 병 속에 든 덩어리와 거의 동일한 형태였다. 이 신비한 음료를 마시고 싶은 마음에 확인도 하지 않고 진열장 앞 통로에서 병을 펑하고 열어 버렸다. 톡 쏘는 맛의 GT 진저레이드를 마셨을 때 그 느낌이란 정말 온몸에 전류가 흐르는 것 같았다. 내 몸 구석구석에 신경 하나하나가 순간적으로 살아나는 것 같았고, 나와 콤부차 주변에는 신성한 빛이 내려앉는 듯한 기묘한 기분마저 들었다. 처음 맛을 본 순간부터 콤부차와 사랑에 빠져 버린 것이다!

중국에는 '천릿길도 한 걸음부터'라는 속담이 있다. 나에게는 콤부차를 처음 맛본 그 순간이 10년이 훨씬 지난 지금까지 전 여정의 '첫 걸음'이었다.

이때부터 마트에서 쇼핑할 때면 콤부차를 사고 싶은 욕망으로 종종 과소비에 빠져들곤 하였다. 이로 인해 생긴 습관이 집에서 콤부차를 직접 만들어 먹는 것이었다. 물론 이것은 결코 쉬운 일이 아니었다. 그러나 인터넷을 통해 현지에서 만들어지는 콤부차의 문화를 하나하나 배워 가기 시작하였다. 또한 나의 친구는 나를 위해 콤부차를 구해 줄 정도로 열성이 대단했지만, 정작 콤부차의 정체는 잘 알지 못하였다. 친구는 내게 콤부차가 든 봉지를 들어 보이면서, "이게 대체 뭐야? 에일리언? 태반?"이라고 종종 묻곤 하였다.

나는 나만의 과일 음료를 맛있게 만들어 보고 싶은 마음에 친구가 준 선물로 즉시 작업에 착수하곤 했다. 콤부차를 만드는 과정은 항상 활기가 넘쳤는데, 특히 아티스트웨이Artist's Way 워크숍에서는 매우 큰 영향을 받았다. 그리고 이 맛있는 음료의 만드는 방법을 사람들에게 가르친 것도 그리 오래된 일이 아니다. 콤부차캄프Kombucha Kamp라고 하는 LA 소재 작은 게스트하우스에서는 직접 워크숍을 열기도 했다. 몇 년 전부터는 인터넷상에 질 좋은 정보가 거의 없음에 실망한 나머지 블로그 활동을 통해 콤부차를 알리기 시작했다. 사람들의 요청이 있으면 콤부차와 관련한 문화적인 내용도 인터넷상에 올렸다. 다큐멘터리 영화에 대해 배경지식이 있는 앨릭스의 도움을 받아 블로그용 동영상도 제작하였다. 그 뒤 빠르게 발전시켜 신규 콘텐츠를 업데이트하여 올린 종합적인 웹사이트인 콤부차캄프닷컴 KombuchaKamp.com 를 다시 개시하였고, 전 세계에서 사용할 수 있는 웹스토어도 만들었다. 우리의 목적은 사람들에게 양질의 정보와 고급 제품과 품질에 관한 정보를 제공하여 사람들이 각자 '콤부차 DIY의 여정'을 성공적으로 이끌 수 있도록 지원하는 일이다. 이러한 지원 시스템을 통해 사람들은 콤부차를 직접 구입할 수도 있고, 집에서 직접 우려내거나 업체를 직접 세울 수도 있을 것이다.

콤부차를 만들어 마시는 습관을 기르는 과정에서는 인간 본질에 관한 내용들도 점차 깨달을 수 있었다. 면역력을 되찾기 위해 알아야 할 가장 중요하고도 필수적인 내용은 '사람은 박테리오사피엔 bacteriosapiens'라는 점이다. 사람은 박테리아와 매우 긴밀한 관계에 놓여 있다. 포유류, 조류, 어류, 식물계에 이르기까지 지구상의 모든 생명체는 가장 하위 계통으로 내려가면 그 근간에는 박테리아가 있기 때문이다. 박테리아가 없으면 사람은 그 누구도 생존할 수 없다. 이러한 사실은 박테리아뿐만 아니라 항생 물질 antibiotics 이 사람이 먹는 식품과 생활환경에 얼마나 큰 영향을 주는지에 대한 깊은 통찰력을 갖게 해 준다. 한마디로 사람은 박테리아의 세계에 살고 있다고 해도 과언이 아니다!

이 책에서는 콤부차의 역사와 발전 과정, 비법 등에 관하여 자세하게 다루고 있다. 지난 10년간 콤부차를 간단하면서도 효과적으로 만드는 방법, 레시피, 향미의 조합에 대한 최고의 방법들을 개발해 왔다. 여기서는 미백 제품에서부터 동물 영양 보충제, 토양 개량제, 완전 채식주의자를 위한 대용 식품에 이르기까지 수많은 응용 사례들을 소개하고 있다. 이 책을 통해 자신만의 콤부차 여행을 떠나 보길 바란다!

저자 : 앨릭스 레이고리

나는 콤부차를 처음 맛보았을 때 그다지 좋아하지 않았다. 해나가 샌프란시스코의 친구 집에서 정체불명의 덩어리를 처음 보았을 때도, 그녀의 친구가 '콤부차 종균'을 가져와 콤부차를 처음 배양하였을 때도 나는 그녀의 옆에 있었다. 그럼에도 불구하고 나는 이따금 고상한 맛을 제외하고는 수년간 해나가 열정적으로 관심을 보였던 이 취미에 그다지 흥미를 느끼지는 못하였다. 그런데 시간이 지나면서 해나가 콤부차를 즐겁게 만들어 마시는 모습을 보게 되었고, 점점 더 많은 사람들이 수업을 듣고 콤부차의 문화를 배우는 모습을 보게 되었다. 그러던 중 해나는 점차 콤부차에 향미를 내는 요령을 터득하였고, 이렇게 탄생한 것이 바로 '핑크레모네이드 Pink Lemonade' 였다. 스트로베리, 레몬, 타임을 블렌딩하여 병에 담아 적절한 환경에서 다시 발효시켜 만든 것으로서 매우 맛있는 아이스 콤부차이다. 아침에 항상 먹었던 이온 음료를 대신할 정도로 그 맛과 향이 매우 훌륭하다. 이 음료를 마시면서 나 자신은 미국인의 표준식단 SAD, standard American diet 으로부터 처음 벗어났다.

이때부터 18개월 동안 콤부차를 식이 요법으로 규칙적으로 마셨는데, 그 결과, 오랫동안 앓아 왔던 건강상의 다양한 문제들이 사라졌다. 대표적으로는 역류성 식도염의 증세가 사라졌다. 매일 저녁마다 위산을 중화하는 제산제를 먹지 않고는 잠자리에 들 수 없었는데, 콤부차를 식이 요법으로 몇 주간 매일 섭취한 결과, 제산제를 복용할 필요가 없어졌다.

식이 요법은 특별한 계획 없이 아침이면 유리잔에 콤부차 8온스를 담고 얼음을 띄운 뒤 생우유 8온스를 첨가해 마시는 방식이었다. 이로 인해 생활상에서도 큰 변화가 일어났다. 식후에 불쾌감을 주고 몸에도 악영향을 주었던 특정 패스트푸드나 가공식품의 섭취가 확연히 줄어든 것이다.

그 밖에도 다양한 변화들이 서서히 일어났는데, 빵과 파스타를 먹는 일이 눈에 띄게 줄어들었고, 대신에 야채나 발효 음식을 주로 먹게 되었다. 식품의 원료와 농부의 노력을 떠올리면서 '리얼 푸드real food'를 선택하게 되었다.

콤부차 박테리아가 나의 사고를 바꾸고, 발효 음식, 프로바이오틱 식품probiotic food, 리얼 푸드를 먹는 데 마음을 열게 한 것은 아닐까? 아마도 쿼럼센싱quorum sensing(자기와 동종 미생물의 밀도를 그 종에 속한 미생물이 감지하는 현상으로 각 미생물이 분비하는 신호 물질을 인지함으로써 일어남)이 미래에 등장할 새로운 영양 치료의 한 유형이 되지 않을까? 사람의 장내 세균을 지도화하여 필요한 의약과 영양을 결정할 때 그 시작점으로 사용하는 '마이크로바이옴 박테리오세러피microbiome bacteriotherapy'가 표준 관행이 될 미래를 상상해 본다.

그 이유가 무엇이었든지 간에, 결과적으로 볼 때 콤부차를 마시고 1년 반 동안 체중이 18kg이나 줄어들었다. 무엇보다도 중요한 것은 만족스러운 음식을 섭취하면서 매우 좋은 기분을 유지하고 있다는 점이다. 기존의 식단을 버리는 데는 수년이나 걸렸지만 매우 유익한 과정이었다. 수년간 섭취한 음식으로 독성 성분에 찌들었던 몸은 나쁜 식습관에서 탈피하여 점차 건강한 방식으로 바뀌기 시작하였다. 이 과정에서 나는 콤부차가 일련의 변화를 쉽게 일어나도록 도움을 주었을 것으로 믿어 의심치 않는다.

어쩌면 이러한 변화를 이끌어 내는 데 다른 방법을 취했을 수도 있다. 그러나 콤부차는 나에게 매우 훌륭한 방편이었다. 매일 더 좋은 음식을 선택하려고 노력하였고, 나의 오래된 이러한 '습관'에 돈을 크게 쓰는 데 대해서도 나쁘게 생각하지는 않았다. 나는 음식에 든 독성 성분으로 인한 후유증을 완화하기 위해 콤부차를 언제든지 활용할 수 있다는 사실을 알고 있다. 우리가 먹거나 마시는 음식 하나하나에 신경을 다 쓰기에는 인생이 너무 짧지만, 그러한 일은 결국 나를 위한 훌륭한 선택이었음을 결코 부인할 수 없다.

콤부차 라이프 스타일

우리가 만났을 때는 2002년인데, 그때와 비교하면 오늘날 우리의 식습관은 획기적으로 바뀌었다. 당시에는 포테이토칩, 전자레인지용 팝콘, 냉동 피자, 즉석 라면이 주식이었고, 냉장고에는 옥수수 시럽이 든 스포츠 음료와 탄산음료가 보관되어 있었다. 값싼 패스트푸드는 정기적으로 먹어 줘야 하는 음식이었다. 이러한 음식이 몸에 부정적인 영향을 끼칠 것이라는 사실은 이미 알고 있었다. 이로 인해 가끔씩 '건강한' 음식을 먹어 주면서 양심의 가책에서 벗어나고는 했지만, 몸의 건강 상태는 그다지 좋아지지 않았다. 1주일에 한 번쯤은 점심에 주스를 마셨고, 한 달에 한두 번은 생식을 먹었고, 이따금 디톡스 프로그램인 '쓰리데이클린즈three-day cleanses'도 진행하였지만, 복부의 팽만감과 무거운 느낌은 여전하였다.

우리는 여기에 대한 해결책을 찾기 위해 비건 등 채식주의자의 식단, 사우스 비치South Beach, 마스터 클린즈Master Cleanse 등 다양한 식이 요법과 라이프 스타일을 시도해 보았지만, 결과는 만족스럽지 못하였다. 각각의 시도는 다른 결과를 일으켰고, 그에 따른 문제도 제각각이었다. 체중을 줄이는 다이어트는 쉬웠지만, 예전 습관으로 돌아가는 요요현상이 일어났다. 그로 인해 든 자괴감에 여러 번 몸부림도 쳐 봤지만, 별다른 소용이 없었다.

하나의 선택이 다른 선택을 이끌어 내다

이러한 경험을 통해 우리는 그동안의 형식적인 실험들을 중단하고 본래대로 좋아하는 음식을 그냥 먹기로 하였다. 대신에 콤부차는 규칙적으로 꾸준히 마셨는데, 이때부터 점차 좋은 식단을 선택하기가 훨씬 더 쉬워졌다는 사실도 알게 되었다. 몸이 달라진 것이다. 예전에 맛있게 먹던 음식들이 점점 '화학적인 맛'으로 느껴졌고, 만족도 크게 줄어들었다. 합성첨가물에 민감해지면서 거의 모든 가공식품에 합성첨가물이 들어가 있다는 사실도 인식하게 되었다.

콤부차 키즈멧Kombucha Kismet으로 처음에 조그맣게 시작되었던 일이 2010년에는 콤부차와 같은 발효 식품을 포함한 전통적인 식이 요법을 장려하는 단체인 WAPFWeston A. Price Foundation의 창립으로까지 이어졌다. 이 단체에서 실시하는 교육으로 인해 식품을 대하는 사고와 선택의 기준, 그리고 준비 과정이 완전히 뒤바뀌었다. 특히 블로그에서 웹사이트로의 확장은 크나큰 진전이었다. 콤부차캠프닷컴 웹사이트에 발효 식품과 그 영양성에 대해 연구한 글을 올리고, 또 콤부차 산업이 음료 기사로 작성되어 게시되면서 눈부신 도약을 이루어 낸 것이다. 홍보 채널이 거의 없었던 우리가 인터넷이라는 놀라운 플랫폼과 만나면서 아무도 상상하지 못했던 방법으로 성장할 수 있었다.

그 과정에서 다른 식품 관련 블로거들과 교류하였는데, 전 세계의 사람들과 콤부차 사업을 갓 시작한 사람들, 그리고 기타 식품업계 사람들을 만나 상담하면서 간혹 배양균도 공급하였다. 가장 중요하였던 것은 건강에 문제가 있거나 이를 극복한 사람들, 그리고 우리보다 훨씬 더 삶의 방식이 바뀐 사람들과 연결의 끈을 계속해서 이어가는 일이었다. 이러한 경험들이 거대한 움직임의 힘을 보여 주었고, 우리도 적극적으로 동참하면서 보다 더 많은 사람들에게 도움을 주기 위해 더욱더 열심히 노력하게 된 것이다.

한 번에 모든 것이 다 바뀐 것은 아니다. 시간이 흐르면서 식품의 선택지들이 서서히 개선된 것이다. 영양성이 형편없는 식품에 돈을 낭비할 때마다 돈을 버리는 순간을 그저 받아들이면서, 다음번에는 더 나은 선택을 하려고 노력하였다. 물론 완전무결한 식이 요법은 없다. '완벽하게 음식을 먹는 것'은 거의 불가능에 가까울 정도로 매우 힘든 일이며, 그에 따른 스트레스도 만만치 않다. 음식과 건강한 관계를 맺는다는 것은 몸이 원할 경우 고칼로리의 디저트나 늦은 밤에 먹는 과자를 포함하여 균형과 다양성이 특히 필요한 일이다.

콤부차가 규칙적인 식이 요법의 한 요소가 되면서 몸이 요구하는 바도 달라졌다. 몸에 배어 있던 과도하게 가공된 정크 푸드에 대한 선호가 줄어들었고, 웰빙에 도움이 되는 영양성이 풍부한 음식들을 선호하게 되었다. 시간이 흐르면서 점차 단순한 주문 대로 살게 되었다. "당신의 몸이 원하는 것을 믿으라!"

콤부차라는 관문을 통해 나아갈 길은?

콤부차는 일종의 관문 역할을 하는 음식이다. 문자 그대로 보면, 관문은 단순히 한 곳에서 다른 곳으로 이동하는 통로이다. 비유적인 의미에서 관문은 새로운 경험과 영감으로 이끄는 길이기도 하다. 관문의 역할을 하는 음식으로서 콤부차는 우리에게 음식을 생각하고, 준비하고, 소비하는 데 있어 새로운 관점을 제시한다.

혼란스럽고 모순된 말들로 가득한 현대 사회에서 무엇이 중요한 일이고, 또 무엇이 곁가지의 일인지 구분하기란 참으로 어렵다. 식이 요법도 유행을 타고 일시적으로 흥하다가 곧바로 사라진다. 영양학적으로 '기적적인' 효능이 주장되면, 곧바로 논쟁이 일어나면서 반증되기도 한다. 그러나 모든 발효 식품과 마찬가지로 콤부차도 기적적인 식이 요법이나 음식이 아니다. 다만 건강상의 효과와 영양 성분들의 효능이 오랫동안 입증되면서 전통으로 남아 있는 것이다.

사람들이 일단 콤부차의 맛을 알게 되면, 마시는 횟수가 점차 늘어나면서 직접 만들어 먹게 되고, 결국에는 케피어^{kepir}나 사워크라우트^{sauerkraut}까지 만들어 먹는 등 상상이 가는 대로 다양한 음식들을 만들게 된다. 고대의 관습을 따르면서 과거와 미래의 세대가 하나로 연결되고, 몸이 원하는 바를 믿고 관문을 통과하면서 박테리오파지의 본성에 한 걸음 더 다가갈 수 있는 것이다. 그리고 몸에 좋은 박테리아를 유입시켜 콤부차를 발효시키는 과정은 우리의 시야를 드넓혀 주고, 감각을 예리하게 재탄생시킨다는 측면에서 가히 혁신적이라 할 수 있다.

콤부차가 마트에서 이따금 구입하는 그저 단순한 상품이든지, 자신만의 브랜드로 직접 만들어 마실 만큼 좋아하는 상품이든지 간에, 독자 여러분도 우리와 마찬가지로 콤부차의 여정에서 큰 보람을 느낄 것이라 기대해 마지않는다.

PART 1
콤부차 여정의 시작

CHAPTER 1

발효

자연이 주는 영양 선물

콤부차는 한마디로 설명하면, '발효차$^{fermented\ tea}$'이다. 물론 티^{tea}를 모르는 사람은 없을 것이다. 그렇다면 발효^{fermentation}는 정확히 무엇인가? 그리고 수천 년 동안 발효는 사람의 생존과 필수불가결한 관계에 놓여 있었음에도 불구하고, 대부분의 사람들이 '발효'를 '썩고 곰팡이가 슨 상태'나 '알코올성 음료'로만 생각하고 있다. 그런데 좋은 소식은 오늘날 그 발효 식품의 '주가'가 계속 올라가고 있으며, 특히 콤부차가 그 성장을 견인하고 있다는 점이다.

"곰팡이가 슨 티를 누가 마시겠는가?" 가정에서 직접 만든 콤부차를 친구와 가족에게 대접할 때면 이와 같은 질문을 받을 수도 있다. 그러면 발효에 관한 지식을 설명하여 그들에게 과시할 수도 있고, 아니면 그들의 '모욕적인 언사'를 단순히 무시할 수도 있다. 어느 쪽이든 효력이 있을 것이다. 잘 알다시피, 콤부차는 맛이 매우 훌륭하여 한 번 마시면 사람들이 곧바로 한 잔 더 달라고 요구할 것이 분명하기 때문이다.

고대로부터, 그리고 한때 없어서는 안 될 전통으로까지 자리를 잡았던 발효가 오늘날에 이르러 오해가 쌓이면서 해로운 것으로 잘못 알려진 경우가 많다. 미생물과 사람의 불가피한 공생 관계를 제대로 이해하기 위해서는 박테리아류들을 자세히 살펴볼 필요가 있다.

우리가 곧 박테리아!

사람과 박테리아는 수백만 년에 걸쳐 공진화coevolution하였다. 이 공진화는 서로 다른 종들이 영향을 주면서 함께 진화하는 것을 말한다. 우주가 형성된 뒤로 우주 먼지들이 냉각되면서 박테리아는 DNA 가닥들이 뒤섞여 단세포 생물에서 다세포 생물로 진화하였다. 그 과정에서 공생 관계는 더욱더 효과적이면서도 세련되게 발전한 것이다. 그런데 사람은 초개체supraorganism로 볼 수 있다. 왜냐하면 초개체는 몇몇 다른 종류의 생물체들로 구성된 시스템을 또 하나의 생물체로 보는 개념인데, 사람의 경우에는 유연한 피부 위아래에 체세포, 박테리아, 효모균, 바이러스, 기생충 등 서로 다른 종류의 생물체들이 공생하고 있기 때문이다.

지난 수십 년간 행해진 연구는 박테리아에 대한 우리의 시각을 완전히 바꿔 놓았다. 크라우드소싱을 통해 사람의 소화기계에 살고 있는 생물체를 지도화하려는 과학적인 실험에서 사람이 '박테리아로 구동되는 생물체'라는 사실이 입증되었다. 이러한 관점에서 사람을 '박테리오사피엔스bacteriosapiens'라 할 수 있는 것이다.

놀라운 사실은 지구상의 모든 곳에서도 박테리아가 존재한다는 것이다. 사람의 몸 외부뿐만 아니라 내부도 마찬가지이다. 몸의 내부를 완전히 까뒤집어 볼 수 있다면 몸 전체가 완전히 박테리아로 뒤덮여 있다는 사실을 확인할 수 있을 것이다!

> **용어해설: 발효**
> 발효가 진행되고 있음을 눈으로 확인할 수 있는 주요 근거는 거품이다. 발효가 '끓어오르다'라는 뜻의 라틴어 페베레(fevere)에서 유래했다는 사실은 놀랍지 않다. 효모가 설탕을 이산화탄소를 발생시키는 거품 층으로 전환시키는 것이 마치 끓는 물에서 생기는 거품과 똑같은 모양으로 보이기 때문이다.

박테리아에 관한 진실

- 박테리아는 화산과 남극 대륙과 방사성 폐기물 등 극한 환경에서도 발견된다!
- 깨끗한 물 1밀리리터에 든 박테리아의 개체 수는 약 100만 개나 된다.
- 토양 1그램에 든 박테리아의 개체 수는 약 4000만 개나 된다.
- 지구상에 있는 산소의 절반 이상은 박테리아가 만드는 것으로 추정된다. 박테리아 없이는 사람은 숨도 쉴 수 없다!
- 사람의 몸은 약 10조 개의 체세포와 약 90조 개의 박테리아 세포로 구성되어 있다.
- 몸에 있는 박테리아의 총무게는 약 4파운드(1814g)에 이른다.
- 과학자들은 사람의 배꼽에서 2375종의 박테리아를 발견하였다(새로 발견된 것은 1500종).
- 사람의 몸에 존재하는 장내 미생물의 생태학적인 군집인 마이크로바이옴microbiome에는 1000종 이상의 박테리아가 들어 있다.

발효 식품의 효능

우리의 몸이 전부 박테리아로 뒤덮여 있다고 생각하면 소름이 돋을 수도 있다. 그러나 그 대부분의 박테리아는 '우리의 적이 아니라 아군'이라고 생각하면, '박테리아로 구동된다'는 의미는 더 쉽게 이해될 것이다. 또한 몸에 유익한 박테리아가 든 음식을 섭취할 경우에는 우리 몸속에 있는 박테리아를 도울 수도 있다.

발효 식품은 우리 몸에 유익한 프로바이오틱스probiotics(활생균)의 풍부한 공급원이다. 이 프로바이오틱스는 우리 주위에 매우 흔하게 존재하고 있는 박테리아다! 대부분의 사람들은 발효 식품을 냉장고에 넣어 보관한다. 다음과 같은 식품들은 항상 발효 과정을 거치는 것들이다.

- 대부분의 치즈 : 체다cheddar, 블루blue, 브리Brie 등
- 절인 고기 : 프로슈토prosciutto, 살라미salami 등
- 요구르트
- 절인 채소 : 피클 등
- 된장
- 템페tempeh
- 김치

훌륭하게 발효된 식품은 영양소의 흡수, 비타민의 합성, 단백질의 분해, 산성의 알칼리화, 항상성의 복원, 면역의 증대 및 면역글로불린항체immunoglobulin의 생성을 도와준다. 소화가 잘되도록 조리한 식품을 섭취하면 적은 노력으로도 많은 영양분을 얻을 수 있다. 발효는 영양학적으로 매우 탁월한 효과를 제공할 뿐만 아니라, '천연 냉장고'의 역할도 하여 추운 겨울철 불모의 시기까지 식품을 보존할 수 있다. 또한 발효 과정을 거치면, 카사바cassava에서 시안화물cyanide을 제거하거나 곡물에서 피틴산phytic acid을 파괴하는 등 독성이 있는 식품에서도 영양분을 추출할 수 있다.

콤부차 에세이

"우리는 박테리아의 세계에 살고 있으며, 나 또한 박테리아로 이루어진 사람이다!"

발효의 진정한 가치는 사람의 필요에 따라 자연적으로 발전해 왔다는 것이다. 양배추를 절인 독일식 김치인 사워크라우트를 예로 들어 보자. 과일이나 채소와 같이 양배추에도 박테리아가 서식하고 있다. 특히 박테리아가 서식하는 토양과 맞닿은 겉에 더 많다. 사람은 인위적으로 위장 내의 환경과 유사하게 소금물의 형태로 약산성 환경을 조성하여 이와 같은 박테리아를 배양하고 그 박테리아들이 스스로 활동하게 할 수 있다.

박테리아에 의한 분해 과정, 즉 발효 과정으로 생성된 건강한 산은 양배추 잎을 영양 성분으로 분해하는 동시에 매우 독특하고 새로운 맛과 향을 만들어 낸다. 초기 인류는 몸이 원하는 바를 믿었다. 그들은 친박테리아 환경을 조성하는 것이 면역력을 증강시키고, 기분을 좋게 하며, 특히 식량이 부족한 혹한의 시기에도 생존 수단을 확보할 수 있는 지혜를 터득하였다. 20세기 미국의 치의학 박사로서 영양소와 치아의 건강 관계를 연구하고, 국립치과협회National Dental Association를 설립한 웨스턴 앤드류 프라이스Weston A. Price, 1870~1948는 전 세계 곳곳에 분포하는 다양한 원주민들의 식생활 자료를 매우 상세하게 기록해 남겼다.

프라이스 박사는 이 자료들을 통해 다음과 같은 사실을 명백히 확인할 수 있었다. 가임연령기의 성인들 중에서도, 특히 임산부는 출산 전부터 산후 조리의 전 기간 동안 자신과 아이에게 영양분을 공급하는 과정에서 영양이 가장 높은 것으로 평가를 받는 음식과 발효 식품들을 섭취하고 있었으며, 이를 통해 신생아의 건강을 확보하고, 모유의 양을 늘리면서 모유에 함유

다양한 종류와 향미의 발효 식품들을 진열한 모습. 이 식품 중 일부는 당신의 냉장고 안에 있을 수 있다!

된 영양 밀도도 더욱더 증가시켰던 것이다.

『발효의 기술The Art of Fermentation』의 저자이면서 현대 발효 부흥의 대부로 알려진 샌도 카츠Sandor Katz, 1962~는 수십 년 동안 발효 식품의 가공과 소비에 관하여 연구하였다. 이 연구를 통하여 지구상의 모든 사회에서 섭취되고 있는 식품에는 발효 식품이 항상 등장한다는 사실을 입증하였다.

두 개의 '뇌', 중추신경계와 장신경계

우리는 모든 행동들이 중추신경계인 두뇌의 명령으로 행해지는 것으로 알고 있지만, 실은 '머리 속의 뇌' 외에도 '장 속에 또 하나의 뇌'가 있다. 바로 장신경계ENS, enteric nervous system, 또는 내인성 신경계INS, intrinsic nervous system라고 하는 자체적인 신경계이다. 식도에서 결장까지 소화관을 따라 이어지는 뉴런으로 구성된 장신경계는 복잡한 과정을 수행하면서도 두뇌와 마찬가지로 학습하고 기억할 수 있다. 이것이 바로 우리가 '장의 본능gut instinct'이라고 부르는 육감이다.

태아가 발달하는 과정에서 장신경계와 중추신경계인 두뇌는 모두 동일한 조직에서 형성된다. 이때 장신경계와 중추신경계인 두뇌의 중심축, 즉 장뇌축GBA, gut-brain axis의 핵심적인 역할을 하는 미주신경vagus nerve의 연결을 통해 두 신경계는 신호를 주고받으면서 심장 박동, 발한, 언어를 조절한다. 마음이 초조해지면 그 기분이 미주신경을 따라 이동하여 심장 박동수가 높아지면서 혈액을 더 빨리 내뿜고, 손바닥에서 땀이 나게 되며, 뱃속에서 '나비'가 날아오르는 듯한 착각이 일어나면서 급기야 말까지 더듬게 된다. 미주신경이 수용하는 자극의 거의 90%는 장에서 기인하며, 이는 장신경계가 중추신경계인 두뇌와 의사소통하는 주요 핵심 경로이다.

이 얼마나 중요한 계시인가! 머리 속의 뇌와 장 속의 뇌가 긴밀하게 상호 연결되어 있다는 사실을 알면, 우리가 섭취하는 식품이 신체의 건강뿐 아니라 정신적, 정서적인 건강에도 영향을 주는 메커니즘을 잘 이해할 수 있다는 것이다. 음식 알레르기에서부터 자폐증까지, 그리고 과민성 대장증후군irritable bowel syndrome에서부터 정신병에 이르기까지 겉으로 보기에는 전혀 다른 증세도 실은 신경계와 위장계의 관계 및 장내 박테리아의 다양성과 매우 깊은 상호 관계에 놓여 있다.

이 상호 관계를 알면, 개별 식단이나 치료 방법을 통해 신경계 및 위장계의 다양한 질환을 치료하는 데 새로운 접근 방식을 세울 수 있다. 이에 대한 최신 연구 결과는 '휴먼 마이크로바이옴 프로젝트Human Microbiome Project'나 '어메리칸 거트 프로젝트American Gut Project'를 통해서도 확인할 수 있다.

티의 발효

세계에서 가장 인기 있는 음료인 티에 '발효의 연금술'을 접목하면 건강에 좋으면서 거품도 풍부한 형태의 콤부차가 만들어진다. 일반적인 발효와 마찬가지로, 대개 7일 이상 지속되는 1차 발효 기간 동안에는 박테리아와 효모의 공생 균사체인 스코비SCOBY, symbiotic cycle of life with the mother and baby와 액체 발효종인 접종제inoculant(액종의 일종)가 배양액(설탕이 든 액상의 티)에 첨가된다. 그 뒤 이 달콤하고 시큼한 액체에 종종 과일이나 허브 또는 향신료를 가해 향미를 더한다. 탄산가스나 맛을 더해 주려면 병에 넣은 채로 숙성시키거나 2차 발효시킨다. 티와 발효, 두 건강 요소가 역동적으로 접목되면, 영양 성분을 풍부히 공급하고, 소화력을 높이면서 면역력도 증진시키는 맛있는 펀치음료가 만들어진다.

고대의 발효 음료

발효의 가장 중요한 용도는 마시기에 적합하지 않는 음료를 맛있고 영양가가 높은 저알코올 음료로 바꾸는 것이다. 어린이와 어른 모두에게 적합하도록 허브와 목피를 넣은 형태의 발포성 무알코올 청량음료인 '진저 에일 ginger ale'과 '루트 비어 root beer'를 생각해 보라. 오늘날의 탄산음료는 일반 설탕과 인공적으로 만든 산과 거품을 결합하여, 달콤하면서도 시큼한 맛이 살아 있는 발효 음료를 값싸게 흉내 낸 것으로서 맛이 끔찍할 정도로 안 좋지만 이익은 많이 남는다.

최초의 발효 음료는 선사 시대에 베리류, 나무, 꿀, 정수, 야생 효모와 관련되어 우연히 탄생하였을 것이다. 그 뒤 인류는 의약에서부터 영양 보충, 사교적인 용도에 이르기까지 수없이 많은 응용 분야를 창출하였다. 이와 관련하여 고고학자들은 오래전부터 발효 음료가 인류 사회의 발전에 핵심적인 역할을 하였다는 사실을 알고 있었다.

영양성, 식품 저장 및 의약적인 관점에서 가장 중요하고도 자주 사용된 발효 식품 중 하나는 식초이다. 식초는 인류가 매우 오래전부터 다른 허브들과 배합하여 사용해 온 대표적인 발효 식품이다. 다음의 것들은 역사가 깊은 전통 식초 음료이다.

코메츠 Chometz 구약성경의 룻기(2장 14절)에는 식초, 기름, 대추의 혼합물인 코메츠가 식초 음료로 사용되었다는 구절이 나온다. 중동에서 코메츠는 사막의 열기 속에서 시원한 청량감을 주는 음료로 인기가 높다.

옥시멜 Oxymel 옥시멜은 꿀을 졸여 만든 진한 시럽과 식초를 혼합한 음료이다. 고대 그리스의 의학자 히포크라테스 Hippocrates, BC 460?~BC 377?는 옥시멜이 급성 질환을 치료하는 데 효능이 있다고 설명하였다. 그리고 로마인들은 옥시멜을 만병통치약으로 간주하였다. 아랍 지역의 세칸자빈 sekanjabin은 고대 페르시아인들이 그 옥시멜에 민트를 넣어 마셨던 음료이다. 이 세칸자빈은 전통적으로 설탕을 넣어 먹었는데, 문헌에 처음으로 등장한 것은 10세기경이었다.

포스카 Posca 물에 신선한 향미의 식초를 첨가해 휴대하면서 마셨던 고대 풍습의 음료이다. 로마인들은 이 음료를 '포스카'라 불렀고, 다양한 문화권의 병사들도 이를 마시면서 힘과 체력을 기르고 질병을 예방하였다.

슈럽 Shrubs 슈럽은 설탕이 가해진 과일 시럽을 식초로 보관성을 높인 음료이다. 식민지 시대에 미국에서 수확된 과일을 보관하기 위해 개발된 방법으로서 매우 일반적으로 사용되었다. 슈럽의 덕분으로 대양을 가로지르는 긴 항해에서 수많은 선원들이 괴혈병을 예방할 수 있었다.

이집트 북부 사카라 지역의 호렘헤브(Horemheb, B.C. 1319~B.C. 1292) 무덤에서 출토된 돋을새김. 호렘헤브는 고대 이집트 제18왕조의 마지막 왕이다.

콤부차 전설 : 곤충, 박테리아, 부치

콤부차는 어떻게 시작되었을까? 그 기원에 대해서는 다양한 전설이 있지만, 가장 설득력이 있고 명료한 내용의 전설은 박테리아의 운반체인 한 곤충이 어느 날 창틀에 놓여 있던 달콤한 티 한 잔 위에 내려앉음으로서 우연히 콤부차의 문화가 탄생되었다는 것이다. 이는 티베트의 전설로서, 한 승려가 신선한 티 한 잔을 무심코 창틀에 두고 깊은 잠에 빠져들었는데, 그 사이에 박테리아를 보균한 곤충이 티에 잠입하였고, 잠에서 깬 승려가 그 티를 마시고 놀라운 특징들을 발견한 뒤 친분이 있는 사람들과 공유하면서부터 콤부차의 문화가 시작되었다는 것이다.

또 다른 전설로는 러시아의 우화가 있다. 병든 황제를 치료하기 위해 부름을 받은 한 승려의 이야기이다. 치유 능력이 있던 승려가 황제의 병을 개미로 치료할 수 있다고 약속하고 황제의 티 한 잔에 개미를 떨어뜨렸다. 그러고 나서는 황제에게 티에서 물렁물렁한 것이 성장하면서 치료 물약으로 변할 때까지 기다렸다가 마시라고 조언하였다. 황제는 그 승려의 조언을 따랐고, 결국에는 병이 완치되었다는 것이다. 이 승려는 혹시 의사 콤부Kombu가 아니었을까?

20세기 초에 콤부차를 처음으로 연구하였던 러시아의 여성 과학자 바친스카야Bachinskaya는 초파리가 와인이나 맥주에 단지 앉기만 하면 그것이 식초로 바뀐다는 사실에 근거하여 가설을 세웠다. 초파리의 다리에 서식하는 박테리아인 아세토박테르Acetobacter가 액체로 옮겨가면 급속히 증식하면서 설탕을 아세트산으로 빠르게 전환시킨다는 것이다.

이 모든 전설은 사람들의 마음속에 진실의 일면을 심어 주었는데, 그것은 바로 콤부차가 자연에서 유래되었다는 사실이다. 파리, 개미, 관찰력과 호기심이 풍부한 사람, 이상적인 발효 조건 등의 모든 요인이 결합되어 콤부차의 골마지를 탄생시키고 소중하게 간직되면서 계대 배양이 이루어진 것이다.

* 부치(booch) · 프로바이오틱스(활생균)가 풍부한 발효차인 콤부차를 가리키는 속어이다.

CHAPTER 2

왜 콤부차인가?

우리 주위의 모든 발효 식품들은 몸에 좋은 박테리아와 효모뿐 아니라 영양소도 풍부히 제공한다. 그럼에도 사람들이 굳이 콤부차를 마시는 이유는 무엇인가? 그 대답은 명백하지만 또 한편으로는 미스터리하기까지 하다. 콤부차는 전 세계의 식품 중에서도 용도가 가장 다양한 발효 식품이다. 이 콤부차는 매일 같이 소비되고 있는데, 취향에 따라서 달콤하게 또는 시큼하게 우려낼 수 있고, 그 맛도 훌륭하여 초콜릿 조각이나 짭조름한 피자 한 조각과도 매우 잘 어울린다. 전 세계의 가정에서 콤부차는 저렴하게 만들어져 소다수, 탄산수, 술과 그 밖의 상점에서 판매되는 수많은 음료들을 대체하고 있다.

콤부차는 사람이 거주하는 모든 대륙의 지역에서 그 자취를 남기고 있으며, 그 어떤 종류의 식품과도 매우 잘 어울린다. 일반 가정에서도 쉽고 안전하게, 그리고 맛있게 만들 수 있으며, 주방, 욕실, 식료품 저장고, 옷장, 정원 등을 위한 상품 분야에서도 다양하게 사용될 수 있다. 이와 같은 이유로 콤부차의 매력은 더욱더 크고 분명하다고 할 수 있다.

그러나 콤부차의 매력은 또한 미스터리이기도 하다. 일부 사람들은 맛이 형편없다고 하지만, 또 다른 사람들은 자신들이 콤부차를 즐기는 이유를 설명하는 데 열을 올리고 있기 때문이다. 오늘날 수많은 사람들은 콤부차를 직접 만들지는 않지만 매일 같이 즐기고 있다. 사람들은 매우 다양한 이유로 콤부차를 발견하지만, 그들이 콤부차를 처음 마셨던 순간은 항상 기억하고 있다. 이것이 바로 '콤부차 키즈멧 kombucha kismet'이다!

사람들은 콤부차가 다양한 질병의 치료에 좋다는 이야기를 듣고 콤부차 만들기에 직접 나선다. 실제로 사람들이 콤부차를 마시면 단기간에 긍정적인 효과를 경험하기도 한다. 그러나 콤부차가 특정한 질병을 치료하는 것은 아니다. 단지 우리의 몸이 균형을 회복할 수 있도록 기회를 제공해 면역력과 그 밖의 생리적인 시스템이 보다 더 효율적으로 기능하도록 하는 것이다.

콤부차는 간혹 관문 역할을 수행하는 식품으로 언급되는데, 이는 건강을 증진하기 위해 선택한 콤부차가 신체, 식품, 생활방식에 균형을 가져다주는 수많은 요인들을 이끌어 주기 때문이다. 따라서 이 콤부차를 정기적으로 마시면, 우리는 생활의 모든 측면에서 매우 깊고도 긍정적인 변화를 이끌어 낼 수 있다.

KOMBUCHA Fits
모든
식단에 어울리는 콤부차!

생식, 채식주의vegetarian, 완전채식주의vegan, 원시 규정식Paleo diet(구석기인의 식단 방식), 리얼 푸드real food, 코셔kosher(정통 유대인 의식의 식단), 심지어 미국인의 표준식단SAD 등의 그 어떤 식단을 따르는 사람이라도 콤부차를 마시면 건강적인 효능을 볼 수 있다. 즉 콤부차를 식단에 추가하면 누구나 건강적인 효능을 볼 수 있다는 것이다. 이와 같이 콤부차는 건강한 박테리아와 효모를 원하는 모든 이들에게 매우 완벽한 공급원이 될 것이다.

ANY DIET

콤부차로 장에 다시 연결

사람들은 자신들이 유해 식품을 너무도 자주 정기적으로 섭취함에도 불구하고 '콩 심은 데 콩 나고, 팥 심은 데 팥 난다'는 사실은 간과한 채, 몸이 왜 아프고 피곤한지에 대해 불평한다. 콤부차를 정기적으로 마시면 볼 수 있는 재균형의 효과는 종종 '폐쇄형 루프 closing loop'를 통해 장에 재연결을 촉진한다. 이 폐쇄형 루프는 피드백에 의한 자동 조정 시스템을 말하며, 우리 몸에 콤부차와 같은 새로운 음식물이 들어 왔을 때, 그에 따른 몸의 피드백 정보에 근거하여 새로운 선택을 하도록 만드는 것이다.

콤부차를 공복에 마시면 우리 몸에 주는 효과를 굉장한 방식으로 느낄 수 있다. 아침에 4온스 또는 그보다 적게 마시면 몸이 어떻게 반응하는지를 더욱더 날카롭게 체감할 수 있다. 우리의 장이 몸을 자극하는 살아 있는 박테리아와 효모, 그리고 건강에 좋은 산들의 정기적인 유입에 적응하면, 건강에 좋은 음식과 그렇지 않은 음식을 알게 되는 것이다.

그런데 발효 식품을 처음 접한 사람들 중의 일부는 활력에 넘쳐 더 많이 먹고 싶어 하지만, 또 다른 사람들은 온종일 침대에 누워 있거나 화장실에 가는 등 명현현상 Herxheimer reaction을 보일 수도 있다. 따라서 각자 자신의 몸에 맞는 식품을 찾아 섭취하는 것이 무엇보다도 중요하다.

콤부차로 할 수 있는 일은?

콤부차가 증세를 완화시킨다고 알려진 건강상의 문제는 현대인들이 겪는 질병의 유형과 일치한다. 여기서는 콤부차에 대해 지금까지 밝혀진 건강 효능의 일부를 소개하기로 한다.

- 장내 유효 박테리아의 증식
- 신체 항상성의 균형 재조정
- 간 기능의 정상화
- 신진대사 촉진
- 소화 기능 및 장 기능 향상
- 결합 조직 재생
- 활력 충전
- 혈압 강하
- 두통과 편두통 완화
- 신장 결석의 크기 및 발생 확률 감소
- 세포 손상을 유발하는 활성 산소의 파괴
- 건강한 세포의 재생 촉진
- 시력 향상
- 습진 치료
- 동맥 경화 예방
- 궤양의 치유 속도 향상
- 칸디다증 치료(질염)
- 포도당 수치 감소(혈당으로 인한 사고 예방)

이와 같이 하나의 음료가 어떻게 각기 달라 보이는 수없이 많은 건강상의 문제들을 치료하는 데 모두 좋을 수 있을까? 이것이 바로 일부 사람들이 콤부차를 '만병통치약'으로 부르는 이유이다. 또 다른 사람들은 이와 같은 이유로 콤부차를 '엉터리 약'이라고도 하지만, 둘 다 모두 옳지 않다. 콤부차는 단지 건강 음식일 뿐 질병을 치료하거나 예방하는 의약은 아니기 때문이다.

그러나 우리의 몸에 식단과 스트레스가 주는 영향을 더 깊이 이해할수록, 콤부차가 현대인들의 다양한 질환에 그와 같은 효능을 보이는 이유도 더 자명하게 알 수 있다. 소화기계나 몸이 불균형한 상태에 놓여 있을 때, 사람의 몸은 위험에 임박하였음을 스트레스 신호로 내보낸다. 이 신호가 바로 질병의 증세이다. 콤부차는 일반 의약이나 처방전과는 달리 질병의 증세를 단순히 완화하는 데 그치는 것이 아니라, 질병의 근원에 작용하여 몸의 건강을 되찾아 주는 것이다.

대규모의 '이중맹검법 double blind human trials'에 의한 임상 시험이 아직까지는 불가능할 수도 있지만, 체외 및 체내 실험의 연구가 점차 늘고 있다는 사실은 콤부

콤부차가 스트레스 반응을 줄여 주는 다섯 이유

스트레스 반응은 몸의 방어 기제 중에서도 중요한 요소이다. 사람은 위협을 느끼면 맞서 싸울 것인지, 피할 것인지 재빨리 판단해 결정해야 한다. 그리고 몸은 그와 같은 스트레스를 받으면 신장의 부신 피질에서 아드레날린과 코르티솔(cortisol)이 분비되어 심장 박동을 증가시키고, 감각을 예민하게 하며, 근육을 재빨리 움직일 수 있도록 한다. 이는 사람뿐 아니라 동물이 야생에서의 생존에 꼭 필요한 요소들이다.

그러나 현대인들은 생명에 위협을 느낄 정도는 아니지만 매일 다양한 스트레스 요인들에 노출되어 있다. 과도한 스트레스 반응은 건강에 해롭다는 사실이 입증되고 있고, 몸에 다양한 질병을 일으키는 대표적인 원인으로 지목되고 있다.

그런데 오늘날의 수많은 의약품과 치료법들은 스트레스 반응으로 유발된 만성적인 과잉 자극을 완화시킬 수는 있지만, 질병의 근본적인 원인을 제거해 주지는 못한다. 여기서 질병의 근본적인 원인이란 현대인들이 과도한 스트레스에 노출되어 있다는 사실이다. 그 근본적인 원인을 제거할 수 있는 최상의 방법은 운동을 꾸준히 하고, 수면을 충분히 취하며, 좋은 친구들과 어울리고, 자연을 벗 삼아 대화하며, 암울한 뉴스를 멀리하고, 전자 매체의 전원을 차단하는 것이다. 또 콤부차를 추가하면 더할 나위 없이 큰 도움이 된다! 여기서는 콤부차가 스트레스를 줄여 주는 다섯 가지의 이유에 대하여 소개한다.

1.
자양강장 효과

강장제는 식물이나 식물의 파생물로서 특정한 장기나 기관보다는 생리적인 과정에 전반적으로 작용하여 몸의 기능을 정상화하고 균형을 잡아 준다. 강장제는 일반적으로 산화적인 스트레스를 유발하는 활성 산소를 제거하는 성분, 즉 항산화 물질의 훌륭한 공급원이다. 간을 보호하고 설탕과 알코올에 대한 몸의 욕구를 줄이며, 면역력과 활기, 그리고 체력을 향상시킨다.

2.
소화 기능 지원

장의 산성도는 음식의 소화력을 높여 영양소를 흡수하는 데 매우 중요한 기능을 한다. 콤부차는 그런 장에서 산성도를 증가시켜 소화기계를 조절한다. 특히 스트레스는 종종 과민성 대장증후군이나 궤양을 유발하는데, 콤부차는 소화 기능과 산성도를 향상시켜 치유력을 높이는 것이다.

3.
비타민 B군, C의 함유

콤부차에는 비타민 B1(티아민), B2, B12가 포함되어 있으며, 이러한 성분들은 모두 우울증을 개선하고 정서를 안정시키면서 집중력을 향상시키는 데 큰 효과가 있다. 또한 비타민 C도 풍부하게 함유하고 있어 코르티솔(스트레스 반응을 안정시키고 방어력을 유지시키는 호르몬)의 과도한 분비를 억제한다. 이 코르티솔은 혈중 수치가 높으면 고혈압, 우울증을 유발시키고, 정신적인 총기를 감퇴시킨다.

이러한 비타민류는 비록 콤부차에 소량으로 함유되어 있지만, 생물학적으로 곧바로 이용될 수 있다. 우리 몸에 즉시 소화되어 흡수될 수 있는 형태의 성분들인 것이다. 반면 일상에서 건강보조제로 섭취하는 정제 비타민은 몸에 쉽게 흡수되지 않는다. 왜냐하면 음식을 통해 섭취하는 비타민과는 달리 소화 과정을 촉진하는 보조인자나 효소가 결핍되어 있기 때문이다.

4. 카페인 및 설탕의 섭취 감소

매일 아침 일어나서 커피 대신에 콤부차를 마시면 카페인의 체내 섭취량이 줄어든다는 뜻이다. 콤부차에 함유된 L-테아닌theanine 성분은 기분을 차분히 가라앉히면서 집중력을 향상시키고, 카페인의 해로운 효과도 막아 준다.

5. 건강에 유익한 저알코올

콤부차는 맥주나 와인과 같이 알코올성 발효 음료가 아니지만, 알코올을 미량으로 함유하고 있다. 이렇게 자연적으로 생성되는 미량의 알코올은 웰빙 음식이라는 기분이 들게 하여 스트레스를 감소시킨다. 그동안 수많은 연구 결과를 통해서 알코올을 적당히 섭취하면 매우 다양한 건강 효과를 볼 수 있다는 사실은 이미 입증되어 있다. 콤부차의 알코올 성분에 대해서는 다음에 살펴보기로 한다.

차가 몸의 불균형을 전반적으로 바로잡을 수 있는 잠재적인 메커니즘을 갖고 있다는 것을 방증한다. 이 연구는 수백만 명에 이르는 콤부차 소비자의 실제 사례와도 연관되어 있으며, 이에 대한 관심은 서양 의학적인 면에서 꼭 필요한 효능 입증을 위한 연구로 이어지고 있다. 콤부차의 성분과 콤부차의 주요 효능 연구는 뒤에서 소개하기로 한다.

콤부차의 식이 요법 시작하기

콤부차를 식이 요법에 처음 적용시킬 때는 천천히 시작해야 한다. 아침의 공복에 2~6온스의 콤부차를 물과 함께 섞어서 먹는 것이 좋다. 그런 다음 몇 시간 동안 몸에서 일어나는 반응을 지켜본다. 콤부차가 몸에 주는 느낌을 잘 관찰하면 몸(장)의 본능을 신뢰하는 법을 배우는 매우 훌륭한 방법이 될 것이다.

콤부차가 몸에 잘 반응하거나 더 많이 당기는 경우에는 섭취량을 점차적으로 늘린다. 단 섭취량을 너무 빨리, 그리고 많이 늘리면 '해독 증상detoxification symptom'이나 '명현 현상healing crisis'을 초래할 수 있다. 이 해독 증상이나 명현 현상은 몸에서 독소가 제거되는 치유 과정에서 건강 상태가 일시적으로 악화되는 경우를 말한다. 이런 증상이 발생하면 섭취량을 줄이고 물을 더 많이 마신다. 그리고 한동안 몸이 다시 균형을 찾을 때까지는 원래의 섭취량으로 되돌아가 마신다.

콤부차를 처음 마실 경우에는 계속해서 더 많이 먹고 싶은 욕구가 들 수도 있다. 이는 정상적인 반응으로서 몸에서 결핍된 부분을 치료하는 데 필요한 영양소를 콤부차가 공급하고 있다는 것을 암시한다.

자양강장의 효능이 있는 콤부차로 최대한의 효과를 볼 수 있는 가장 좋은 방법은 한 번에 많이 마시지 않고 조금씩 규칙적으로 마시는 것이다. 몸이 콤부차를 규칙적으로 마실 준비가 되면, 일반 사람들은 하루에 1~3회 8온스 정도 마시면 적당한 맛과 영양을 즐길 수 있다. 그런 다음에 다시 하루 동안 엄청난 양을 마셨다면 그 다음 날은 한 번도 마시지 않아도 된다. 기분만 좋다면 콤부차는 어떤 방식으로 마셔도 상관없다.

초보자에게 콤부차 소개하기

알다시피 콤부차를 평생 끼고 사는 사람들도 많다. 그런데 대부분의 사람들은 건강과 관련하여 훈계 듣는 것을 꺼려한다. 특히 먼저 조언을 구하지도 않았다면 더더욱 그러하다! 여기서는 콤부차의 건강 효능에 대한 이야기가 잔소리처럼 들리는 것을 막고, 대화의 국면도 전환시킬 수 있는 몇몇 비결들을 소개한다.

1. 파티나 저녁 식사에 콤부차를 가져간다. '향긋한 티' 또는 무해한 느낌의 이름을 콤부차에 붙여 놓고 다른 사람들이 볼 수 있도록 식탁 위에 놓아둔다. 그리고 잘 보이는 곳에서 사람들이 콤부차의 향미에 보이는 반응을 지켜본다. 즉 '콤부차를 바라보는 표정'을 살피는 것이다. 곧 사람들은 콤부차를 마셔 보라고 서로에게 권할 것이다. 이때 당신이 가정에서 직접 만들었다고 밝히면, 사람들은 당신에게 콤부차에 관하여 많은 질문들을 던질 것이다!

2. 콤부차를 꺼리는 사람들에게는 소량의 물이나 얼음을 넣어 준다. 스카치위스키를 마시는 것처럼 물만 약간 넣어 주면 콤부차의 다양한 향은 더욱 더 진해지고, 아세트산의 영향으로 맛도 훨씬 더 부드러워진다.

3. 소다수나 주스를 좋아하는 사람들에게는 그런 음료에 콤부차를 절반 정도 섞어 준다. 절반가량만 넣어도 콤부차의 효과를 완전히 누릴 수 있고, 동시에 음료의 합성 첨가물로 인해 콤부차의 발효 향은 거의 느껴지지 않을 것이다. 몸에서 반응이 좋으면 소다수나 주스에 대한 중독 증상이 사라지는데, 이때부터는 마시는 콤부차의 양을 차츰 늘릴 수 있다.

4. '건강 이야기'에 무관심한 사람들에게는 콤부차 칵테일을 직접 만들어 대접하는 것도 좋다(제13장 참조) 콤부차를 약간만 넣어도 알코올의 균형을 잡고 간의 건강한 기능을 지원한다.

5. 콤부차 마시기에 한번 시도해 보고 '콤부차가 싫다'고 하는 사람일지라도 콤부차에 아이스크림을 띄워 주면 좋아할 것이다! 긴 잔에 시큼하고 맛있는 콤부차를 따르고 바닐라 아이스크림을 한 스쿱 올리면 천국의 맛을 선사할 것이다.

콤부차 에세이

레몬 테스트

" 콤부차를 처음 마시기 시작했을 당시만 해도 내 몸의 화학적인 상태는 지금과는 완전히 달랐다. 내가 정기적으로 먹었던 식단의 가공식품에 설탕이 너무도 많이 함유되어 있었기 때문에 가공식품을 먹어도 그 온전한 진미를 느낄 수 없었다. 그런데 콤부차를 더욱더 많이 마시자, 내 몸의 산성도가 바뀌면서 가공식품이 너무도 맛있게 느껴진 것이다. 동시에 나의 식단에는 매우 다양하고 새로운 식품들도 추가되었다. 발효 식품류, 자몽 주스를 비롯하여, 기존의 설탕에 길들여졌던 입맛에서는 불쾌감마저 느꼈던 신맛, 짠맛, 쓴맛의 음식들까지도 식단에 포함된 것이다.

자신의 몸이 산성도에서 균형을 이루고 있는지 시험해 보고 싶은 사람은 지금부터 레몬을 잘라 혀로 핥아 보길 바란다. 과도한 설탕에 입맛이 길들여진 사람이라면 신맛 때문에 얼굴을 찌푸릴 것이다. 그러나 콤부차를 오랫동안 섭취해 온 사람이라면 레몬이 오히려 달게 느껴질 것이다. 스스로 한 번 시험해 보고 자신이 어떤 표정을 짓게 되는지 확인해 보는 것도 좋다!"

콤부차의 작용성

영양가가 부실한 식단과 만성적인 스트레스는 오늘날 현대인들이 앓고 있는 수많은 질병들의 근본적인 원인이다. 잘못된 식이 요법과 스트레스는 모두 생리의 불균형과 기능의 저하를 유발할 수 있고, 특히 면역계에는 큰 장애를 줄 수 있다. 자양강장 효능이 강한 콤부차는 영양을 공급하고 소화 기능을 증진할 뿐 아니라, 면역계도 강화하고 혈액과 기관에서 불순물을 제거하는 데 효능이 뛰어난 성분들을 함유하고 있다.

또 콤부차에는 여러 '좋은 요소'들이 함유되어 있어 몸의 생리적인 균형을 회복하고 면역계를 지원한다. 그러한 요소들로는 티, 설탕, 건강한 박테리아와 효모, 저알코올 등이 있다. 콤부차가 만들어지는 과정에서 그러한 요소들에 의해 일종의 연금술적인 반응이 일어나 일반적인 성분들을 영양가가 높고 자양강장 효능이 뛰어난 특별한 성분으로 변형시켜, 결국 그 상승효과로 건강에 좋은 효과를 유발하는 것이다.

우리는 장내에서 산과 비타민들이 개별적으로 상호 작용하는 과정을 하나하나 이해하기는 힘들다. 그러나 음식을 가려서 먹는 일은 매우 중요하며, 특히 발효 식품은 사람들의 건강을 증진하는 데 매우 좋은 효능이 있다는 사실은 이미 잘 알려져 있다.

영양 공급 및 소화력 증진

우리 몸의 내부에 위치하는 장기관은 진정한 의미에서 '사람의 엔진'이라고 할 수 있기 때문에 '좋은 연료'를 사용해야 할 뿐 아니라, '유지 및 관리'도 꼭 필요하다. 콤부차는 장에 좋은 박테리아와 비타민 B가 풍부한 효모를 공급하고 위장의 산성도를 낮추어 준다. 그리고 건강에 좋은 산들과 효소들도 많이 공급하여 영양소의 흡수를 돕고 소화력을 회복시킨다.

아세트산은 맛과 향 외에 항균력도 제공한다. 글루콘산gluconic acids, 뷰티르산butyric acids, 락트산lactic acids이 장의 내벽을 재형성하고 산성도의 균형을 잡아 주며, 칸디다균의 과잉 증식을 억제한다. 자당 분해 효소인 인버타제invertase와 인 분해 효소인 피타아제phytase는 긴사슬 구조의 설탕 분자를 짧은사슬 구조의 물질로 분해하여 소화계의 부담을 덜어 준다.

면역력 증강

사람 몸의 첫 방어선은 음식을 소화해 면역글로불린 항체와 다른 방어 기질의 화합물들을 직접 합성하는 내장 기관이다. 콤부차가 면역력을 높일 수 있는 것은 몸이 자체적으로 더 효과적으로 방어할 수 있도록 건강에 좋은 산과 유기물의 형태로 소화계의 기능을 지원하기 때문이다. 또 콤부차는 항산화 작용이 있어 몸속의 활성산소를 제거하여 폴리페놀 성분을 분해하고, 비타민 C와 D-사마린산, 4-락톤(DSL)D-saccharic acid-1,4-lactone과 같은 강력한 성분의 생성을 촉진한다.

효모에 의해 생성되는 다양하고도 좋은 품질의 비타민 B군은 글루탐산, 아미노산과 마찬가지로 면역계의 균형을 잡는 데 매우 중요한 역할을 한다. 아직 입증된 것은 아니지만, 콤부차를 즐겨 마시는 사람들은 질병이 발생하는 빈도와 지속 시간이 감소한다고 한다.

해독 작용

독성 물질은 매일 같이 공기, 물, 식품과 그 밖의 외부 물질들을 통해 우리 몸속으로 유입된다. 우리의 몸도 또한 여러 신진대사 과정을 거치면서 자연적으로 독소들을 생성시킨다. 그런데 독성 물질은 몸의 외부에서 유입되었든지, 내부에서 부산물로 생겼든지 간에 몸의 기관이 정상적으로 기능하려면 반드시 제거되어야 한다. 예를 들면, 글루콘산과 글루쿠론산glucuronic acid은 간에서 독소와 결합하여 지용성에서 수용성의 성분으로 바뀌게 되어 소변을 통해 배출된다.

아미노산은 글루탐산, 프롤린, 벤조산과 마찬가지로 강력한 항산화 물질이다. 종양을 유발하거나 조직을 손상시키는 활성 산소를 제거하여 해독 작용을 돕는다.

자양강장 효능

강장제는 약리학적인 개념의 차원에서 일반적인 스트레스 요인의 부정적 영향을 줄이기 위해 몸의 항상성(균형)을 높여 주는 천연 무독성 허브나 화합물을 뜻하며, 생체적인 또는 심리적인 작용을 일으킨다. 대표적인 강장제에는 콤부차, 아슈와간다ashwagandha, 인삼이 있다. 이들은 항산화 물질을 공급하고, 설탕과 알코올의 중독을 완화하며, 면역력, 에너지, 체력을 증강시킨다.

건강에도 좋은(?) 저알코올

'건강에 좋은 알코올'이라는 표현은 다소 모순처럼 보인다. 그러나 알코올 소비의 기원을 조사해 보면, 사람의 건강에서 알코올이 중요한 역할을 수행한다는 사실을 쉽게 이해할 수 있다. 그러한 알코올은 인류가 처음으로 사용하였던 의약품이기도 하다.

사람들은 오래전부터 감기 예방을 위한 시럽이나 치유 효능이 있는 팅크제를 만들기 위해 허브를 알코올(술)에 담가 우려내 왔다. 그 이유는 허브의 유효 성분들이 발효 과정을 통해 건강적인 효능이 확장되고, 또한 알코올 성분이 혈액을 묽게 만들어 유효 성분의 체내 흡수도 빠르게 만들기 때문이다.

식물에 대한 인류의 지식이 축척되고 증대되면서 알코올의 함유 여부와 전혀 상관없이, 허브를 우려낸 강장제의 소비도 급속도로 증가하였다. 콤부차의 경우에는 소량의 알코올 성분이 두 가지의 기능을 한다. 하나는 허브와 다른 재료로부터 영양 성분과 치유 성분을 추출하고, 또 다른 하나는 방부제의 역할을 하는 것이다.

콤부차는 자연적으로 발효된 저알코올 음료로서 오래전부터 마셔 왔던 '소프트드링크'이다. 일반 소프트드링크는 알코올 도수가 최대 1~2도 수준인데, 콤부차의 대부분은 그에 미치지 못하여 마셔도 취하지 않는다. 한때 전 세계 곳곳에서는 나이와 관계없이 소비되었지만, 오늘날에는 소다수와 에너지 드링크로 대부분이 대체되었다.

이와 관련하여 『영양 공급 전통 Nourishing Traditions』의 저자인 샐리 폴런 Sally Fallon은 다음과 같이 말하고 있다.

"술과 소프트드링크를 선호하는 현상은 전통사회에서 엿볼 수 있는 일종의 젖산 발효 음료와 관련된 집단기억(세대에 걸쳐 전해지는 공동체 기억)에서 유래하였다. 이와 같은 음료는 땀으로 배출된 미네랄 이온을 공급하여 몸의 피로를 풀어 주고, 젖산균 lactobacilli, 젖산, 효소를 공급하여 음식물이 쉽고 완벽하게 소화될 수 있도록 한다."

콤부차로 알코올 중독을 치유할 수 있는가?

알코올 중독은 신체적 요인에 정서적인 요인도 함께 맞물린 매우 복합적인 질병이다. 알코올 중독에 걸린 사람들은 궁극적으로 콤부차가 과연 자신에 맞는지 각자 스스로 판단해야 한다. 앞서 언급하였듯이, 발효의 천연 부산물로 생기는 알코올은 매우 미량으로 생성되지만, 콤부차 한 회분에 함유된 알코올의 정확한 양은 여러 요인들에 따라 매우 달라질 수 있다. 그러나 콤부차가 적당하게 발효된다면, 증류주와는 달리 알코올의 함유량이 매우 적어 취하지 않고, 간의 기능도 높일 수 있다.

일부 사람들은 콤부차를 섭취하고 난 뒤 간혹 비타민 B 링거를 맞고 난 뒤 자주 경험하는 어지럼증을 느낀다고 한다. 그러한 증세가 미량의 알코올 성분으로 인한 것인지, 단순히 영양 성분으로 인한 것인지에 대한 판단은 어디까지나 콤부차를 마시는 사람 각자의 몫이다.

술을 끊겠다는 사람들 중의 상당수는 콤부차가 술에 대한 욕구를 줄여 준다고 주장하지만, 또 일부 사람들은 아무런 효과도 볼 수 없었다고 주장한다. 그것은 아마도 콤부차가 미량의 알코올 성분으로 인해 이완 효과를 줌과 동시에 영양 성분도 함께 공급하기 때문일 것이다. 최근 연구에 따르면, 알코올 중독자 중에서 장내 미생물의 다양성이 높은 사람이 그렇지 못한 사람에 비하여 맨정신을 유지하는 데 치유력이 높은 것으로 드러났다. 이는 세균요법 bacteriotherapy에 대한 새로운 지평을 연 것으로 평가되고 있다.

알코올 중독을 치료하고 있는 사람들은 알코올이 함유된 음료를 매우 꺼려한다. 그런데 알코올의 섭취가 엄격히 금지된 이슬람교의 사람들도 할랄 식품 halal food으로서 콤부차를 마신다는 사실은 매우 주목할 만하다. 그럼에도 마음이 놓이지 않는다면, 콤부차는 애초부터 알코올의 섭취가 한정되어 있고, 설사 있더라도 매우 소량이기 때문에 훌륭한 자양강장제임을 상기하면 된다. 그리고 이 콤부차에 물이나 주스를 절반쯤 넣어 희석해 마시면 수분을 공급해 주고, 또한 몸 안의 노폐물을 정화시키는 효과도 볼 수 있다. 일반적으로 콤부차는 알코올 도수가 2도 이상을 넘지 않지만, 그보다 더 낮출 수 있는 방법도 있다.

해독 과정

우리 몸이 균형을 상실하였을 때 건강에 좋은 박테리아와 그 밖의 프로바이오틱 플로라probiotic flora(포유동물의 장내에서 서식하는 유익한 박테리아의 일종)를 섭취하면 해독 과정이 진행되면서 몸에서는 약간의 불편한 증세가 일어날 수 있다. 평상시의 식단에 발효 식품이 그다지 많이 포함되지 않은 경우라면 콤부차를 마실 때 헤르크스하이머 반응Herxheimer reaction 또는 명현 현상이라는 증세가 일어날 수 있다.

유익한 장내 세균이 서서히 내장을 지배하면서 나쁜 박테리아와 효모의 과잉 증식을 억제하고, 독소를 배출하는 미생물체들을 사멸시킨다. 이와 동시에 콤부차에 들어 있는 영양 성분과 면역력을 증진하는 성분이 몸에 누적된 독소를 배출하도록 적극적으로 돕는다. 그런데 이와 같은 독성 물질의 배출로 인해 일부 사람들은 몸이 더 좋아지는 것이 아니라, 더 악화되는 듯한 느낌을 가질 수 있다.

이는 동트기 직전에 가장 어두운 것처럼 몸이 좋아지기 전에 일시적으로 악화되는 명현 현상이다. 그러나 몸이 균형을 되찾으면 그와 같은 증상들은 점점 사라진다. 이와 같은 명현 현상은 과거에 병력이 있거나 면역력이 약해졌을 때(피부 트러블, 발진, 관절염 등의 증상) 주로 발생하는 경향이 있다. 근육통, 여드름, 발진, 두통, 위통, 설사 이외에도 과거 또는 현재의 증세가 일시적으로 강화되는 현상은 몇 시간 또는 며칠 이내에 사라지는 매우 일반적인 증세이다.

콤부차는 몸에 프로바이틱스와 해독 효능의 산을 제공해 몸을 회복시키는 과정에서 나쁜 물질들을 제거하는 작업을 촉진하는 것이다.

명현 현상의 증상

명현 현상은 콤부차만 유발하는 것이 아니다. 해독 과정을 촉진하는 여러 발효 식품이나 프로바이오틱 보충제를 섭취하거나, 전체의학 또는 자연 요법의 치료 과정에서도 발생한다. 특히 이러한 처방을 너무 빨리 또는 과도하게 진행하는 경우에 자주 발생한다. 명현 현상의 증상으로는 다음과 같은 것들이 있다.

- 관절통, 염증
- 근육통
- 불면증
- 피로/두통/과민 반응
- 코 막힘
- 발열 또는 오한
- 피부 트러블
- 설사 또는 변비
- 칸디다증 악화

명현 현상의 조절법

명현 현상이 발생하는 경우에는 당황하지 말고 며칠 정도 콤부차의 섭취량을 줄이거나 섭취를 잠시 중단하는 것이 좋다. 그러면 증상이 완화될 것이다. 여기서는 재발 가능성을 최소화할 수 있는 몇 가지의 방법을 소개한다.

- 물과 허브티를 충분히 마신다.
- 충분히 쉰다.
- 가능한 한 햇볕을 많이 쬐고 신선한 공기를 마신다.
- 목욕하기. 목욕은 해독 과정이 원활해지도록 돕는다. 소금, 오일, 허브를 욕조에 넣어 목욕하는 것도 해독 과정에 도움이 된다.
- 모공을 깨끗하게 유지한다. 모공은 독소를 제거하는 주요 통로이다. 가벼운 운동, 사우나, 뜨거운 물에 샤워를 하면 명현 현상을 막을 수 있다.
- 모든 가공식품의 섭취를 금한다.
- 화학 세제와 인공 향수는 피한다.

대부분의 사람들은 섭취량을 줄이면 상태가 곧 나

아진다. 그러나 섭취를 중단한 뒤에도 며칠 이상씩이나 증상이 지속되면 의사에게 조언을 구해야 한다.

콤부차 에세이

나의 명현 현상

"내 삶에 콤부차를 받아들인 뒤, 나는 여러 번의 명현 현상을 경험하였다. 한 차례의 심한 피부 트러블을 앓고 난 뒤 나쁜 습관들을 제거해 나가자, 증세가 단계적으로 치유되었다. 이렇듯 콤부차는 몸에 축적된 독소를 부드러우면서도 점진적인 방식으로 제거하는 데 큰 도움이 되었다. 몸의 내부적으로 독성을 제거하였을 뿐 아니라 외부적으로도 다양한 도움이 되었다.

콤부차를 마시기 시작한 지 몇 년이 지나서, 나는 숲에서 하이킹을 하다가 우연히 옻나무와 닿았다. 내심 옻이 오르지 않을 것이라 생각하였지만, 이는 순전히 나의 판단 착오였다. 나의 몸은 붉은색 염증과 수포로 뒤덮였고, 극심한 통증이 수반되었다. 나는 즉시 염증 부위에 콤부차 배양균을 발랐지만, 붓기만 빠지는 등 최소한의 완화 증세만 있었을 뿐 격렬한 통증과 불편함은 가시지 않았다. 스테로이드제를 피부에 바르고 뜨거운 물에 샤워를 함으로써 히스타민histamine의 분비가 줄어들었고, 칼라민calamine을 피부에 여러 병을 바른 뒤에야 비로소 발진이 진정되었다.

또 다른 사례도 있다. 한 동안 지역 레스토랑의 수석 콤부차 마스터combucha master로 일하면서 다양한 콤부차와 티의 문화를 폭넓게 접하였다. 몇 주 지나자 나의 손과 팔에서는 옻이 오른 것과 같은 끔찍한 염증이 생겼다. 옻나무에 노출되지도 않는데 어찌된 영문인지 곰곰이 생각해 보았다. 먹었던 음식이 문제였는지, 아니면 새로 구입한 합성 세제가 문제였는지 다시 생각해 보아도 이것도 저것도 아닌 듯하였다. 며칠 뒤 발진이 가라앉았지만, 다음 주 또다시 손과 팔에 염증이 생겼다. 그러던 중 마침내 그 이유를 깨달을 수 있었다. 콤부차를 자주 마시면서 옻의 독성이 나의 피부를 통해 배출되고 있었던 것이다.

시간이 지나면서 그와 같은 증상은 나타나다가 사라지기를 반복하면서 점점 발생 빈도가 줄어들었고, 마침내 완전히 사라졌다. 지금 나의 몸속에는 옻의 독성 성분이 완전히 배출되어 하나도 없는 상태이다.

이는 매우 극적이고도 완벽한 해독이 아닐 수 없다. 피부는 국소적으로 닿는 모든 것을 흡수하고, 동시에 배출하는 일종의 수송 통로이다. 콤부차의 경우에는 습진이나 건선, 그리고 그 밖의 다른 피부 염증에도 사용할 수 있다. 목욕이나 족욕을 하는 경우에 욕조에 콤부차 식초나 여분의 스코비를 넣으면 피부를 통해 몸의 독소를 제거할 수 있는 훌륭한 방법이 될 수 있다.

콤부차의 가장 일반적인 해독 과정에서는 두통, 몸살, 인후통, 그리고 그 밖의 경미한 증세들이 명현 현상으로 나타날 수 있다. 그러나 이러한 해독 과정은 마치 양파 껍질을 벗기는 것과 같이 여러 단계에 걸쳐 서서히 일어난다."

콤부차를 마실 때 주의할 점

콤부차에 관한 사용 금지 사유는 아직 알려져 있지 않고, 처방약이든지 일반의약품이든지 간에 약품에 대한 부정적인 상호 작용도 알려져 있지 않다. 그럼에도 불구하고 면역 반응에 문제가 있거나 면역계가 약한 사람들은 식생활과 생활방식을 바꿀 때 항상 주의를 기울여야 한다. 이는 몸에 유익한 박테리아와 효모가 들어 있는 발효 식품의 경우도 마찬가지이다.

특히 주의해야 할 사람들은 아기를 밴 임부와 아기를 갓 낳아 수유 중인 산부, 영아, 그리고 면역계와 관련된 질환자들이다. 그리고 콤부차의 사용상에 의문점이 있다면, 항상 의사와 상담하는 것이 바람직하다. 그런데 현실은 대다수의 환자들이 자신들의 판단으로 음식을 효과적으로 소비하고 영양분의 공급을 통해 그 치료 효과를 내고 있는 상황이다. 그 최종적인 결정은 오로지 각자의 판단에 달려 있다.

임부와 산부

임부, 산부, 수유 여성이나 특히 초산인 산부들은 '모든 일을 철저하고 똑바로 해야 한다'는 강박 관념 속에서 스트레스를 과도하게 받는다. 그러한 임산부들은 종종 콤부차가 태아나 출산한 아기의 몸에 이로울지, 또는 해로울지 매우 궁금해 하는데, 확실하게 답할 수 있는 것은 '몸을 믿어라!'이다.

일반적으로 콤부차를 늘 마셨던 사람들이 임신한 경우에는 콤부차를 굳이 끊을 필요가 없다. 그러나 콤부차를 과거에 마셔 본 적이 없는 사람들이 임신한 경우에는 콤부차를 마시기에 최적기가 아닐 수 있다. 앞서 언급하였듯이, 콤부차를 처음 마시면 임부에게 명현 현상이 생길 수 있고, 또 그 명현 현상이 태아에게 어떤 영향을 줄지 알 수 없기 때문이다. 여하튼 임산부는 콤부차를 처음 마시는 사람들과 마찬가지로 콤부차를 1회분에 2~3온스 이상 마시면 안 된다.

일부 임부뿐 아니라 임신 전부터 콤부차를 즐겨 마셨던 사람들조차도 모두 콤부차의 맛과 냄새에 메스꺼움을 느끼는 것을 보면 매우 흥미롭다. 또 그러했던 사람들이 출산한 뒤 다시 콤부차를 즐겨 마시는데, 이는 매우 놀랍지 않을 수 없다! 몸이 콤부차를 갈망하고 좋아할지라도 그 이유가 뭐였든지 간에 메시지를 보내 콤부차를 마시지 않도록 하고, 또 몸이 좋아지면 다시 마셔도 된다는 신호를 보낸다. 이러한 예는 '몸을 믿어라'는 해답과 그 작용면에서 매우 정확하게 들어맞는다.

그와 반대로 임신기에서 산후 조리기에 걸쳐서 콤부차를 오히려 적극적으로 찾는 여성들도 많다. 콤부차는 일반적으로 임신에 뒤따라오는 문제들을 다양한 방법으로 해결할 수 있는 효능이 있기 때문에 그리 놀라운 일도 아니다. 임신기의 여성들은 태아의 성장을 유지하고 출산을 준비하는 데 작용하는 호르몬의 유입을 경험한다. 이러한 호르몬으로 인하여 수많은 여성들은 생리적인 부작용을 경험하는데, 콤부차는 이러한 부작용을 진정시키는 데 큰 도움이 된다. 그러한 콤부차의 효능으로는 다음과 같은 것들이 있다.

불면증, 피로 임신기에는 태아의 성장을 위해 에너지를 많이 소비하기 때문에 임부의 몸이 피로해지는 것은 매우 당연한 일이다. 그런데 콤부차는 비타민 B와 소량의 카페인을 함유하고 있어 몸의 에너지를 자연스럽게 북돋워 주는 효능이 있다. 두 성분이 모두 상쇄되어 사라지는 일도 없이 에너지를 낸다. 출산이 임박하면 흥분과 함께 수반되는 불안으로 인해 불면증이 생길 수도 있다. 콤부차의 자양강장제적인 효능은 몸이 스트레스에 스스로 대응할 수 있도록 조절해 준다. 라벤더, 캐모마일, 그 밖에도 심신 이완의 효능이 있는 허브로 맛을 내면 그와 같은 효과는 더 크게 증대시킬 수 있다.

변비, 속 쓰림, 소화 불량 임신기에는 식도가 이완되면서 속 쓰림의 증세가 늘어나는 경향이 있다. 소화관의 근육도 이완되어 연동 운동이 감소하여 변비를 유발할 수 있다. 콤부차는 변비, 소화 불량, 속 쓰림, 그 밖의 소화 장애에도 치유 효능이 좋은 것으로 유명하다. 이 콤부차를 정기적으로 다량의 물과 함께 몇 온스씩 섭취하면 몸에 수분을 공급할 뿐 아니라 건강에도 큰 도움이 된다.

치질 임신기에는 혈류가 증가하면서 정맥 혈관이 팽창할 수 있다. 변비와 함께 자궁이 확장되고 가스가 차면서 압력이 가해지면 치질이 발생할 가능성이 높아진다. 콤부차는 국소 염증을 줄여 주는 효능이 있어 스코비를 조금 뗀 조각이나 콤부차에 흠뻑 적신 천을 짜서 해당 부위에 처치하면 치질이 완화될 수 있다. 필요에 따라 이 작업을 여러 회 반복하면 된다.

다리 경련 일부 임부는 다리에 경련이 일어나는 증세를 경험한다. 이러한 경련은 몸에서 칼슘이 많이 소비되었을 때 일어난다는 설이 있다. 이미 칼슘 보충제를 복용하고 있는 경우에는 콤부차를 함께 마실 것을 권장한다. 콤부차는 칼슘이 몸에 흡수되는 양을 증가시키기 때문이다. 콤부차를 직접 만들어 마시는 경우에는 으깬 달걀 껍질을 넣어 발효시켜 마셔도 좋다. 칼슘을 보충해 줄 뿐 아니라 향미를 부드럽게 하면서 카보네이션 carbonation(탄산가스의 생성 및 주입)도 가능하기 때문이다.

임신선과 그 밖의 피부 변화 피부는 성장하는 태아를 수용하기 위해 늘어나는 놀라운 조직이다. 콤부차를 국소적으로 사용하면 튼 살과 임신선의 변화를 최소화하는 데 매우 효과적이다.

모유 수유 초산부들은 경험의 부재와 함께 유아를 돌보는 과정에서 과도한 스트레스를 받을 경우에 종종 모유가 나오지 않는 증세를 경험한다. 유럽 지역에서는 산모가 긴장을 풀고 모유가 잘 나올 수 있도록 하기 위해 종종 생맥주의 섭취를 권장한다. 콤부차 내에 함유된 소량의 알코올과 영양 성분도 그와 비슷한 역할을 한다.

여성 생리에 관한 콤부차의 효과

몸의 시스템이 균형을 잃으면 제 기능을 발휘하지 못한다. 그 결과로 소화기계, 월경, 정서적인 면에도 나쁜 영향을 줄 수 있다. 바꿔 말하면, 몸의 시스템이 균형을 회복하면 다시 제 기능을 발휘할 수 있다는 것이다.

콤부차는 몸의 균형을 자연스레 되찾아 주면서 해독하는 특성이 있어, 특히 불임으로 고통을 받고 있는 여성들에게는 매우 유익할 수 있다. 사람의 몸은 필요한 영양분을 충분히 섭취하지 못하거나, 독성 물질과 유해한 박테리아나 효모로 인해 건강 상태가 몹시 나빠지면 재생하기에는 최적의 상태로 볼 수 없다. 천천히 해독하면서 몸의 균형을 서서히 찾아가는 과정은 우리 몸이 다시 재생할 수 있는 최적의 환경을 조성하는 데 큰 도움이 된다.

그런데 콤부차를 마신 여성들에게서 볼 수 있는 효과는 저마다 다르다. 일부 여성들은 폐경기 뒤에도 월경의 주기가 다시 시작되었다고 하는 반면, 또 다른 가임기의 여성들은 월경의 흐름에 큰 변화가 생겼다고 말하는 것이다. 사람의 몸이 모두 다르듯이, 여성들의 경험도 이와 같이 저마다 다른 것이다.

영유아와 어린이들

부모들이 아이들에게 콤부차를 먹이기 시작하는 시기는 사람마다 다르다. 대부분의 부모들이 생각하는 것과는 다르게, 아이들은 종종 콤부차의 맛을 좋아한다. 소다수와 그 밖의 가공 식품들에 아직은 노출된 시간이 짧아 아이들 몸의 생화학적인 특성이나 맛의 선호에 영향을 덜 준 것으로 생각된다. 그 이유가 무엇이든지 간에, 아이들은 처음에 시큼한 맛에 얼굴을 찌푸리더라도 나중에는 좀 더 달라고 보챈다!

일부 부모들은 12개월 미만의 아이들에게도 발효 음식을 먹이면 건강에 좋을지 문의한다. 이와 같은 문의를 하는 데는 아이들이 아직 면역체계가 바로 서 있지 않은 데 대한 걱정과 함께 알레르기 반응이 일어날지도 모른다는 두려움이 자리하고 있기 때문이다. 콤부차와 같은 식품과 관련하여 대부분의 부모들은 12개월 이후에 먹이는 것이 좋다고 한다. 그러나 일부 부모들은 아이들이 걸음마를 뗀 뒤에 먹이는 것이 좋다고 한다.

한편, 오늘날 세계 곳곳에서는 4~7세의 영유아에게도 콤부차와 케피어와 같은 여러 발효 식품들을 먹이고 있다고 한다. 그런데 아이들에게 발효 식품을 먹이는 일이 좋을지, 나쁠지에 대한 판단은 지금도 매우 혼란스럽다. "물론이죠, 영양성이 매우 풍부하잖아요!"라는 대답은 매우 합당해 보인다. 그럼에도 병에 든 정제 비타민이 보다 더 안전하고 우수한 것으로 여겨지는 현실은 매우 납득하기 어렵다!

콤부차를 처음으로 마시는 사람과 마찬가지로 아이들도 처음에는 매우 적은 양으로 섭취해야 한다. 처음에는 콤부차 1~2온스 정도에 물을 섞어 마시거나, 아니면 콤부차를 먹은 뒤에 곧바로 물을 들이켠다. 몸에서 긍정적인 반응이 일어나면 그 섭취량을 점차 늘려 간다. 이와 같은 식이 요법에 따르면, 부모들은 콤부차가 자신의 아이들에게 주는 효과를 잘 관찰할 수 있다. 관찰 요소인 바이오피드백biofeedback에는 대변(빈도, 크기, 냄새), 사라지는 습관, 소화 반응(가스 또는 복부 팽만)도 포함된다.

이와 같은 과정에서 아이들이 성장하여 콤부차의 전문가가 되고, 그 부모들이 콤부차를 만들 때 작업을 도와준다는 이야기들을 많이 듣게 된다.

면역계가 손상된 사람들

일반적으로 면역계와 관련하여 건강상에 심각한 문제가 있는 사람들은 살아 있는 발효 식품을 그들의 손상된 면역계의 환경에 공급하는 일에 매우 주의를 기울여야 한다. 이와 동시에 발효 식품 또는 프로바이오틱스는 긍정적인 효과로서 일반 사람들의 건강을 증진할 수 있고, 면역계의 질환으로 고통을 받고 있는 수많은 사람들도 회복시킬 수 있다. 이와 같이 콤부차와 같은 발효 식품은 건강상에 문제가 있는 사람들에게는 매우 훌륭한 선택지이지만, 극소수의 사람들에게는 예측할 수 없는 문제를 야기할 수 있다. 예를 들면, 특정한 면역계 질환을 앓고 있는 환자의 경우에는 바이오피드백 신호를 통해 콤부차가 몸에 어떻게 작용하는지 잘 살펴보아야 한다.

다수의 질환을 동시에 치료하기 위해 여러 의약품을 처방전으로 함께 복용하는 환자는 의사와 긴밀하게 상담하여 콤부차가 몸에 미치는 영향을 완전히 평가할 수 있을 때까지 잠정적으로나마 소량으로 섭취하는 것이 바람직하다. 특히 간 기능에 이상이 있는 사람들은 콤부차를 정기적으로 마실 경우에 의사의 진찰을 받으면서 몸의 상태를 점검하는 것이 좋다.

콤부차 에세이

영유아의 배앓이에 효능이 있는 콤부차

"러시아에서는 전통적으로 배앓이를 하는 영유아의 고통을 줄여 주기 위해 콤부차를 먹여 왔다. 다음에 아이가 배앓이로 아파하면, 콤부차를 1~2온스 정도 먹여 본 뒤 아이의 반응이 어떤지 살펴보길 바란다."

콤부차는 부기맨(유령)?

콤부차에 관한 터무니없는 낭설도 있다. 가장 심한 낭설은 '콤부차를 마시면 죽는다'는 이야기이다. 결론부터 말하면, 콤부차는 자연 치료약으로 사용된 기록이 전 세계의 곳곳에 남아 있으며, 그 기록은 약 100년 전으로까지 거슬러 올라간다. 그동안 과학적인 연구도 숱하게 진행되어 왔고, 오늘날에는 수백만 명의 사람들이 가정에서 콤부차를 '직접 만들어 DIY' 마신다. 현재까지 콤부차를 마신 뒤 건강에 치명적이었던 사례는 단 한 건도 없었다. 한마디로 콤부차는 '황금알을 낳는 거위'나 다름없다.

이는 콤부차를 마시고도 그 누구도 아프지 않았다는 이야기가 아니다. 또한 병을 앓고 있는 환자들이 콤부차를 마시고도 부작용이 없을 것이라고 결코 단언할 수도 없다. 콤부차는 다른 발효 음식과 마찬가지로 면역계에 문제가 있는 사람들이라면 주의해서 섭취해야 한다. 이는 건강에 좋아서 수많은 사람들이 섭취하는 땅콩이 미국에서만 한 해 최대 100명의 사망자를 내는 주요 원인이라는 점과 같은 맥락이다. 사실 미국 정부에서 승인하여 유통하는 식품들로 한 해에만 약 3000명의 사망자를 내고, 정부가 엄격히 규제하는 처방 의약품으로 인해 한 해의 사망자 수만 약 10만 명이 넘는다.

그럼에도 불구하고 인터넷상에서는 '콤부차는 부기맨(유령)!'과 같은 근거 없는 낭설이 유포되기도 한다. 그와 같은 소문의 배경에는 다음과 같은 일들이 있다.

먼저 사람이 소중한 생명을 잃었던 한 차례의 사건이 있었다. 이 사건은 1995년에 있었던 일로 당시에는 지금처럼 콤부차의 연구가 활발히 진행되지 않았고, 온라인상으로 정보를 찾아볼 수도 없었다. 가정에서 콤부차를 만들었던 한 여성 노인이 불행히도 장이 천공된 상태에서 콤부차를 마셨고 패혈증을 일으킨 뒤 곧바로 심장 마비로 죽은 것이다. 2주 뒤 같은 마을의 또 다른 여성은 콤부차를 만들던 과정에서 갑자기 폐와 심장에 심각한 문제가 발생하였는데, 그 이유로는 몸의 산성도가 높아졌기 때문인 것으로 추정되었다. 다행히도 그 여성은 곧바로 치료를 받고 목숨을 건졌다. 그런데 이 사건을 접한 의사들이 두 여성이 그동안 들어 본 적도 없는 콤부차를 만들고 있다는 사실을 알게 되면서 정부의 보건당국에 신고한 것이다. 그리고 신고를 접수한 미국 식품의약국 FDA, Food and Drug Administration이 역학조사를 위해 파견되었고, 질병통제예방센터 CDC, Centers for Disease Control and Prevention도 이와 관련하여 '콤부차가 관련되어 있을 수 있다'는 내용의 표준 성명서를 발표하였다. 여기에 고시된 검사 결과에는 병원균이 제시되지 않았고, 구체적인 관련성이나 의학적인 설명도 부연되지 않았다.

덧붙이면, 같은 마을에서 유사한 콤부차의 스코비를 만들던 100여 명의 다른 사람들에게는 이와 같은 사건이 전혀 발생하지 않았다. 결론적으로 말하면, 그와 같은 불행이 우연히 일어났음에도 불구하고, 마치 콤부차가 그 원인이라고 기정사실화해 발표한 것이었다. 그 뒤 콤부차와 관련하여 수없이 많은 연구들이 진행되었고, 지금은 그 연구 결과들이 과거의 오해만큼이나 인터넷상에서 쉽게 찾아볼 수 있기를 기원해 본다!

또 다른 이야기는 2007년 후천성면역결핍증에 걸린 환자가 마트에서 구입한 콤부차를 수시로 마신 뒤 어지럼증과 호흡 곤란의 증세를 호소하며 응급실에 실려 온 사건이다. 당시 콤부차에 문외한이었던 의사들은 잠재적인 연관성을 조사하기 위하여 음료나 환자의 과거 병력에 대한 검사를 전혀 실시하지 않고 곧바로 환자의 병인이 콤부차일 것으로 예단하였다. 이 사건으로 인해 콤부차에 대한 인식은 한층 더 나빠졌다.

마지막으로 테러와 콤부차를 부당하게 연결시킨 또 하나의 사건도 있다. 1990년대에 있었던 일로서 이란산 콤부차에 탄저균이 들어 있다는 신고였다. 진상 조사로 밝혀진 사실은 탄저병에 감염된 젖소가 사육된 마구간에서 콤부차가 만들어진 것뿐이었다. 여기서 우리가 바로 알아야 할 점은 탄저병에 걸린 젖소 옆에서는 콤부차를 만들면 안 된다는 것이지, 콤부차 자제가 문제인 것은 결코 아니라는 사실이다.

콤부차에 대한 오해 바로잡기!

작물을 재배하고 식량을 준비하는 전통적인 방법들이 부활하고, 거기에 발효의 매력까지 더해지면서 최근에는 콤부차를 직접 만들어 마시는 일이 더 이상 거스를 수 없는 일이 되었다. 무지와 기대가 결합되면, 사실인 정보조차도 종종 환상과 두려움이 함께 뒤섞여 뒤죽박죽인 것이 된다. 오늘날 콤부차에 대한 지식이 날로 증가하고, 정보들도 더욱더 많이 소개되지만, 불행하게도 오래 묵은 오해들이 사라지기는커녕 오히려 더 증가하고 있다.

콤부차는 사실 사람의 몸에 거의 해로움이 없음에도 불구하고, 오해들이 마치 사실인 양 가장되어 가정에서 콤부차 DIY에 나선 사람들을 오도하고 혼란에 빠뜨리고 있다. 여기서는 콤부차에 대한 오해를 바로잡기 위해 그동안 널리 잘못 알려진 사실들을 소개한다.

오해 1 : 콤부차는 버섯이다(X)

가장 널리 알려진 오해 중 하나이다. 박테리아와 효모의 공생 균사체인 스코비가 마치 큰 버섯갓과 비슷하게 보여 그런 오해가 생겼을 가능성이 높다. 콤부차는 현재 그 계통 분류의 체계가 아직 공식화되지는 않은 상태이다. 그런데 콤부차(효모)와 버섯은 모두 상위 분류에서 진균류에 속하지만, 그 아래의 하위 분류에서 콤부차는 자낭균류, 버섯은 담자균류에 속한다. 쉽게 말하면, 형제 관계가 아니라 먼 사촌 관계인 것이다. 따라서 엄밀하게 말해, '콤부차가 곧 버섯'인 것이 아니다.

그런데 혼란을 가중시키는 또 하나의 일도 있다. 일부 다른 나라에서는 콤부차의 옛 이름이 영어로는 버섯을 뜻하는 '머시룸mushroom'이었던 것이다. 이로 인해 그와 같은 옛 이름을 영어로 번역할 경우에 '콤부차 머시룸'이 더 기억하기에 쉬운 이름이 된 것이다.

오해 2 : 금속은 콤부차를 '망친다'(X)

콤부차는 강력한 해독 작용이 있기 때문에 콤부차와 금속 간의 접촉은 단 몇 초일지라도 되도록 피하는 것이 좋다는 과도한 경고가 홍수처럼 흘러넘치고 있다. 사실 스트레이너나 가위와 같은 금속 도구와의 단순 접촉으로는 스코비를 유독하게 변질시키거나 콤부차를 오염시킬 수 없다. 콤부차를 우려내 마실 때 가장 안전한 금속 소재가 있다면, 그것은 아마도 304등급 이상의 스테인리스강일 것이다. 유해 물질이 침출될 가능성을 완전히 배제하려면 그 사실을 기억해 두는 것이 좋다.

오해 3 : 스코비는 냉장 보관해야 한다(X)

너깃같이 못생긴 스코비는 우리 주위의 곳곳에서 흔히 볼 수 있을 정도로 매우 광범위하게 퍼져 있다. 그로 인해 콤부차를 만드는 사람들은 종종 콤부차에 대해 '부패하지 않는다', '그냥 내버려 두어도 괜찮다'는 식으로 말하곤 한다. 사실 스코비는 적당히 보관하면 결코 상하지 않는다. 그러나 저온에서 스코비를 보관할 경우에는 스코비를 이루는 박테리아와 효모가 비활성화되어 곰팡이가 생길 수 있다. 따라서 그러한 스코비로는 콤부차를 정상적으로 만들지 못할 수도 있는 것이다. 스코비를 냉장 보관할 경우에는 박테리아와 효모가 비활성화되어 1회분 또는 2회분의 콤부차가 정상(또는 비정상)일 수도 있다. 그러나 최종적으로는 곰팡이가 반드시 생기고 말 것이다.

오해 4 : 건조시킨 스코비도 자생할 수 있다(X)

박테리아와 효모의 상태가 너무 취약하면 스코비를 건조시켜도 곰팡이의 생성을 억제할 수 없다. 물론 그 결과도 냉장 보관할 경우와 마찬가지로 정상적인 콤부차를 만들 수 없다. 액종이 몸에 해로운 미생물체를 죽이려면 스코비의 산성도가 적당하게 유지되어야 한다. 스코비의 산성도가 그렇지 못하면 곰팡이가 슬기 쉬운 환경이 되고, 또 탈수된 박테리아도 제 기능을 수행할 수 없는 것이다.

덧붙여 말하면, 콤부차를 첫 회분을 만들기에 앞서, 건조시킨 스코비에 다시 수분을 공급하는 데는 최대 6주 정도 걸린다. 이 또한 실패할 가능성이 매우 높아 굳이 시간을 낭비할 필요는 없다.

오해 5 : 콤부차는 몸을 산성화시킨다(X)

사람의 몸은 매우 복잡하고 신비스러운 유기체로서, 항상성을 통해 건강을 유지하는 데에도 매우 능숙하다. 몸 내부의 산성도(pH)가 급격히 변화하면, 사람은 질병에 걸리거나 드물게는 죽음에 이르기도 한다. 그리고 몸은 적정한 산성도를 유지하기 위해 폐, 신장, 소화기계와 같은 여러 해독 및 완충 기관을 동원한다. 이를 통해 특정한 음식을 소화하는 과정에서 발생하고, 또 신진대사 과정의 부산물로 우리 몸에 항상 존재하는 산성 물질들을 처리한다.

한편, 산성(또는 알칼리성) 식단이 건강에 유익한지의 여부에 대한 논쟁도 있다. 그러나 우리가 알아야 할 것은 음식물이 장에서 소화될 때는 항상 그 성분들이 산성이든, 알칼리성이든, 둘 중의 어느 한 형태로 잔여물을 남긴다는 사실이나. 그리고 몸은 항상 산성, 알칼리성의 어느 한쪽에 극단적으로 치우치면 병이 나서 고통을 받는 것이다. 따라서 음식을 섭취할 경우에는 반드시 어느 한쪽 유형에 치우치기보다는 고르게 균형을 유지하는 것이 더 중요하다.

그러면 콤부차를 마시는 일은 어떤가? pH가 낮으면 몸도 산성화되는 것이 아닐까? 이는 아마도 콤부차를 마시면 안 된다고 하는 이유 중 하나일 것이다. 물론 그 대답은 '아니요'이다. 콤부차의 pH가 2.5~3.5로 대체로 낮은 것이 사실이지만, 소화되고 남은 잔여물의 성질은 산성이 아니라 알칼리성을 띤다. 이는 레몬주스와 사과즙 발효 식초를 먹을 때와 비슷한 효과를 나타내는 정도이다.

오해 6 : 가정에서 콤부차를 만들면 위험하다(X)

일반 가정에서 콤부차를 직접 만들 경우에 신경을 써야 할 부분은 딱 한 가지이다. 바로 곰팡이이다! 이 곰팡이는 콤부차의 위쪽 겉면에 파란색, 검은색, 흰색 등의 보풀 형태로 생긴다. 콤부차에 곰팡이가 생겼으면, 빵, 치즈, 과일에 곰팡이가 생겼을 때와 마찬가지로 버려야 한다. 그러나 콤부차의 배양 상태가 좋고 위쪽의 액종도 강하게 형성되어 있으면, 적당한 과정을 거쳐 콤부차를 성공적으로 만들 수 있다.

오해 7 : 콤부차는 만병통치약이다(X)

마지막으로 다시 한 번 더 짚고 넘어가야 할 사항은 콤부차는 만병통치약이 아니라는 것이다. 사실, 콤부차는 그 어떤 병도 직접 치료하지 못한다! 다만 몸의 독소를 점진적으로 제거하여 면역계가 정상적으로 기능할 수 있도록 도울 뿐이다. 필터 클리너의 기능을 생각해 보라. 몸의 간에도 일종의 필터가 있는 것이다.

또한 콤부차는 자양강장제로도 기능한다. 자양강장제는 세 가지의 기준을 충족시키는 식물이나 화합물을 일컫는데, 첫째 독성이 없고, 둘째 병리학적인 비특이성(몸의 일부 특정 조직이나 기관이 아니라 온몸 전체적으로 작용)을 띠고, 셋째 몸의 항상성을 유지하는 것이다. 결국 콤부차는 몸무게를 줄이든지, 늘리든지 간에 어느 경우에도 도움이 될 수 있는 것이다.

CHAPTER 3

콤부차는 스코비에서 시작

발효를 유도하는 살아 있는 물질인 콤부차의 기본 배양균을 '스코비 SCOBY, symbiotic culture of bacteria and yeast'라고 한다. 참으로 모순적인 것이 언뜻 보기에는 아름답지만, 자세히 들여다보면 못생겼으며, 그러면서도 매우 섬세하다. 크고 작은 골마지들이 모두 콤부차를 매번 만들 때마다 다시 생겨나는데, 이는 콤부차의 오염과 수분의 증발을 막아 주는 스코비가 잘 형성되고 있다는 물리적인 징표이다.

스코비(SCOBY)라는 용어는 1990년대 중반에 야후Yahoo의 콤부차 명부 원본에 등재된 렌 포지오Len Porzio가 처음으로 창안하였다. 이 용어는 배양 골마지와 이미 제조 과정이 완료된 콤부차를 구분하기 위함이었다. 스코비에서는 이름의 뜻 그대로, 배양균과 액종에서 박테리아와 효모가 역동적으로 가득하게 공생하고 있다. 분류학상으로 같은 계통의 두 미생물체는 지구상의 다른 생물체와 마찬가지로 서로 경쟁하고, 또 협력한다.

이 살아 있는 스코비에서 박테리아와 효모 간의 생태 균형이 이루어지고 상호작용하는 가운데 발효가 진행되면서 건강에도 좋은 산의 물질이 생기는 것이다. 그러나 모든 스코비들이 박테리아와 효모가 모두 동일하게 혼합되어 있는 것은 아니며, 품질도 또한 모두 동일한 것이 아니다. 일부 사람들이 다른 사람들보다 더 자연스럽고 일관성 있게 맛있는 음료를 생산하는 것도 다 그 이유 때문이다.

스코비의 구성 요소가 이와 같이 매우 다양한 것은 모든 생물체에서 볼 수 있는 다양성이 반영되었기 때문이다. 동일한 부모로부터 태어난 형제가 동일한 환경에서 성장하였더라도 완전히 다른 성인이 되는 것과 같이, 동일하게 준비된 두 콤부차도 모양이나 맛이 다를 수 있는 것이다. 따라서 콤부차를 만드는 과정은 완벽하게 통제할 수는 없다. 그러나 이 또한 발효의 큰 묘미라고 할 수 있다. 왜냐하면 발효는 살아 있는 역동적인 과정이기 때문이다.

스코비는 정확히 무엇인가?

스코비는 균류의 집단체가 젤리와 같이 덩어리를 형성한 것이다. 이는 일종의 생물막biofilm으로서 미생물학에서는 전문용어로 '주글리얼 매트zoogleal mat'(이하 매트)라고 한다. 다시 말하면, 다량의 박테리아와 효모들이 셀룰로오스의 나노섬유로 묶여진 공생 균사체이다. 스코비를 이루는 주요 박테리아는 흔히들 '아세토박테르 크실리눔Acetobacter xylinum'이라고도 하는 코마타가에이박테르 크실리눔Komatagaeibacter xylinum으로서 셀룰로오스를 다량으로 생산한다. 물론 다른 종류의 균류도 들어 있다. 이 스코비에 든 박테리아와 효모는 서로 공생 관계에 있다. 효모의 발효 부산물이 박테리아에 영양을 공급하고, 박테리아의 발효 부산물이 효모에 영양을 공급하여 생존을 상호 의존하는 것이다.

박테리아와 효모는 서로의 작업이 더 쉽도록 스코비를 셀룰로오스로 엉겨 붙은 매트의 구조로 만든다. 스코비를 한 층에는 효모가 살고, 다른 층에는 박테리아가 교대로 사는 아파트와도 같은 건물로 생각하면 이해하기가 쉽다. 스코비의 이러한 매트 구조는 외부로부터 박테리아와 효모가 유입되는 것을 차단해 티의 발효 과정을 보호하고, 발효의 재료인 음식이 상하는 것도 막아 준다.

또한 콤부차가 만들어지는 과정에서는 탄산가스가 자연적으로 발생하면서 그 양도 늘어난다. 이로 인해 콤부차에서 수분이 증발하는 현상도 줄어든다. 스코비의 매트 구조는 콤부차를 만드는 사람들이 한 회분batch을 만들고 난 뒤에 다음 회분을 훨씬 더 쉽게 만들 수 있도록 한다. 왜냐하면 매트를 이룬 스코비를 단순히 옮기기만 하면, 박테리아와 효모의 유형과 종을 동일하게 유지하면서 일종의 '계대 배양'을 할 수 있기 때문이다.

박테리아와 효모 간의 공생 관계는 콤부차에 침입하려는 병원성 유기체에 이른바 '2단 옆차기'를 날리는 것과 같다. 액종과 배양균의 낮은 산성도는 다른 박테리아의 세포막을 파괴하는 반면, 처음부터 낮은 산성도를 창조하는 여러 건강에 유익한 유기산들은 항균, 항바이러스와 함께 그 밖의 항미생물의 효과도 있는 것으로 입증되었다. 이와 같은 이중 기능은 독소가 발생할 가능성을 낮춰 주기 때문에 콤부차의 자양강장 효능을 더욱더 높여 준다.

스코비는 수백만 마리의 미생물들이 탑승해 있는 '우주함대'이며, 그 구성원인 미생물들은 공동 생존을 위해 함께 노력을 기울이고 있다. 여기서는 스코비의 구성원인 미생물들의 공생 관계를 이해하는 데 꼭 필요한 기본적인 내용부터 소개한다.

콤부차 에세이

당신의 모든 감각을 믿어라!

" 콤부차를 만들어 마시는 일은 전적으로 감각적인 경험에 따른다. 그 감각적 경험으로는 다음의 것들이 있다.

- 미각 : 단맛, 신맛, 복합적인 맛이 시시각각으로 변화한다.
- 후각 : 건강에 유익한 발효를 암시하는 날카로운 냄새가 나야 한다.
- 시각 : 스코비는 크림색이 도는 흰색이며 종종 효모가 갈색의 띠를 이루고 있다. 곳곳에 이산화탄소를 방출하는 구멍들이 있다. 거품은 배양체 표면 바로 아래에서 생긴다.
- 촉각 : 스코비가 부드럽고 매끄럽다.
- 청각 : 부드럽게 튀는 듯한 거품의 소리는 콤부차가 잘 발효되고 있다는 신호이다.

이상의 내용들이 콤부차를 만들면서 자신이 느꼈던 감각과 일치하는가?"

이 사진들은 건강한 스코비가 크기와 모양별로 얼마나 다양한지 잘 보여 준다.

박테리아란 무엇인가?

박테리아는 불행하게도 세균을 두려워하는 인간 사회에서 늘 비난의 대상이 되었다. 음식을 준비할 때 청결을 유지하는 것은 매우 중요하고 당연한 일이다. 그런데 '박테리아와의 전쟁'은 어떤가? 오늘날 항생물질은 처방을 위한 의약품에 남용되고 있다. 휴게실에 비치된 손세정제와 일반 가정의 비누에도 들어 있을 뿐 아니라, 더 나아가서는 사람이 먹는 식품의 공급 시스템에도 침투되어 있다. 이로 인해 사람의 몸과 함께 오랫동안 진화해 왔던 '유익한' 박테리아와 '유해한' 박테리아의 균형이 깨졌다. 최근에는 이러한 상태와 관련한 그 부정적인 영향들에 대해서도 수많은 연구들이 진행되고 있다.

박테리아는 단세포 원핵생물이다. 원핵생물은 핵이 핵막으로 둘러싸여 있지 않아 구분되지 않고, 막으로 둘러싸인 세포소기관들도 없다. 이에 상대되는 진핵생물은 핵이 핵막으로 둘러싸여 있어 뚜렷이 구분된다. 효모, 버섯, 그리고 사람 등은 진핵생물에 속한다. 따라서 사람은 계통수에서 박테리아보다 버섯에 더 가깝다.

이와 같이 박테리아는 지극히 단순한 생물이지만, 번식력이 매우 강하고, 그 종도 매우 다양하며, 지구상의 생물에게는 없어서는 안 될 꼭 필요한 존재이다. 박테리아의 단순성은 모든 생명체들이 건강을 유지하는 데 꼭 필요한 요소이다. 또한 박테리아는 진화의 매개체로서 DNA를 전달하고 유전자의 발현을 개폐하여 세포를 재생산하는 일에도 깊숙이 관여하고 있다.

콤부차 배양균에는 아세트산균이 항상 우세하게 존재하여, 스코비를 만드는 셀룰로오스를 생산할 뿐만 아니라 효모에 의해 생산되는 에탄올을 아세트산으로 전환시킨다. 콤부차 배양균에는 코마타가에이박테르 크실누스가 대부분을 차지하지만, 주위의 박테리아 환경과 모배양균에 따라 각 콤부차의 배양균에는 저마다 독특한 박테리아의 종과 변종들이 생긴

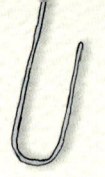

용어유래: 박테리아(Bacteria)

19세기에 미생물 식별과 현미경학적 연구 분야의 대가였던 독일의 동물학자 크리스티안 고트프리트 에렌베르크(Christian Gottfried Ehrenberg, 1795~1876)는 1838년에 현미경으로 우연히 막대 모양의 미생물을 관찰하였다. 에렌베르크는 '지팡이' 또는 '줄기'를 뜻하는 그리스어인 박테리온(baktērion)에서 어원을 차용하여 그 미생물을 '오르가니즘 박테리움(organism bacterium)'으로 명명하였다.

다. 또한 박테리아는 이와 같이 스코비를 만드는 일 외에도 효모가 생성시킨 에탄올을 건강에 좋은 산으로 전환시키는 역할도 수행한다.

효모란 무엇인가?

효모는 단세포의 진균체(곰팡이류)로서 오랜 역사 기간에 걸쳐 인류와 함께해 왔다. 훌륭하게 출아한 효모가 없었다면, 오늘날 우리는 빵을 굽거나 발효를 전혀 할 수 없었을 것이다. 이 효모는 발효 과정에서 설탕과 같은 당을 분해하여 에탄올과 이산화탄소를 생성시키고(에탄올 발효), 세포 호흡 과정에서는 물과 이산화탄소를 생성시킨다(산화 과정).

이산화탄소는 빵을 부풀어 오르게 하고, 발효 음료에서는 거품을 자연적으로 생성시킨다. 앞서 언급한 것처럼, 스코비에 든 효모는 에탄올을 생성시키고, 박테리아는 이 에탄올을 섭취하여 아세트산으로 전환시킨다.

이러한 효모는 콤부차 위로 갈색의 끈이나 띠로 뭉쳐 떠다니기 때문에 육안으로도 확인할 수 있다. 효모가 다시 번식함에 따라 콤부차의 색상은 점점 더 어두워지는데, 이때 효모들은 스코비 아래에 붙어 있거나 병 바닥에 가라앉아 있다. 정확한 배합과 유형은 효모의 국지적인 밀도와 종류에 따라 다르게 나타난다. 가장 일반적으로 발견되는 균류는 사카로미세

콤부차 배양체에 든 박테리아와 효모

박테리아의 종류는 수없이 많다. 이러한 박테리아들은 오늘날의 지속적으로 재조사되고 있고, 조금이라도 차이점이 발견되면 그 학명이 다시 명명되고 있다. 대표적인 사례가 도쿄 대학의 응용미생물연구소Institute of Applied Microbiology의 가즈오 고마가타Kazuo Komagata 박사가 2013년 DNA 염기서열 분석을 이용한 아세트산박테리아의 연구에서 글루콘아세토박테르Gluconacetobacters에 속한 박테리아들을 새롭게 분류한 것이다. 차이점이 너무도 분명하여 분류는 더 쉬웠는데, 특히 연구 데이터는 계통발생학적, 형질 표현적, 생태학적 차이를 명확히 보여 주었다. 결과적으로 수많은 박테리아들이 글루콘아세토박테르에서 코마가타에이박테르Komagataeibacter로 새롭게 분류되어 명명되었다. 그러나 최근에 새로 명명되었기 때문에 오래전의 연구 자료들에서는 옛 이름이 그대로 남아 있다. 여기서는 새롭게 분류된 박테리아의 '최근 이름/옛 이름'을 소개한다.

효모 yeast

- 사카로미세스(Saccharomyces,), 사카로미세스 아피쿨라투스 변종(Saccharomyces apiculatus varieties), 사카로미세스 세레비시아이(Saccharomyces cerevisiae), 사카로미세스 루드위기(Saccharomycodes ludwigii)
- 칸디다 알비칸스(Candida albicans), 칸디다 케피르(Candida kefyr), 칸디다 스텔라타(Candida stellata)
- 브레타노마이세스 아노말루스(Brettanomyces anomalus), 데케라 아노말라(Dekkera anomala), 브레타노마이세스 브뤼셀렌시스(Brettanomyces bruxellensis)/데케라 브뤼셀렌시스(Dekkera bruxellensis), 브레타노마이세스 쿠스테르시(Brettanomyces custersii), 브레타노마이세스 클라우세니(Brettanomyces clausenii), 브레타노마이세스 람비쿠스(Brettanomyces lambicus)
- 자이고사카로마이세스(Zygosaccharomyces,), 자이고사카로마이세스 바일리(Zygosaccharomyces bailii), 자이고사카로마이세스 비스포루스(Zygosaccharomyces bisporus), 자이고사카로마이세스 콤부차이엔시스(Zygosaccharomyces kombuchaensis), 자이고사카로마이세스 룩시(Zygosaccharomyces rouxii)
- 스키조사카로마이세스 폼베(Schizosaccharomyces pombe)
- 토룰라스포라 델브뤼엑키(Torulaspora delbrueckii), 사카로미세스 델브뤼엑키(Saccharomyces delbrueckii) 또는 사카로미세스 페르멘타티(Saccharomyces fermentati), 토룰롭시스 종(Torulopsis spp.)
- 크레게르반니르자 플룩숨(Kregervanrija fluxuum), 피치아 플룩숨(Pichia fluxuum)
- 피치아 페르멘탄스(Pichia fermentans)
- 한세니아스포라 우바룸(Hanseniaspora uvarum), 쿨로에케라 아피쿨라타(Kloeckera apiculata)
- 로도토룰라 무킬라기노사(Rhodotorula mucilaginosa)

박테리아 bacteria

- 박테리움 카토게눔(Bacterium katogenum)
- 코마가타에이박테르 사카리보란스(Komagataeibacter saccharivorans)
- 코마가타에이박테르 크실리누스(Komagataelbacter xylinus)/아세토박테르 파스테우리아누스(Acetobacter pasteurianus), 아세토박테르 크실리눔(Acetobacter xylinum), 박테리움 크실리눔(Bacterium xylinum) 또는 박테리움 크실리노이데스(Bacterium xylinoides)
- 아세토박테르 아세티(Acetobacter aceti), 아세토박테르 케토제눔(Acetobacter ketogenum)
- 코마가타에이박테르 수크로페르멘탄스(Komagataeibacter sucrofermentans)/글루콘아세토박테르 크실리누스 수크로페르멘탄스(Gluconacetobacter xylinus sucrofermentans)
- 아세토박테르 트로피칼리스(Acetobacter tropicalis)
- 글루콘아세토박테르(Gluconacetobacter), 글루콘아세토박테르 종(Gluconacetobacter spp.), 글루콘박테르 옥시단스(Gluconobacter oxydans), 박테리움 글루코니쿰(Bacterium gluconicum)
- 코마가타에이박테르 한세니이(Komagataeibacter hansenii)/글루콘아세토박터 콤부차이 종(Gluconacetobacter kombuchae sp.)
- 아세토박테르 니트로게니피겐스(Acetobacter nitrogenifigens, sp. nov.)
- 코마가타에이박테르 인터르메디우스(Komagataeibacter intermedius)/글루콘아세토박테르 인테르메디우스(Gluconacetobacter intermedius) 또는 아세토박테르 인테르메디우스(Acetobacter intermedius)
- 프시도모나스(Pseudomonas), 프시도모나스 푸티다(Pseudomonas putida)

스^{Saccharomyces}, 브레타노미세스^{Brettanomyces}, 지고사카로미세스^{Zygosaccharomyces} 종이다.

공생의 방법은?

공생은 생물체들, 즉 박테리아와 효모, 모균과 자균, 사람과 환경 간에서 볼 수 있는 '아름다운 춤'으로 비유된다. 우리는 일상생활에서 매일 같이 공생을 경험하지만, 모든 사물들이 실은 매우 깊은 상호연관성을 맺고 있는 데에 대한 고찰의 시간을 그다지 갖지 않고 산다. 콤부차를 준비하는 과정은 신체적으로 공생 관계를 맺는 것과 동시에 마음과 정신이 우리의 진정한 본능과도 깊이 연결되어 있다는 사실을 느낄 수 있도록 한다.

효모와 박테리아는 콤부차의 배양액 속에서 복잡한 상호 의존 관계를 유지한다. 갓 우려내어 신선하고 단맛이 나는 티에 배양균과 액종이 첨가되면, 효모는 수크로오스^{sucrose}(자당) 분자의 약한 화학결합을 끊어 프록토오스^{fructose}(과당)와 글루코스^{glucose}(포도당) 성분으로 분해한다.

산소를 손쉽게 이용할 수 있는 이 단계에서 효모는 산소 호흡을 하면서 이산화탄소와 물을 생성하고, 효모 덩어리는 액체 표면 근처로 이동한다. 효모가 설탕을 분해하여 포도당을 만들고, 박테리아는 포도당

> **용어유래: 효모(Yeast)**
>
> 고대인들은 발효 과정에서 생기는 거품을 물이 끓을 때 생기는 거품과 유사하다고 생각하였다. 효모(yeast)라는 용어도 인도 게르만 공통 조어로 '끓이기, 거품, 포말'이라는 뜻의 '예스[jes]'에서 파생되었고, 이와 관련해 게르만조어 'jest'가 영어로 변천한 것이다. 이때 'j'는 독일어에서 '[y]'로 발음한다.

박테리아와 효모
파티 플래너 vs. 파티족

훌륭한 파티는 파티 플래너와 파티족이 적절한 균형을 이루고 있는 것이다. 콤부차를 만드는 파티에서도 마찬가지이다. 이미 알고 있듯이, 파티 플래너는 늘 부족한 반면, 파티족은 항상 차고 넘친다. 콤부차에서 효모는 그 파티족과 같은 역할을 한다. 음식이 도착하면 제일 먼저 먹어보고 모두가 즐거운 시간을 보내는 경우에 재빨리 재생산(번식)하는 경향이 있다. 콤부차를 만드는 과정에서 균형을 맞추려면 일반적으로 효모의 양을 확인해야 한다.

그 방법은 콤부차 상단부의 액종을 채취해 확인하는 것이다. 상단부는 하단부에 비해 박테리아가 풍부하기 때문에 효모도 상단부에 모이는 것을 좋아한다. 콤부차 한 회분을 만든 뒤 또 다른 회분을 만들 때 효모의 양을 적정하게 유지하려면 필터를 통해 액종을 걸러 내어 효모의 양을 줄일 필요가 있다. 박테리아는 필터로 걸러 내어도 일부만 걸러져 큰 상관이 없다.

효모의 생육 온도는 비교적 넓은 반면에, 파티 플래너에 해당하는 박테리아가 번식을 통해 건강에 좋은 콤부차를 만드는 데 최적의 온도는 섭씨 24~30도이다. 유리병을 바닥이 아니라 측면에서부터 가열하면, 박테리아가 열기를 전달하기에 좋은 환경이 조성되면서 효모가 병의 바닥까지 이동한다. 이때부터는 파티족(효모)과 파티 플래너(박테리아)들의 향연이 펼쳐지면서 비로소 우리들은 콤부차를 맛있게 즐길 수 있는 것이다.

효모의 다양한 모습들

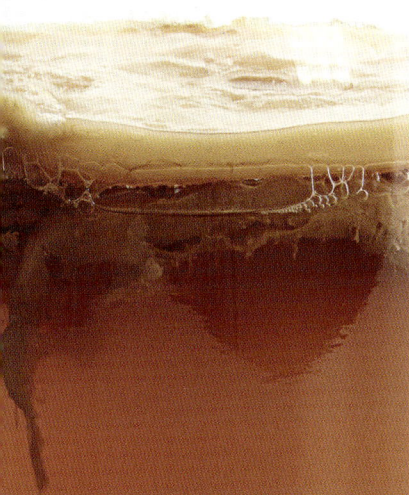

띠를 이룬 효모들은 발효의 전 과정에 걸쳐서 모배양균(스코비)에 매달려 있다.

배양균이 새롭게 만들어지는 과정에서, 일부 효모는 갈색, 검은색, 푸른색, 또는 얼룩진 셀룰로오스의 내부나 그 아래쪽에 갇혀 있을 수도 있다

정상적인 효모의 군집체들은 발효 과정 초기에 산소가 상대적으로 풍부한 표면 가까이에 밀집한다.

스코비가 완전히 형성된 상태에서 무산소 발효가 일어나면 이산화탄소가 발생하여 유리병과 배양균 사이로 모인다.

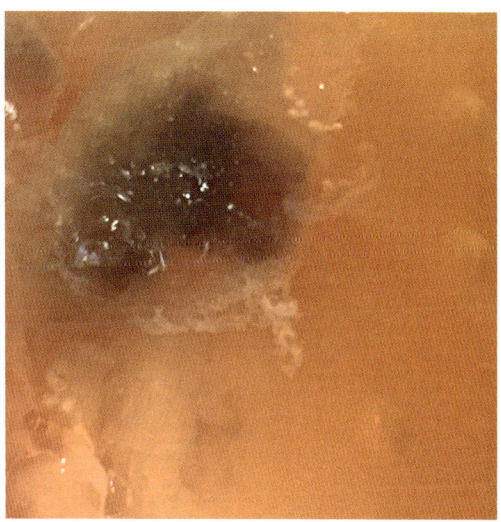

새로운 스코비가 생기고 그 아래에 효모가 갇혀 형성된 효모 덩어리는 곰팡이와 같이 보이지만 인체에는 해로움이 전혀 없다.

일명 스코비 호텔에서 효모는 배양균에 붙어 있거나, 자유롭게 떠다니거나, 병 바닥에 가라앉아 쌓여 있을 수 있다.

을 에너지로 사용해 셀룰로오스의 나노섬유를 회전시켜 배양액 상단으로 올라가 새로운 층을 만든다.

새로 형성된 스코비가 용기에 든 배양액의 표면을 완전히 뒤덮으면 산소의 농도가 현저히 감소하는데, 이때부터 효모는 더 이상 산소 호흡이 아니라 발효 과정으로 들어간다. 이 과정에서 이산화탄소와 에탄올이 생성되면 박테리아는 이를 사용해 콤부차에 신맛을 생성시키고 건강에 유익한 산의 성분들을 합성한다. 이 시점에서 소모된 효모 세포 중 일부는 병 바닥으로 떨어져 갈색의 퇴적층을 형성시킨다. 이들 효모는 더 많은 연료(설탕)가 제공될 때까지 병 바닥에서 휴식을 취하는 것이다.

발효와 호흡

효모는 발효와 호흡이라는 두 종류의 신진대사를 통하여 탄수화물을 분해한다. 발효는 효모가 혐기성 환경(산소가 없는)에서 당류를 '이산화탄소'와 '에탄올'로 분해하는 과정이다.

호흡은 효모가 호기성(산소가 있는) 환경에서 당류를 '이산화탄소'와 '물'로 전환시키는 과정이다. 콤부차는 한 회분이 만들어질 때, 그 두 과정이 시간대를 달리하여 일어나는 매우 독특한 발효 식품이다.

핵심은 균형!

앞에서 언급하였듯이, 박테리아와 효모 사이의 공생 관계는 마치 춤을 추는 것과 같이 특정한 리듬이 있다. 이러한 리듬은 모든 면에서 유익한 효능을 가져다준다. 콤부차 만들기에 나선 사람들은 이 과정에서 최고 품질의 재료를 공급하면서 서로 다른 생명체 사이에 균형이 적당히 잡힐 수 있도록 관리해야 한다. 그러면 균형이 잘 잡힌 새콤달콤한 맛과 시큼한 맛 사이의 미묘한 차이도 만들어 낼 수 있다.

이는 박테리아와 효모가 양의 상관관계로 증식하였거나, 어느 한쪽으로 편중되어 성장되었음을 의미한다. 배양액에서 효모의 수가 너무 많으면, 박테리아는 활동이 곤란해진다. 반대로 효모의 수가 적고 박테리아의 수가 너무 많으면, 거품이 생기지 않는다.

각 요소들 간의 관계를 잘 파악하고 큰 그림의 차원에서 그들의 역할을 이해하면, 콤부차를 균형 있게 만드는 데 필요한 핵심적인 안목을 가질 수 있다.

스코비를 처음 구입할 때 유의점!

서양에는 '싼 게 비지떡'이라는 속담이 있다. 이는 콤부차의 배양균을 포함해 음식뿐 아니라 모든 일에도 적용된다. 콤부차와 관련해서는 매우 오래된 전통이 있다. 양질의 콤부차를 서로에게 전해 주는 일이다. 주위에 신뢰성 높은 공급자의 기준을 고수하는 지인들이나 지역의 자가 생산자들이 있다면, 그들과 만나 교류해 보길 바란다. 그러면 매우 신선하고 농도가 높은 콤부차의 배양체와 액종을 얻을 수 있는 최상의 기회를 가질 수 있다.

자세한 내용은 차치하더라도, 스코비를 처음으로 구입할 경우에는 먼저 배송이 빠르고 품질이 보증되어야 한다. 그러기 위해서는 일류이거나 신뢰성이 높은 공급업체로부터 스코비를 받는 일이 최상의 선택이다. 그러나 염두에 두어야 할 점은 스코비를 선물로 받았든지, 직접 구입하였든지 간에 품질이 항상 좋은 것만은 아니라는 것이다. 일부 공급업체는 스코비를 운송할 때 건조 또는 반건조(액종 없이) 상태로 하여 시험관 크기로 냉장 보관할 것을 주문한다. 운송 업체로서는 추가 비용을 줄일 수 있지만, 콤부차의 신선한 맛과 향은 이러한 냉장 시스템으로 인해 사라져 버린다.

여기서는 스코비를 처음 구입할 경우에 공급업체를 선정하는 기준을 소개한다.

- 정확한 정보를 지닌 숙련된 콤부차 기술자가 있는가?

- 자세한 지침과 함께 공급 과정의 전반에서 후속 지원이 있는가?
- 적어도 너비 5인치 이상의 큰 스코비를 정기적으로 배송하거나 공급하는가?
- 숙성된 것을 포함하여 신선한 액종을 사용하는가(최소 1컵 가득, 6주 숙성한 것이 최상품).
- 냉장 보관을 권하지 않는다. 치즈클로스 cheese cloth(치즈, 버터, 육류 등 포장에 쓰이는 면직물)로 덮거나 병 바닥에 남아 있는 액종의 사용을 권하지 않는다.

이 기준들은 지난 10여 년간 일반 가정에서 수만 명의 사람들이 콤부차를 직접 만들어 마시는 과정에서 맛이 나지 않거나, 심지어는 증식도 되지 않는 스코비와 씨름하며 전화나 편지로 도움을 요청했던 내용을 바탕으로 작성된 것이다. 이러한 사람들의 대부분은 처음부터 상태가 좋지 않는 스코비를 재료로 사용해 품질이 좋지 않은 콤부차를 만들어, 몇 주간 또는 몇 개월간 마신 뒤 내다버린 상태였다. 그 뒤 다시 고품질의 스코비로 교체한 결과, 7~10일 이내에 원했던 품질의 콤부차를 정확히 만들어 마실 수 있었다.

배양이 예측대로 진행되지 않으면, 콤부차를 만드는 사람의 잘못이 아니라, 보관상의 잘못으로 인해 스코비의 신선도가 약해졌거나 상태가 변질되었을 가능성이 높다. 경험상으로는 시간과 돈을 낭비하지 않기 위해서라도 품질이 보증된 배양균을 구입하는 것이 바람직하다.

그런 다음에 친구가 스코비를 요청할 경우에 콤부차 직접 만드는 일을 순조롭게 시작할 수 있도록 위의 모든 기준들을 충족하는 스코비를 주어야 한다. 물론 신뢰할 만한 공급업체를 소개해 주어도 좋다.

하나의 스코비로는 적어도 10회 정도 사용할 수 있다. 10회 이상 사용하면 스코비의 기능이 상실되고 위축되면서 증식이 어렵다. 그러나 가정에서 직접 만드는 사람들 중에는 스코비를 다년간 사용할 수 있다는 사람도 있다. 일반적으로 처음 만든 스코비로는 콤부차를 만들고, 오래 묵은 스코비로는 먹거나 실험 재료로 사용한다. 가장자리가 문드러지거나 젤리와 같이 흐물흐물해지면 퇴비로 사용하기도 한다.

콤부차 에세이

당신의 모든 감각을 믿어라!

❝ 스코비들의 품질이 모두 동일한 것은 아니다! 여기서는 양질의 스코비를 구입하는 몇몇 방법들을 소개한다.

- 탁월한 선택 : 평판이 좋은 공급업체로부터 신선하고 온전한 형태의 배양균을 주문한다.
- 양호한 선택 : 지식이 풍부한 친구나 지역의 자가 생산자들로부터 훌륭한 배양균을 얻는다.
- 나쁜 선택 : 건조된 것, 시험관 크기로 냉장 보관된 것, 상업용 유리병에서 배양된 것을 사용한다.❞

스코비 배양 및 보관 : 스코비 호텔

최초의 모세대 스코비는 매회분 배양을 하는 과정에서 '딸 세대' 또는 '후세대'를 생성시킨다. 대개의 경우 후세대는 팬케이크미냥 하나의 층으로 형성된다. 일종의 생물막이다. 그러한 층은 조건에 따라 두꺼울 수도 있고, 얇을 수도 있다. 시간이 좀 지나고 나면 후세대의 스코비는 별도의 한 회분배양으로 사용하거나 다른 용도로 사용할 수 있다.

또한 여분의 스코비는 친구들에게 나눠 주거나 다양한 실험에 사용할 수도 있다. 이러한 스코비를 필요할 때 그때그때 사용할 수 있도록 간단하게 보관하는 방법이 바로 '스코비 호텔 SCOBY Hotel'이다. 이 스코비 호텔을 만들고 관리하는 방법은 제6장에서 자세히 소개한다.

사용이 금지되는 스코비

여기서 소개하는 유형의 스코비들은 사용하면 절대로 안 된다.

건조된 것 케피어 그레인kefir grain(젖산과 알코올 발효유인 케피어의 입자)와 같은 유형의 배양균은 건조시켜도 여전히 살아 있다. 물론 신선한 것일수록 더 많은 미생물들이 들어 있어 더 빨리 만들어지고, 맛도 더욱더 훌륭해지는 것은 두말할 나위도 없다. 그러나 콤부차 스코비는 이 경우와 전혀 맞지 않다. 왜냐하면 건조시킨 스코비로 콤부차를 만들면 곰팡이가 슬기 때문이다. 설사 곰팡이가 슬지 않더라도 스코비가 거의 증식되지 않는다. 이는 박테리아의 활동이 거의 없다는 뜻이다. 콤부차 만들기에 나선 사람들 중에서 효모만으로 이루어진 음료를 만들려고 처음부터 생각한 사람은 아마 없을 것이다. 건조시킨 스코비로는 개 껌으로 사용하는 수밖에 없을 것이다.

냉장이나 냉동된 것 콤부차의 스코비는 광범위한 온도의 변화에서뿐 아니라, 그 밖의 결코 정상이 아닌 조건에서도 견딜 수 있는 몇 안 되는 배양균이다. 그러나 그러한 생존 기간도 불과 몇 시간에서 며칠 밖에 되지 않는다. 온도가 낮은 곳에서 장기간 보관할 경우에는 아세트산박테리아가 더 영구적으로 동면할 수 있다. 이때 새로운 회분의 콤부차를 만든다면 박테리아의 활동이 느린 상태이기 때문에 콤부차를 외부 병원균으로부터 보호할 수 없다. 이로 인해 2~3주 이내에 곰팡이가 슬기 시작한다.

시험관 크기로 축소된 것 콤부차를 성공적으로 만들려면 충분히 큰 배양과과 고농도의 액종이 있어야 당이 높은 배양체를 적당히 산성화할 수 있다. 시험관이나 작은 유리병 속에 포장된 스코비를 제공하는 업체가 있다면, 구입비는 줄겠지만 품질은 떨어진다.

차가운 스코비? 문제될 것 없다!

스코비는 단기간에는 극심한 추위의 온도에서도 견디고 살아남아 다시 사용할 수 있는 몇 안 되는 생물체에 속한다. 콤부차캠프닷컴에서는 1년 주기로 배양균을 전 세계로 배송한다. 다시 말하면, 매우 춥거나 얼어붙은 상태에서도 짧은 기간이라면 스코비를 적당한 양으로 나누어 가질 수 있다.

그렇게 분할된 스코비는 죽은 것일까? 아니다! 여전히 사용할 수 있을까? 그렇다! 스코비를 수 주 동안 냉장고에서 보관하면 숙면, 즉 휴면기에 접어든다. 차가운 곳에서 몇 시간 또는 며칠을 보관하더라도 배양균에 문제가 생기는 것은 아니다.

그러나 잠깐 동안 냉동하거나 냉장한 배양균을 당도 높은 티(배양액)에 넣기 전에는 적어도 며칠간 소생시켜 활동을 유도하는 것이 중요하다. 다행히도 다시 활동시키는 일은 쉽다! 먼저 배양균을 상온의 장소로 옮긴 뒤 활동이 정상화될 때까지 놓아둔다. 그 뒤 박테리아와 효모가 발효의 능력을 완전히 회복할 때까지 12~24시간 동안 그대로 둔 뒤에 평소와 같이 우려내 마시면 된다!

상업용 콤부차로부터 스코비의 배양

시중에서 판매하는 상업용 콤부차 한 병으로 배양균의 증식을 추천할 수 있는 품질의 제품은 극히 일부에 지나지 않는다. 충분한 능력을 가진 액종과 순도 높은 스코비를 선택해야 다양한 효과를 볼 수 있다. 그런데 근본적으로 판매를 위한 상업용 음료는 가정에서 직접 만들 필요가 없도록 절충점을 찾은 것이다. 따라서 그러한 상업용 콤부차로부터 증식시킨 배양체는 다양한 효과가 적을 수밖에 없다.

콤부차를 상업용으로 판매하려는 경우에는 극복해야 할 문제점이 또 있다. 바로 콤부차에서 자연적으로 생성되는 낮은 도수의 알코올을 조절해야 하는 것이다. 그러한 낮은 도수의 알코올로는 마셔도 취하지 않겠지만, '무알코올 음료'로 판매하기에는 법적 허용 수준보다 약간 더 높을 수 있다. 2010년에는 상업용 콤부차의 알코올 도수에 대한 우려가 사회적으로 높아지면서 알코올 도수 0.5도 이상의 제품들을 자발적인 참여로 시중에서 일시적으로 회수한 적이 있다.

콤부차 생산업체들은 이러한 문제를 해결하기 위해 재처리 작업에 들어갔다. 그중 일부 업체들은 판매와 생산 과정에서 수많은 금전적인 손실을 입었고, 몇몇 업체들은 도산하고 말았다. 알코올에 대한 그런 우려에 대해서는 당시 정밀한 알코올 측정 기술의 부재로 인한 것으로서 근거도 없이 크게 과장되었다는 사실이 뒤늦게 밝혀졌다.

일부 업체는 실험실에서 배양한 프로바이오틱스를 추가하였고, 또 일부는 발효 과정 자체를 변화시켰다. 그 밖의 다른 업체들도 변화를 시도하였지만 그 가공 과정을 비밀로 유지하고 있다. 그러나 업체들이 어떤 변화를 시도했든지 간에 병에 담긴 제품은 창고에 저장하는 것이기 때문에 가정에서 직접 만드는 쪽보다 순수한 배양균과 액종에 보다 더 풍부한 생명력을 제공할 수는 없다.

콤부차 생산업체들은 알코올 도수의 통제에 대한 기술적인 어려움 외에도 수많은 난관에 직면해 있다. 저장의 안정성, 가격 경쟁성, 주소비자 향미 선호도와의 부합성, 그리고 전 세계로의 유통 문제들이다. 이 중 어느 하나의 요인에도 문제가 발생하면 원재료와 최종 제품에 큰 타격을 줄 수 있다. 따라서 이와 같은 요인들은 생명력이 넘치는 콤부차를 만드는 데에도 큰 장애물로 작용할 수 있다.

시중에서 구입한 상업용 콤부차로 배양균의 증식에 성공하였더라도, 그것을 다시 배양한 것은 처음의 것보다 향미가 약하고 영양적인 효과도 적다. 이는 매장에서 구입한 상업용 요구르트를 재료로 사용하여 가정에서 다시 배양해 요구르트를 만드는 것과 같다. 배양균의 힘은 세대를 거듭해 사용하면 지속될 수 없고, 결국에는 제품의 맛과 향이 약해지고 묽어진다.

이는 어디까지나 상업용 제품의 실제 한계를 지적한 것이며, 음료로서의 품질에 문제를 제기한 것이 결코 아니다. 상점에서 콤부차를 구입해 즐겨 마시는 일은 정말 행복한 일이 아닐 수 없다. 특히 여행 중에는 더욱더 그렇다!

콤부차의 인기가 최근 지속되면서 업체들도 속속 시장으로 진입하는 상황은 상업적 콤부차를 소비하는 사람들에게는 매우 기쁜 소식이다. 기존의 가공 방식에서 근본적인 변화가 일어나 시장의 다양성이 높아지면서 이제는 더 이상 매장에서 구입한 콤부차로 스코비를 배양할 필요가 없다. 기능성이 최대로 높아진 스코비와 액종을 구하는 일이 예전보다 훨씬 너 쉬워졌기 때문이다. 물론 가정에서 콤부차를 직접 만드는 것이 아직도 최고의 선택지인 것은 분명하다.

훌륭한 품질의 액종이 핵심 요소

신선하고 진한 액종은 간단히 말해, 앞 회분의 상부 또는 스코비 호텔의 상부에서 채취한 콤부차 발효 액체이다. 이 액종은 스코비와 매우 밀접하게 상호작용하기 때문에 콤부차를 성공적으로 만드는 데 매우 중요한 요소이다. 여기서 '신선함^{fresh}'은 훼손을 입은 콤부차나 콤부차 호텔에서 발효 과정이 지체되지 않은 상태를 뜻하고, '진함^{strong}'은 적어도 2주 이상 발효되었음을 뜻한다(4~6주면 더 좋다). 액종을 회차를 거듭해 재활용할 경우에는 콤부차가 점점 더 묽어진다. 품질이 훌륭하고 적당히 발효된 액종은 다음과 같은 기능을 한다.

- **콤부차의 pH 강하** 콤부차의 산도(pH)는 3.5~2.5이다. 당 성분이 가해진 베이스 티에 액종을 전체 부피의 최소 10%가량 가하면, 캄효모, 곰팡이 등과 같이 발효에 지장을 주거나 건강에 해로운 미생물의 침입으로부터 갓 성장하는 콤부차를 보호해 준다.

- **접종물로서 작용** 액종에는 수십억 마리의 박테리아와 효모가 존재하며, 스코비에 있는 박테리아 및 효모와 활발하게 작용하여 발효 과정을 촉진한다.

- **공생 관계의 균형 유지** 콤부차 상부로부터 채취한 진한 액종은 박테리아와 효모 사이의 균형을 유지하는 데 큰 도움이 된다. 병 바닥에 가라앉은 액종을 사용하면 콤부차의 맛이 떨어지고 냄새가 날 뿐 아니라, 스코비의 증식 상태도 좋지 않다.

스코비의 황금 비율

필수 항목

- 신선하고 온전한 크기의 콤부차 스코비를 진한 액종과 함께 사용할 것
- 한 회분에 적당한 크기의 스코비를 사용할 것(작은 크기의 스코비로는 다량의 콤부차를 발효시킬 수 없다)
- 스코비를 반드시 스코비 호텔에 올바르게 보관할 것
- 신선한 스코비에 숙성된 콤부차 1~2컵을 넣고 지침을 명확하고 완벽하게 따를 것

금지 항목

- 냉장 보관 또는 건조시킨 스코비를 사용하는 행위
- 액종 없이 스코비만 사용하는 행위
- 액종으로 식초(특히 생식초)를 사용하는 행위
- 액종으로 시중에 판매되는 콤부차를 사용하는 행위

눈송이처럼 뭉쳐지는 스코비

스코비가 항상 부드러운 팬케이크의 모양으로 만들어지는 것은 아니다. 또 새롭게 증식하고 있는 배양균의 모양과 색상이 반드시 품질을 나타내는 것도 아니다. 이상하게 보이는 배양균도 환상적인 맛의 콤부차를 만들 수 있고, 아름답게 보이는 배양균도 불쾌한 맛의 콤부차를 만들 수 있다.

스코비는 겉으로는 매우 정상적인 것 같지만, 실은 속으로 매우 비정상적인 것일 수도 있다(사람의 경우와 마찬가지다). 눈에 낯선 사람들에게 이 독특한 형성물은 처음에는 매우 놀라워 보이겠지만, 시간이 지나면서 새로운 스코비의 형성에도 점차 익숙해질 것이다. 처음 콤부차 만들기에 나선 사람들도 곰팡이와 같이 보이는 것이 실은 눈송이와도 같이 점차 뭉쳐서 정상적인 스코비와 효모로 성장한다는 사실을 차차 알게 된다.

스코비의 형성 과정

콤부차를 처음 만들기에 나선 사람들은 스코비를 당이 혼합된 티 배양액에 넣었을 때 바닥으로 가라앉는 모습을 보고 다음과 같은 걱정을 많이 한다. 스코비가 수면에 떠서 밀봉제의 역할을 해야 하지 않을까, 스코비의 부드러운 면이 위쪽을 향해야 하지 않을까 하는 생각들이다.

사실 처음으로 생성시킨 모세대의 스코비는 보통은 마치 수영을 못하는 사람처럼 병 바닥으로 가라앉는다. 그리고 며칠 동안 서서히 상승할 수도 있고, 여전히 병 바닥 근처에 남아 있을 수도 있다. 그러나 스코비의 위치와 부드러운 면이 위쪽을 향하는지의 여부는 콤부차를 정상적으로 만드는 데 전혀 상관이 없다. 모세대 스코비가 병 속에서 어디에 위치하든지 간에 스코비 배양균의 새로운 층은 항상 액체 표면 쪽에서 형성된다. 따라서 모세대 스코비는 새롭게 형성

배양균이 병 속 어디에 있든 새로운 층은 항상 표면에 생긴다.

된 후세대 스코비의 아래쪽에 붙어 있거나 떨어져 있는 것이 대부분이다. 그리고 두 스코비가 붙어 있는 경우에는 수확기에 잡아당겨 쉽게 분리할 수 있다.

스코비에서 생성된 생물막의 층은 콤부차 액을 부어 따라 내거나, 심지어 병을 부엌 쪽으로 옮겼을 뿐인 데도 쉽게 흐트러지면서 성장이 중단된다. 그러나 병이 안정을 되찾으면 새로운 층이 다시 형성된다. 이러한 연속배양법 continuous brew에서 스코비가 3~6개월의 주기로 다듬어지고, 새로운 층들이 겹겹이 생기고 쌓이면서, 비로소 한 덩어리의 두꺼운 스코비를 형성하는 것이다.

용어해설: 스코비(SCOBY)

SCOBY는 일반적으로 '스코비'로 발음하지만, 애니메이션 「스쿠비-두, 너는 어딨니(Scooby-Doo, Where Are You!)」가 나온 뒤로는 강아지 캐릭터 이름인 '스쿠비(Scooby)'라고도 불린다. 그 밖에도 다음과 같은 이름들이 있다.
- 바이오 필름(생물막) : bio-film
- 펠리클 : pellicle
- 주글리아 매트 : zooglea mat
- 배양균(체) : culture

사용하면, 색상이 짙은 갈색으로 변하면서 효력도 상실된다.

품질이 좋은 스코비의 특징

매트의 두께가 0.25~0.5인치
스코비 매트가 너무 얇으면 배양균이 약하다는 것을 의미한다. 반대로 너무 두꺼우면 매트의 형성 과정에서 산소가 충분히 공급되지 않았음을 뜻한다.

색상이 흰색에서 밝은 황갈색인 것
스코비가 새로운 층을 형성하면 항상 흰색이나 밝은 황갈색을 띤다. 그런데 스코비는 세대를 거듭해 계속

효모 가닥이 있다
효모 가닥은 스코비의 밑바닥뿐만 아니라 액종 속에 부유한 상태로 있을 수 있는데, 그 어느 경우든 건강한 상태를 나타낸다. 스코비(SCOBY)에서 'Y'는 효모(yeast)를 뜻하는데, 박테리아와 균형을 이루어야 한다. 효모의 수가 너무 많아 액종의 색상이 어두우면 균형이 잡히도록 걸러 내 효능을 잘 살리도록 한다.

액종의 농도가 높다
액종이 숙성되고 농도가 진할수록 발효 과정을 촉진하는 효과도 높다. 산도(pH)는 3.5 이하로 유지하는 것이 좋다.

매 회분 때마다 배양균이 재생산된다
품질이 좋고 건강한 스코비는 항상 배양균을 새롭게 만들어 낸다.

스코비 매트가 단단하다
스코비 매트를 엄지와 검지로 집어 강하게 눌러도 쉽게 찢어지지 않는다.

콤부차 에세이

가라앉거나 수영하거나
"스코비는 서핑을 하거나 다이빙을 하거나, 물에 가라앉거나 수영을 하거나, 둥둥 떠서 흐르거나 할 수 있다. 콤부차 만들기에 처음 나선 사람은 흐름대로 따라가 보라!"

건강한 스코비의 다양한 모습들

얇거나 두껍거나, 반투명 흰색에서 불투명 갈색까지, 빈틈없이 견고하거나 고랑이 있거나 구멍이 있거나, 건강한 스코비의 모습들은 매우 다양하다.

7일간의 스코비 배양 과정

수많은 이름의 콤부차 스코비들!

콤부차는 오랜 역사 동안 수많은 이름들로 불려 왔다. 이름들 중 상당수가 스코비의 모양, 배양균이 발생한 곳, 콤부차의 효능 등을 반영했다. 이 역사적이고 일상적인 용어는 배양균에 대한 우리의 믿음과 그동안 인간이 누린 이점을 반영하고 있다.

중국어
모구 蘑菇
뜻 : 버섯

독일어
- 루시셰 블루머 Russische Blume
  뜻 : 러시아의 꽃
- 루시셰 뮈터 Russische Mutter
  뜻 : 러시아의 모균
- 루시셰 필츠 Russischer Pilz
  뜻 : 러시아의 곰팡이
- 루시셰 크발레 Russische Qualle
  뜻 : 러시아의 해면동물

네덜란드어
테밤 콤보하 Theezwam komboecha
뜻 : 티 버섯(균) 콤부차

불가리아어
메디트신스키 구비 Meditsinski gubi
뜻 : 의약용 버섯

중국어
하이바오 海寶
뜻 : 바다의 보물

네덜란드어
테-스히멀 Thee-schimmel
뜻 : 티 곰팡이

프랑스어
샹피뇽 미라클 Champignon miracle
뜻 : 기적의 버섯

프랑스어
샹피뇽 Champignon 또는
엘릭서 드 롱 비 elixir de longue vie
뜻 : 버섯 또는 불로장생의 약(불로초)

중국어
훙차쥔 紅茶菌
뜻 : 홍차 세균

독일어
- 자파니셰 슈밤 Japanischer Schwamm
  뜻 : 일본의 버섯류
- 자파니셰 테필츠 Japanischer Teepilz
  뜻 : 일본의 티 곰팡이(균류)
- 자판필츠 Japanpilz
  뜻 : 일본 버섯(균류)
- 자파니셰 뮈터헨 Japanisches Mutterchen
  뜻 : 일본 모균

독일어
헬덴필츠 Heldenpilz
뜻 : 영웅의 버섯

독일어
- 히나필츠 Chinapilz
  뜻 : 중국 곰팡이
- 히네시셰 테필츠 Chinesischer Teepilz
  뜻 : 중국 차나무의 곰팡이

영어
박테리아 셀룰로오스 bacterial cellulose,
콤부차 머시룸 kombucha mushroom,
콤부차 스폰지 kombucha sponge,
매직 머시룸 magic mushroom, 맨추리언 머시룸 Manchurian mushroom, 미러클 머시룸 miracle mushroom,
펠리클 pellicle, 스코비 SCOBY, 티 비스트 tea beast,
티 펑거스 tea fungus

루마니아어
치우페르카 데 체아이 Ciuperca de ceai
뜻 : 티 곰팡이

라틴어
- 약초명 : 켐부야 오리엔탈리스 Cembuya orientalis
  뜻 : 일본의 곰팡이
- 학명
  메두소미케스 기세비 Medusomyces gisevii Lindau

프랑스어
퍼티 메르 자포네 Petite mere japonaise
뜻 : 일본의 작은 모균

세르비아어
야판스카 글리바 Japanska gliva
뜻 : 일본의 곰팡이(균류)

프랑스어
샹피뉴 야포네 Champignon japonais
뜻 : 일본의 버섯

일본어
코차 킨코 紅茶 キノコ
뜻 : 홍차 버섯

이탈리아어
알가 델 닐로 Alga del nilo
뜻 : 나일강의 조류(수초)

독일어
· 볼가메두저 Wolgamwduse
뜻 : 볼가강의 메두사
· 볼가필츠
뜻 : 볼가강의 버섯
· 볼가크발레
뜻 : 볼가강의 해파리

프랑스어
샹피뉴 시느아 Champignon chinois
뜻 : 중국의 버섯

아랍어(이라크)
훕다트 훔자 Khubdat Humza

독일어
· 카르가소크 테필츠 Kargasok Teepilz
뜻 : 카르가소크 티(러시아의 콤부차) 곰팡이(균류)
· 카르가소크 슈밤 Kargasok Schwamm
뜻 : 카르가소크 버섯류

프랑스어
샹피뉴 드 라 샤리테 Champignon de la charite
뜻 : 자비로운 버섯

스페인어
융고 Hongo
뜻 : 버섯

독일어
· 분데르필츠 Wunderpilz
뜻 : 경이로운 곰팡이,
· 차우버필츠 Zauberpilz
뜻 : 마법의 곰팡이

이탈리아어
알가 에지치아나 Alga egiziana
뜻 : 이집트의 조류(수초)

체코어
자즈라치나 호바 콤부하 Zazracna houba kombucha
뜻 : 경이로운 버섯의 콤부차

스페인어
융고 치노 Hongo chino
뜻 : 중국의 버섯

러시아어
야폰스키 그리프 Japanskij grib
뜻 : 일본의 버섯

러시아어
차이니 그리프 Cajnyj grib
뜻 : 티(차) 버섯

라트비아어
브리눔-시네 Brinum-ssene
뜻 : 경이로운 버섯

독일어
콤부하슈밤 Kombuchaschwamm
뜻 : 콤부차 버섯(균)

이탈리아어
분고 지네즈 fungo cinese
뜻 : 중국의 버섯

독일어
기히트크발레 Gichtqualle
뜻 : 미식(맛있는) 해면동물

헝가리어
여펀 곰버 Japan gomba
뜻 : 일본의 버섯

독일어
콤부하모스트 Kombuchamost
뜻 : 콤부차 머스트
* 머스트(must) : 포도즙과 으깬 포도의 혼합물.

독일어
· 만트슈리셰 필츠 Mandschurischer Pilz
뜻 : 만주 곰팡이
· 만트슈리셰 슈밤 Mandschurischer Schwamm
뜻 : 만주 버섯(균류)
· 만트슈리셰-자파니셰 필츠 Mandschurisch-japanischer Pilz
뜻 : 만주·일본 곰팡이

독일어
· 인디셰 바인필츠 Indischer Weinpilz
뜻 : 인도의 와인 곰팡이(균류)
· 인디셰 테슈밤/테필츠 Indischer Teeschwamm/Teepilz
뜻 : 인도의 티 버섯/곰팡이(균)
· 인디셔-자파니셰 테필츠 Indisch-japanischer Teepilz
뜻 : 인도·일본의 티 곰팡이(균)

체코어
올린카 Olinka
(보헤미아와 모라비아의 수도승이 콤부차를 비밀로 부치기 위해 스코비에 붙인 별명이다)

CHAPTER 4

그 밖의 재료들
티, 설탕, 물

콤부차는 매우 간단한 음료이다. 티, 설탕, 물, 액종이 든 스코비^{SCOBY}, 이 네 가지의 주재료만 있으면 된다. 삶의 모든 일이 그렇듯이, 재료의 품질이 좋으면 최종 생산되는 상품의 품질도 좋은 법이다. 따라서 최상의 재료를 사용해야 한다.

카멜리아 시넨시스 *Camellia sinensis*

티 Tea

지구상에서 가장 인기 있고 건강에도 좋은 음료인 티는 청량음료, 커피, 술을 포함하여 다른 어떠한 음료보다도 오늘날 더 많이 소비되고 있다. 순한 맛에서 톡 쏘는 맛, 부드러운 맛에서 떫은맛에 이르기까지 티의 향미와 영양학적인 효능은 중국, 유럽, 중동, 인도, 북미를 포함해 수없이 많은 문화권에서도 높은 평가를 받고 있다.

티에는 폴리페놀 성분과 여러 종류의 항산화 물질이 풍부히 들어 있다. 항산화 물질은 활성 산소를 제거해 세포의 손상을 막아 주면서 사람의 건강을 장기적으로 유지하고, 혈액을 정화하면서 몸속의 독소를 제거한다. 티는 알칼로이드 성분과 아미노산도 풍부히 함유하고 있어 체내의 지방 대사를 도와 체중을 조절하는 데에 도움을 준다. 그 밖에도 혈당 수준을 조절하고, 치아와 뼈를 보호하며, 활성 산소를 제거해 암 세포의 생성도 억제시킨다.

콤부차는 처음부터 건강 효능이 뛰어난 티를 재료로 사용하기 때문에 치유 효과가 좋은 것은 지극히 당연한 일이다. 콤부차는 질소와 퓨린과 같은 영양소를 활용할 때 발효의 놀라운 과정을 통해 이와 같은 유효 성분이 체내에 보다 더 쉽게 흡수될 수 있도록 만들어 준다. 그리고 특별한 박테리아와 효모의 배양체인 스코비는 비타민과 효소enzyme도 추가로 생성시킨다.

콤부차의 재료 중 하나인 티는 카멜리아 시넨시스 Camellia sinensis 품종의 잎을 가공한 것이다. 그런데 대부분의 사람들은 '티'라고 하면, 그냥 티잰tisane이나 허브티herbal infusion로 쉽게 생각해 버린다. 왜냐하면 캐모마일chamomile, 페퍼민트peppermint와 같은 허브 재료 또는 루이보스rooibos와 허니부시honeybush와 같은 콩과식물의 잎으로 만든 음료도 흔히 '티'라고 부르고, 더욱이 일상적인 대화 속에서는 그렇게 불러도 큰 문제가 없기 때문이다. 그러나 콤부차를 만들 경우에는 엄청난 차이를 보인다. 대부분의 허브는 티의 재료와는 달리 한 회분의 콤부차를 만들고 나면, 또 다른 회분의 콤부차를 만들 수 없다. 배양을 계속시킬 수 있는 영양소가 고갈되었기 때문이다. 더욱이 일부 허브 재료에는 배양균을 손상시키고 건강한 박테리아의 증식을 지연시키는 에센셜 오일마저 포함되어 있다. 이 에센셜 오일은 콤부차에 중요한 산들과 유효 성분들이 생성되는 것을 막을 뿐만 아니라, 곰팡이와 같은 외부 침입자에 대해서도 자체적으로 보호하는 능력을 상실시킨다.

티잰으로 콤부차를 만드는 경우에는 처음에는 맛있고 건강하게 발효된 음료로 만들 수 있다. 그러나 시간이 지남에 따라 배양균이 위축되면서, 결국에는 죽거나 박테리아의 수도 크게 줄어들어 약화되면서 새로운 배양균을 더 이상 만들어 내지 못할 수도 있다. 따라서 허브티나 티잰을 콤부차의 재료로서는 권장하지 않는다. 그럼에도 불구하고, 스코비의 발효 기술은 놀라울 정도로 융통성이 있기 때문에 실제의 다수를 이루는 티에 소량의 허브(에센셜 오일이나 향미가 가해지지 않은)를 블렌딩하면, 향미가 깊고 활력이 장기간 존속하는, 우아하면서 건강에도 좋은 콤부차를 만들 수 있다.

이를 위해 스코비 호텔에서 여분의 것을 꺼낸 뒤 다양한 허브들을 교대로 넣어 보면서 실험도 진행해 볼 수 있다.

티의 주요 분류

티는 모두 카멜리아 시넨시스 품종의 차나무에서 유래하지만, 찻잎의 수확기와 성숙도, 그리고 가공 방법에 따라 백차, 녹차, 청차(우롱차), 홍차, 흑차(보이차) 등으로 분류된다.

모든 분류의 티들은 먼저 찻잎을 시들게 하고 일부 수분 함량을 줄이는 위조withering 과정을 거친 뒤, 산소에 노출시켜 다양한 방법으로 가공된다. 이때의 산화oxidation 과정은 '발효fermentation'라고도 하는데, 매우 독특한 향미가 생성된다. 백차는 자연 위조 과정

콤부차 전설 : 티의 기원을 찾아서

콤부차의 기원을 찾으려면, 당연히 그 재료인 티의 기원부터 찾아보아야 한다. 중국에서는 약 5000년 전부터 티의 존재를 처음 알았는데, 오늘날에는 연간 총생산량은 217만 톤(FAO, 2017년도)에 이른다. 그 까마득히 오래전 중국인들은 카멜리아 시넨시스 품종의 차나무로부터 찻잎을 건조시켜 우려내 마셨던 것이다. 이는 우연한 일인가, 필연적인 귀결인가?

티의 기원은 다른 모든 위대한 역사와 마찬가지로 한 전설로부터 시작된다. '농사의 신'으로 알려진 중국 전설상의 황제, 신농神農은 중국 약초학의 창시자이다. 신농은 기원전 2725년경에 차나무를 발견한 것으로 알려져 있다. 또한 그가 찻잎을 우리기 전에 물을 먼저 끓여야 한다고 주장한 것으로 볼 때, 중국에서는 일찍부터 위생에 대한 인식이 있던 것으로 추정된다.

신농 전설에 따르면, 카멜리아 시넨시스 품종의 차나무로부터 찻잎이 바람에 날려 끓는 물속으로 들어갔는데, 이때 물에서는 향이 풍겼고, 신농이 마셨더니 심신을 안정시키고 활력이 치솟았다고 한다. 이로부터 4000년 이상 동안 티는 지구상의 거의 모든 지역에서 하루에 평균 30억 잔 이상이나 소비되고 있다고 한다.

> "기름, 소금 없이는 삼 일을 살아도,
> 차 없이는 하루도 살 수 없다."
> 티베트 속담

을 거친다. 그리고 녹차는 산화를 인위적으로 억제시킨 것인 반면, 홍차는 인위적으로 100% 산화시킨 것이다. 청차(우롱차)는 산화도가 녹차와 홍차의 사이에 있다고 보면 된다. 이 과정에서는 전통적인 발효와는 달리 박테리아(찻잎에 자생하는 것은 제외)나 그 밖의 배양균을 사용하지 않는다. 단, 보이차는 예외이다.

콤부차를 만드는 가장 오래된 방법에 따르면 홍차가 가장 적당하지만, 최근에는 거의 모든 분류의 티들이 사용되고 있다. 일반적으로 녹차와 홍차가 사용되고 있지만, 향미와 효능을 높여 주기 위해 소량의 허브를 안전하게 넣은 콤부차도 블렌딩되고 있다. 물론 블렌딩의 선택은 폭이 무한하다. 그리고 각 분류의 티들은 콤부차의 발효 과정에서 파생되는 특정한 치료 효능을 더욱더 증폭시켜 준다.

홍차 紅茶, Black Tea

전통적으로 콤부차는 찻잎의 향미와 효능을 강화하기 위해 완전히 산화시킨 홍차를 원료로 만들었다. 홍차로 만든 콤부차에서는 강한 애플사이더의 맛과 함께 진한 흙 향이 풍기고, 찻빛은 어두운 황금빛을 띤다. 이때 홍차는 일반적으로 고온(95도 이상)의 물로 쓴맛이 나지 않으면서 향미를 최고로 끌어 올릴 수 있을 정도로 적당한 시간 동안 우려낸다.

홍차는 다른 분류의 티보다 카페인과 퓨린 성분의 함유량이 월등히 높아 혈액 순환과 몸을 따뜻하게 유지하는 데 도움을 준다. 또한 장내의 유익한 미생물을 증식시키고 장의 질환을 예방하며, 불소 성분이 들어 있어 충치를 예방하고, 혈압을 정상화시킨다.

청차 靑茶, blue tea / 우롱차 烏龍茶, wulong tea

우롱차는 산화도에서 100% 산화시킨 홍차와 산화를 완전히 억제시킨 녹차의 사이에 있기 때문에 홍차와 녹차의 특징을 모두 갖고 있다. 이때 우롱烏龍은 '흑룡' 이라는 뜻이다. 우롱차는 항산화 물질과 해독성이 있는 알칼로이드 성분을 풍부히 함유하고 있다. 더욱이 맛과 향도 매우 섬세하고 복합적이다. 이러한 중도적인 특성으로 인해 일부 콤부차 생산자들 사이에서는 다른 분류의 티들과 블렌딩하는 경우에 우롱차가 사람들의 입맛을 맞추는 데에는 최고의 티로 평가를 받고 있다.

녹차 綠茶, Green Tea

녹차는 찻잎을 증기에 찌거나 솥에서 덖어 산화를 억제한 티로서 완전히 산화시킨 홍차보다 향미가 가볍고 뒷맛이 부드럽다. 특히 어린 새싹의 녹차는 물의 온도를 낮춰서 우려야 하는데, 쓴맛의 타닌 성분이 과도하게 방출되지 않도록 하기 위한 것이다. 일반적으로 녹차에는 폴리페놀류인 카테킨이 많이 들어 있다. 특히 에피갈로카테킨 갈레이트 EGCG, epigallocatechin gallate가 풍부하다. 이 EGCG는 항균 물질로서 암 세포의 성장을 억제하고, 유해한 저밀도 지질 단백질 LDL의 혈중 수치를 낮출 뿐 아니라, 면역력을 증강시키는 것으로도 널리 알려져 있다.

백차 白茶, White Tea

백차는 가장 어린잎 즉, 부드럽고 하얀 잔털이 돋아난 가장 섬세한 싹과 잎으로 만든다. 찻잎은 오직 자연의 바람과 햇살 아래에서 가벼운 위조(말리기) 과정만 거치기 때문에 섬세한 향미가 보존되고 항산화 물질도 최고로 함유되어 있다. 백차는 동맥경화반 atherosclerotic plaques, 뇌졸중, 심부전증, 암(종양 포함), 당뇨병의 발병률을 줄이고, 자외선으로부터 피부의 손상을 막아 준다. 백차로 콤부차를 만들면 맛이 매우 순하고 카테킨 함유량도 높일 수 있다.

흑차黑茶, Dark Tea /보이차普耳茶, Pu-erh Tea

흑차의 일종인 보이차는 녹차를 벽돌 모양이나 떡 모양으로 압축하여(긴압이라고 한다) 서늘한 장소에서 보관하며 발효시킨 것이다. 이때 미생물에 의한 자연 발효가 일어나면서 소위 '살아 있는 티'로 재평가된다. 보이차는 어두운 색상의 외관과는 달리 맛과 향이 매우 부드럽고 향긋하다. 이 부드러운 향미로 인해 수많은 사람들이 보이차에 매료되는 것이다.

중국에서 보이차는 오래전부터 약재로 사용되었을 뿐 아니라 매우 귀하게 다루어진다. 와인 애호가들이 최고급 빈티지 제품을 수집하기 위해 막대한 돈을 지불하듯이, 보이차도 고가의 수집 품목으로 대우를 받고 있다.

콤부차 에세이

티를 고르는 최상의 선택

" 의식 있는 소비자들은 티를 구입할 때 다음 네 가지의 기준을 준수한다."

- 잎차 Loose leaf
- 벌크 Bulk
- 유기농 Organic
- 공정무역 Fair trade (가능한 경우)

잎차와 벌크 티는 포장재를 줄이기 때문에 환경 친화적이면서도 자연보호 차원에서 비용도 줄일 수 있다. 일부 사람들은 그러한 비용을 절약하기 위해 유기농 티나 공정무역 티를 구입한다. 유기농과 공정무역의 상품은 몸에 해로운 살충제를 사용하지 않아 지구 환경에도 좋고, 노동자들에게 노동의 대가로 정당한 임금을 지급하기 때문에 더불어 사는 모두에게 이롭다.

기본 배양액 레시피

회분배양법 batch brew을 사용하든지, 연속배양법 continous brew을 사용하든지 간에, 콤부차는 기본 배양액(설탕, 물, 우린 티 등의 혼합액)로부터 만들기 시작한다. 스코비 호텔을 채우기 위해, 또는 연속배양 발효 용기를 채우기 위해서, 그 밖의 콤부차를 만들기 위한 다른 어떤 상황에서도 기본 배양액 레시피는 동일하게 사용해야 한다. 다음에서 소개하는 레시피는 1갤런을 기준으로 하고, 필요한 경우에는 양을 조절할 수 있다. 양이 많은 경우에는 밀폐 용기에 보관하여 최대 1주일 동안 냉장 보관할 수 있다.

재료
티백 4~6개 또는 잎차 4~6티스푼
차가운 유리염소수 chlorine-free water 1갤런
설탕 1컵

방법
병, 그릇, 그 밖의 내열성 용기에 찻잎을 넣는다.

물 4컵을 끓여 용기 속의 찻잎에 붓는다. 10~15분간 우린 뒤 찻잎을 걸러 낸다.

그리고 뜨거운 찻물에 설탕을 넣고 저어 완전히 녹인다. 끝으로 남은 물을 붓는다.

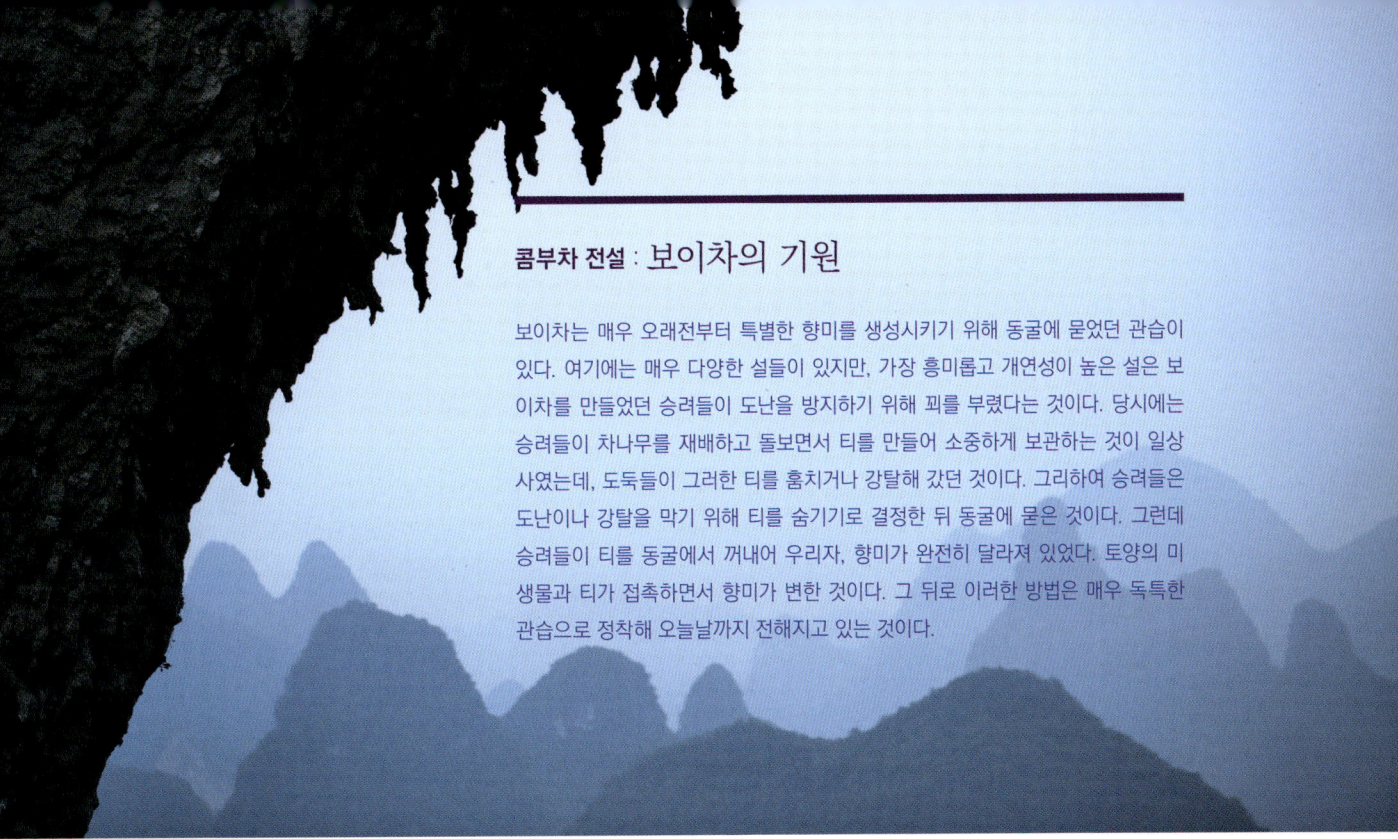

콤부차 전설 : 보이차의 기원

보이차는 매우 오래전부터 특별한 향미를 생성시키기 위해 동굴에 묻었던 관습이 있다. 여기에는 매우 다양한 설들이 있지만, 가장 흥미롭고 개연성이 높은 설은 보이차를 만들었던 승려들이 도난을 방지하기 위해 꾀를 부렸다는 것이다. 당시에는 승려들이 차나무를 재배하고 돌보면서 티를 만들어 소중하게 보관하는 것이 일상사였는데, 도둑들이 그러한 티를 훔치거나 강탈해 갔던 것이다. 그리하여 승려들은 도난이나 강탈을 막기 위해 티를 숨기기로 결정한 뒤 동굴에 묻은 것이다. 그런데 승려들이 티를 동굴에서 꺼내어 우리자, 향미가 완전히 달라져 있었다. 토양의 미생물과 티가 접촉하면서 향미가 변한 것이다. 그 뒤로 이러한 방법은 매우 독특한 관습으로 정착해 오늘날까지 전해지고 있는 것이다.

카페인과 콤부차

카페인은 커피, 티, 카카오와 같은 식물에서 자연발생적으로 찾아볼 수 있는 크산틴 알칼로이드 xanthine alkaloid 물질이다. 카페인은 굶주린 곤충 침입자로부터 그러한 식물들을 보호하는 일종의 농약 역할을 한다. 사람이 섭취할 경우에는 신경계를 자극해 활력과 집중력을 향상시킨다. 콤부차 배양균의 경우에는 발효를 촉진하는 효모와 박테리아에 에너지를 공급할 뿐 아니라 새로운 세포들을 생성시키는 데 필요한 질소를 공급하는 중요한 영양소이다.

그런데 일부 사람들은 카페인에 특히나 민감하여 콤부차의 카페인 함유량에 대하여 무척 궁금해 한다. 일반적으로 콤부차에는 카페인이 많이 들어 있지 않다. 단, 콤부차의 최종 카페인 함유량은 직접 만드는 방법과 환경에 따라 달라질 수 있다는 점을 염두에 두어야 한다.

가장 기본적인 배양액(설탕, 물, 티)으로 만든 콤부차의 카페인 함유량은 티 한 잔보다 적다. 또한 발효 과정에서도 그 함유량이 계속 줄어든다. 1주일만 지나도 처음보다 함유량이 3분의 2 수준으로 줄어드는 것이다. 티의 카페인 성분은 글루타민 glutamine 과 글루타메이드 glutamate 의 아미노산 유사체인 L-테아닌과 짝을 이룬다. 그 결과 L-테아닌은 카페인 성분과 균형을 이루면서 기분을 안정시키고 집중력을 향상시키면서 커피와 에너지 드링크의 부작용으로 널리 알려진 분노와 충돌적인 에너지를 감소시킨다.

한 가지 확실한 사실은 콤부차에 든 카페인 성분의 총량이 티, 커피, 탄산수에 든 양보다 훨씬 더 적다는 것이다. 그로 인해 콤부차를 저녁에 마셔도 수면에는 전혀 부정적인 영향을 주지 않는다.

그럼에도 콤부차에서 카페인 성분을 줄이거나 완전히 제거하고 싶은 경우에는 콤부차의 효능을 유지하면서 카페인 성분만 원하는 대로 줄일 수도 있다.

카페인 함유량

콤부차의 카페인 함유량은 티의 종류와 품질, 우려낸 시간, 발효 기간, 온도 등으로 따라 크게 달라진다. 그러나 적당히 발효된 콤부차라면 일반적으로 카페인의 함유량이 적다. 또한 발효가 진행됨에 따라 카페인의 함유량이 점점 더 감소한다. 콤부차의 카페인 함유량에 대해서는 다음의 사례를 통해 간단히 살펴볼 수 있다.

우리가 일상에서 마시는 티 한 잔을 준비하기 위해서는 보통 티백 1개(잎차 1티스푼)를 6~8온스의 뜨거운 물에 넣고 3~5분 정도 우린다. 콤부차를 만들기 위해 티를 우릴 경우에는 1갤런당 3~5개의 티백을 사용하는데, 이는 콤부차의 발효에 앞서 카페인 함유량을 70~80%로 줄이기 위한 것이다.

지금까지 진행된 연구에 의하면, 콤부차의 카페인 농도는 발효가 시작된 지 24시간 이내에 33%, 1주일 이내에 50~65% 수준으로까지 낮아진다.

티를 우리는 레시피와 재료의 수에 따라 달라지지만, 카페인 함유량은 홍차는 보통 8온스당 40~80mg, 콤부차는 8온스당 3~12mg 정도 된다. 만약 녹차로 콤부차를 만들면 8온스당 1~6mg으로 더 줄어든다. 물론 티를 일반적인 기준보다 오래 우려내거나 찻잎을 더 많이 사용하면 카페인 함유량은 더 늘어나지만, 콤부차는 카페인 함유량이 낮은 수준인 것은 분명하다.

카페인 함유량 낮추기

콤부차는 이와 같이 카페인 함유량이 비교적 낮은 수준이기 때문에 카페인을 줄이려는 별도의 노력을 크게 들일 필요는 없다. 그럼에도 카페인에 매우 민감한 사람들을 위해 그 함유량을 줄일 수 있는 몇몇 방법들을 소개한다.

티 블렌딩 적용 홍차는 녹차나 백차 등의 다른 티보다 카페인 함유량이 많다. 따라서 콤부차에서도 카페인 함유량을 줄이려면, 백차나 호우지차焙じ茶, Hojicha(녹차를 센 불에 덖어서 만든 일본의 2차 가공 티) 등 카페인 함유량이 적은 티를 사용하면 된다. 그런데 콤부차의 배양균은 티의 종류가 다양한 것을 선호한다. 따라서 홍차만 사용하는 것보다 주로 녹차나 백차(전체 티 블렌드에서 최대 80%까지)를 사용하면 카페인 함유량을 크게 줄일 수 있다.

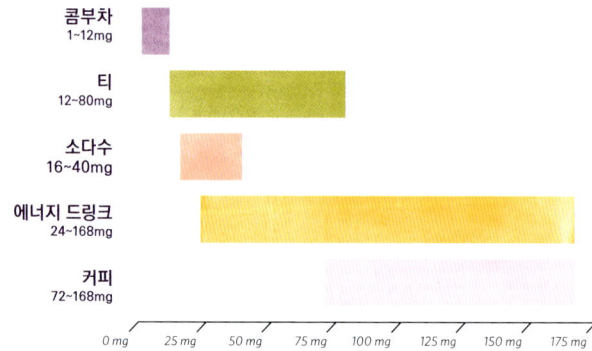

허브티 블렌딩 적용 콤부차에 티 하나만 사용하는 것과 마찬가지로, 허브도 한 종류만 사용하는 것을 권하지 않는다. 스코비의 건강 상태와 콤부차의 생명력이 서서히 저하될 수 있기 때문이다. 가장 좋은 방법은 허브를 전체 비중에서 약 75%까지 주재료로 사용하고, 나머지 25%는 티를 부재료로 사용하는 것이다. 장기적으로 최상의 결과를 얻으려면 최소 50~75%는 티를 사용하는 것이 좋다.

또 다른 방법은 허브만을 순수하게 사용하여 콤부차를 만들되, 4회분부터는 순수 티를 사용해 배양균을 다시 활성화시키는 것이다. 이때 유의해야 할 점은 진한 에센셜 오일이나 인공 가향재료가 들어가면 스코비의 박테리아가 사멸할 수도 있다는 것이다. 자신의 취향과 미생물에 적당한 블렌드를 다양한 실험을 통해 찾아보는 것이 좋다.

발효 시간 연장 지금까지 연구에 따르면, 콤부차는 발효 과정이 지속될수록 카페인의 함유량이 줄어드는 반면, 신맛은 매우 강해진다. 이 경우에는 주스나 물로 콤부차를 희석시켜 신맛을 적당히 완화시킨 뒤 마시면 더욱더 좋다.

우린 찻잎으로 새로 우리기 이 방법은 잎차를 1~2회 정도 뜨거운 물에 30~60초간 우려내고 찻물을 버린 뒤에 그 잎차를 콤부차에 다시 활용하는 것이다. 콤부차를 만들어 본 수많은 사람들은 이 방법을 사용하면 카페인의 함유량을 대폭적으로 줄일 수 있다고 확신한다.

그러나 이렇게 짧은 시간 동안 티를 우려내는 것으로는 카페인의 함유량을 줄일 수 없다는 연구 결과가 나왔다. 티를 콤부차에 활용하기에 앞서 7~9분 동안 우려내면 카페인의 함유량을 약 50%까지 줄일 수 있는데, 그와 함께 티의 맛과 향도 함께 크게 줄어든다. 따라서 이렇게 긴 시간 우려내는 방법은 효과성이 떨어질 수밖에 없다.

디카페인 티 사용

상업적으로 판매되는 디카페인 티를 사용하는 일은 언뜻 보기에 매우 편리하고도 확실한 선택인 것처럼 보인다. 그러나 대부분의 상품들은 화학적으로 처리되기 때문에 결코 권장하지 않는다. 심지어 천연 디카페인 티도 마찬가지이다.

물론 콤부차 배양균이 디카페인 티에 적합할 수도 있지만, 스코비의 성장이 더디거나 향미가 밋밋해질 것이 분명하다. 이와 같은 경우에는 순수한 티를 일부 사용하여 배양균을 활성화시키는 것도 하나의 좋은 방법이다.

콤부차를 위한 티 블렌딩

허브가 아닌 티로 콤부차를 만들면 어떤 유형의 블렌드도 만들 수 있다. 티잰 또는 허브와 배양체의 관계에 대해 이미 소개하였듯이, 콤부차를 만들 경우에는 장기적인 관점에서 배양균의 건강 등을 고려해야 한다.

그러한 관점에서 티는 전체 비중에서 적어도 25% 이상은 사용되어야 하고, 50~75%의 비율로 사용하면 더할 나위 없이 좋을 것이다.

다양한 종류의 티와 허브들을 블렌딩하면, 다양한 맛과 질감, 향, 영양소 등을 지닌 콤부차를 누구나 만들 수 있다. 이로 인해 콤부차는 각기 만드는 사람들마다 매우 독특한 맛과 향을 띠는 것이다.

블렌딩을 위한 티잰과 허브의 응용성

콤부차를 만드는 데는 티와 설탕의 혼합액이 가장 좋지만, 좀 더 나아가서 티 외의 허브를 사용해 다양한 실험을 진행해 보는 것도 좋다. 이는 발효를 통해 '곧바로 흡수될 수 있는 상태'로 만들어 허브의 건강에 좋은 효능을 극대화하기 위한 것이다.

기본적으로 콤부차는 용매로서 작용한다. 즉 건강에 좋은 성분들이 몸에 쉽게 흡수될 수 있을 정도까지 분해하여 분자적인 차원에서 기능한다.

실험을 진행할 경우에는 먼저 스코비 호텔에 스코비 배양균을 안전하게 저장해 두어야 한다. 스코비에 곰팡이가 슬거나 증식이 실패할 경우에 생기는 손실에 대한 일종의 대비책이다. 휘발성 에센셜 오일을 고농도로 함유한 일부 허브는 살균제 역할을 하여 배양균의 증식을 지연시킨다. 실험을 통해 만든 스코비가 증식하면, 그 블렌드(티, 설탕, 허브의 혼합)는 첫 회분의 발효 과정에서 주기적으로 사용할 수 있다.

여기서 소개되는 허브들은 콤부차를 발효시키는 성분들을 일부 포함하고는 있지만, 그 정확한 구성 성분과 농도는 공급처와 종류에 따라 달라진다. 따라서 그 허브들이 매번 콤부차에 어떻게 작용할지 확실하게 말할 수 있는 사람은 아무도 없다.

시나몬 cinnamon

시나몬의 감미로우면서도 부드러운 매운맛은 사람들에게 인기가 높다. 이 시나몬 스틱이나 가루를 콤부차에 소량으로 넣어 주면, 아세트산의 생성이 억제되어 향미가 가볍고 약해진다. 그러나 일반적으로는 스코비의 성장과 카보네이션(탄산가스의 생성)이 매우 강하게 일어나면서 건강한 좋은 콤부차를 만들 수 있다.

생강 ginger

뿌리줄기류의 티잰은 모두 콤부차와 잘 어울린다. 그중에서도 생강은 콤부차와 특히 잘 어울리는 재료이다. 신선한 생강을 콤부차에 소량으로 넣으면(블렌딩에서 최대 5~10%까지) 첫 회분의 발효 과정에서 생강 특유의 독특하고도 복합적인 향미를 반영시킬 수 있다. 물론 순수한 향미를 좋아하는 사람들은 콤부차에 생강을 결코 넣지 않는다.

L-테아닌: 티의 이완 효능

L-테아닌은 티에서만 독특하게 찾아볼 수 있는 아미노산이다. 화학적인 구조는 필수 아미노산인 글루타민과 글루타메이트와 비슷하다. L-테아닌은 티를 마시는 사람의 혈액뇌관문 blood-brain barrier을 넘나들면서 정신을 활성시키는 좋은 효능이 있다. 또한 티 카페인 성분의 효과를 조절하는 중요 기능이 있어, 신경을 자극하기도 하고 진정시키기도 한다. 반면 커피의 카페인 성분은 L-테아닌이 균형을 이루고 있지 않아 불안감을 불러오는 자극을 유발한다.

L-테아닌은 뇌의 알파파를 자극하여 명상 상태와 비슷하게 마음을 진정시키고, 또한 몸속에서 도파민과 세로토닌의 호르몬 생성을 촉진시킨다. 이 두 호르몬이 동시에 작용하면서 정신의 긴장을 풀어주고 기억력과 학습 능력을 향상시킨다. 그동안의 연구 결과에 따르면, L-테아닌과 카페인은 사람의 인지 능력을 향상시키고 기분을 좋게 만든다고 한다. 오늘날에는 많은 사람들이 집중력을 높일 목적으로 티와 콤부차를 마시고 있다.

히비스커스 hibiscus

많은 사람들이 콤부차를 만들 때 첫 회분의 발효 과정에서 기분 좋은 시큼한 신맛을 내기 위해 말린 히비스커스 꽃잎을 넣는다. 이때 주의해야 할 점은 히비스커스를 콤부차의 효능에 영향을 주지 않도록 최대 20%만 사용해야 한다는 것이다. 히비스커스는 콤부차의 스코비를 사랑스러운 분홍색으로 변화시켜 시각적인 아름다움을 더해 준다.

루이보스 rooibos / 허니부시 honeybush

아프리칸스어로 '붉은 덤불'을 뜻하는 루이보스에는 자연 상태로는 카페인이 들어 있지 않다. 단맛을 약간 띠고 있으며, 항산화 성분인 플라보노이드를 풍부하게 함유하고 있다. 루이보스는 아프리카 남부가 원산지로서 수 세기 동안 많은 사람들에게 큰 인기를 끌고 있다. 콩과 식물로서 티와 비슷한 치유 효능이 있어, 레드부시 redbish, 레드 티 red tea 등으로 불리면서 많이 마신다. 일반적으로 아이의 배앓이와 피부 질환을 진정시키는 데 큰 효능이 있는 것으로 알려져 있다. 루이보스와 비슷한 티잰 음료로는 허니부시 honeybush가 있는데, 맛과 향이 비슷하지만 단맛이 더 강하다.

예르바 마테 Yerba mate

감탕나뭇과 호랑가시나무 holly tree 종의 상록수인 예르바 마테 종 Ilex paraguariensis는 아열대 기후의 남아메리카 대륙이 원산지이다. 일리노이 대학교 어배너 샴페인 캠퍼스에서 진행된 연구에 따르면, 예르바 마테를 우려낸 음료에는 폴리페놀류와 그 밖의 항산화 성분이 많이 함유되어 있어 항염 효능이 있고, LDL 콜레스테롤의 수치를 낮춰 준다. 마테 음료는 커피만큼의 카페인 성분을 함유하고 있지만, 영양학적으로는 일반적인 '커피 가루'보다 월등히 우세하다. 또한 초조함을 일으키지 않으면서 집중력을 높여 준다.

인도의 아유르베다, 중국의 전통 약재

인도의 전통 의학인 아유르베다 Ayurveda 약재나 중국의 전통 약재는 콤부차에 효능을 추가로 더해 주기 때문에 거의 모든 종류의 티와 선택하여 블렌딩할 수 있는 매우 훌륭한 재료들이다. 그중 블렌딩에 특히 좋은 약재로는 안젤리카 angelica, 아쉬와간다 ashwagandha, 황기 astragalus, 은행잎 ginkgo, 고투콜라 gotu kola, 강황 turmeric, 인삼 ginseng 등이 있다. 234페이지의 '약초'를 참조하길 바란다. 물론 그 밖의 다른 약재로도 실험해 볼 수 있도록 항상 스코비 호텔을 활성화시켜 놓도록 한다.

상상이 이끄는 실험에 도전!

티, 티잰(또는 허브)을 블렌딩하여 콤부차를 만드는 경우에 가장 중요하게 고려해야 할 사항은 박테리아에 해를 가하지 않고 배양균이 잘 증식할 수 있도록 에센셜 오일과 화학적인 가향재료의 사용을 절대적으로 피해야 한다는 것이다. 거의 모든 유형의 티나 허브를 비롯해 과일 주스도 콤부차의 재료가 될 수 있지만, 그 성공과 재현성은 열정적인 실험에 따라 달라질 것이다.

콤부차 만들기는 바로 이런 면에서 재미가 무궁무진하다. 스코비 호텔을 이용하여 자신의 상상이 이끄는 대로 새로운 실험에 도전해 보길 바란다. 냄새와 모양이 이상하면 부작용의 위험을 안고 가기보다 안전을 위해 그냥 버리는 것이 좋다. '자신의 몸을 믿어라!'

티별 우려내는 온도 및 시간

콤부차에 가장 좋은 티

홍차

종류	온도	시간
아삼 Assam	93도	4~6분
실론 Ceylon	100도	3~5분
다르질링 Darjeeling	93도	3~5분
골든 몽키 Golden Monkey	93도	2~3분
기문 祁門, Keemun, Qimen	90도	3분
운남 雲南, Yunnan	90도	2분

홍차 블렌드

종류	온도	시간
잉글리시 브렉퍼스트 English Breakfast	100도	4~5분
아이리시 브렉퍼스트 Irish Breakfast	100도	4~5분

녹차

종류	온도	시간
반차 番茶, Bancha	82도	2~3분
용정 龍井, Dragon's Well, Long Jing	85도	3~4분
건파우더 Gunpowder	66~71도	2~4분
센차 煎茶, Sencha	77도	3~4분

백차

종류	온도	시간
백호은침 白毫銀針, Silver Needle	82도	3~5분
백모단 白牧丹, White Peony	82도	4~6분

우롱차

온도	시간
88도	5~8분

보이차

온도	시간
100도	4~6분

블렌딩을 위한 티, 티잰, 허브

종류	온도	시간
시나몬	천천히 가열	15~20분
생강	100도	4~6분
히비스커스	100도	4~6분
루이보스/허니부시	100도	4~6분
예르바 마테	77도	3~5분
얼 그레이 Earl Grey	93도	4~6분

콤부차의 다양한 이름들

네덜란드어
- 콤보에하 드랑크 Komboecha drank
  뜻: 콤부차 음료
- 콤보에하 테 Komboecha thee
  뜻: 콤부차 티
- 테비어르 Theebier
  뜻: 티 비어(맥주)

아르메니아어
테이 사키 Teyi saki
뜻: 티 와인

아랍어
알납타 Al-nabtah
뜻: 식물

프랑스어
- 엘릭서 드 롱 비 Elixir de longue vie
  뜻: 불로장생의 약
- 테 콤뷔샤 The kombucha
  뜻: 콤부차 티

러시아어
차이 크바스 Caj kvas
뜻: 티 크바스

독일어
- 라이먼탕테 Reimentangtee
  뜻: 해초 벧트 티
- 루시셰 테-에시흐 Russische Tee-essig
  뜻: 러시아의 티 식초
- 테모스트 Teemost
  뜻: 티 머스트/사이더
- 테 크바스 Tee Kwass
  뜻: 티 크바스
- 차우버자프트 Zaubersaft
  뜻: 마법의 주스
- 차우버트랑크 Zaubertrank
  뜻: 마법의 물약

터키어
콤부차이 Kombucay
뜻: 콤부차

체코어
- 차요바 호바 콤부하 Čajová houba kombucha
  뜻: 콤부차 버섯 티
- 차요바 야폰스카 호바 Čajová japonská houba
  뜻: 일본 버섯 티

루마니아어
체아이얼 콰스 Ceaiul kvas
뜻: 티 크바스(kvass)

독일어
- 알건테 Algentee
  뜻: 조류(해초) 티
- 콤부하거트랭크 Combuchagetrink
  뜻: 콤부차 음료
- 자파니셰 콤부하 Japanische Combucha
  뜻: 일본 콤부차
- 카르가소크테 Kargasoktee
  뜻: 카르가소크 티(Kargasok tea)
- 콤부하바인 Kombuchawein
  뜻: 콤부차 와인
- 메두전테 Medusentee
  뜻: 해파리(동물성) 티

영어
부치 Booch
부츠 Buch
펑거스 티 Fungus tea
콤부차 티 Kombucha tea
만추린 일릭서/티 Manchurian elixir/tea
메두사 티 Medusa tea
머시룸 티 Mushroom tea
티 비어/사이다/와인 Tea beer/cider/wine

기원 불명
콩고 Kongo
스푸몬토 Spumonto
바다산 차이 T'chai
테 아라모아나 Te-aramoana
티타니아 Titania
참부초 Tschambucco
콤부의 체 Tsche
야폰즈 Yaponge

설탕

사람이 사탕수수를 재배하여 설탕을 섭취한 지는 5000년 이상이나 되었지만, 지금처럼 무제한으로 과다하게 섭취할 수 있게 된 것은 비교적 최근의 일이다. 액상 과당, 가공 설탕, 화학 감미료의 과다 섭취는 당뇨병, 암, 칸디다증, 염증, 관절염 등과 같은 신체 질환을 유행시키고 심화시키면서 현대 사회를 위협하고 있다.

설탕(당)은 필수 영양소이며, 이 지구상의 거의 모든 생명체가 살아가는 데는 일정한 양이 필요한 것도 사실이다. 사람의 DNA는 당인산sugar-phosphate을 기반으로 결합되어 있고, 이때의 당은 디옥시리보오스deoxyribose이다. 그러한 당 성분의 설탕을 적당한 양으로 섭취하면, 우리 몸을 이루는 세포가 필수적인 기능을 수행하는 데 필요한 에너지를 공급하는 것이다. 콤부차를 만들 때 들어가는 설탕은 효모와 박테리아에 영양분을 공급할 뿐만 아니라, 건강에 좋은 산을 생성하는 데에도 기반을 제공한다. 따라서 설탕을 넣지 않으면 콤부차를 만들 수 없다. 설탕을 적게 사용하면 콤부차의 효능이 약해지고, 배양균도 증식되지 않는다.

오늘에는 많은 사람들이 설탕의 섭취에 대해 우려하고 있다. 왜냐하면 식품 공급 체계에서 설탕이 불필요하게 사용되고 있기 때문이다. 이는 매우 합당한 이유가 아닐 수 없다. 그러나 삶의 모든 일들이 그렇듯이, 부족한 것보다는 적당한 것이 더 바람직하다. 설탕으로 범벅이 된 포장 간식보다는 신선한 과일, 수제 아이스크림이나 크림 커스터드 등을 먹을 때 건강에도 유익할 뿐만 아니라 즐거움도 훨씬 더 깊다. 그

사탕수수는 약 1만 년 전 아시아 지역에서 처음으로 재배되었다. 사람들은 사탕수수 줄기를 씹어 먹었고, 그 즙도 추출하여 음식과 음료에 사용하였다. 약 2000년 전에는 인도의 사람들이 사탕수수의 즙을 가공하여 결정으로 만들면서 설탕은 그 뒤로 전 세계의 식품이 되었다.

리고 짭짤한 식품은 본래 설탕을 약간만 넣어야 그 풍미를 더 높여 줄 수 있는 것이다. 콤부차를 만들 경우에는 무엇보다도 균형을 이루는 것이 가장 중요하다. 적당한 양으로 남은 발효 설탕은 산의 거친 향미를 점차 완화시키면서 환상적인 조합을 만들어 낸다. 그러한 변화를 느껴 보려면 발효 전의 배양액(설탕, 물, 티 등)를 한 모금 마셔 보면 된다. 아마도 느글느글할 정도의 단맛일 것이다. 그러한 혼합에서 콤부차의 우아한 맛과 향은 대체 어떻게 나는 것일까? 발효 과정에서 아름다운 마법이 일어나 설탕(자당)을 과당과 포도당으로 분해하여 효모에 영양을 공급하고, 효모는 박테리아에게, 박테리아는 다시 사람에게 영양을 공급하는 것이다.

결국 발효가 진행되면 콤부차 내의 설탕(당)은 그 양이 줄어드는 것이다. 이는 맛을 비교해 보아도 쉽게 알 수 있다. 그러나 오래전부터 발효 상태를 알아보기 위해 사용되었던 액체비중계^{hydrometer}와 굴절계^{refractometer} 등의 도구를 사용해 콤부차를 측정해 보면, 설탕의 잔류 함유량이 실제보다 높게 나온다. 이는 콤부차 내에 든 설탕 이외의 고형 성분, 발효의 공생적 특성, 산의 왜곡적 특성 등의 복합적인 이유들 때문이다. 연구 결과에 따르면, 실제 설탕의 대략적인 잔류량은 이들 도구로 측정한 양의 약 절반으로 보면 된다는 것이다.

콤부차에 든 잔류 설탕

설탕은 우리 주위에 다양한 형태로 존재한다. 과당은 자연 상태에서 과일과 야채에서 발견되는 형태이다. 덱스트로스라고도 하는 포도당은 생명계에서 가장 일반적인 에너지원이다. 발효 과정이 끝난 뒤 콤부차에 남아 있는 설탕은 대부분 자당, 이당류에서 과당, 포도당(단당류)으로 분해된 상태이다. 그 결과 몸에 흡수될 경우에 혈당 충격이 적다. 또 콤부차 내 박테리아는 포도당을 글루콘산, 글루쿠론산과 같은 건강에 좋은 G산으로 전환시킨다. 그리고 효소는 그런 당류를 더욱더 분해하여 최종 음료에서 당 함유량을 크게 줄인다.

2000년 이후 실시된 수많은 연구 결과들에 따르면, 발효는 시간, 온도, 사용된 액종의 양, 연구자들이 고려치 못한 그 밖의 외부 요인들에 의해 설탕을 감소시켜 최종 음료인 콤부차 내의 당을 감소시킨다. 이러한 연구에서는 다양한 조리법과 기술들이 사용되었는데, 공통적으로 보인 것은 설탕의 양이 처음에는 완만하게 감소하다가, 3~8일이 경과한 뒤부터는 급격하게 감소한 것이다. 그리고 발효 7~14일 뒤에는 약 50~70%, 30일 뒤에는 최대 80%까지 줄어드는 등의 현상을 보였다.

레시피에서 사용하는 1갤런당 설탕 1컵은 설탕 200g을 사용하는 셈이다. 이를 환산하면 배양액 8온스 당 설탕 12.5g이다. 평균적인 발효 뒤에는 콤부차 8온스당 설탕 잔류량은 4~6g 정도이며, 조건에 따라 긴 시간 동안 발효시킬 경우에는 설탕 잔류량이 2.5g 정도로 적게 나온다. 여기서 말하는 '설탕'은 자당, 과당, 포도당을 포함하여 모든 잔류 당을 뜻한다. 이 잔류 설탕(당)은 앞에서 소개한 대로 우리 몸에 혈당 충격을 주지 않는다.

이 모든 것은 결국 미각에 의지해 자신에게 가장 잘 맞는 단맛과 신맛의 균형을 잘 찾아야 한다는 사실을 말해 주고 있다!

콤부차에 적합한 설탕류

사탕수수는 콤부차를 만드는 과정에서 가장 흔하게 사용되는 재료이다. 이 사탕수수는 가공하는 방법에 따라서 다양한 제품의 설탕이 만들어진다. 가장 익숙한 형태로는 사탕수수원당과 백설탕이 있다. 콤부차를 만들 때 여러 종류의 설탕을 함께 섞어서 사용해도 되는지 의문이 들 수도 있는데, 티 블렌드와 마찬가지로 설탕 블렌드는 콤부차의 향미에 깊이를 더해 줄 것이다. 따라서 즐거운 마음으로 다양하게 실험해 보길 바란다. 여기서는 콤부차에 적합한 몇몇 설탕들에 대하여 간략히 소개한다.

유기농 사탕수수원당(비정제당)

콤부차에 최고의 맛과 향을 낼 수 있는 설탕이다. 사탕수수의 즙을 단순히 증발시켜 결정화시킨 것으로 흔히 '원당'이라고 한다. 콤부차의 미생물들이 쉽게 섭취할 수 있도록 충분히 가공되어 있지만, 사람의 건강에 좋은 천연 비타민과 칼슘, 마그네슘, 칼륨, 철분과 같은 미네랄 성분들도 그대로 유지되어 있다. 사탕수수원당은 사람과 스코비의 영양 조건들 사이에서 최상의 균형을 이룬다. 독성 물질을 섭취할 가능성을 제거하고 GMO 제품의 섭취를 피하려면, 유기농 제품을 사용하는 것이 좋다.

백설탕(정제당)

콤부차에 사용되는 가장 전형적인 설탕이다. 일반적으로 고도로 정제된 백설탕은 물속에서 신속히 용해되며, 효모는 자신의 에너지원인 백설탕을 재빨리 분해시킨다. 일부 사람들은 백설탕이 과도하게 하얀색을 띠고 있어 정제 과정에서 유독 화학물질이 사용된 것에 대해 우려감을 갖고 있다. 그런 사람들은 백설탕 대신에 사탕수수원당을 선택하기도 한다. 백설탕을 사용할 경우에는 포장재의 원재료명에 '사탕수수'라는 표기를 반드시 확인하여 GMO 사탕무로부터 생산된 설탕을 피하는 것이 좋다.

그 밖의 설탕

콤부차에 사용되는 그 밖의 설탕으로는 정제도가 떨어지는 갈색 설탕, 터비나도turbinado, 데메라라demerara, 슈캐넛sucanat, 필론칠로piloncillo, 무스코바도muscovado가 있는데, 각각 약간씩 다른 맛의 음료를 만드는 데 사용된다. 이러한 설탕들을 사용하면 스코비와 최종 음료인 콤부차가 좀 더 색상이 어둡고 깊은 맛이 난다. 설탕의 정제도가 떨어지면 미네랄 성분의 함유량이 많아지면서 신맛이 강해지거나 향미에 문제가 생길 수 있다. 이로 인해 가정에서 콤부차를 직접 만들어 마시는 사람들은 이와 같은 설탕을 한 번 사용한 뒤, 사탕수수원당이나 백설탕으로 다시 갈아타는 경우가 많다.

당뇨병 환자가 콤부차를 마셔도 되는가?

오늘날에는 수많은 당뇨병 환자들이 콤부차를 건강식으로, 또 맛있게 즐기고 있다. 그중 일부 환자들은 상태가 호전되었다고 주장하기도 한다. 임상적인 입증은 현재 이루어지지 않았지만, 콤부차를 즐기는 수많은 환자들에게서 혈당 수치가 급격히 상승하는 일은 일어나지 않았다. 일부지만 당뇨병 치료약의 투입을 줄이거나 중단한 사례는 있었다. 이와 관련해서는 여러 동물 실험을 진행한 논문들이 그 가능성을 뒷받침할 것으로 보인다. 스리하리Srihari et al., 2013, 앨룰루Aloulou et al.,2012, 셰노이Shenoy et al. 2000 등의 논문이다. 20세기 초까지 콤부차는 혈당 질환이 있는 사람들에게 효능이 있는 것으로 여겨졌다. 물론 식단에 변화를 주거나 건강 상태를 정확히 확인하기 위해서는 반드시 의사와 상담해야 한다.

저온 살균된 꿀

꿀을 사용하면 꿀벌이 선택한 꽃의 향긋한 향을 콤부차에 가미할 수 있다. 일반적으로 꿀의 설탕(당) 함유량 중 약 80%는 단당과당류$^{monosaccharides\ fructose}$와 포도당의 형태이다. 이는 효모가 섭취할 수 있을 정도로 분해되었음을 의미한다. 결과적으로 콤부차가 완성되는 기간이 짧아지는 것이다. 따라서 콤부차를 병에 담은 뒤에 냉장고에 즉시 보관하지 않으면, 신맛이 매우 심해질 수 있다. 일반 설탕 1컵 대신 꿀 ⅞컵을 사용해 보자.

경고 : 생꿀은 사용하지 마세요! 생꿀에 있는 토종 박테리아는 콤부차의 미생물과 서로 경쟁하는 관계이기 때문에 생꿀의 블렌딩은 콤부차를 냄새가 고약한 혼합물로 만들 수 있다. 따라서 꿀은 반드시 살균 처리된 것을 사용해야 한다.

메이플 시럽

메이플 시럽$^{maple\ syrup}$(단풍당밀)은 일반 설탕의 대체제로서 옥탄가가 더 높다. 메이플 시럽 ½~⅔컵은 그 효과가 일반 설탕 1컵분에 해당한다. 메이플 시럽에는 아연과 망간과 같은 미량 무기질$^{trace\ mineral}$이 다량으로 함유되어 있는데, 콤부차에 사용할 경우에는 반드시 순도가 100%인 것을 사용해야 한다. '팬케이크용'의 시럽에는 흔히 옥수수시럽이 보충되어 있기 때문에 사용하지 않는 것이 좋다.

실험용 설탕

다음에 소개하는 감미료는 콤부차를 만드는 데 사용할 수는 있지만, 매우 깊은 주의를 기울여야 한다. 고도로 숙련된 사람이 여분의 스코비를 사용해 실험에 나설 경우에 한하여 사용하는 것이 좋다. 특히 실험을 통해 만든 스코비는 기존의 스코비 호텔에 절대로 넣어서는 안 된다. 콤부차가 실험에서 의도한 대로 생성되지 않았다면 반드시 폐기하길 바란다.

몰라세

몰라세^{molasse}(당밀)는 백설탕의 가공 과정에서 생긴 부산물로서 걸쭉한 시럽의 형태를 띠고 있다. 미네랄 함유량과 영양 밀도가 높아 독특한 향미를 제공한다. 일부 사람들은 캐러멜 향이 느껴진다고 하는 반면, 또 다른 사람들은 미네랄 성분으로 매우 강한 신맛이 난다고 한다. 몰라세는 일반 설탕과 1 대 1의 비율로 대체할 수 있지만, 이것만 사용하면 콤부차의 스코비, 즉 배양균체의 성장이 매우 더디다.

코코넛 워터

코코넛 워터$^{coconut\ water}$는 설탕 함유량이 표준 배양액에 50~60%밖에 되지 않는다. 상쾌한 이 음료는 콤부차의 기본 배양액으로 사용할 수도 있지만, 이상한 냄새(영양학에서 '이취'라고 한다)가 나거나 효과가 약해질 수 있다. 그럼에도 배양액에서 물 대신에 코코넛 워터를 사용할 수 있다. 사람들은 코코넛 워터를 데워 사용하기보다는 차게 우리기 위해 종종 사용하는데, 그 양은 티의 양과 동일하게 맞춘다.

또 다른 방법은 코코넛 워터를 일반적인 배양액(설탕, 티, 물)과 섞는 것이다. 이때 잎차의 양은 전체 액체량(물과 코코넛 워터의 합산)을 기준으로 일정비로 계산한다. 먼저 티를 물에 우린 뒤에 코코넛 워터를 넣는다. 물과 코코넛의 비율에 따라 설탕은 정상적인 경우보다 약 25~50%까지 줄일 수 있다. 코코넛 워터에는 설탕(당) 성분이 많이 함유되어 있기 때문이다.

코코넛 슈거

코코넛 슈거$^{coconut\ sugar}$는 등급과 생산 방식이 천차만별이기 때문에 좋은 선택일 수도 있고, 아닐 수도 있다. 효모와 박테리아의 조합이 달라 각기 다른 스코비들도 마찬가지로 일정한 역할을 한다. 일부 사람들은 곰팡이가 생겨 맛과 향에 문제가 있다고 하고, 또 다른 사람들은 즐겁게 마셨다고도 한다.

EVAPORATED CANE JUICE
사탕수수원당

TURBINADO
터비나도(중백당)

MOLASSES
몰라세(당밀)

WHITE SUGAR
백설탕

MAPLE SYRUP
메이플 시럽(단풍당밀)

HONEY
꿀

chapter 4 · 티, 설탕, 물 | 85

사탕수수원액

신선한 사탕수수원액liquid cane juice은 많은 나라에서 사람들에게 인기가 있는 음료로, 콤부차의 기본 배양액으로도 사용할 수 있다. 사탕수수원액의 단맛은 매우 다양하기 때문에 사용량에 대한 정확한 가이드라인을 제시하기는 어렵지만, 사탕수수원액과 티 농축액을 각각 절반씩 혼합하면 좋은 시작점이 될 것이다(이때의 티 농축액에는 설탕이 들어 있지 않다). 그 뒤 설탕을 한 회분의 약 80% 정도 수준으로 넣는다. 사탕수수원액을 많이 또는 덜 넣는 방식으로 다양한 실험에 나서 보길 바란다.

인버트 슈거

병에 넣어 발효시킬 때 종종 시럽의 형태로 사용되는 인버트 슈거inver sugar는 일부 맥주를 만드는 사람들에게도 인기가 좋다. 인버트 슈거라는 말은 이미 자당이 과당과 포도당으로 분해되었음을 고급스럽게 표현한 것으로서, 그 이름은 설탕 자체가 아닌 당액sugar solutions을 측정하기 위해 사용된 연구 기술로부터 유래되었다.

설탕이 저분자의 작은 성분으로 분해되면 소화 과정이 한 단계 낮은 차원에서 진행되기 때문에 콤부차의 배양균들이 소비하기에 유리하다. 그런데 효모는 자당을 완벽하게 분해할 수 있고, 인버트 슈거를 넣는다고 하여 향미가 달라지는 것도 아니기 때문에 콤부차 전용으로 인버트 슈거를 구비하는 데 시간과 비용을 따로 들일 필요는 없다. 단지 인버터 슈거가 집에 있다면 사용해도 좋다는 정도이다.

무가당 콤부차?

사람들은 종종 설탕을 사용하지 않고도 콤부차를 만들 수 있는지 묻곤 한다. 간단히 말하면 '아니오'이다. 설탕은 효모와 박테리아에 꼭 필요한 음식이다. 이 설탕은 효모와 박테리아에 에너지를 공급하여 그들의 재생산을 돕고 새로운 스코비를 생성시킨다. 또한 당도 있는 배양액에 산과 비타민 성분을 생성시키고 거품이 일도록 한다! 그리고 이미 완성된 콤부차 내 소량의 잔류 설탕은 건강에도 좋고 맛도 훌륭한 산 성분을 생성시킨다. 정상적인 콤부차에는 8온스당 발효 설탕이 평균적으로 약 1~2티스푼 정도 들어 있다. 그러한 설탕은 일반적인 설탕과 마찬가지로 스코비 본체와는 상호 작용하지 않는다.

콤부차에 사용되는 설탕의 종류

	설탕 종류	티 1갤런당 사용량	완성 기간
최적용	사탕수수원당	1컵	7~10일
	백설탕	1컵	7~10일
허용 가능	비정제 사탕수수당/갈색 설탕	1컵	7~14일
	살균 처리된 꿀	7/8컵	5~8일
	메이플 시럽	1/2~2/3컵	5~8일
실험용	몰라세	1컵	7~14일
	코코넛 워터	일반 설탕 25%와 섞어 사용	5~8일
	코코넛 팜 슈거	2/3~1컵	5~8일
	사탕수수원액	일반 설탕 25%와 섞어 사용	7~10일
	인버트 슈거	7/8컵	5~8일

사용 금지 물품

사람들은 마운틴듀와 같은 청량음료를 콤부차의 액종으로 사용할 수 있을지 궁금해 한다. 시도해 볼 수는 있겠지만, 향미가 역겨울 정도로 좋지 않아 액종으로 절대 사용하지 말 것을 권한다. 청량음료에서 단맛은 실제 설탕이 아니라 다른 화학 물질로 내는 경우가 많다. 고과당 옥수수 시럽, 인공 감미료, 그리고 아스파탐aspartame, 수크랄로스sucralose, 사카린saccharin과 같은 설탕의 대용품은 발효에 적합하지 않다. 이러한 화학 물질은 사람뿐만 아니라 스코비에도 유독할 수 있다.

설탕 대용품으로 '저설탕' 콤부차를 만들어 보고 싶은 유혹이 들 수도 있다. 그러나 그 결과는 향미가 매우 불쾌하거나 스코비가 곰팡이로 뒤덮일 것이다. 여기서는 절대 사용해서는 안 되는 감미료를 소개한다.

아가베

아가베agave는 과당이 주요 성분인 감미료이다. 콤부차에서는 포도당이 박테리아를 자극하여 글루콘산과 글루쿠론산과 같은 G산을 생산함으로써 유독 성분을 제거하는데, 아가베 시럽에는 포도당이 거의 들어 있지 않기 때문에 그러한 효과를 거의 볼 수 없다.

제빵용 설탕, 바 설탕, 가루설탕

이와 같은 사탕수수 추출물들은 일반 백설탕보다 더 적은 크기의 과립으로 가공되어 케이킹caking이나 용해성에서 문제를 야기한다.

현미 시럽

현미 시럽은brown rice syrup 고도로 가공 처리된 것으로서 100% 포도당 성분이다. 미네랄 성분들도 거의 들어 있지 않다. 결과적으로 이상한 효모 덩어리들이 생성되고, 매우 좋지 않은 냄새가 풍긴다.

덱스트로스

포도당의 일종인 덱스트로스로 콤부차를 만들면, 그 콤부차에는 해독 작용을 유발하는 글루콘산과 글루쿠론산이 거의 들어 있지 않다. 향미도 맛도 약할 뿐만 아니라, 시간이 지남에 따라 과당을 에너지원으로 요구하는 콤부차 배양균을 점차 쇠퇴시켜 더 큰 문제를 야기할 수 있다.

생꿀

콤부차에는 생꿀을 절대로 사용해서는 안 된다. 생꿀 내에는 박테리아와 효모가 포함되어 있기 때문에 스코비의 성장을 방해하고, 콤부차의 균형을 무너뜨릴 수도 있다. 콤부차의 배양균과 비슷하게 보이지만, 오직 생꿀에만 적합하게 작용되는 완전히 다른 균형을 이룬, '준jun'이라는 물질이 형성될 수 있다.

설탕 대체재

설탕 대체제의 일종으로 당알코올sugar alcohols이 있다. 당알코올은 설탕도 아니고 알코올도 아닌 특징을 지니고 있다. 대표적인 것으로는 스테비아stevia, 자일리톨xylitol, 소비톨sorbitol, 에리스리톨erythritol, 마니톨mannitol이 있다. 이들은 다른 종류의 설탕을 가공해 만든 것으로서 일반 설탕보다 칼로리가 훨씬 적다. 첫 회분의 발효 과정에 필요한 성분들이 들어 있지 않아 단지 콤부차의 당도를 높이기 위해 사용할 수 있을 뿐이다. 유의점은 보관하면서 시간이 지나면 향미가 날아가 버릴 수 있어 일반적으로 병을 개봉한 뒤 곧바로 사용하는 것이 좋다.

물

뉴욕의 피자크러스트나 샌프란시스코의 사워도빵sourdough bread과 마찬가지로 물은 콤부차의 향미와 스코비의 상태에 큰 영향을 준다. 콤부차에는 다양한 종류의 물들이 사용될 수 있지만, 그러한 물이 갖춰야 할 가장 핵심 요소는 배양균에 유해한 오염 물질이 없어야 한다는 점이다.

콤부차 에세이

최상의 물 선택

❝일반 가정에서 콤부차를 만들 때 물을 고르는 최상의 선택은 쉽게 구할 수 있고, 비용도 저렴한 수돗물을 사용하는 일이다. 단, 전제 조건은 콤부차의 배양균에 적합한 물이어야 한다. 다시 말하면, 가정용 급수 장치에 정수기나 여과 장치를 설치해 물에서 염소 성분을 제거한 뒤에야 콤부차에 사용할 수 있다는 뜻이다.

상수도 시설에 든 화학 물질에 대해 우려가 있으면, 집 전체 수도 시스템에 재활용 코코넛 숯의 필터를 설치하고, 또 특별히 불소를 제거할 목적으로 별도의 필터를 설치하면 된다. 이와 같은 설치를 거치면 우리가 마시고 씻는 물에는 어떤 부정적인 영향도 주지 않는다. 깨끗한 물에 투자하고, 건강에 투자해 보라!❞

우물물

미국 환경보호청U.S. Environmental Protection Agency에 따르면, 미국인의 약 15%는 사적으로 보유한 우물에서 식수를 길러 먹고 있으며, 그 수질은 매우 다양한 것으로 드러났다. 우물물은 별도의 정수 처리 과정이 없기 때문에 염소와 불소의 성분은 거의 들어 있지 않는 대신에, 다른 미네랄 성분들은 다량으로 함유하고 있어 콤부차에 이상한 냄새가 나게 할 수 있다. 연화제가 첨가된 우물물이 때로는 더 나은 맛을 내는 경우도 있다. 자신이 거주하는 지역의 건강이나 환경과 관련된 공공기관에 공인된 수질 테스트의 결과를 확인해 보길 바란다. 수질이 좋으면 훌륭한 향미의 티와 건강한 스코비를 만들 수 있기 때문에 계속해서 사용해도 좋다!

샘물

샘물은 훌륭한 선택지이다. 경우에 따라서는 표준 정화 과정을 거쳐야 한다. 민간 우물물과 마찬가지로 샘물에도 미네랄 성분이 다량으로 함유되어 있어 콤부차의 향미와 배양균의 건강 상태에 영향을 줄 수 있다. 따라서 샘물의 수질을 검사해 보고 콤부차의 변화를 살펴본 뒤 필요에 따라서 사용하면 된다.

생수

수많은 브랜드의 콤부차들이 수돗물을 사용하는 것과는 정반대로 생수병에 든 물이 정말 샘에서 취수한 것이 맞으면 매우 훌륭한 선택지가 될 수 있다. 물이 생수병에 담기기 전에 여과 과정을 적당히 거치면서 미네랄 성분의 함유량도 재조정되기 때문이다. 그러나 생수가 다 좋은 것은 아니고, 브랜드마다 약간씩 차이를 보인다.

수돗물

대부분의 사람들은 식수를 수돗물에서 취한다. 이 수돗물은 보통 지방 정부에서 관리 및 감독하고 있고, 거의 대부분이 염소를 비롯해 각종 첨가제들이 들어 있어 '안전하게' 마실 수 있다. 미국에서는 주에 따라서 치아의 건강을 위해 수돗물에 플루오르화나트륨sodium fluoride이나 헥사플루오르 규산hexafluorosilicic acid을 넣는 경우도 있는데, 이와 관련하여 종종 논란이 일기도 한다.

수돗물에서는 염소 성분을 제거하는 것이 가장 중요하다. 병원균을 죽이기 위해 염소를 수돗물에 추가하는 것이지만, 그 항균성이 콤부차의 배양체에도 부정적인 결과를 초래할 수 있기 때문이다. 다행인 것은 일반 가정에서도 염소를 쉽게 제거할 수 있다는 점이다. 여기서는 그 몇몇 방법을 소개한다.

증발 항아리에 물을 가득 채운 뒤 뚜껑을 덮지 않고 약 24시간 동안 둔다. 염소는 기체이기 때문에 시간이 충분히 지나면 증발한다.

끓임 15분간 물을 끓이면 염소가 제거된다. 이러한 방법으로 염소를 제거할 수 있지만, 그 밖의 다른 불순물도 제거하기 위해 수돗물을 걸러 내는 것이 좋다. 물에 포함된 일부 화합물은 콤부차를 만드는 데 '무해'하지만, 사람의 건강에는 유해할 수도 있기 때문이다. 일반 필터는 모든 종류의 오염 물질을 모두 걸러 내지는 못한다. 특히 클로라민chloramine이나 플루오르화나트륨sodium fluoride이 대표적이다. 이와 같은 이유로 상업적인 콤부차 제조업체들은 특수 필터를 사용해 깨끗한 물을 얻는다. 그럼에도 일반 가정의 싱크대에서 사용하는 가정용 필터는 대부분의 오염 물질을 제거하기에 충분하기 때문에 콤부차의 향미와 순도를 높일 수 있다. 온가족이 마시는 물이 더욱더 건강에 좋아진다는 점은 확실한 사실이다.

정수 방법

오늘날 가정에서는 가정용 정수 시스템, 역삼투 시스템, 증류 방식을 점점 더 많이 사용하고 있다. 끓인 물이나 수돗물의 대안으로 이와 같은 정수 방식을 사용하면 낭비를 줄이면서 보다 더 경제적이고 안전하다. 여기서는 다양한 여과를 통한 정수 방식을 소개한다.

피처 필터 pitcher filter 가장 단순한 형태는 피처 필터로서 활성탄을 필터로 사용하여 염소를 비롯해 전체 오염 물질의 약 30~60%를 걸러 낸다. 플루오르화나트륨은 걸러 내지 못한다. 필터를 처음 사용하는 경우에는 효과가 좋으며, 대부분의 경우에 충분히 사용할 수 있을 정도로 정화 능력이 좋다.

카운터탑 countertop 또는
싱크 하단 카트리지 시스템
일반적인 여과 시스템에서는 숯을 사용하지만, 이 여과 장치는 그보다 더 정교하게 설계되어 있어 오염 물질의 99% 이상을 걸러 낼 수 있다. 일반적으로 불소(플루오린)는 걸러 내지 못한다.

중력 급수 필터 gravity-fed water filter 중력이 미네랄 성분을 걸러 내지 않으면서도 병원균, 바이러스, 그 밖의 오염 물질을 흡수하는 극미세 필터를 통해 물을 끌어당기면서 여과시키는 시스템이다. 여과나 정수를 위한 탁월한 선택이라고 할 수 있다.

역삼투 RO, reverse osmosis 역삼투 여과기는 물을 반투막으로 강제로 통과시켜 배수구로 향하는 과정에서 화학 성분과 순수한 물을 분리시킨다. 필터를 통해 여과된 물은 수도꼭지로 나오기 전에 다시 숯을 통과한다. 이 과정에서 전체 물의 50%가 소실되기 때문에 일부 사람들에게는 비경제적인 것으로 평가되고 있다.

증류 distillation 오래전에는 순수하게 증류시킨 물만이 콤부차에 유일하게 적합할 것이라 생각되었다. 실은 그 반대였다. 이미 '죽은 물'에는 미네랄 성분의 함유량이 부족하여 콤부차를 만들 때 큰 문제를 야기한다는 사실을 사람들이 뒤늦게 알게 된 것이다. 물을 증류시켜 사용할 수 있는 경우도 물론 있다. 그러나 미네랄이 풍부한 사탕수수원당이나 갈색 설탕을 진하게 우린 티와 함께 사용해야만이 콤부차의 배양균에 충분한 영양 성분을 제공할 수 있다.

물에 함유된 성분들

오늘날 우리가 마시는 물은 환경과 시스템의 문제로 인해 오염이 점점 더 심화되고 있다. 지난 수십 년 동안에 걸쳐 각종 의약품과 농약, 그 밖의 오염 물질들이 도시의 상하수도 시설과 지하수로 유입된 것이다. 수많은 도시의 수돗물 공급 기반 시설이 노후화된 것도 위험스럽기는 마찬가지이다. 시추를 위해 수압 파쇄법을 적용하면서 흘러 나온 석유 유출물이 종국에는 식수원으로 흘러가 섞이면 우리 몸의 내부 체계에는 큰 혼란이 일어날 것이다. 지방 정부 차원에서 수돗물에 염소와 불소 등의 화학 물질을 추가하는 일은 아예 논하지도 않은 상태이다. 우리가 마시는 수돗물에는 어떤 물질들이 들어 있는지 정확히 알기 위해서는 거주지의 관련 연구소에 샘플을 보내 검사를 요청하거나 일반 가정에서 수질 검사 키트로 확인해 보면 된다.

콤부차 전설 : 콤부차의 기원은 실론?

콤부차가 열대 지방에 기원을 두고 있다고 믿는 일부 사람들은 다음에 소개하는 극히 이례적인 가설을 지지할 것으로 보인다. 콤부차는 중국이 아니라, 또 다른 티 생산국인 실론(현 스리랑카)에서 시작되었다는 설이다. 이 설에 의하면, 콤부차는 실론에서 발상하여 인도, 중국, 만주, 러시아 근방으로 퍼졌고, 그곳에서 다시 유럽으로 전파되었다는 것이다. 물론 이 가설에 대한 기록적 증거는 아직 없지만, 콤부차를 부르는 이름의 일부가 '인도에서 발생한 것'이란 뜻으로 묘사되어 그 근거가 되고 있다.

스리랑카의 다원.

티에 불소 성분이?

티에 함유된 불소 성분이나 대량의 티를 장기간 마시면 발생하는 '불소 중독'과 관련하여 그 위험성에 대해 우려의 목소리가 있다. 이러한 우려는 안전에 대한 의식으로서 의도는 좋았지만 티의 화학 성분에 대해 잘못 이해한 데서 비롯된 것이다. 찻잎에는 플루오르화칼슘calcium fluoride이 자연적으로 생성되어 함유되어 있지만, 이러한 유형의 불소는 일반적으로 도시의 수돗물에 첨가되는 불소와는 화학적으로 상당히 다르다.

플루오르화칼슘은 사람의 몸에 꼭 필요한 천연 성분의 물질이다. 그러나 이것을 과도하게 섭취하면 문제가 생길 수 있다. 이는 필수 비타민이나 미네랄도 마찬가지인 것이다. 그러나 티로 인한 '불소 중독'에 대한 위험성 보고는 매일 엄청난 양의 티를 마시는 경우에 해당되며, 결코 일반적인 경우가 아니다. 특히 콤부차나 다른 음식이나 음료는 더더욱 아니다.

콤부차를 만드는 경우에 처음에는 비교적 농도가 약한 티에서 시작하는 것이 대부분인데, 여기에는 자연적으로 발생한 불소가 미량으로 들어 있다. 그러나 실제로 콤부차가 완성되면 사람들이 과할 정도로 많이 마시지 않기 때문에 티나 콤부차의 불소 함유량에 대해서는 결코 걱정할 필요가 없다.

CHAPTER 5

콤부차의 다양한 용품들

콤부차를 만드는 과정은 단순하지만, 완성에 성공하기까지는 생각보다 많은 요인들이 작용한다. 물론 적당한 용기나 도구는 자신의 취향에 맞게 구비할 수 있다. 그러나 콤부차를 발효시킬 때에는 주위 환경에도 주의를 세심하게 기울여야 한다. 콤부차는 한마디로 살아 있기 때문이다. 박테리아와 효모는 온도, 빛, 습도, 소리, 에너지, 진동 등 모든 종류의 조건에 매우 민감하게 반응한다. 맛있는 콤부차를 안전하게 지속적으로 만들 수 있는 발효 환경을 조성해 보자.

적당한 용기의 선택

콤부차를 처음 만들 때는 수많은 사람들이 1갤런(또는 그보다 작은)의 유리 용기를 사용하여 단일 회분 배양법으로 만든다. 이 방법은 소량의 한정된 양을 만드는 경우에 적당하다. 콤부차가 유리 용기를 가득 채우는 점을 고려하면, 스코비, 액종, 배양액(물, 설탕, 티)의 총량을 여유 있게 수용할 수 있는 약간 더 큰 유리 용기가 적합하다. 이때 유리 용기는 입 부위가 넓은 것일수록 좋다. 사용에 편리할 뿐만 아니라 위쪽의 표면적도 적당하여 발효가 잘 일어나기 때문이다.

연속배양 방식(제7장 참조)의 경우에는 2.5~5갤런 크기의 용기를 사용하는 것이 좋다. 일반 가정의 자가 생산에서는 그보다 더 클 경우에 취급과 세척에 어려움이 뒤따를 뿐만 아니라, 보관할 장소도 마땅치 않다. 콤부차의 애호가나 신예의 전문가라면 최대 30갤런 크기의 플라스틱 양동이나 통을 사용할 수 있는데, 더 나아가서는 50~500갤런 크기의 스테인리스강 재질의 발효기도 사용할 수 있다.

콤부차를 한 번에 대량으로 만들 경우에는 주의가 필요하다! 회분배양법으로 1회분을 5갤런 이상으로 만들면 향미가 불균일한 문제점들이 생기고, 발효도 굉장히 느리게 진행된다. 이때 발효 온도는 콤부차에 적당한 산소를 공급하여 발효를 온전하게 일어나도록 하는데, 종종 온도와 그 밖의 요인들을 일정하게 유지하지 못해 완전히 실패하는 경우도 있다.

콤부차를 만들기 전에 제일 먼저 해야 할 일은 사용할 용기의 크기를 결정하는 것이다. 그 다음으로는 용기의 재질을 선택하는 것이다. 다음에 소개하는 몇 몇 유의 사항들을 따른다면, 다양한 재질의 용기를 선택하는 데 큰 도움이 될 것이다.

콤부차 에세이

재활용품 사용에 주의할 점!

❝ 중고 거래로 재활용품의 용기를 구입하면 경제적일 수 있다. 그러나 식품 용기가 아닌 화병이나 다른 종류 항아리 등의 용기를 사용할 경우에는 콤부차를 만드는 과정에서 납이나 알루미늄과 같은 유해 성분이 침출될 수 있다. 더욱이 '식품 안전성이 검증된' 용기라도 낮은 등급의 플라스틱이나 도료 또는 유약이 사용된 경우에는 콤부차의 높은 산성액과 접하면 예상치 못한 유해 물질들이 용해되어 침출될 수 있다. 따라서 콤부차를 만들 때는 용기를 반드시 철저하게 검사해야 한다. 적합성에 확신이 서지 않으면, 납 검출 키트와 같은 간단한 방법으로 용기를 검사해 보아야 한다.

유리

큰 유리병은 아마도 사람들이 콤부차를 처음 만들어 볼 때 가장 많이 사용하는 용기일 것이다. 특히 회분배양법으로 만드는 경우에는 좋은 선택이 될 것이다(제6장 참조). 꽃병이나 에칭 유리와 같이 식품용이 아닌 유색 유리에는 납이 함유되어 있을 수 있다. 따라서 발효 과정에서는 반드시 식품용 유리만 사용해야 한다. 투명한 유리병은 일반적으로 쉽게 구할 수 있고, 비교적 가볍고 세척하기가 쉬울 뿐만 아니라 콤부차가 발효되는 전 과정도 볼 수 있어 사람들이 즐겨 사용한다. 가정에서 흔히 볼 수 있는 오래된 피클 병도 아마 좋은 용기가 될 것이다. 수도꼭지가 달린 유리 용기는 연속배양에서는 매우 유용하다(제7장 참조). 그러나 레모네이드 또는 아이스티를 담기 위해 자주 사용되는 상업용의 음료 용기는 재질의 품질이 좋지 않아 콤부차를 만드는 데 사용하기에는 적합하지 않다.

자기 또는 도자기

자기 또는 도자기 용기는 식품의 발효를 위해 예로부터 가장 일반적으로 사용된 도구이다. 불투명한 재질로 빛을 차단하여 콤부차를 보호하고, 사람들이 더 선호하는 모습으로 만들어 낸다. 식품을 담아 사용할 수 있는 용기는 콤부차의 높은 산도에서도 잘 견딜 수 있을 것이다. 이때 주의해야 할 점은 밝은 색상의 유약이 칠해진 화분이나 용기는 피해야 한다는 것이다. 오늘날 거의 모든 자기 또는 도자기 주방용품들에는 납 성분이 들어 있지 않다. 일부 용기에 대하여 확신이 서지 않는다면 납 검출 키트와 같은 간단한 도구로 안전성을 확인해 보면 된다.

스테인리스강

대부분의 금속 물질은 콤부차의 용기로 사용하기에는 안전하지 않다. 금속이 산성 용액에 부식되면서 금속 성분이 침출되어 콤부차에 스며들기 때문이다. 그러나 스테인리스강(등급 304 이상)은 산성 용액에 부식되지 않는다. 발효 과정에서 생산된 아세트산으로 인해 낮은 pH와 높은 산성 조건에도 견딜 수 있기 때문에 맥주, 와인, 특히 식초 산업계에서는 꼭 필요한 가장 중요한 금속이다. 식초는 콤부차와 마찬가지로 생산 과정에서 산성도가 20배나 높아지지만, 스테인리스강을 용기의 재질로 사용하면 재료들을 안전하게 보관할 수 있다.

목재 배럴

고품질의 목재 배럴 wood barrel 은 콤부차의 향미에 부드러움과 깊이를 더해 주고 독창성을 가져다준다. 사용된 목재의 종류에 따라 콤부차에 그 고유한 향미를 더해 주기 때문이다. 오래전부터 와인과 맥주, 식초를 담아 보관하였던 미국산 토스트 오크배럴 toasted oak barrels 도 매우 훌륭한 보관 용기이지만, 그 밖의 다른 목재로 만든 배럴도 좋은 용기가 될 것이다.

대부분의 목재 배럴은 알코올성 음료를 발효시키기 위해 제작되어 상단에 구멍이 없기 때문에 콤부차와 스코비를 전혀 관찰할 수 없다. 콤부차 제조업체는 이러한 문제를 해결하기 위하여, 경우에 따라서는 목재 배럴을 자르기도 한다.

플라스틱

일부 콤부차 애호가들은 양조 물품 창고에서 흔히 볼 수 있는 식품 저장용 플라스틱 통을 선호한다. 상업적인 제품으로는 고밀도 등급의 양조용 플라스틱으로 만든 용기들이 판매되고 있다. 고밀도 플라스틱 용기는 콤부차의 산성도에도 변질되지 않기 때문이다. 그러나 일반 소비자 등급의 플라스틱은 콤부차를 만들 때 결코 권장할 수 없다. 특히 여러 수도꼭지나 접착제인 에폭시의 원료로 사용되는 낮은 등급의 플라스틱은 절대로 사용해서는 안 된다.

사용 금지 재료들

콤부차는 놋쇠, 주철, 알루미늄 등의 금속 용기를 사용하여 만들면 절대로 안 된다. 흔히 맥주를 양조할 때 사용되는 용기들 중에는 낮은 pH에 견딜 수 없는 놋쇠 고정 배관이나 다른 금속 재질이 사용된 것들이 있는데, 콤부차는 이러한 금속들을 부식시켜 그 성분들을 침출시킨다.

그 밖에도 절대로 사용해서는 안 될 재료로는 크리스털(수정)을 들 수 있다. 왜냐하면 수정은 통상적으로 납 성분을 함유하고 있어 침출될 우려가 있기 때문이다. 가정용 납 검출 키트를 사용하면 모든 용기의 안전성을 검증할 수 있다.

콤부차를 만드는 데 적합한 용기들.
재질과 크기 면에서 그 종류도 매우 다양하다.

chapter 5・콤부차의 다양한 용품들 | 97

수도꼭지의 선택

연속배양법의 경우에는 용기도 크고 내용물인 액체도 무겁기 때문에 수도꼭지가 반드시 필요하다. 연속배양법에 수도꼭지를 차용하면 병에 옮겨 담기도 쉽고 청결을 유지하기도 좋아 전반적으로 편리하다는 큰 장점이 있다. 물론 사이펀이나 국자 등의 여러 도구들을 사용할 수도 있지만, 이 경우에는 연속배양법의 많은 장점들을 살릴 수 없다.

그러나 수도꼭지뿐만 아니라 불행하게도 수많은 일상 음료의 용기들도 높은 산성도를 지닌 콤부차를 담기에는 안전하지 않다. 일반 가정에서 콤부차를 처음 만드는 사람들은 비용을 줄이기 위하여 길거리 상점에서나 볼 수 있는 수도꼭지가 달린 용기들을 사용하지만, 독소들이 침출될 뿐이다. 거의 모든 소비자 등급의 수도꼭지와 잠금장치는 적어도 하나 이상의 다음과 같은 문제점들을 안고 있다. 낮은 등급의 플라스틱(문제의 95% 이상 해당), 금속 도료 또는 기타 코팅, 금속성 잠금장치, 에폭시 및 접착제의 사용이다.

수도꼭지는 잠금장치를 풀었을 때 용기에 깨끗한 구멍만 남길 정도로 쉽게 제거되지 없으면 사용하지 말아야 한다. 수도꼭지와 잠금장치 등 조립 세트의 일부가 유백색을 띠면서 부분적으로 반투명의 플라스틱으로 만들어졌다면 그 선택은 잘못된 것이다. 그리고 금속 도료는 시간이 지나면 점차 콤부차에 침출된다. 접착제는 물론이고 실제 금속(알루미늄, 황동, 크롬)의 일부도 독소로 침출된다. 여기서는 콤부차 용기에 가장 적합한 수도꼭지의 특성을 소개한다.

- 목재, 스테인리스강(304 등급 이상) 또는 전문가 등급의 플라스틱으로 제작
- 도색이나 코팅이 없음
- 조립 또는 부착 부위에 에폭시나 접착제의 사용이 없음
- 부식 방지용 너트와 와셔를 함께 사용
- 청소에 편리하게 쉽고 빠르게 제거할 수 있음

전문가 등급의 플라스틱 수도꼭지가 한때 탁월한 평가를 받으면서 지난 수 년 동안 주로 사용되었지만, 지금은 스테인리스강 재질의 수도꼭지가 모양도 좋고 액체의 배수 속도가 빨라 큰 인기를 끌고 있다. 목재는 천연 소재만을 고집하는 사람들에게는 매력적인 선택지이지만, 옮겨 붓는 시간이 일반적으로 플라스틱이나 스테인리스강보다 약간 더 오래 걸린다. 그러나 목재는 오랫동안 안전하게 사용할 수 있어 콤부차의 용기로는 훌륭한 소재이다. 지금까지 언급한 수도꼭지 중에서 각자 취향에 맞는 것을 찾아서 사용해 보길 바란다.

그 밖의 도구

콤부차를 만들 때는 적당한 용기와 함께 몇몇 간단한 도구만 있으면 된다. 이 도구들은 대부분 주방에서 쉽게 찾아볼 수 있는 것들이다. 이러한 도구들은 반드시 깨끗하게 세척한 뒤에 사용해야 한다. 왜냐하면 염소나 세제 성분은 콤부차의 배양균에 큰 해를 줄 수 있기 때문이다. 일반적으로 음식, 기름, 향신료 등으로 인한 오염을 피하기 위해 콤부차 전용의 도구 세트를 별도로 준비해 두는 것도 좋다. 또는 도구들을 철저히 세척한 뒤에 숙성시킨 콤부차나 증류한 백식초 white vinegar로 재빨리 다시 세척해 사용한다.

주전자 또는 포트

콤부차의 기본 티를 우려내려면 뜨거운 물이 필요하다. 물을 가열하는 데는 보통 주전자나 포트가 사용된다.

콤부차를 아직 발효시키는 단계가 아니기 때문에 어떤 용기를 사용해도 상관없다. 요즘에는 전기 플러그만 꽂으면 짧은 시간 내에 물을 끓일 수 있는 전기포트를 많이 사용한다.

에너지를 절약하는 차원에서는 선티 sun tea도 만들 수 있다. 투명한 유리 용기에 잎차를 넣고 상온의 물

을 붓는다. 그 뒤 직사광선이 비치는 곳에 용기를 느슨하게 싸서 놓아두면서 12~24시간 동안 우려낸다.

재사용이 가능한 티백, 티볼, 스트레이너

면직물의 티백과 티볼은 잎차를 우려내는 데 최적의 도구이다. 여러 회에 걸쳐 재사용이 가능해 비용을 줄일 수 있다. 이때 면직물은 티의 타닌 성분으로 인해 얼룩이 생기지만, 분해될 때까지는 계속해서 사용할 수 있다. 티볼을 사용하면 일부 잎차가 밖으로 빠져나가 종종 스코비에 검은색, 갈색, 녹색의 점박이 형태로 붙는다. 이 잎차는 콤부차의 배양균이나 발효 과정에 영향을 주지 않기 때문에 문제가 되지 않는다. 티백이든지 티볼이든지 간에 잎차가 충분히 펴질 수 있을 정도로 내부 공간이 있어야 티의 맛과 향이 제대로 우러난다. 이 밖에도 잎차를 물에 직접 담가 우려낸 뒤 설탕을 넣기 직전에 스트레이너로 걸러내는 방식도 있다.

손잡이가 긴 스푼

스푼이나 휘젓는 도구가 콤부차 용기 바닥에 닿을 만큼 충분히 길면 어느 것이든 사용할 수 있다. 아직 발효가 일어나지 않아 산성화되지 않은 상태의 기본 티를 휘젓는 데 사용하기 때문에 스푼이 목재, 금속, 플라스틱 등 어떤 재질이든지 상관없다.

천 덮개

콤부차는 호기성 발효 과정을 거치기 때문에 산소의 공급이 필요하다. 그러나 먼지, 초파리, 그 밖의 잠재적인 오염 물질의 유입은 덮개를 씌워 차단해야 한다. 이때 덮개는 양조용의 통기성이 좋은 천 덮개를 사용하는 것이 좋은데, 촘촘히 짜인 직물(헝겊 냅킨, 시트나 티셔츠 조각)로 용기의 입구를 덮고 고무 밴드로 고정시켜도 된다.

천 덮개는 콤부차를 매회 만들 때마다 교체할 필요는 없지만, 청결한 상태로 유지해야 한다. 커피 필터나 종이 타월을 덮개로 사용하는 사람도 있는데, 한 가지 분명한 사실은 천 덮개를 사용하는 것이 쓰레기를 줄이면서 더욱더 지속 가능한 방법이라는 것이다.

콤부차 에세이

덮개로 치즈클로스의 사용은 절대 금지!

"콤부차 용기의 덮개로 치즈클로스를 사용해서는 절대로 안 된다! 직조가 너무 느슨하여 초파리나 그 밖의 오염 물질이 유입되어 콤부차를 완전히 망칠 수 있다. 치즈클로스를 이중으로 접어 사용하여도 그 결과는 마찬가지이다. 초파리는 치즈클로스 사이를 기어이 비집고 들어가고 말 것이다. 소량의 단백질(초파리)을 여분으로 섭취하고 싶지 않다면, 촘촘하게 직조된 천 덮개를 사용해야 한다."

스트립 온도계

온도를 모니터링하면 튼실한 발효 과정을 담보할 수 있고, 여러 문제점들도 단번에 날려 버릴 수 있는데, 특히 중요한 것은 향미를 일정하게 유지할 수 있다는 점이다. 접착식의 스트립 온도계는 거의 모든 물질에 부착할 수 있으며, 용기에 든 액체의 온도를 정확하게 측정할 수 있다. 온도계에서 온도가 즉시 표시되지 않으면 손전등으로 비춰 보면 된다. 그러면 온도계에서 온도를 더욱더 쉽게 볼 수 있을 것이다. 프로브에 내장된 온도계는 콤부차의 온도 측정에 사용하지 않는 것이 좋다. 프로브의 재질이 높은 산성도에서도 견딜 수 있도록 제작되지 않았기 때문이다. 또 하나의 문제점은 천 덮개 아래에 프로브를 삽입하면 간격이 벌어져 초파리가 유입될 수 있다는 것이다.

가열 패드

콤부차의 발효 과정에서 온도가 정상적인 범위 이하로 떨어지면 가열 패드를 사용해 온도를 올릴 수 있다. 물론 일반 가정에서 콤부차를 만드는 경우에는 여러 종류의 임시 난방 시스템을 갖추고 있을 것이다. 그런데 콤부차 전용 히터를 사용하면, 용기의 측면에서 열을 전달시키기 때문에 최적의 결과를 얻을 수 있다. 용기의 바닥만 가열하는 히터는 박테리아보다도 효모의 활동을 더 촉진하여 균형을 잃게 할 것이다.

스트레이너 및 필터

미세한 망 구조의 스트레이너나 필터는 콤부차를 다 만든 뒤에 효모를 걸러 내거나 병에 옮겨 부을 때, 또는 향신료나 잎차를 우려낸 뒤 걸러 낼 때 주로 사용한다. 스트레이너나 필터로는 스테인리스강뿐 아니라 플라스틱 재질의 것도 사용할 수 있다. 그 밖에도 발효 과정에서는 사용이 부적합하였던, 이중으로 접은 치즈클로스도 사용할 수 있다.

깔때기

회분배양법으로 만드는 경우에는 콤부차를 병에 담을 때 깔때기가 반드시 필요하다. 이때 깔때기는 스테인리스강과 플라스틱 재질의 것도 모두 사용할 수 있다. 액체가 통과하는 정도의 접촉은 콤부차의 배양균에 해를 끼치지 않는다. 티 전문 매장에서 쉽게 볼 수 있는 필터가 부착된 깔때기는 사용에 편리하여 매우 유용하다.

pH 스트립 또는 pH 측정기

매 회분배양마다 콤부차의 산도(pH)를 잴 필요는 없지만, pH 스트립이나 pH 측정기를 사용하여 콤부차의 산성도를 측정해서 표시해 두면, 문제점이 발생하였을 경우에 그 해결이 매우 편리해진다. 콤부차는 본래부터 pH상으로 산성을 띠기 때문에, pH 0~6의 좁은 범위를 재는 산성용 pH 스트립이나 pH 측정기를 사용하는 것이 좋다.

사용되는 병의 유형

모든 발효 음료가 그렇듯이 콤부차는 탄산가스의 압력에 견딜 수 있도록 고안된 튼튼한 병에 보관해야 한다. 장식용의 예쁜 병은 안전하지 않을 수 있다. 플라스틱 병을 사용할 수도 있지만, 높은 산성도를 견딜 수 없거나 화학 성분이 콤부차로 침출될 수 있어 권장하지 않는다. 다른 선택지도 많은데 굳이 위험하게 플라스틱 병을 사용할 필요는 없다. 반면 플라스틱 뚜껑은 콤부차와 부수적인 접촉이 없기 때문에 침출로 인한 문제를 일으키지 않는다. 콤부차는 자연적으로 산성화가 일어나기 때문에 금속 뚜껑이나 내벽이 금속 재질인 통은 절대로 사용해서는 안 된다. 여기서는 콤부차를 만드는 데 사용할 수 있는 병을 가장 좋은 순서대로 소개한다.

스윙 톱 유리병 스윙 톱Swing-top 뚜껑이 달린 유리병은 매우 다양한 등급의 두께를 지닌 유리로 만들어지지만, 콤부차 용기로 가장 좋은 것은 가장 무거운 병이다. 왜냐하면 탄산가스의 압력을 효과적으로 견딜 수 있게 제작되었기 때문이다. 물론 어떤 병이든지 깨질 수 있지만, 바깥쪽으로 전체가 폭발하는 것보다는 바닥에 균열이 가는 경우가 더 많다. 종종 뚜껑 밖으로 콤부차가 새어 나와 뒤범벅이 되는 경우도 있지만, 파손만은 방지할 수 있다. 병이 둥근 구형이면 압력이 균일하게 분산되어 사각형의 병보다 파열되는 경우가 더 적다.

재사용이 가능한 상업용 콤부차 병 일반 가정에서 콤부차를 만드는 수많은 사람들은 자가 브랜드 상품을 구입해 자신의 용도에 맞게 사용하고 있다. 특히 콤부차를 처음 만드는 사람에게는 전문가 등급의 병을 사들이는 것이 부담이 될 수 있기 때문에 자가 브랜드 병을 사용하는 것은 매우 훌륭한 대안이 될 수 있다. 그러나 이러한 병은 두께가 얇아, 더 두껍고 무거우면서 다시 사용할 수 있는 병보다 훨씬 더 쉽게 깨질 수 있다. 또 다른 문제는 뚜껑의 성능이 급속히 저하되어 밀봉성이 빨리 약화된다는 점이다. 이 경우에는 가정용 양조 용품점에서 전문가 등급의 뚜껑을 구입하여 교체하면 그 병의 수명을 늘릴 수 있고, 탄산가스의 압력을 견디는 효과도 더 높일 수 있다.

불투명한 병과 투명한 병

수많은 상업적인 콤부차 생산업체에서는 불투명에 가까운 병에 콤부차를 넣어서 판매하고 있다. 그 이유는 무엇일까? 콤부차에는 박테리아와 효모가 공생하고 있는데, 빛은 박테리아를 죽이는 살균 작용을 하기 때문이다. 상업적인 콤부차의 경우에는 트럭에 실려 할인 매장으로 입고된 뒤 최종적으로 판매대에 놓여 강한 조명등을 받으면서 진열되는데, 이때 소비자가 구입하기 전까지 박테리아와 효모가 대량으로 손실되는 문제점들이 발생한다. 이 경우에는 불투명하게 착색된 병에 콤부차를 병입해야 그러한 손실들을 줄일 수 있다.

반면 일반 가정에서 만드는 콤부차의 경우에는 발효 과정과 병을 보관하는 장소를 완벽하게 통제할 수 있기 때문에 반드시 불투명하게 착색된 병을 사용할 필요는 없다. 그리고 투명하게 착색된 병은 향미료의 아름다운 색상을 더욱더 빛나게 만드는 장점이 있다. 파란색이나 녹색 등 색상이 투명한 유리병을 취향에 맞게 선택해 보길 바란다!

캐퍼가 있는 맥주병 콤부차를 일반 가정에서 만들 때는 잘 부서지는 얇은 맥주병보다 두꺼운 맥주병이 더 선호된다. 그리고 병은 안전을 위해 항상 똑바로 세워 놓아야 한다. 눕혀 놓을 경우에는 콤부차가 금속 뚜껑에 닿아 부식이 일어날 수 있기 때문이다. 뚜껑은 맥주병의 유형에 상관없이 꼭 맞아야 한다. 또한 뚜껑을 덮어씌우는 캐퍼capper가 있으면 더욱더 좋다. 두 물품 모두 가정용 양조 용품점에서 손쉽게 구입할 수 있다.

메이슨 자 콤부차를 직접 만들어 마시는 사람들은 메이슨 자Mason jars와 뚜껑을 가정에서 매우 여러 개 보유하고 있을 것이다. 탄산음료를 담기에는 충분히 튼튼하지만, 밀폐 공간이 적절치 않아 콤부차를 납작하게 만들 수도 있다. 그리고 금속 뚜껑의 산화에 대한 우려도 있다. 즉 산화된 뚜껑에 묻은 응축된 액체로부터 금속 성분이 유입되어 콤부차에 이상한 냄새를 유발시킬 수 있는 것이다. 따라서 캔(통조림) 용품점에서 쉽게 구입할 수 있는 플라스틱 뚜껑을 사용하는 것이 가장 좋다. 만약 메이슨 자를 항상 똑바로 세워 놓을 수만 있다면, 금속성 뚜껑을 사용해도 상관없다. 단, 뚜껑에 녹이 슬면 반드시 버려야 한다.

재활용 와인병이나 샴페인병 콤부차를 만드는 사람들 중 일부는 와인병이나 샴페인병을 재활용한다. 탄산가스가 과도하게 발생하면 일종의 안전 장치로서 작용하는 코르크 마개가 병이 부서지기 전에 먼저 튀어나올 것이다. 이와 함께 콤부차가 지저분하게 튀어

솟아오르고, 그 과정에서 일부 과일 조각들은 천장에 달라붙을 것이다! 이 폭발 처리의 위험성을 무릅써서라도 콤부차를 만드는 방법과 병에 담는 기술을 연습하여 완전히 익혀 보길 권한다. 그러나 안전을 최우선시하면서 병을 선택하는 것이 가장 현명한 방법이다.

콤부차를 만드는 적당한 장소

콤부차를 만드는 장소는 다음과 같은 조건들을 먼저 고려한 뒤에 선정해야 한다.

- **온도** 콤부차를 만들 때 좋은 결과를 얻을 수 있는 장소는 온도가 비교적 따뜻한 24~29도인 곳이다.

- **통풍성** 스코비가 새로운 생물막의 층을 형성하는 초기 발효 단계에서는 신선한 공기가 주입되어야 한다. 따라서 통풍이 잘되는 장소가 좋다.

- **햇빛 간접 노출** 햇빛이 간접적으로 드는 장소여야 한다. 콤부차가 직사광선에 직접 노출되면 스코비에서 항균 작용이 일어나 배양균들이 죽게 된다.

- **편의성** 콤부차가 발효되는 과정에서는 수시로 맛을 보기 때문에 주방 가까운 곳에 보관하는 것이 좋다. 주방은 많은 사람들에게 매우 이상적인 보관 장소이다. 단, 가스레인지와는 가능하면 멀리 떨어진 곳일수록 더 좋다. 다른 음식을 조리하는 과정에서 연기가 배거나 기름이 튀면 콤부차의 맛과 향을 떨어뜨릴 수 있기 때문이다. 만약 주방에서 보관하기 어렵다면, 위의 조건들을 만족시키는 다른 대체 장소에서 보관한다. 일부 사람들은 차고, 침실 곁, 사무실 선반, 냉장고 위 등에서 보관한다. 거동에 거슬리지 않는 구석진 공간이라면 보관 장소로서는 아무런 문제가 없을 것이다.

피해야 할 조건들

다음과 같은 환경적인 요인들은 콤부차를 만들 때 피해야 할 대표적인 것들이다.

- 담배 연기
- 꽃가루(실내 또는 야외 유입)
- 조리로 발생한 기름기 및 연기
- 독성 화학 물질과 독한 연기(세정 제품을 보관하는 벽장에 든 용품 등)
- 직사광선
- 지나치게 따뜻하거나 차가운 온도
- 답답하거나 통풍이 잘되지 않는 곳
- 다른 발효 음식과의 근접성

콤부차를 만들 경우에는 곁에 있는 다른 발효 음식으로 인해 교차 오염 cross-contamination이 발생하는 일을 막는 것이 중요하다. 콤부차의 효모와 박테리아는 생존력이 매우 강인하여, 눈에 보이지는 않지만 옷, 머리카락, 피부에 붙어 있거나, 심지어는 다른 발효 음식 주위의 공기 속에서 부유하고 있다. 따라서 콤부차를 케피어, 요구르트, 김치 등과 같은 다른 발효 음식과 함께 보관하면 교차 오염이 일어날 수 있다. 일부 사람들은 케피어에 스코비가 생겼다고 하거나, 사워크라우트에 이상한 효모가 퍼졌다고 하는데, 이는 콤부차의 박테리아와 효모가 다른 발효균들에 우위성을 보인 경우이다.

이와 같은 문제들을 예방하려면 각각의 발효 식품들을 서로 멀리 보관해야 한다. 가장 바람직한 방법은 발효 음식들을 각기 다른 장소에서 보관하고, 발효용 덮개, 도구, 용기들도 별도로 사용하는 것이다. 그런데 일단 교차 오염이 발생하면 이상적인 상황은 아니지만, 곰팡이가 슬지 않았다면 식품으로서 위험하지는 않다. 이때는 발효 식품들을 각기 다른 장소로 옮겨서 해당 미생물들이 시간이 지나면서 제각기 균형을 되찾을 수 있도록 해야 한다. 교차 오염이 항상 나쁜 것은 아니지만, 옆에 둔 발효 음식이 지독한 냄새를 풍긴다면 콤부차를 다른 장소로 옮기는 것이 좋다.

발효 적정 온도

콤부차를 만들 때의 적정 온도는 24~29도이며, 이상적인 온도는 26~27도이다. 효모가 활동하는 온도의 범위는 폭이 더 넓지만, 박테리아는 이 온도 범위에서 최적으로 번식한다.

온도가 이보다 더 낮으면 산성도가 감소하여 향미가 떨어질 수 있고, 더 높으면 신맛이 강해지면서 향미가 더 날카로워질 수 있다. 두 경우 모두 효모가 과도하게 번성하고 박테리아의 수가 줄어들면서 스코비의 성장을 방해할 수 있다. 요컨대 곰팡이가 발생하지 않는 한, 콤부차는 어떤 온도에서 만들어지든지 간에 식품으로서는 안전하다. 그러나 향미는 온도에 따라 완전히 달라진다.

온도가 너무 높은 경우

콤부차에 적정 온도를 유지하려면 대부분의 경우 열을 가해야 한다. 종종 너무 많이 가열하여 문제가 발생하는 수도 있다. 온도를 적정 온도의 상한치인 29도 이상으로 유지해도 위험하거나 해로운 것은 아니며, 크게 문제될 것도 없다. 심지어 일부 사람들은 이 온도를 더 선호한다. 온도가 38도 이하로만 유지되면 배양균체는 살아남을 수 있고, 42도 이상으로 유지되면 박테리아는 소멸할 것이다.

참고 사항 이는 콤부차를 가열하여 실수로 온도를 적정 범위(24~29도) 이상으로 하룻밤 또는 하루 동안 높였더라도 큰 문제는 아니라는 뜻이다. 일반적으로 온도가 높을수록 맛은 더 시큼해지고 발효 속도

온도가 콤부차에 주는 영향!

43도 이상
효모는 수 시간 이내에 사멸되기 시작하고, 스코비의 배양균도 며칠 밖에 생존하지 못한다.

38~42도
박테리아는 활동을 중단하고, 효모는 과잉으로 활동하여 콤부차 향미가 끔찍해진다.

30~38도
효모는 왕성하게 발달하지만, 박테리아는 발달이 지연된다. 시간이 흐르거나 배양균의 배양이 거듭되면서 미생물들의 균형은 깨지고 맛이 떨어진다. 온도가 박테리아를 죽이는 직접적인 원인은 아니지만, 박테리아가 효모에 질식되는 결과를 초래한다.

27~29도
콤부차의 발효에 최고로 이상적인 온도 범위이다. 향미가 최상이고 산성도도 높다. 효모의 증식도 적절하여 배양성이 강한 스코비가 형성된다. 초기 발효 과정의 콤부차에는 적정 온도의 범위이지만, 성숙한 콤부차에는 권할 만한 온도 범위가 아니다.

26~27도
콤부차의 발효에 이상적인 온도 범위이다. 발효가 시작된 지 3~7일간에 특별히 적정한 온도이다. 효모와 박테리아의 활동성이 최상의 균형을 이루고, 산성액도 매우 잘 생성된다.

는 더 빨라진다. 콤부차를 만들 때 온도가 29도 이상인 경우에는 실내에서 가장 서늘한 곳을 찾아 보관하는 것이 좋다. 그늘진 식품 저장고 맨 아래의 선반이나 바람이 드나드는 복도나 차가운 공기가 흐르는 곳이면 더욱더 좋다. 적정 온도보다 높은 온도에서 콤부차를 만들었을 경우에 그 온도의 영향을 줄이는 방법으로는 다음과 같은 것들이 있다.

- 맛을 자주 보고 빨리 수확한다. 온도가 더 높을수록 발효도 더 빨리 진행된다. 발효가 거의 완료될 시점에는 하루에 여러 차례 걸쳐 맛을 보면서 확인한다.

- 의도한 것보다 당도가 더 높을 때 수확한다. 병의 수명을 오래 유지하는 하나의 방식이다. 온도가 높은 조건에서는 차후 병에 담을 가능성을 고려해 당도가 더 높은 콤부차를 만든다.

- 더 적은 양으로 만든다. 그러면 콤부차가 만들어지는 속도도 더 빨라진다. 적게 만드는 것이 타격을 주는 것은 결코 아니다. 시큼한 맛이 강해지기 전에 병에 옮겨 담기도 훨씬 더 쉬워진다.

- 향미를 확인한 뒤 곧바로 냉장고에 넣는다. 냉장고에서는 카보네이션이 약하게 일어나지만, 향미는 여전히 우러날 것이다. 냉장고에서 병을 꺼내 상온에서 4~24시간 동안 놓아둔다. 그러면 효모가 다시 활동을 재개하면서 일종의 거품이 발생한다.

- 설탕과 티는 25% 미만으로 적게 사용한다. 산을 만드는 재료를 적게 넣어 향미를 더 부드럽게 만드는 것이다.

22~25도
콤부차의 발효에 이상적인 온도의 최지 허용치이다. 향미가 좋고 자극적인 맛이 덜하여 매우 부드럽다. 온도가 낮아 발효 속도가 느려서 성숙 단계에 이른 연속배양법에서는 적당하다.

18~21도
발효 과정이 느리게 진행된다. 콤부차가 고유의 향미를 내기까지 긴 시간이 걸린다. 효모는 다량으로 생성되지만, 스코비는 성장이 매우 더디다. 스코비 호텔에 저장하거나 2차 발효 과정에 허용되는 온도 범위이다.

10~18도
발효 속도가 매우 느려 맛과 향이 매우 약하고, 곰팡이가 슬 가능성도 있다. 장기적으로 스코비 호텔에 저장할 경우에는 이상적인 온도(16도) 범위이다.

10도 이하
온도가 너무 낮으면 박테리아의 활동성이 떨어져 스코비 호텔과 콤부차 모두 곰팡이가 슬 가능성이 있다. 따라서 스코비와 콤부차를 냉장고에 보관하는 일은 절대로 권장하지 않는다.

온도가 너무 낮은 경우

일반 가정집에서 콤부차를 처음 만드는 사람들이 가장 자주 접하는 문제는 온도가 너무 낮아 콤부차의 맛이 약하거나 곰팡이가 스는 것이다. 콤부차를 20~24도의 온도에서 만들면 고급스러운 맛이 나지만, 발효 시간이 더 오래 걸리고 적정 온도에서 만들었을 때보다 사과와 같은 신맛과 쓴맛이 부족해진다. 이보다 더 낮은 온도, 특히 18도 이하에서는 박테리아의 성장이 부진해지고, 산성화도 진행이 어려워지면서 오염에 노출되기 쉽다. 결과적으로 향미가 밋밋해지거나 곰팡이가 슬게 된다.

적정 온도로 높일 수 있는 방법이 없으면 주방에서 가장 따뜻한 곳을 찾아보길 바란다. 그럼에도 온도를 충분히 높일 수 없다면 냉장고나 전기밥솥과 같은 전열기 옆에 콤부차 병을 놓아둔다. 이때 수건이나 담요로 콤부차 병을 싸는 것도 큰 도움이 된다. 그리고 콤부차 병을 차가운 주방 싱크대의 조리대에 두는 것보다 목재의 선반에 올려 두면 단 몇 도라도 온도를 더 높일 수 있다.

콤부차 에세이

단 하나의 예외!

"모든 규칙에는 예외가 있는 법이다. 지금 소개하는 것은 '냉장고의 규칙'에서 벗어난 유일한 사항이다. 날씨에 따른 기온이 아니라, 액체 자체의 온도가 100도에 근접하는 극단적인 조건에서는 하루 중 가장 더울 때 몇 시간 정도는 냉장고에 보관할 수 있다. 단 일시적인 예외로서 매번 무더울 때마다 실행할 필요는 없다."

일부 사람들은 찬장, 벽장, 오븐 등의 장소에 넣어서 문을 닫아 보관하기도 한다. 일반적으로 온도를 높이기 위해 콤부차가 든 병을 백열전구나 전열 등에 가까이 두는 것은 바람직하지 않다. 왜냐하면 전구부터 나오는 빛이 박테리아를 죽이는 작용을 하고, 열도 고르게 퍼지기보다는 한 곳에 집중되어 스코비와 병에 열점을 남기기 때문이다.

또한 통기성도 매우 중요하다. 오븐 같은 곳에 보

계절에 따른 주기의 변화

계절에 따라 콤부차의 발효 속도와 향미는 달라진다. 계절별 유의 사항을 잘 준수하면, 일 년 내내 콤부차를 맛있게 즐길 수 있을 것이다.

봄 – 겨우내 꽁꽁 얼어붙었던 수은주도 봄이 오면 눈이 녹아 내림과 동시에 서서히 내려간다. 아직은 날씨가 쌀쌀하여 온도를 26~27도로 유지하려면 별도의 히터 장치를 사용하여 온도를 높여 주어야 한다.

여름 – 외부 기온이 높아지면서 발효 주기가 크게 짧아지기 때문에 향미를 더 자주 확인해야 한다. 높은 장소에 보관하면 콤부차의 손실을 예방할 수 있다. 발효 속도를 늦추기 위해 다음 회분의 발효에 들어가기 전이나 연속배양 방식의 용기에 콤부차를 옮겨놓고 마무리 단계에서 휴식을 취해야 한다. 발효액의 신맛이 너무 강하면 일정한 양의 액체를 빼내서 발효 주기를 적절히 조절한다. 콤부차는 매우 다양한 용도로 사용할 수 있기 때문에 걱정하지 않아도 된다.

가을 – 발효 주기는 길어지지만 향미는 더 진해진다. 밤에 기온이 떨어지면 히터로 가열하여 적정 온도로 유지하고, 낮에 기온이 높아지면 과열되지 않도록 항상 확인해야 한다.

겨울 – 추운 날씨에는 콤부차의 발효 속도가 지지부진해지고, 배양균들도 동면에 들어간다. 온도를 적정 온도로 높여도 발효되는 데는 꽤 오랜 시간이 걸릴 수 있다.

관하다가는 잠시 잊어버리고 스코비 호텔 전체를 구워 버릴 수 있다. 온도와 공기의 순환이 조화롭게 균형을 이루는 장소를 찾아보는 것이 좋다.

최상의 방법

결국에는 대부분의 사람들이 콤부차의 온도를 높게 유지하는 것도 자신들의 기호에 맞는 향미를 내기 위해서이다. 여름에 에어컨디셔너를 사용하는 사람들뿐만 아니라 해안 지역이나 북부 지역 기후의 사람들도 병 속에서 스코비를 잘 성장시키기 위해서는 열원이 필요하다는 사실을 알게 된다.

콤부차의 온도를 높게 유지하기 위한 최상의 방법은 특별히 고안된 고효율 열 매트를 사용하는 것이다. 그러나 단지 몇 도 정도만 높이는 경우라면 모종용 매트나 벨트를 사용해도 충분하다. 그런데 콤부차의 향미와 배양균들의 균형은 열이 전달되는 방식에 따라 달라지는데, 특히 열이 바닥에서부터가 아니라 측면에서부터 전달되어야 좋은 결과를 얻을 수 있다. 그 이유는 효모의 활동 억제와 깊은 관련이 있다.

콤부차의 발효가 시작되어 며칠이 지나면 효모는 호흡 활동을 중단하고 용기 바닥으로 가라앉는다. 그 사이에 조용히 활동하고 있던 박테리아가 활동량을 늘리면서 위쪽에 새롭게 형성된 스코비 층으로 올라간다. 그런데 히터로 바닥에서부터 위쪽으로 가열하면, 부지불식간에 효모의 휴식을 방해하면서 미생물들 간의 균형을 깨뜨리는 것이다.

따라서 콤부차 용기에 열을 가할 때는 측면에서 진행해야 하는 것이다. 그러면 산성화를 진행시키는 박테리아의 활동과 스코비의 형성을 도와줄 뿐 아니라, 열이 곧바로 전달되는 것도 막아 주어 미생물들이 최상의 결과를 도출할 수 있도록 환경을 조성할 수 있는 것이다. 여러 회분의 콤부차를 만들 때 향미를 일정하게 유지하려면, 특히 연속배양법일 경우에는 적절한 열원으로 온도를 측면에서 일정하게 유지하여야 차별화된 콤부차를 만들 수 있다.

콤부차의 운반

가끔은 콤부차를 운반시켜야 할 필요가 있다. 여기서는 이동 중에 스코비와 콤부차를 보관하는 방법에 대해 간략히 소개한다.

비행기 내에서

항공법 규정에 따르면, 3온스 이상의 액체는 여행용 가방에 넣어 보관해야 한다. 이때 액종과 함께 스코비를 지퍼백에 넣어서 보관한다. 그 뒤 손수건으로 감싸서 더 큰 지퍼백에 넣어 보관한다. 이때 손수건은 새어 나온 액체를 흡수하여 가방 속의 물건이 더럽혀지는 것을 막아 준다. 보다 더 안전하게 하려면, 스코비는 충분한 양의 액체에 담겨 젖은 상태를 유지한다. 그리고 액종은 별도의 플라스틱 병이나 유리병에 넣어 단단히 밀봉한 다음에 포장하거나 테이프로 뚜껑 주위를 완전히 돌려 싼 뒤 앞서 설명한 내용과 같이 지퍼백에 넣어 손수건으로 감싸 준다. 이렇게 꼼꼼하지 않으면, 거의 대부분의 경우에 콤부차가 밖으로 새어 버린다.

차량 내에서

스코비와 콤부차를 유리병에 넣고 뚜껑을 닫는다. 이때 뚜껑은 부식되는 것을 피하기 위해 플라스틱 재질인 것이 좋다. 햇빛으로부터 박테리아를 보호하면서 콤부차를 적당한 온도에서 보관하려면 덮개가 있는 상자에 넣어 보관한다. 물론 냉장 박스에 보관하면 더 좋은 것은 두말할 나위도 없다.

화창한 날에 차량이 장시간 정차해 있으면, 차량 속에서 콤부차가 과열되는데, 이를 막기 위해서는 밖으로 꺼내야 한다. 배양균은 차가운 온도에서는 노출되어도 어느 정도 견딜 수 있지만, 42도 이상의 온도에서는 장시간 노출되면 손상될 수 있다.

콤부차 액은 물보다 유동성이 커서 유리병의 뚜껑

마실 콤부차 양의 계산

1.
일반 가정의 소비자들은 각자 매일 마시는 콤부차의 양을 계산해 본다. 오른쪽 표를 참조하면 사람마다 자신이 마시는 콤부차의 주간 소비량을 계산하는 데 도움이 된다.

2.
가족 구성원들이 각자 소비량을 계산해 합산하면, 주간 가구 소비량을 구할 수 있다.

콤부차 양(1일)	× 섭취일	= 주간 소비량
4온스(125mL)	4	16온스(0.5L)
4온스	7	1쿼트(1L)
8온스(250mL)	4	1쿼트(1L)
8온스	7	1/2갤런(2L)
16온스(500mL)	4	1/2갤런(2L)
16온스	7	12갤런(4L)
1쿼트(1L)	7	2갤런(7.5L)
1쿼트 이상	7	창업에 도전하라!

3.
아래 표에서 위에서 계산한 주간 가구 소비량에 해당하는 카테고리를 찾는다. '가끔 마심(Samplers)', '조금씩 마심(Sippers)', '규칙적으로 마심(Regulars)', '자주 마심(Lovers)', '매우 자주 마심(Pros)'의 카테고리에 따라 필요한 콤부차의 양도 달라진다. 이 표는 1회분은 4L(1갤런), 1연속배양은 10L(2.5갤런)를 기준으로 한다. 왜냐하면 사람들이 매일 마시는 양은 그날그날 달라지기 때문이다. 그리고 이는 어디까지나 추정치일 뿐이다. 더 많이 만들어야 하는 경우에는 남는 용기를 사용하면 된다.

주간 가구 소비량	가구의 소비 성향에 따른 분류	콤부차의 필요량
(2L)½갤런 미만	**가끔 마심** : 시중에 판매되는 콤부차를 구입하거나, 가정에서는 1회분을 절반씩 나눠 간격을 두고 만든다.	1회분 또는 구입
(2~4L)½~1갤런	**조금씩 마심** : 필요에 맞게 표준 1갤런씩 1회분을 만들거나 편리하게 표준 1연속배양분을 만들어 둔다.	1~2회분 또는 1 보통 연속배양
(4~7.5L)1~2갤런	**규칙적으로 마심** : 콤부차의 선호도가 높고 규칙적으로 마시는 사람들은 콤부차를 몇 회분에 걸쳐 마시고 적어도 하나 이상의 연속배양분을 만들어 두어야 한다.	2~4회분 또는 1~2 보통 연속배양 또는 1 대량 연속배양
(7.5~15L)2~4갤런	**자주 마심** : 1회분의 콤부차 병을 많이 만들어 두거나 몇 개의 연속배양를 만들어 매일 마신다.	4~8회분 또는 2~3 보통 연속배양이나 1~2 대량 연속배양
(15L)4갤런 초과	**매우 자주 마심** : 콤부차 업체를 창업할 수 있을 정도의 수준이다. 연속배양분을 무려 4개 정도는 만들어야만 안정적이면서도 꾸준하게 콤부차를 즐길 수 있다.	2~4 보통 연속배양 또는 2 대량 연속배양

을 꽉 조여 두어도 병 밖으로 새어 나올 수 있다. 콤부차가 유리병 밖으로 새는 것을 막기 위한 것으로는 비닐 랩으로 입구를 한 번 씌운 뒤에 뚜껑을 조여 닫는 방법이 있다. 이와 동시에 손수건으로 유리병을 감싸 두면 액체가 누출되어도 곧바로 흡수될 것이다. 콤부차가 든 병은 항상 곧바로 세워서 보관해야 누출을 줄일 수 있다.

연속배양 용기를 사용하는 경우에는 스코비와 콤부차를 용기 안에 담되, 가득히 채우지는 않는다. 필요한 경우에는 배양액을 좀 버려도 좋다. 그리고 용기를 상자에 넣고서 차량의 안전한 공간에 보관한다. 여러 콤부차 병들을 운송하거나 차량으로 여행하면서 운반할 경우에는 와인 상자를 찾아보는 것도 한 방법이다. 와인 상자는 보통 병 하나하나를 안전하게 담을 수 있도록 포장재로 격자 틀을 만들어 보관 자리를 만들어 놓았기 때문이다. 단, 많은 병들을 한꺼번에 운송하는 데는 비용이 많이 든다는 점도 염두에 두어야 한다.

운반 중의 발효

콤부차를 운반하는 경우에는 단순히 운반 차원에서 그치는 것이 아니라 발효도 실제로 일어나고 있다. RV 차량이나 하우스보트와 같이 요동이 거의 없는 운반체로 이동시킨다면 특별한 문제는 일어나지 않을 것이다. 그러나 울퉁불퉁한 길을 차량으로 주행 중이라면 콤부차에 요동이 지속적으로 가해지면서 스코비의 성장에도 영향을 줄 수 있다. 그 결과 가느다란 띠나 생물막 층에서 스코비의 형태가 다소 이상하게 보일 수 있다. 이는 띠나 생물막 층이 요동을 칠 때마다 제자리를 벗어나면서 새로 형성되기 때문이다. 요동이 지속되면 산소에 더 많이 노출되고, 스코비도 더 빨리 성숙하면서, 결과적으로는 콤부차의 발효도 더 빨라진다.

이사한 뒤

새로운 집으로 이사한 경우에는 콤부차 배양균도 새로운 환경에 적응하는 데 약간의 시간이 소요된다. 새 집에서 만든 첫 번째, 또는 두 번째 회분의 콤부차가 향미 면에서 만족스럽지 못할 수도 있지만, 결과적으로 배양균은 새로운 환경에 적응해 본래의 상태로 회복할 것이다.

콤부차 에세이

콤부차 관광!

" 여행길에 콤부차를 가져갈 수 없으면 여행지의 지역 상품을 찾아보길 바란다. 모양이 서로 다른 유리병을 구입한 뒤 모험심이 강한 친구와 함께 샘플들을 구입하여 시도해 보는 것도 좋다. 일부 콤부차 공장에서는 관광을 하면서 콤부차도 시음해 볼 수 있다. 콤부차 관광을 위해서는 사전에 연락해 미리 예약하는 것이 좋다. "

PART 2
콤부차를 만드는 과정

CHAPTER 6

콤부차의 회분배양법

대부분의 사람들은 콤부차의 모험에 나설 때 회분배양법batch brew의 방식으로 시작한다. 회분배양법은 가장 기본적인 방법으로서 배양액(설탕, 물 티)을 만든 뒤 배양균과 액종을 넣어 발효시키는 방식이다. 발효가 끝나면 수확한 뒤 다시 배양을 반복한다. 회분배양법의 발효 방식은 ½~5갤런 정도의 적은 양으로 콤부차를 만들 때 이상적이다. 콤부차의 향미를 세밀하게 통제하려는 사람들, 특히 단맛의 기미를 보이는 미성숙한 콤부차의 향미를 선호하는 사람들에게는 최고의 선택이다. 또한 실험에 사용하기에도 매우 적합하다.

콤부차를 회분배양법으로 만들 경우에는 매회 배양액 1갤런당 스코비 1개와 액종 1~2컵으로 시작하기 때문에 티 또는 설탕의 종류, 발효 기간 등의 자신이 선택하는 요소를 콤부차의 향미에 완전히 반영할 수 있다. 이는 용기에 담긴 대량의 콤부차가 발효를 주도하는 연속배양법과는 다른 점이다(제7장 참조).

회분배양법은 활용도에서 유연성이 높아 초보자에서부터 숙련자에게까지 매우 선호된다. 심지어 연속배양법으로 콤부차를 주로 만드는 많은 사람들조차도 실험에서는 회분배양법을 사용한다.

대부분의 상업적인 업체들도 연속배양법보다는 큰 규모의 회분배양법으로 생산하고 있다. 왜냐하면 회분배양법은 정확한 레시피를 사용하여 상품들을 더욱더 균일하게 생산할 수 있고, 콤부차를 회분batch 단위로 공정을 쉽게 통제할 수 있기 때문이다. 다시 말하면, 콤부차를 만드는 사람들이 아무리 열심히 조건을 동일하게 재현하였더라도 서로 다른 회분의 콤부차라면 다른 결과가 나올 것이다. 콤부차를 한 회분씩 동일하게 서로 나란히 준비하였을 경우에도 거의 대부분은 서로 다른 양상이 전개된다. 한쪽에서는 양질의 스코비가 생성되는 반면, 다른 쪽에서는 생성되지 못하거나 단맛이 더 강하고 길게 날 수도 있다.

이와 같은 현상은 같은 재료, 같은 액종, 같은 무게의 스코비를 사용하였을 경우에도 마찬가지이다. 실로 살아 있는 생명체의 신비로움이 아닐 수 없다!

콤부차 한 회분의 양이 클수록 발효 과정에서 변화의 가능성도 커진다. 한 회분의 양이 5갤런 이상으로 많아지면 발효가 불완전하게 일어나거나 향미가 약해지는 문제가 발생할 수 있다. 이는 다양하게 일어날 수 있는 수많은 문제들 중에서 하나일 따름이다. 또한 배양균의 박테리아와 효모는 산소를 활용해 배양액을 발효시키는데, 스코비가 떠 있는 용기의 밑바닥에는 산소의 농도가 적어 배양액을 균일하게 발효시키지 못할 수도 있다.

이와 같은 문제는 깊이가 낮고 입구의 너비가 큰 용기에서 콤부차를 발효시킬 경우에 발생 가능성을 줄일 수 있다. 왜냐하면 낮은 깊이로 인해 산소의 용해도가 균일하기 때문이다. 그런데 일반 가정에서는 회분배양법으로 보통 1~5갤런 정도의 적은 양으로 콤부차를 발효시킨다. 이 정도의 양이면 관리하기가 쉽고 발효도 골고루 일어나기 때문에 2~4주 내에 발효가 완료되어 비교적 짧은 기간에 콤부차를 소비할 수 있다.

콤부차 전설
진시황제 秦始皇帝, B.C. 259 ~ B.C. 210

콤부차의 기원 중 가장 유명한 전설은 진나라 시대(B.C. 221~B.C. 206)로 거슬러 올라간다. 진시황은 모든 수단을 동원해 영생의 삶을 살기 위해 영약을 구했는데, 신하들이 그때 이 콤부차를 바쳤다는 이야기이다. 콤부차는 이때부터 사람들에게 '불로초 不老草' 또는 '영지초 靈芝草'라 불렸다고 한다.

그러나 이 이야기는 구체적인 사실을 뒷받침하지 못한다. 영지초는 중국에서는 영지버섯을 뜻한다. 그렇다면 콤부차 배양균을 '버섯'으로 불렀다는 이야기가 되는데, 영지버섯이 콤부차일 리는 없기 때문이다.

콤부차 1갤런 만들기

회분배양법을 위한 레시피는 콤부차를 가정에서 만들기에 가장 적당한 1갤런을 기준으로 측정 방법과 지침들을 제공한다. 콤부차는 불과 며칠 만에 완성되는 일부 발효 식품과는 달리 숙성하는 데 시간이 필요하다. 한 번에 1갤런을 만들어도 다음 회분이 완성될 때까지 마시기에 양이 충분할 것이다.

용기(또는 유리병), 도구, 카운터 등을 세척해 준비할 때 항균 비누의 사용은 피해야 한다. 배양균에 나쁜 영향을 줄 수 있기 때문이다. 대신에 매우 뜨거운 물로 세척하거나 증류 또는 저온 살균된 식초를 1 대 1로 희석하면 된다. 식초 원액을 사용하는 경우에 콤부차의 성분이 변하거나 잠재적으로 오염될 가능성이 있기 때문에 사용을 피해야 한다. 선택 사항으로서 용기에 배양액을 담기 전에 증류 식초나 콤부차 식초로 씻어내면 용기 내벽이 '강화'된다.

콤부차 1갤런을 만들려면 스코비와 액종을 함께 담을 수 있는 1.25갤런 이상의 발효 용기와 공기 순환을 위한 헤드룸이 필요하다. 최대로 큰 용기가 1갤런이라고 해도 걱정할 필요는 없다. 간단하게 티, 설탕, 물을 25%가량 줄이면 된다. 여기서 소개하는 기본 레시피는 전 세계의 수많은 사람들이 오랫동안 시행해 온 실험이나 연구를 통해 밝혀낸 내용을 바탕으로 하고 있다. 앞서 제5장에서 소개한 용기 외에도 다음과 같은 재료들이 필요하다.

1갤런 정도의 분량이면 일반적인 유리병에 적당히 준비한다. 다만 차가운 유리병에 뜨거운 액체를 부으면 유리가 깨져 위험한 상황이 발생할 수 있으므로 주의해야 한다. 대개 문제로 이어지지는 않지만, 만일의 사고에 대비해 사전에 예방하는 것이 좋다.

유리병이 깨지는 사고를 사전에 방지하는 방법은 뜨거운 배양 농축액 0.25갤런을 유리병에 곧바로 담는 것이 아니라 별도의 용기에 따로 먼저 담는 것이다. 용기는 어떤 것이든지 상관없다. 물을 가열할 때 사용하였던 포트도 좋다. 아직은 산 성분이 없기 때문에 용기의 재질은 중요하지 않기 때문이다.

유리병에 뜨거운 배양 농축액을 넣기에 앞서 차가운 물을 먼저 담으면 열이 고르게 분포되면서 유리병의 바닥이 뜨거워지는 현상을 방지할 수 있는 장점이 있다. 즉, 액체의 온도가 더 빨리 낮아지고 발효 속도도 빨라진다. 이러한 방식으로 온도가 이미 38도 이하로 떨어졌다면 더 지체할 필요가 없다.

그러나 유리병에 배양액을 넣은 뒤에 물을 첨가하여도 크게 잘못된 것은 아니다. 단지 뜨거운 물을 부을 때 유리에 균열이 생기지 않는지만 확인하면 된다.

- 유리염소수 1갤런
- 티백 4.6개 또는 잎차 1.2테이블스푼
- 설탕 1컵
- 콤부차 스코비 1개(4.5온스)
- 액종에 사용할 숙성된 콤부차 원액 1~2컵

콤부차 1갤런을 만드는 방법

1. 물 1쿼트(0.25갤런)를 끓기 직전까지 가열한다. 포트나 별도의 그릇 또는 유리병에 찻잎과 뜨거운 물을 붓는다. 5~15분 정도 우린 다음 찻잎을 제거한다.

2. 뜨거운 티에 설탕을 넣고 완전히 녹을 때까지 저어 준다.

3. 나머지 0.75갤런의 차가운 물을 유리병에 붓는다. 따로 따로 준비하는 경우에는 티를 첨가한다. 손을 깨끗이 씻고 손가락을 넣어 온도를 측정한다. 체온(약 38도)보다 더 따뜻하면 깨끗한 천으로 덮고 미지근해질 때까지 따로 보관한다.

4. 깨끗한 손으로 스코비를 집어 배양액(1~3)에 넣는다. 그 스코비 위에 액종을 붓는다. 이렇게 하면 배양균의 가장 취약한 윗부분을 산성화시키고 보호층을 만들어 잠재적인 병원균의 침입을 막아 준다.

5. 통기가 잘되는 천으로 유리병 입구를 덮고, 필요한 경우 고무 밴드로 고정한다. 불투명한 용기를 사용하지 않는 한, 직사광선을 피해야 한다. 그리고 따뜻한 장소(최석 온도 24~29도)에 보관한다. 이 단계에서 좋은 기운을 불어넣거나 대화를 시도해도 좋다. 배양균은 살아 있는 생명체이기 때문에 긍정적이든, 부정적이든 기운에 반응한다.

6. 콤부차를 7~21일간 발효시킨다. 5일 뒤(맛이 궁금하면 더 빨리) 하루에 한 번씩 맛을 보는 것도 좋다. 맛을 보려면 천 덮개를 벗긴 뒤 빨대를 스코비 밑으로 조심스럽게 집어넣어서 한 모금 마셔 본다. 또는 작은 유리잔이나 컵을 사용해 새로 형성된 스코비 층 아래쪽의 액체를 떠서 맛을 본다.

7. 원하는 향미가 나면 완성된 것이다. 완성된 콤부차 원액을 따로 유리병에 옮겨 담기 전이나 맛을 내기 전의 윗부분에 있는 액종을 1컵 이상(여유분을 위해 또는 맛이 숙성되지 않은 경우 2컵) 깨끗한 용기에 담아 나중에 다시 사용할 경우를 대비한다. 이어서 스코비를 그릇에 옮겨 담고 깨끗한 수건으로 덮어서 한쪽에 보관한다. 이때 콤부차 원액을 먼저 따라 내야 한다. 그래야만 콤부차 원액을 액종으로도 사용할 수 있고, 마실 수도 있는 것이다.
만약 스코비부터 먼저 제거해 버리면, 그 아래에 붙어 있는 효모들도 함께 제거되기 때문이다.

8. 나머지 콤부차 액은 유리병에 든 채로 곧바로 마실 수도 있지만, 일반적으로는 맛을 내든지, 내지 않든지 간에 다른 병에 따로 담은 뒤에 마신다. 향미를 내는 방법, 여과 방식, 향미와 카보네이션을 높이기 위한 '병 숙성 bottle-againg', 그 밖의 고급 기술에 대해서는 제8장을 참조하면 된다.

9. 콤부차의 다음 회분을 만들 때는 1~2개의 스코비를 사용한다. 기존의 것이나 앞서 새롭게 생성된 것에서 하나 또는 둘 무두를 액종과 함께 사용해도 상관없다. 여분의 배양균은 다음 회분을 만들 때 사용하거나 스코비 호텔에 보관할 수 있다. 새로운 콤부차를 다시 만드는 동안에 앞서 만들었던 것을 즐겁게 마시면 된다.

콤부차-차-차!

다음 단계

콤부차 만들기가 아름다운 이유 중 하나는 계속해서 만들 수 있는 방식이기 때문이다. 한 회분을 만들고 나면 다음에 계속해서 만들어 나갈 양을 충분히 남겨 병에 담는다! 그런 의미에서 콤부차를 가장 효과적이고 지속적으로 만들 수 있는 방식으로서 '콤부차-차-차'라 이름을 붙였다. '콤부차-차-차'는 다음 회분을 만들기 위해 물을 끓이는 작업에서부터 시작한다. 그 뒤 티를 우리는 동안에 향미를 더해 주기 위해 유리병에 향신료를 채운다. 마지막으로 신선한 배양액 위로 스코비를 넣으면 끝이다. 물론 이것은 수많은 방법들 중에서 하나일 뿐이며, 각자 자신에게 맞는 방식을 발견해 나가는 것도 좋다. 여기서는 콤부차-차-차를 만드는 하나의 방법을 소개한다.

5. 정수된 물로 기존에 사용한 유리병을 헹궈 내면서 과도하게 부착된 효모를 제거해 낸다.

6. 티백을 포트나 큰 용기에 넣는다. 끓기 직전의 물을 티백에 붓고 원하는 만큼 우려낸다.

7. 티가 우려지는 동안 유리병의 뚜껑을 닫고 라벨을 붙인 뒤 보관한다.

8. 티가 다 우려졌으면 티백을 꺼내 거기에 설탕을 넣고 저어 준다.

4. 다음 회분에 사용할 스코비와 액종을 별도의 용기에 담는다. 나머지 콤부차를 유리병에 붓는다.

3. 과일 및 향신료를 알맞은 크기로 자르고 병에 담는다.

2. 물을 끓인다.

9. 차가운 물을 유리병에 붓고 배양액과 스코비, 그리고 액종을 넣은 뒤 천으로 덮어서 적당한 장소에 보관한다.

10. 완성된 콤부차를 즐긴다!

1. 모든 도구와 재료를 준비한다.

시작하기

발효(또는 배양) 사이클

보통 발효의 주기는 발효 공간의 온도와 개인적인 취향에 따라서 달라진다. 최상의 적기는 콤부차를 여러 회분에 걸쳐 만들어 보아야 발견할 수도 있다. 기다릴수록 그만큼 보상을 받기 마련이다.

콤부차 생산 차트는 자신이 좋아하는 향미의 콤부차를 만드는 데 큰 도움이 된다. 콤부차를 회분 단위로 연속적으로 만드는 데 성공하면 공생에 대한 새로운 통찰력을 얻을 것이다.

1회분 양	발효 기간
½갤런	3~7일
1갤런	7~21일
2½갤런	10~28일
5갤런	18~42일

콤부차 에세이

스코비 만들기

" 나는 개인적으로 스코비를 만지는 것을 좋아한다. 부드러우면서도 오징어처럼 단단한 질감을 갖고 있다. 스코비는 살아 있는 배양균들의 군집체로서 사람이 손으로 만진다든가, 박테리아를 교환하는 일을 좋아한다. 먼저 손을 닦는다. 이때 항균 비누는 피한다. 배양균을 만지는 일이 꺼림칙하면 임시방편으로 고무장갑이나 집게를 사용해도 좋다. 도구를 사용하면 손이 얼룩지지 않아서 좋다."

건강한 콤부차의 바로미터

콤부차 몇 회분을 만들어 본 적이 있다면, 그 과정이 매우 친밀하게 느껴질 것이다. 그러나 콤부차를 처음 만드는 경우라면 안전하게 발효되고 있는지에 대해 무엇을 보고 판단할지 모를 것이다. 초보자에게 좋은 가이드가 될 내용 한 가지를 소개한다면, 스코비에 파란색, 검은색, 하얀색의 솜털 같은 곰팡이가 없으면 안전하게 맛볼 수 있고, 또 현재의 상태가 어떤지도 확인할 수 있다. 참고로 말하면, 콤부차 곰팡이는 실제로 위험하지는 않다. 그러나 알레르기 반응을 보이면 먹지 않는 것이 좋다. 곰팡이가 많이 피었다면 무조건 버려야 한다.

대부분의 사람들은 콤부차의 첫 회분 때부터 그 훌륭한 맛을 경험한다. 그러나 콤부차는 몇 회분을 만들다 보면, 효모와 박테리아가 새로운 환경에 적응하고 진화하는 것이 일반적인 일로서, 결과적으로 배양균체가 서서히 증식해 나가면서 맛과 향도 변화한다. 물론 이것이 큰 문제가 되는 것은 아니다. 콤부차는 지난 수 세기 동안 전 세계로 퍼져 나갔고, 새로운 환경에서 필요에 따라 적응하면서 살아남았다. 여기서는 건강한 콤부차의 판단 기준이 될 수 있는 요소들을 소개한다.

약간의 식초 냄새 콤부차에는 매우 특별한 고유의 냄새가 있는데, 콤부차를 만드는 사람들은 그 냄새를 곧바로 알아차린다. 바로 용기에서 풍기는 새콤달콤한 식초 냄새이다. 이는 콤부차를 만드는 사람들에게 매우 특별한 즐거움을 선사한다. 종종 발효 냄새, 사과식초 냄새, 맥주 냄새로 묘사되기도 하는 이 냄새는 콤부차가 건강하게 잘 발효되고 있다는 신호들 중 하나이다.

스코비의 성장 콤부차가 제대로 만들어지고 있는지의 가장 명백한 신호는 새로운 스코비의 형성이다. 스코비는 한 번에 성장하지 않고, 서서히 성장하여 전체 표면을 뒤덮으면서 커진다. 일종의 밀봉과도 같은 역할을 하여 수분의 증발 속도를 늦추고, 무산소 발효anaerobic fermentation를 일으키는 것이다. 콤부차의 발효 속도와 스코비의 성장은 따뜻한 온도에서는 빨라지고, 차가운 온도에서는 느려진다.

효모의 활동성 효모가 실처럼 가느다랗게 퍼져 있거나 배양균이 보풀 모양으로 뭉쳐져 있으면, 콤부차의 발효 과정은 정상적일 뿐만 아니라 매우 건강하다는 신호이다. 발효 초기 단계에서는 미성숙한 스코비의 효모 덩어리가 용기 상단부에 모인다. 이 갈색 가닥 또는 덩어리들은 궁극적으로 배양균의 아래쪽에 붙어 있거나 용기의 바닥으로 떨어진다. 그로 인해 새롭게 형성된 배양균은 아래쪽이 푸르스름하거나 검게 보일 수 있기 때문에 초보자들은 효모 꽃을 곰팡이와 혼동할 수 있다.

적당한 산도 콤부차의 배양균을 병원체의 오염으로부터 막는 가장 중요한 방법 중 하나는 발효가 시작된 지 3~5일 이내에 산도를 pH 3.5 이하로 떨어뜨리는 것이다. 산성 환경은 스코비의 특정한 박테리아와 효모를 성장시키기에 가장 적합할 뿐 아니라, 유해한 미생물이 번식하는 것도 막아 준다. 물론 마실 수 있는 단계는 pH로 결정되지는 않고, 오로지 입맛으로 결정되고 판단된다. pH가 적당하지만 마실 수 없을 정도의 단맛이 나는 경우도 있기 때문이다. 그럼에도 pH가 적당하다는 것은 곧 콤부차가 안전하게 만들어지고 있다는 사실을 암시해 준다.

밝은 색상 콤부차를 처음 만들 때 신선하게 우려낸 티는 찻잎의 종류와 우려낸 시간에 따라 어두운 색상을 띨 수 있다. 이때 배양균은 설탕을 건강한 산성 성분으로 변환시키는 동시에, 티의 색상을 좌우하는 타닌 성분을 분해한다. 그 결과 원래의 티에 따라 색상은 짙은 갈색에서부터 밝은 황갈색, 심지어 황금색으로까지 폭넓게 변화한다.

- 새로운 스코비의 성장
- 왕성한 발효를 암시하는 거품
- 오래된 스코비
- 효모 띠
- 사용된 효모의 층

테이스팅과 맛의 완성

콤부차에서 가장 중요한 요소는 맛이다. 배양균이 티, 설탕, 물의 혼합물인 배양액과 일정 기간 상호작용한 뒤에는 맛이 어떤지 확인해 보아야 한다. 일반 가정에서 콤부차를 처음으로 만드는 경우에는 5일째 되는 날 1갤런 회분의 맛을 처음으로 확인한 뒤 매일 매일 테이스팅하여 발효 과정을 점검하고, 예상 완료일에 대해서도 예측할 수 있어야 한다.

콤부차를 즐기는 사람들도 이미 알고 있듯이, 콤부차는 티로 시작하지만, 티와는 전혀 다른 맛과 향이 난다. 발효 과정에서 생성된 아세트산으로 인해 맛이 시고 쓰며, 사과주스와도 같은 시큼한 맛도 난다. 콤부차의 맛을 표현할 때 가장 일반적으로 사용되는 용어로는 '톡 쏜다', '시큼하다', '부드럽다', '산뜻하다', '건조하다', '상큼하다', '갈증이 해소된다', '만족스럽다', '살아 있다' 등이 있다.

처음에는 맛이 이상하다고 느낄 수도 있지만, 여러 차례에 걸쳐 테이스팅하다 보면 맛에 익숙해질 것이다. 평소 설탕의 섭취량이 많은 사람들은 콤부차를 마시는 데 처음에는 어려움을 겪을 것이다. 그러나 몸이 점차 변해가고 균형이 잡히면서 맛도 점차 만족스러워질 것이다. 신맛이 너무 강하면 물이나 주스를 섞어 희석해 마시면 된다.

회분배양법으로 발효 주기를 짧게 만들면, 개인의 취향에 맞게 맛을 더 쉽게 조절할 수 있다. 발효 주기가 짧으면 단맛이 강하고, 길면 농도가 진한 중후한 맛이 난다. 자신의 취향에 맞는 맛을 내려면, 티와 설탕의 사용량을 반드시 알아야 한다. 그리고 발효 주기와 온도에 맞춰 맛을 실험해 본 뒤 카보네이션(탄산가스 생성)이 일어나는 두 번째 회분의 발효(2차 발효) 기간과 상태를 결정하는 일이야말로 음료를 직접 만드는 사람의 진정한 예술이자, 큰 기쁨이다. 과학은 우리에게 이해도를 넓혀 주고, 다양한 변수들에 대해서도 알려 주지만, 맛에 대한 감각적인 본능도 결코 잊어서는 안 된다. 결국 중요한 사항은 자신이 좋아하는 콤부차를 만들어야 한다는 것이다. 콤부차의 맛과 병에 넣어 보관하는 기간, 그리고 카보네이션에 대한 자세한 내용은 제8장에서 소개한다.

> **콤부차 에세이**
>
> ### 후각을 적극 활용하라!
>
> "콤부차를 처음으로 배운다면 후각을 적극 활용해야 한다. 매일 맛을 보면서 동시에 냄새도 맡아야 한다. 점차 익숙해지면 맛을 보지 않고 냄새만 맡고서도 콤부차의 상태를 완전히 파악할 수 있다. 계란 썩는 냄새, 유황 냄새, 그 밖의 이상한 악취가 나면, 콤부차의 발효 과정은 잘못된 것이다"

기본 레시피로 작업

물론 여기서 제시하는 1갤런을 기본으로 하는 레시피는 어디까지나 시작점일 뿐이며, 개별 취향에 맞게 다양하게 변경할 수 있다. 모든 변경 사항은 최종 결과에도 영향을 준다. 예를 들면, 티의 양이나 우려내는 시간이 달라지면 향미가 달라질 뿐 아니라, 배양균과 발효 과정에도 영향을 준다. 배양균이 지속적으로 성장하려면 물 1갤런당 최소 티백 3개 또는 잎차 3티스푼이 필요하다.

배양균을 손상시키지 않으면서 여러 회분을 만들 수 있는 최대 한도는 티백 12개 또는 잎차 약 ¼컵 정도이다. 농도가 과도하게 높은 티는 효모를 지나치게 자극하고, 또 좋지 않은 냄새를 풍겨 발효의 균형도 깨뜨릴 수 있다. 만약 홍차에 녹차와 백차와 같은 가벼운 향미의 티를 섞으면 이와 같은 영향이 줄어든다. 티를 여러 종류로 섞어 사용하고 우려내는 시간도 달리하면서 다양한 향미의 콤부차를 만들어 보길 바란다.

설탕의 허용량은 큰 변동이 없다. 앞서 설명한 것과 같이 티 배양액 1갤런당 설탕 1컵의 비율로 사용해야 여러 회분에 걸쳐 콤부차를 만들 수 있다. 설탕 사용량의 허용 범위는 ⅓컵에서 2컵 사이로 적다. 설탕의 양이 너무 적으면 정상적인 발효에 장해가 생긴다. 스코비가 생성되지 않고, 아세트산도 생성되지 않는다. 반면 설탕의 양이 과도하게 많으면 박테리아가 대량으로 증식하여 급속히 퍼지거나 모든 과정이 중단되어 아무런 변화도 일어나지 않는다.

콤부차를 회분을 계속하여 만들면서 설탕의 양을 줄이거나 늘렸을 때, 향미가 떨어지거나 스코비의 성장이 실패할 기미를 보이면, 티 1갤런당 설탕 1컵의 비율로 다시 돌아간다. 실험의 실패를 만회하기 위해서는 배양균이 1~3회의 발효를 거쳐야 할 수도 있다.

적당한 향미의 포착

콤부차의 애호가들은 서로 즐겁게 나눠 마시는 것을 좋아한다. 보통 많은 분량으로 만들어 맛을 낸 뒤 병에 넣어 시원한 곳에서 며칠에서 몇 달 동안 숙성시킨다. 첫 수확기 때부터 최상의 향미가 나는 것을 병에 담아(병입) 보관하면, 숙성을 거치면서 신맛이 지나치게 강해진다. 따라서 콤부차는 단맛이 아직 남아 있을 시기에 병에 담는 것이 좋다. 그러면 더 가볍고 드라이한 맛에 탄산가스도 많아지면서 신맛으로 변하는 속도도 느려진다. 여기서는 적당한 향미를 포착할 수 있는 가이드라인을 소개한다.

강한 단맛
최적의 향미가 날 때까지 매일 맛보거나 향을 보존하기 위해 병에 넣고 즉시 냉장고로 옮긴다.

단맛과 신맛
약간 건조하면서도 산뜻한 맛을 선호한다면, 지금 당장 맛을 보고 병에 담은 뒤 23~25도에서 1~7일간 보관한다. 콤부차의 향미를 온전히 느끼고 싶다면 7일 이상 보관한다.

적당한 맛
맛과 향을 보고 병에 담은 뒤 1~3일간 숙성한다. 신맛이 강해지는 것이 싫다면 수시로 맛을 보고, 만약 원하는 맛이 나면 냉장고로 곧바로 옮겨 맛을 보존한다.

강한 신맛
발효 주기를 단축시키고 온도를 낮춰서 다음 차례의 회분을 준비한다. 물 또는 주스를 혼합하여 신맛을 줄이거나 청징제$^{fining\ agent}$를 넣어 마신다. 콤부차의 향미를 정상적인 수준으로 돌려놓을 수 없을 정도로 신맛이 강하게 나면, 액종이나 스코비 호텔 부스터, 가정용이나 미백 제품으로 사용한다(제17장 참조).

스코비의 성장과 다음 회분배양의 준비

콤부차의 스코비는 풍부하게 증식된다. 모세대가 각 회분배양 때마다 후세대를 생산하기 때문이다. 그 새롭게 형성되는 배양균은 항상 배양액 상단부에서 성장한다. 처음에는 작은 점 또는 조각 모양으로 나타나다가 나중에는 얇은 생물막을 형성하고, 점차 시간이 지나면서 두꺼워져 더 이상 움직이지 않는다.

온전한 모양을 갖춘 뒤에는 모세대 스코비 상부에서 생물막이 팬케이크 모양처럼 자란다. 후세대의 스코비는 연속배양법에서 자주 볼 수 있듯이, 모세대 스코비에서 성장하여 하나의 또 다른 개체가 될 수 있다. 연속배양이나 스코비 호텔에서는 스코비가 종종 수십 개의 얇은 층들이 쌓이고 융합되어 하나의 견고한 패드로 형성된 것을 볼 수 있다.

모세대의 스코비는 배양액 표면 아래에 부유하면서 새롭게 성장하는 스코비와 연결되지 않을 수도 있다. 이 또한 지극히 정상적인 현상이며, 각 회분배양 때마다 달리 나타난다.

용기를 옮기거나 생물막 층 자체가 움직이거나 하여 스코비가 성장에 방해를 받으면, 더 이상 계속해서 성장하지 않는다. 다른 콤부차 병에 넣으면 배양액 상단부에서 떠다니며 새로운 스코비와 결합하고 두꺼워지면서 새로운 배양균을 성장시킨다. 배양액 표면 아래에서 부유하는 스코비는 스스로의 힘으로 두껍게 성장할 수 없다.

서로 다른 스코비들이 결합하여 함께 성장한 것은 간혹 쉽게 분리할 수 있다. 그러나 배양균이 온전히 섞였다면, 섞인 채 그대로 두어도 큰 문제는 없다. 그러나 결국에는 일부를 분리해 다른 목적으로 사용하게 될 것이다. 예를 들면, 단번에 두 회분 이상을 만들거나 스코비 호텔을 만들거나 다른 용도로 사용하는 것 등이다. 이때 배양균을 잡고 절단하는 과정은 간단하다.

최초에 사용하는 스코비가 품질 높은 용품점으로부터 구입한 것이라면, 일반 가정에서 7~10일 동안 단일 회분배양법으로 형성시킨 것보다 더 두꺼울 것이다.

이런 이유 때문에 적어도 두 번째 회분배양에서는 모세대와 후세대의 스코비를 같이 담아 둔다. 일단 세 번째 스코비가 성장하면 그중 하나로 스코비 호텔을 만들고, 나머지 두 개로는 발효시킨다. 그 뒤에는 스코비를 원하는 대로 번갈아 가며 사용한다. 스코비의 두께가 얇은 경우에는 항상 두 개를 함께 사용한다.

스코비의 필요량은?

액종과 배양균의 균형을 정확히 유지하는 일은 다음 번의 회분배양에서도 콤부차를 맛있게 만드는 데 매우 중요하다. 그러나 티와 설탕의 양은 상황에 따라 약간씩 달라질 수 있다.

배양액 1갤런에 스코비는 4~5온스 정도, 액종은 1~2컵을 사용하는 것이 적당하다. 배양균과 액종을 이 비율보다 더 많이 사용하면 발효 주기가 약간 단축되고, 더 적게 사용하면 최상의 결과를 얻을 수 없기 때문에 모든 것은 적당 비율로 사용하는 것이 가장 효과적이다. 스코비의 덩치가 너무 크거나 두꺼워서 사용하기에 불편하면 알맞게 잘라서 사용하면 된다.

새로운 스코비의 성장은 두께에서 다양한 차이를 보인다. 한 가지 명심해야 할 사실은 스코비의 배양 목적은 오직 맛있는 콤부차를 만들기 위한 것이지, 결코 배양균을 크게 길러 내기 위한 것이 아니라는 점이다. 일부 회분배양에서는 다른 경우보다 더 두꺼운 스코비가 형성되기도 한다. 그런데 스코비가 건강하고 두껍게 성장하였지만, 마실 수 없을 정도로 단맛이 강한 경우가 있다. 반면 너무 얇거나 크기가 매우 작아도 완벽한 향미를 내는 경우도 있다.

회분배양법에서는 스코비의 성장 상태만 보고서 콤부차가 완성되었는지를 판단할 수 없다. 반드시 콤부차의 맛을 보아야 한다. 중요한 사실은 스코비의 크기와 모양에 상관없이 맛만 좋으면 다음 단계로 진행할 수 있다는 것이다. 이 작고 특별난 스코비는 멋지고 고무 같지만, 매우 얇아 쉽게 뭉개진다. 그럼에도 콤부차의 향미가 훌륭하면 다른 요인들은 크게 문제될 것이 없다.

스코비 호텔

젖산과 알코올의 발효유인 케피어의 액종은 정기적으로 영양분을 공급해 주지 않으면 분해되어 사라진다. 그러나 콤부차의 스코비는 튼실한 유기체로서 오랫동안 보관할 수 있다. 몇 차례의 발효 주기를 거친 뒤에는 매 회분배양 때마다 후세대 스코비들이 생성되면서 여분이 남게 된다. 이때가 바로 스코비 호텔을 만들기에 최적기이다. 스코비 호텔에는 강한 액종이 들어 있어 배양균을 안전하게 보관할 수 있기 때문에 오랫동안 스코비를 저장해 놓고 차후에 꺼내 사용할 수 있다. 일반 가정에서 콤부차를 직접 만드는 사람들에게는 스코비 호텔이 매우 중요한 저장고이다.

여분의 스코비를 저장하는 스코비 호텔을 만드는 데 필요한 것들로는 크고 깨끗한 유리병(½갤런 또는 1갤런의 용적이 적당), 병에 꼭 맞고 조밀하게 직조된 천 덮개, 숙성된 콤부차 액종, 배양액이다. 이것들만 갖춰져 있으면 스코비 호텔을 훌륭하게 만들 수 있다.

1. 유리병을 뜨겁고 염소가 없는 물로 헹구거나 비항균 비누로 세척한 뒤, 저온 살균된 식초나 콤부차 식초로 헹군다.

2. 유리병에 스코비를 넣고 숙성된 콤부차 액종 2~4컵을 넣는다. 배양액은 스코비가 잠길 정도로 충분히 넣어 준다. 유리병에 담긴 액체의 양이 적거나 일부를 떠서 다른 용도의 액종으로 사용한 경우에는 숙성된 콤부차 액종이나 배양액을 보충할 수 있다.

3. 천으로 유리병을 덮은 뒤 비교적 어두운 상온의 장소에서 보관한다. 냉장고에는 넣지 않도록 한다!

소량의 배양액을 추가하고 최소한 몇 주 동안 스코비 호텔을 그대로 두면, 스코비의 두꺼운 층이 위쪽을 향해 생성된다. 새롭게 생겨난 스코비 층은 일종의 마개 역할을 하여 수분의 증발을 막아 준다. 오랫동안 보관하면, 새 스코비는 두께가 수 센티미터나 될 수 있다! 스코비 호텔을 덮는 데에는 촘촘히 직조된 천 덮개를 사용하고, 뚜껑은 플라스틱 재질을 사용하는 것이 좋다.

방해하지 않고 그대로 두면 스코비 호텔에서는 새로운 배양균들이 자라 두꺼운 층을 형성할 것이다.

스코비 호텔의 관리

스코비 호텔에서 배양균이 생명을 유지할 수 있도록 하려면 관리가 필요하다. 일반적인 관리 방법은 가끔씩 박테리아와 효모에 영양을 공급하면서 산소가 스코비 하부까지 침투할 수 있도록 스코비의 상부를 자른 뒤 효모를 점검하는 것이다.

스코비의 영양 공급 방법

스코비에 살고 있는 박테리아와 효모, 그리고 스코비 호텔에 있는 액체는 상온에서 몇 개월마다 조금씩 영양분을 공급하면 무기한으로 유지될 수 있다. 다만 수분은 시간이 지남에 따라 서서히 증발하기 때문에 2개월마다 스코비 호텔을 확인해야 한다. 필요에 따라서 배양액을 붓고 몇 주간 천 덮개로 씌워 주면 새로운 배양액을 영양원으로 하여 정상적인 발효가 새롭게 진행된다. 그 뒤에는 원하는 경우에 천 덮개 대신에 플라스틱 뚜껑으로 막아 주면 된다.

스코비의 손질 방법

스코비 호텔의 상부에 새롭게 형성된 스코비의 두께가 1인치 정도 되면, 신선한 산소가 용기의 아래쪽까지 공급되지 않을 수 있다. 이는 바테리아와 효모가 활동이 정체되거나 죽게 되는 원인이 된다. 이를 막기 위한 한 방법으로는 스코비가 너무 두꺼워지기 전에 내리눌러 용기의 액체 속으로 밀어 넣는 일이 있다. 그럼에도 불구하고 여러 스코비들이 스코비 호텔의 상부에 부유하면서 매우 얇은 배양균들과 함께 융합해 새롭게 자랄 수도 있다.

결국에는 여분의 스코비들을 잘라서 얇게 만들거나 따로 분리해야 하는 과정을 거쳐야 한다. 이 과정은 연속배양법에서 배양균이 커져서 잘라 내는 방식으로 재균형을 맞춰야 할 경우에도 적용된다.

스코비를 자르고 다듬으려면, 먼저 큰 용기(스테인리스, 유리, 세라믹, 목재 등, 도마), 가장자리가 둥근 쿠키 시트, 깨끗한 수건, 날카로운 가위, 톱니 칼 등을 준비해야 한다.

콤부차 에세이

'호텔 스코비포니아'에서 흥청망청 놀아요! : "Livin' It Up at the Hotel SCOBY-fornia"

> 스코비 호텔은 누군가가 스코비를 달라고 요청할 경우에 나눠 줄 여분이 있다고 의사를 표현할 의도로 만든 용어이다. 그 뒤 팝그룹 이글스Eagles의 '호텔 캘리포니아Hotel California'의 가사, "호텔 캘리포니아에서 흥청망청 놀아요 They livin' it up at the Hotel California"를 모방하였지만, 가사를 전부 완성할 수는 없었다. '호텔 스코비포니아'의 가사를 전부 완성한 사람이 있으면, 꼭 알려 주길 바란다!"

여행갈 때 알아 두면 좋은 정보들!

여행을 떠나야 하는데 스코비를 대신 관리해 줄 사람이 없을 경우가 있다. 여기서는 그러한 경우에 대비할 수 있는 몇 가지의 방법들을 소개한다.

- 여행을 떠나기 직전에 새로운 회분배양을 시작하여 돌아오면 완료되어 있도록 준비한다.
- 현재 콤부차는 콤부차 식초로 사용한다.
- 배양균을 스코비 호텔에 저장한다.
- 지인에게 콤부차를 만드는 방법에 대하여 알려 준다.

1. 스코비 호텔의 상부에 두껍게 형성된 스코비를 꺼내 큰 용기에 담는다. 이때 용기는 깨끗한 수건으로 위에 덮어서 초파리의 유입과 외부 오염을 막는다. 그리고 스코비에서 빠져나오는 물은 깨끗한 수건이 흡수하기 때문에 관리하기도 쉬워진다.

2. 한 번에 하나씩 손질이 필요한 스코비들을 이동시킨다. 부드럽고 젤라틴 같은 가장자리나 어두운 색상을 띠는 부위를 잘라 낸 뒤 거름이나 다른 용도로 사용할 경우를 대비해 따로 보관한다(제17장 참조). 상태가 좋지 않은 스코비들은 모두 버린다. 각 스코비들이 손질을 거쳐 정리되면 다시 스코비 호텔에 넣는다. 스코비 호텔 내부에 배양균이 없을 경우 효모를 걸러 내기에 가장 좋은 시점인 것도 미리 알아 두면 좋다.

3. 가장 큰 스코비가 잠시 후 물기가 빠지면 용기 위에 올려놓고 한 손으로 잡고 다른 한 손으로 잡아당긴다. 서로 다른 층들이 쉽게 분리될 것이다. 만약 찢어지더라도 스코비가 손상되는 것은 아니다.

4. 스코비를 손으로 잡아당겨 분리할 수 없으면 가위나 칼을 사용해 원하는 대로 자른다. 한 손으로 스코비 상부를 눌러 고정시키고 두꺼운 배양균을 가로로 저미서 말아 롤빵과 같이 만들 수 있다. 피자처럼 반으로 또는 반의반으로 잘라 낼 수도 있으며, 가장 큰 부분만 잘라 낼 수도 있다.

스코비의 일부 층들은 서로 융합되어 완전히 붙어 있는 것으로 보이지만, 실은 쉽게 분리될 수 있다.

큰 스코비를 잘라서 작은 여러 스코비들로 만든다. 배양균을 칼로 잘라도 손상되지는 않는다.

효모의 양을 줄이는 방법

효모는 발효 과정에서 탄산가스를 생성시키고, 박테리아에 필요한 영양분을 제공한다(물론 사람에게도 마찬가지이다!) 박테리아와 효모는 공생 관계를 유지하지만, 한편으로는 서로 경쟁하는데 대체로 효모가 승리한다. 물론 일반 가정에서 콤부차를 만들 경우에 두 미생물들 간에 균형을 잃지 않았다는 것을 전제로 한다. 효모가 생애 주기에서 휴면기에 들어서면 용기의 바닥으로 떨어진다. 그렇게 시간이 지나면 콤부차액의 색상이 어두워지거나 흐려질 수 있다. 이 경우에는 과다한 양의 효모를 제거해 준다. 보통 2~6개월마다 한 번씩 효모를 제거한다. 준비해야 할 도구로는 다음과 같은 것들이 있다.

- 깨끗한 수건
- 용기 2개. 하나는 스코비 호텔에 있는 모든 스코비들을 담을 수 있을 정도로 커야 하고, 다른 하나는 액체를 전부 옮겨 담을 수 있을 정도로 커야 한다.
- 망이 촘촘한 스트레이너, 체 또는 촘촘한 천.
- 배양액 2컵(티백 1개 또는 티 1티스푼, 설탕 2테이블스푼)
- 선택 사항 : 스코비를 자르는데 필요한 도마와 칼 또는 가위

콤부차 에세이

매우 맛있는 효모!

> "스코비 호텔에 든 액체를 전부 걸러 낸 뒤 일부는 따로 저장해 두었다가, 나중에 콤부차 사워도(sourdough 시큼한 발효 빵 또는 반죽)를 만들 수도 있다. 제빵 방법은 뒤에서 소개한다."

1. 스코비 호텔에서 스코비들을 전부 꺼내 첫 번째 용기로 옮겨 담는다. 깨끗한 수건으로 덮어 외부 오염을 방지한다.

2. 스코비 호텔에 든 액체를 스트레이너로 전부 걸러 내 두 번째 용기로 옮겨 담는다. 보통 굵은 효모 가닥들은 스트레이너를 통과하지 못한다. 그럼에도 불구하고, 여과된 액체에는 효모가 상당한 양으로 들어 있다.

3. 만약 액체를 옮겨 담은 용기가 적당하면, 스코비 호텔로도 사용할 수 있다. 그렇지 않을 경우에는 기존의 스코비 호텔 내부의 바닥과 측면에 붙어 있는 효모를 뜨거운 물로 모두 제거한다. 이때 비누를 사용하지 않고 가급적이면 잘 문질러서 세척한다. 큰 덩어리의 효모는 제거하되, 스코비를 세척할 필요는 없다.

4. 어떤 용기를 사용하든지 간에 스코비 호텔로 다시 옮겨 담기 전이 스코비를 손질하기에 가장 좋은 시점이다. 필요할 경우에는 걸러 낸 액체와 발효를 촉진할 여분의 콤부차를 넣고 배양액 2컵(더 이상의 양도 가능)을 부은 뒤, 다시 뚜껑을 덮고 잘 저장한다.

이때 효모를 과도히게 제거해도 문제가 발생할 수 있기 때문에 적정선을 유지하는 것이 바람직하다.

액종의 강력한 공급원

스코비 호텔의 좁은 공간에는 배양균들이 밀도 있게 들어 있어 그 액체는 시간이 지나면서 신맛이 매우 강해진다. 일단 한 모금 마셔 보면, 강하게 풍겨 오는 그 신맛에 얼굴을 찌푸릴 것이다. 콤부차를 마셨을 때 으레 짓는 표정들이다! 발효로 인해 황금색을 띠는 그 액체는 냄새도 매우 강력하다. 따라서 이 액체는 일부 따로 보관하여 새롭게 배양할 경우에 액종으로

사용할 수 있다.

스코비 호텔에 든 액체를 들어내 사용할 때마다 배양액을 채워 줄 필요는 없지만, 이미 여러 번에 걸쳐서 들어내 사용했다면, 배양액을 몇 컵 정도는 채워 둔 뒤(배양액을 새로 넣었다면 몇 주간은 천으로 덮어 두어야 한다), 단맛이 신맛으로 바뀔 때까지 내버려 두어야 한다. 단맛은 매우 빨리 신맛으로 바뀔 것이다.

콤부차의 완성 주기를 단축시키고 싶은 사람들은 스코비 호텔을 활용하면 매우 편리하다. 액종을 사용하는 데 불과 5~6일밖에 걸리지 않기 때문이다. 각 회분배양으로부터 수집한 액종은 한 번 정도는 사용해도 상관없다. 그러나 회분배양을 여러 회 거듭할 경우에는 박테리아의 강도가 약화되고 효모의 활동이 우세를 보이면서 콤부차의 맛이 떨어진다. 스코비 호텔에 든 매우 강한 신맛의 액체를 액종으로 사용하면 콤부차의 완성 주기도 단축시킬 수 있다.

스코비 호텔을 오로지 액종을 사용할 목적으로 사용하면, 한 회분을 다음 회분배양을 위해 사용하지 않고, 100% 음료로 마실 용도로 만들 수 있는 것이다. 콤부차를 더 많이 마실 수 있을 뿐만 아니라 건강한 박테리아와 효모를 지속적으로 재생산하면서 부유하는 스코비들도 저장할 수 있어, 이보다 더 좋은 일은 또 없을 것이다.

스코비를 돌려가며 사용하는 방법

콤부차를 만드는 사람들 중의 일부는 스코비를 여러 회분배양 또는 스코비 호텔에서 넣었다 뺐다 하는 방식으로 교대로 사용하거나 돌려가면서 사용하는 것을 더 좋아한다. 회분배양을 새로 시작할 때, 스코비 호텔에서 새로운 액종과 스코비를 가져오고, 대신에 앞서 사용한 스코비(후세대 스코비도 포함)는 다시 사용할 수 있을 때까지 스코비 호텔에 넣어 보관하는 것이다. 이렇게 스코비를 교대로 또는 돌려가면서 사용하면, 스코비 호텔 내에서는 역동적인 환경이 조성되면서 더 많은 스코비들이 활발한 상태로 유지되고, 또한 휴면기도 제공할 수 있는 것이다.

또 일부 사람들은 콤부차에서 자신의 취향에 맞는 향미와 균형을 찾아낸 뒤 그 특정한 스코비만을 고집하여 회분배양에 계속해서 사용한다. 사람마다 각자 리듬이 있으며, 스코비와 관련해서는 주어진 환경에서 필요한 최상의 작업이 무엇인지를 발견해야 한다.

단 하나의 스코비일지라도 콤부차를 적어도 10회 정도는 만들 수 있다. 일부 사람들이 수년 동안 콤부차를 만들면서 단 하나의 스코비만 사용하였다는 이야기도 들은 적이 있다. 설사 그렇다고 하더라도 오래된 스코비는 실험용이나 요리용으로 남겨 두고 가급적이면 새로운 스코비를 사용하는 것이 좋다(제16장 참조).

콤부차 에세이

다용도의 스코비!

" 건강한 스코비를 신선하게 잘라서 조각낸 것들은 상처나 화상을 입었을 때 훌륭한 밴드로 사용할 수 있다. 또한 믹서로 갈아서 스코비 크림도 만들 수 있다. 작은 화상을 입었을 경우에 작은 스코비 조각이 없으면 용기에서 스코비를 꺼내 잘게 조각낸 뒤 사용하면 된다. 이때 남은 조각들은 다시 본래의 용기에 집어넣거나, 아니면 별도의 작은 유리병에 액종과 함께 넣어 보관한다(제17장 참조).

사람들과 함께 스코비 공유하기

사람들은 전통적으로 다양한 종류의 발효 배양균들을 함께 공유해 왔다. 사람들에게 배양균을 나눠 줄 경우에는 받는 사람이 1갤런의 콤부차를 만든다고 전제할 때, 적어도 1컵의 강력한 액종(2컵이면 더 좋다)과 큰 덩어리의 스코비(가로 약 6인치, 두께 ¼~½인치, 무게 4~6온스)를 주어야 한다. 콤부차를 만드는 일반적인 방법이나 훌륭한 사례도 함께 알려 주면 더할 나위 없이 좋다.

콤부차의 스코비를 우편으로 발송하려면 비닐봉투나 진공 포장지를 이중 또는 삼중으로 포장하여야 한다. 콤부차의 배양균은 아무리 잘 포장하였더라도 누출되는 경우가 많기 때문에 그렇게 비닐봉투에 포장한 것을 다시 수건이나 신문지로 포장해 누출에 대비해야 한다.

앞에서의 '스코비 처음 만들기'를 참조하되, 우편 배송이 여의치 않으면, 품질이 좋기로 이름이 난 판매업체로부터 구입할 것을 추천해 주는 것이 좋다.

반드시 해야 할 일	반드시 하지 말아야 할 일
염소 성분이 없는 뜨거운 물로 콤부차를 만들 장소, 용기, 도구 등을 세척하고 손도 씻는다. 필요한 경우에는 비항균 성분의 비누를 소량으로 사용하여 세척한 뒤, 뜨거운 물로 잘 헹구고 저온 살균된 식초나 콤부차 식초로 다시 헹군다.	스코비 내의 박테리아에 유해한 항균 비누 또는 염소 성분이 든 물은 절대로 사용하면 안 된다. 그 밖의 다른 종류의 비누에도 잠재적으로 유해한 성분들이 함유되어 있을 수 있기 때문에 사용에 유의해야 한다.
콤부차 만들 경우에는 유리, 식품용 세라믹, 스테인리스강(등급 304 이상), 목재 배럴, 식품용 플라스틱 재질의 용기들을 사용한다.	크리스털, 낮은 등급의 플라스틱, 금속(스테인레스강 제외), 장식 디자인이 있거나 골동품용 자기 용기는 사용하지 않는 것이 좋다.
물은 필터로 정수된 물, 증류수, 샘물, 생수를 사용한다.	소독을 위해 염소가 가해진 물이나 여과시키지 않은 수돗물은 사용하면 안 된다.
진짜 설탕과 티(찻잎으로 가공한 것)를 사용한다. 유기농 제품은 권장 사항이지만, 필수 사항은 아니다.	디카페인 티, 허브티, 인공 감미료, 설탕 대용품을 사용해서는 안 된다.
외부 오염을 막기 위해 발효 용기 위에 밀폐된 통기성 천 덮개를 사용한다.	직조가 느슨한 치즈클로즈를 사용해서는 안 된다. 그리고 산소조차 유입될 수 없는 고체 물건을 뚜껑으로 사용해서는 안 된다. 왜냐하면 콤부차의 발효에는 산소가 필요하기 때문이다.
공기 순환이 잘되고 따뜻한 곳에서 콤부차를 발효시킨다.	콤부차는 직사광선이 쬐는 곳이나 밀폐된 찬장 또는 추운 장소에서 발효시키면 안 된다.
향미가 충분히 날 때까지 발효시킨다.	발효가 시작된 지 처음 5일간은 용기를 움직이지 않는다. 움직임이 너무 잦거나 많으면 새로운 스코비가 제대로 형성되지 않는다.
이전 회분배양에서 상부의 액체를 다음 회분배양에서 액종으로 사용한다.	이전 회분배양에서 유리병 바닥 부분의 액체는 다음 회분배양의 액종으로 사용해서는 안 된다.
스코비 호텔을 만들어 특별한 배양균과 액종의 공급원으로서 활용한다.	용기 하나에 모든 스코비를 저장하지 않는다. 용기가 손상되면 되돌릴 수 없다.
곰팡이가 슬었을 경우에는 콤부차 액과 스코비를 모두 버린다.	콤부차에 곰팡이가 슬면 살리려고 해서는 안 된다.

재료의 양, 완성 시간, 그리고 권장 방법들

용기는 콤부차의 용적보다 항상 약간 더 커야 한다. 예를 들면, 1갤런들이 용기에는 ¾갤런의 배양액과 스코비, 액종을 담을 수 있다. 작은 용적의 회분들도 큰 용기에서 만들어질 수 있다. 공간이 남는 것은 문제가 되지 않는다. 액종과 함께 배양액은 콤부차가 만들어지는 동안에 일부가 증발하기 때문에 배양액의 양은 보통 한 회분의 양과 거의 동일하다.

용기	최대 회분 크기 (배양액)	티백(잎차)	설탕	스코비	액종	완성 주기	권장 방법
½갤런	6컵	2~3개 (1테이블스푼)	6테이블스푼	작은 것 1개	½~1컵	3~7일	회분배양만 가능. 양이 적어 연속배양 불가능.
1갤런	¾갤런	3~5개 (1~2테이블스푼)	¾컵	큰 것 1개	1컵	7~14일	회분배양만 가능. 양이 적어 연속배양불가능.
1½갤런	1갤런	4~6개 (1~2테이블스푼)	1컵	큰 것 1개	1~2컵	7~21일	회분배양만 가능. 양이 적어 연속배양 불가능.
2갤런	1½갤런	6~9개 (2~3테이블스푼)	1½컵	큰 것 2개	2컵	10~24일	회분배양에 적합. 연속배양도 가능.
2½갤런	2갤런	8~12개 (3~4테이블스푼)	2컵	큰 것 2개	2~4컵	10~28일	연속배양에 적합.
5갤런	4갤런	16~24개 (5~8테이블스푼)	4컵	큰 것 4개	4~8컵	18~42일	콤부차 애호가와 일반 가정용.

* 큰 스코비는 가로 약 6인치, 두께 ¼ ~ ½인치, 무게 4 ~ 6온스 정도이다.

콤부차의 연속 배양법

연속배양법continuous brew은 콤부차를 만들 때 가장 다양한 용도로 활용할 수 있는 방식이다. 회분배양법의 경우보다 시간과 노력을 대폭적으로 절감할 수 있고, 청결 상태도 훨씬 더 유지하기가 쉽다. 연속배양법은 대량 생산 시스템을 갖춘 콤부차 업체에서뿐만 아니라, 한 달에 2~3갤런씩 만드는 일반 가정에서도 활용도가 높다. 콤부차를 만들 경우에는 보통 각자 선호하는 향미와 필요한 양에 따라서 연속배양법의 완성 주기와 리듬을 선택할 수 있다.

연속배양법은 그 방식이 비교적 간단하다. 수도꼭지가 달린 용기에 2~5갤런의 큰 회분에 해당하는 콤부차를 넣고 취향에 맞는 향미로 발효시킨 뒤, 전체의 3분의 1에서 2에 해당하는 액체를 수도꼭지를 통해 흘려보낸다. 곧바로 배양액을 더 첨가해 추가적인 배양 과정을 이어나가거나, 아니면 발효로 액체의 양이 줄어들 때까지 기다렸다가 배양액을 추가해 넣어서 리필 과정을 약간 더 늦춘다. 새로 첨가되는 배양액은 종종 '배지substrate', '티 보충액top-off tea'이라고도 한다. 용기에 많이 남아 있는 숙성된 콤부차를 액종으로 사용하기 때문에, 스코비는 용기 상단부에 있는 배양액의 설탕을 빠르게 변환시키면서 다른 부위에 있는 물이 2~5일 사이에 점차 소진된다.

이 과정이 전부이다. 연속배양법의 과정이 비교적 간단한 반면, 콤부차를 만드는 조건과 개인적인 취향, 그리고 사람마다 요구하는 사항이 천차만별이기 때문에 올바른 연속배양법이란 것은 따로 존재하지 않는다. 콤부차를 연속배양법으로 처음 도전하는 사람은 자신에게 맞는 리듬을 발견하기까지 꽤 오랜 시간이 걸릴 수 있다. 여기서는 연속배양법의 기본 과정과 콤부차를 완성한 뒤에 다시 보충하는 다양한 기술들에 대해 알아본다.

연속배양법을 선택하는 이유?

해답을 간단히 말하면, 연속배양법은 콤부차를 만들기에 가장 쉽고, 맛도 좋으며, 가장 안전하고, 건강에도 좋으며, 활용도도 가장 폭넓기 때문이다. 콤부차를 대량으로 만들거나, 단지 1회분을 만드는 경우에도 시간과 노력을 줄일 수 있기 때문에 수많은 사람들이 선호한다.

시간을 덜 들이면서 대량의 콤부차를 만들려는 사람들은 반드시 연속배양법을 선택해야 한다. 연속배양법에서 최소 권장량은 2갤런이다. 이 정도의 양이면 콤부차를 정기적으로 꺼내 마실 수 있을 뿐만 아니라 발효의 균형을 맞추기에도 충분한 양이다. 5갤런 용기는 연속배양법에서 가장 널리 사용되지만, 중요한 것은 그러한 용기의 부피가 아니라 바로 수도꼭지의 설치이다. 수도꼭지가 반드시 있어야 일반적인 회분배양법에서 겪는 번거로움과 수고를 크게 줄일 수 있기 때문이다.

연속배양법으로 처음으로 취향에 맞는 향미가 나면 전체에서 3분의 1 정도는 수도꼭지로 빼내 마실 수 있다. 연속배양법으로(세 번째 또는 네 번째 배양한 뒤) 향미가 전체적으로 숙성되면, 전체에서 최대 3분의 2 정도의 분량까지 수도꼭지로 빼내 마실 수 있다. 그러나 일반적으로는 박테리아와 효모 사이에 적절한 균형을 유지하기 위해 한 번에 50% 이상은 빼내지 않는 것이 좋다. 그러나 일반 가정에서 연속배양법으로 콤부차를 자주 만들어 마시는 사람의 경우에는 수요에 따라서 보다 더 과감하게 그 이상을 빼내 마실 수도 있다.

일반 가정에서 콤부차를 만드는 사람들은 각자 자신의 리듬에 따라 상단부에 배양액을 보충한다. 이때는 '마신 만큼 채워 넣는' 방식을 선택해야 수도꼭지로 빼낸 만큼 다시 보충할 수 있다. 또는 한 번에 콤부차를 여러 차례에 걸쳐서 유리병에 빼내고, 그 즉시 또는 양이 거의 없을 무렵에 배양액을 보충하는 방식을 선택할 수도 있다.

연속배양법에서는 다량의 숙성된 콤부차를 액종으로 사용하기 때문에 콤부차의 완성 주기가 크게 단축된다. 회분배양법의 정상적인 발효 주기가 7~14일인 반면, 연속배양법은 2~5일밖에 걸리지 않는다. 연속배양법은 또한 회분배양법처럼 도중에 스코비를 처리할 필요가 없어 외부 오염을 최소화할 수 있다.

콤부차를 연속배양법으로 만들면 가장 좋은 점은 발효로 인해 생성되는 글루콘산과 글루쿠론산과 같은 건강한 산이 콤부차의 발효가 시작된 지 15~30일이 지나서야 비교적 높은 수치로 나타난다는 것이다. 이때의 콤부차는 매우 강한 신맛을 띠게 된다. 이와 같이 연속배양법은 산성도를 과도할 정도로 완전히 발달시킬 수 있는 반면에, 발효가 시작된 지 15~30일 이전의 미숙한 콤부차로는 한층 더 부드러운 맛을 즐길 수 있다는 장점이 있다.

한 회분에도 연속배양법이 좋은가?

연속배양법은 최소량이 2갤런으로서 1갤런을 기준으로 하는 회분배양법보다 양이 더 많기 때문에 한 회분을 만들 경우에도 여전히 연속배양법이 편리하다는 말은 매우 이상하게 들릴 수 있다. 그러한 데는 다음과 같은 이유들이 있다.

많은 사람들은 일단 콤부차를 손쉽게 구할 수만 있다면(1병에 3~5달러밖에 하지 않는다!), 더욱더 자주, 그리고 많이 소비한다. 콤부차를 한 회분만 만드는 경우에도 콤부차가 다 완성되면 유리병에 옮겨 담은 뒤 용기의 절반 정도까지는 스코비와 액체를 그대로 둔다. 유리병에 든 콤부차를 다 마실 때가 되면, 신선한 배양액을 용기에 보충하여 며칠 뒤에 콤부차를 새로 따라 내 마실 수 있다.

스코비가 콤부차의 상단부에 남아 있는 한, 콤부차를 몇 병이나 따라 내 마셨고, 배양액을 얼마나 자주 보충하였는지는 중요하지 않다. 낮은 산도(pH)로 인

연속배양법은 또 한편으로는 '선대인들의 방식'이라고도 한다. 처음에 만든 모세대의 콤부차를 계속해서 사용하기 때문이다.

해 배양액을 새로 보충하면 곧바로 새로운 발효가 시작되기 때문이다. 따라서 연속배양법은 자가 저장하는 스코비 호텔의 성격을 띠게 된다. 이는 모든 사람들이 콤부차를 만드는 과정에서 자신에게 맞는 리듬과 흐름을 찾을 수 있다는 것이다.

콤부차 용기의 준비

콤부차를 연속배양법으로 처음으로 만들기에 앞서, 수도꼭지를 탈부착할 수 있는지, 부식되지 않는 재질로 만든 것인지를 최종 확인해야 한다. 그 다음에는 수도꼭지와 용기의 이음새가 새지 않는지를 확인해야 한다.

이를 위해서는 물을 용기에 충분히 채우고 수도꼭지를 나사 홈에 돌려서 완전히 장착한 뒤 몇 시간 동안 그대로 둔다. 물이 수도꼭지의 이음새에서 새어 나오면 볼트를 풀고 와셔washer(볼트와 너트 사이에 끼우는 나사받이)를 조절한 뒤에 다시 돌려서 조인다.

꽉 조이기 위해서는 와셔의 면을 뒤집어서 사용해야 하는 수도 있다. 그리고 다시 물을 채워 시험해 본다. 목재나 코르크 재질의 수도꼭지는 문제를 해결하기 위해 물에 추가로 넣어 보아야 할 수도 있다.

완벽하게 밀봉이 완료되면 물의 유동을 시험한다. 목재 또는 기타 천연 재료로 만든 수도꼭지는 초반에 물의 유동에서 약간의 마찰이 생길 수 있다. 용기에 삽입하기 전에 수도꼭지를 여러 번 돌려 느슨하게 풀어 준다. 수도꼭지를 제 위치에 설치하고 뜨거운 물로 세척한 뒤 발효 환경에 적당한 pH를 유지하기 위해 용기 내벽을 코팅한다. 이때 저온 살균된 식초나 콤부차 식초로 용기의 모든 부분을 코팅한 뒤 남은 것은 폐기한다. 오크 배럴과 관련한 별도의 사용 지침은 뒤쪽에서 소개한다.

연속배양법의 진행 순서

여기서는 콤부차를 만드는 사람이 연속배양법에서 가장 일반적인 2갤런의 배양액을 사용하고, 2½갤런 크기의 용기를 사용한다고 가정한다. 다른 크기의 용기를 사용하는 경우에는 131페이지의 도표에서 소개한 성분 비율을 참조하면 된다. 그 밖의 장비나 재료는 회분배양법에서 사용한 것과 동일하다. 다음은 연속배양법에 필요한 재료의 양이다.

티백 8~12개 또는 잎차 3~4테이블스푼
염소 성분이 없는 차가운 물 2갤런
설탕 2컵
온전한 모습의 콤부차 스코비 2개(1개당 무게 4~5온스)
액종으로 사용할 수 있는 숙성된 콤부차액 2~4컵

연속배양의 시작은 회분배양법과 기본적으로 동일하다. 따로 준비된 그릇이나 용기에 배양액을 담아 준비하고, 물을 데우기 위해 사용한 포트는 그대로 사용해도 좋다. 물론 첫 회분에 사용할 용기에 배양액을 담아도 상관없다. 다만 지나치게 차가운 용기는 뜨거운 물을 넣으면 자칫 균열이 가면서 파손될 수 있어 사용하지 않는다.

1. 물 2쿼트(0.25갤런)를 끓기 직전까지 포트로 가열한다. 찻잎과 포트에 든 뜨거운 물을 따로 준비한 그릇이나 용기에 넣어 우려낸다. 5~15분 정도 우러나면 티백이나 찻잎을 제거한다.

2. 설탕을 뜨거운 티에 넣고 완전히 녹을 때까지 저어 준다.

3. 나머지 6쿼트(1.5갤런)의 차가운 물을 용기에 붓는다. 따로 따로 준비하는 경우에는 배양액을 붓는다. 손을 깨끗이 씻고 물에 손가락을 담가 온도를 측정한다. 체온보다 따뜻하면(약 38도), 깨끗한 천으로 덮고 미지근해질 때까지 따로 보관한다.

4. 깨끗한 손으로 스코비를 집어 배양액이 든 용기에 담근다. 그 뒤 액종을 그 스코비 위로 붓는다. 그러면 용기 상부에 있는 배양액을 산성화시켜 병원균의 침입을 막을 수 있는 보호층을 형성한다.

5. 필요한 경우에는 통기성 덮개로 용기를 덮은 뒤 고무 밴드로 묶어 고정시킨다. 불투명한 용기가 아닐 경우에는 직사광선이 들지 않는 따뜻한 곳(이상적으로는 24~29도)에서 보관한다.

6. 처음 배양하는 회분이 발효되도록 10~28일 동안 그대로 둔다. 7일 뒤 하루에 한 번 또는 며칠에 한 번씩 맛을 보면서 최고의 맛을 내도록 한다.

7. 원하였던 향미가 균형을 이루면, 발효된 콤부차를 유리병에 부어 옮겨 담는다(첫 회분의 3분의 1보다 적은 양으로 옮겨 담는다). 향미와 카보네이션의 과정을 더 발전시키려면, 상온에서 보관한다. 지금의 향미를 오랫동안 고정 및 보존하려면, 곧바로 냉장고에 넣어 보관한다(제8장 참조).

8. 개인 취향에 따른 계획에 따라 곧바로 배양액을 보충하거나, 기다렸다가 나중에 보충한다.

● 알아두면 좋은 정보

콤부차의 신맛이 약하면 용기에 그대 두면서 계속 발효시킨다. 연속배양법은 잘 발효된 콤부차를 바탕으로 최상의 맛을 내기 때문이다. 유리병에 따로 옮겨 담은 콤부차를 마셔서 양이 줄어들면 용기에 배양액을 보충한다. 그 구체적인 시기에 대해서는 뒤에서 소개하기로 한다.

연속배양법의 리듬 확립

연속배양법의 가장 큰 두 가지의 장점은 (1) 각 회분의 배양 및 추출의 일정이 비교적 유연하고, (2) 액종이 차지하는 비율이 높을수록 콤부차의 완성 속도도 더 빨라진다는 것이다. 연속배양법이 비록 다용도이긴 하지만, 자신에게 맞는 최적인 향미를 찾으려면 적어도 몇 번의 배양 및 발효의 주기는 거쳐야 한다.

연속배양의 초기

연속배양법에서 지켜야 할 가장 중요한 내용은 콤부차를 너무 빨리, 그리고 너무 많이 덜어 내지 말아야 한다는 것이다. 연속배양 과정의 초기에는 첫 회분이 아직 완전히 성숙되지 않은 상태인데, 이때 콤부차를 너무 많이 덜어 내면 약한 콤부차로 남게 되고, 여기에 배양액까지 보충되면 농도까지 희석되어 발효를 지속적으로 기대할 수 없다.

연속배양법에서 처음 몇몇 회분의 경우에는 콤부차가 든 용기의 3분의 1(예로는 2.5갤런의 용기에서 약 0.75갤런) 이하만 따로 유리병에 옮겨 담고, 나머지 3분의 2정도는 그대로 남겨 두는 것이 다음을 위해서도 좋다. 유리병에 처음으로 옮겨 담은 콤부차를 맛있게 즐기는 동안에 콤부차 용기에 배양액을 보충하지 않고 계속 발효시켜 보자. 그러면 '신맛'을 만드는 데 크게 도움이 될 것이다. 진행 상황을 수시로 확인하면서 발효 단계를 식별하는 방법도 익히기 위해서는 수도꼭지에서 콤부차를 매일 같이 내려서 지속적으로 시음해 보아야 한다.

유리병에 담긴 콤부차를 거의 다 마셔 갈 즈음에는 최대 1갤런의 배양액을 용기에 보충한다. 이때는 용기의 크기와 수도꼭지로 빼내 시음한 콤부차의 양에 따라 배양액의 보충량도 달라진다. 발효가 진행되어 다음 유리병에 콤부차를 옮겨 담을 때까지 2~5일간 기다리면서 기존의 콤부차를 계속해서 시음한다. 또 다시 용기에서 전체의 3분의 1가량의 콤부차를 다른 유리병에 옮겨 담는 과정을 4회 이상 반복한다.

용기에 담긴 콤부차가 신맛이 지나치게 강하면 배양액을 보충한 뒤에도 곧바로는 마실 수 없는 상태일 것이다. 이 경우에는 약간의 성숙한 콤부차를 덜어 내 다른 병에 담아 놓고 스코비 호텔에 보충하거나 다른 용도로 사용하면 된다. 그런 다음에 배양액을 가득히 넣어 향미가 좋아질 때까지 매일 시음해 본다.

연속배양법을 자신의 리듬에 맞게 적용시키는 데에는 매우 다양한 방법들이 있기 때문에 각자 독특한 창조성을 발휘해 보길 바란다. 또한 콤부차는 마시는 일 외에도 다양한 용도로 활용할 수 있기 때문에 결코 낭비하지 않도록 한다.

콤부차 에세이

자신만의 리듬을 찾아라!

❝ 콤부차를 만드는 일은 마치 춤을 추는 것과 같다. 처음에는 모든 단계에 익숙해지고 올바른 순서를 외우는 데 약간의 시간이 걸린다. 그러나 반복하면 어느덧 자신만의 리듬을 발견하게 될 것이다. 편안한 음악을 들으면서 촛불을 켜 놓고 콤부차 '브루인brew-in'의 리듬에 푹 빠져 보길 바란다. 여기서 무엇보다도 중요한 것은 재미있게 즐기는 것이다.

콤부차 전설
전설의 '하이바오 海寶'가 연속배양법의 기원일까?

다음 전설은 중국에서 콤부차를 만드는 한 사람이 중국어로 저자에게 직접 보낸 편지를 번역한 것이다.

이 콤부차 기원에 관한 전설은 중국에서 콤부차를 만들고 있는 한 사람이 편지로 보내온 내용이다. 여기에는 콤부차 그 자체와 연속배양법의 기원이 담겨 있는지도 모른다.

훌륭한 전설들이 대부분 그렇듯이 출현에 관한 다양하고도 반복적인 징후들이 있지만 여기서는 그중 한 사례를 소개한다. 지금으로부터 1400년 전, 오늘날의 베이징北京에서 멀지 않은 보하이만渤海灣 해안가에 식료품점이 문을 열었다. 어느 날 이 식료품점의 한 점원이 꿀이 묻은 꿀단지를 물로 헹구었는데, 그때 헹군 꿀물의 일부가 튀어서 곁에 있던 술항아리 속으로 들어갔다. 게을렀던 점원은 잘못을 알면서도 헹군 물이 들어간 것을 숨기기 위해 천으로 술항아리를 덮어 두었다.

며칠이 지나자, 이상한 향이 식품점을 중심으로 은은하게 풍기기 시작하였다. 모든 사람들이 호기심이 생겨 그 향의 진원지를 찾아 나섰지만, 결국에는 실패하였다. 식품점에서 술을 판매할 즈음, 점원은 그동안 술항아리를 덮어 두었던 천을 벗겼다. 그 순간 점원은 깜짝 놀라 다음과 같이 외쳤다.

"달콤새콤한 냄새가 풍기는 곳이 바로 여기였구나!"

이때 사람들이 몰려와서 술항아리를 들여다보았는데, 고무와 같이 생긴 유백색의 얇은 막이 술항아리의 입구를 틀어막고 있었던 것이다. 호기심에 찬 사람들은 술을 담은 오지항아리가 보물을 낳았다고 믿으면서 신성하게 여겼다.

그런데 이 날은 한여름의 가장 더운 날씨였고, 점원은 갈증을 견디지 못해 오지항아리에서 액체를 떠내 마셨다. 물론 다른 점원들도 국자 절반가량씩 떠내 마셨는데, 그 달콤새콤한 맛에 환호성을 내질렀다.

점원은 꿀물이 들어갔다는 사실을 기억해 내고서 동일한 방식으로 '새콤달콤한 식초'를 만든 뒤 연속하여 몇 번이나 더 만들었다. 식료품점의 주인은 오늘날의 콤부차뿐만 아니라 유백색의 배양균을 차게 하여 드레싱과 함께 먹었는데, 그 뒤 '장수(또는 장기 보존)의 전문가'로 알려지면서 지역의 유명 인사가 되었다. 주인이 죽은 뒤 그의 '신비한 보물'은 모든 사람들이 함께 즐길 수 있도록 후세대로 전승되었다. 오늘날까지도 보하이만 해안 지역의 사람들은 그들의 장수를 위해 이 고대 기술을 사용해 '하이바오海寶'(바다의 보물이란 뜻)라는 인기 발효 식초를 만들어 마신다.

연속배양법의 숙성

박테리아와 효모는 연속배양의 용기에서 완전히 살아 있기 때문에 그 발효 시간은 더욱더 짧아진다. 맛이 아주 훌륭하여 콤부차를 먹고 싶은 대식가들의 생산 요구도 높아지면서 연속배양에서 향미와 신맛의 균형을 맞추기가 더 어려워질 수도 있다. 연속배양법에서는 보통 3~5회 정도의 배양 주기를 거친 뒤 완성된 콤부차의 3분의 2 정도 빼내 마실 수 있지만, 대부분의 경우 50%만 빼내 마실 것을 권장한다.

물론 어떤 시점에서는 제2의 연속배양 시스템을 갖춰야 할 수도 있지만, 사람들에게 콤부차를 나눠 주거나 조리용 식초로 만들기 위해서는 적어도 5회 정도 주기의 연속배양을 유지한다. 자신의 가족들에게 맞는 연속배양법을 찾으려면 다양하게 실험해 보아야 한다. 여기서는 자신의 리듬에 맞는 연속배양법의 몇 몇 기술들을 소개한다.

1컵 마시고, 1컵 채우기

냉장고에 보관하는 배양액을 용기에 일정하게 채워 유지하는 방식으로 마시면 이 과정은 더욱더 쉬워진다. 매일 같이 콤부차를 일정량으로 따라 마시면, 그 양만큼 배양액을 용기에 곧바로 채워 준다. 하루에 서너 컵 정도 마시면 최상의 선택이라고 할 수 있다.

수도꼭지로 빼내고 곧바로 채우기

콤부차를 마시고 싶은 경우에 용기의 수도꼭지로 원하는 만큼 바로바로 빼내서 마시는 방식을 선호할 수도 있다. 콤부차가 완성된 지 얼마 안 된 경우에는 3분의 1정도, 완전히 숙성된 경우에는 2분의 1에서 3분의 2 정도로 빼내 마신 뒤, 용기의 빈 부분을 배양액으로 채워 준다. 이 방식에서는 일반적으로 콤부차의 완성 주기가 4~7일 정도 된다.

콤부차 에세이

콤부차의 완성 시간은?

" 산성도(pH)가 약 3.5 이하이면, 기술적으로 콤부차를 만들 수 있다. 이는 유해한 병원균으로부터 스스로를 보호할 수 있을 정도로 성숙되었다는 신호이다. 그러나 맛을 보지 않으면 제대로 진행되었는지 정확히 알 수 없다. 며칠이 지나면 pH는 적당할 수 있지만, 마시기에는 단맛이 너무 강할 수 있다. 콤부차가 완성되기까지는 7일, 10일, 25일, 또는 그 이상이 될 수도 있다. 자신의 취향에 맞는 맛과 향이 나올 때까지 수시로 확인한 수밖에 없다."

병에 담아 빼내고 채우기

일반 가정을 위한 선택지이자, 가장 인기 있는 방법이다. 유리병에 담긴 콤부차를 원하는 만큼 떠내고 그 양만큼 다시 위쪽에서 배양액을 채워 주는 방식이다. 공급량을 안정적으로 유지할 수 있고, 온가족이 충분히 마실 양을 가늠하기도 쉽다. 콤부차가 미숙성된 경우에는 전체의 3분의 1을 떠내면, 2~5일 내에 다음 회분을 준비할 수 있다. 완전히 숙성된 경우에는 전체의 3분의 2 정도를 빼내 마실 수 있으며, 다음 회분은 4~7일 이내에 가능하거나 환경에 따라서 더 빨라질 수도 있다.

병에 담고 기다리기

콤부차가 든 병에서 일정 기간 마실 만큼의 충분한 양을 다른 병에 옮겨 두면, 콤부차가 든 병에 배양액을 보충하지 않고 그대로 두어 다음 회분의 완성 주기를 늦출 수 있다. 적어도 콤부차가 든 병의 3분의 1이 액체로 가득 차 있는 한 스코비는 충분히 잠긴다. 그로 인해 박테리아와 효모는 휴식을 취하면서 다음 발효를 위한 준비 작업에 들어간다. 이때 스코비는 스코비 호텔에서와 마찬가지로 영양분을 공급받지 않고도, 수 주 또는 수개월 동안 숙성된 콤부차 속에서 생존할 수 있다.

마실 수 있는 콤부차의 공급량이 점차 줄어들면, 숙성된 콤부차의 병 상부에 배양액을 보충한다. 그러면 단 며칠 만에 다음 회분을 위한 준비가 완성된다. 한동안 기다리면서 맛을 수시로 본다. 만약 산성도가 너무도 강하여 배양액을 보충하였을 때 곧바로 신맛으로 바뀔 것이 우려된다면, 더 훌륭한 균형을 위해 처음 숙성된 콤부차를 빼내는 것도 한 방법이다. 이 방식은 콤부차를 그때그때 필요에 따라 만들어 마시는 불규칙한 경우에 적합하다.

스코비의 성장

스코비가 요동으로 인해 성장에 방해를 받을 때마다, 또는 맛을 보기 위해 용기 안에 손가락을 넣을 때마다 배양균은 증식을 잠시 멈춘 뒤 다시 증식하면서 스코비에 불연속적으로 새로운 층을 형성시킨다. 회분배양법에서 스코비의 성장을 방해하는 경우는 콤부차를 따라 낼 때이다. 연속배양법에서는 수도꼭지를 통해 콤부차를 따라 내기 때문에 배양액을 상부에 보충할 경우를 제외하고는 상부에 있는 스코비는 안정적인 상태이다.

연속배양법에서 상부에 배양액을 보충할 경우에는 스코비 상층부에 새롭게 형성된 층늘이 무분석으로 흩어지긴 하지만, 시간이 점차 지나면서 액체의 표면 위로 다시 떠오를 수 있다. 이때 스코비의 새로운 층은 오직 액체의 표면에서 산소에 노출되는 부분에서만 형성될 수 있다. 언뜻 스코비를 보면 시간이 지나도 변화가 없는 것처럼 보이지만, 연속배양법에서 여러 회에 걸쳐 배양액을 용기의 상부에 부으면 팬케이크와 같이 배양균에 얇은 층이 형성되거나 별도의 두꺼운 배양체를 형성할 수 있다. 스코비의 두께는 스푼으로 한쪽을 내리눌러 반대쪽이 액체 위로 솟아오르게 한 뒤 확인한다. 모세대의 스코비가 너무 두꺼워지면 발효 과정이 지연되기 때문에 그 전에 관리하는 것이 좋다.

연속배양법의 관리

연속배양법에서 '관리'는 스코비를 자르고, 콤부차를 이 용기에서 저 용기로 옮겨 담고, 발효 용기를 세척

하여 연속배양을 다시 시작하는 일이다. 관리에 들어가는 시기는 콤부차의 맛에 의해 주로 결정된다. 완성된 콤부차의 맛이 너무 빨리 신맛이 나거나 콤부차에서 효모의 양이 과다하면 관리가 필요한 시점이다. 연속배양법에서는 한 해에 기본적으로 1~2회 정도 관리에 들어가지만, 사람에 따라서 관리를 해 주는 횟수가 더 많거나, 아니면 몇 년에 단 한 번으로 끝내는 경우도 있다.

처음에는 스코비의 크기에 위압감을 느낄 수도 있지만, 그 전 과정은 예상보다 쉬워서 불과 30분 이내에 끝날 것이다.

스코비의 손질 방법

스코비를 잘라서 손질하려면 먼저 톱니 칼과 가위, 큰 그릇 또는 스코비가 흘러내리지 않도록 하기 위해 파라핀 종이나 비닐 랩으로 가장자리를 둘러싼 쿠키판이 필요할 것이다. 물기를 닦아 낼 깨끗한 행주도 준비해 둔다. 손질에 나서기에 앞서 전반적인 지침을 확실히 익혀 두어야 한다.

마지막으로 관리한 시점부터 시간이 오래되었을수록 스코비는 무거워서 다루기가 더 어려울 수 있다. 양손으로 용기 내에서 스코비를 들어 올려 잠시 동안 액체가 완전히 빠져 나오도록 한 뒤 큰 그릇이나 쿠키 시트로 옮긴다.

최상의 결과를 얻기 위해 스코비는 앞으로 담을 용기 지름의 4분의 3 정도까지 크기를 줄이고, 두께도 2분의 1인치 이하로 줄인다. 또는 스코비를 잘게 잘라서 조각으로 만든 뒤에 연속배양법에 나설 수도 있다. 스코비는 콤부차를 만드는 데 영향을 주지 않으면, 항상 상단 부위에서 새롭게 형성된다.

스코비 하단부의 가장 오래된 층을 손으로 떼어내거나 칼로 얇게 저며 내 분리한다. 이때 유의해야 할 점은 스코비에 함유된 티의 타닌 성분이 장시간 공기 중에 노출되면 색상이 더 어두워지고, 껍질도 쉽게 벗겨지거나 찢어질 수 있다는 사실이다. 그리고 가장자

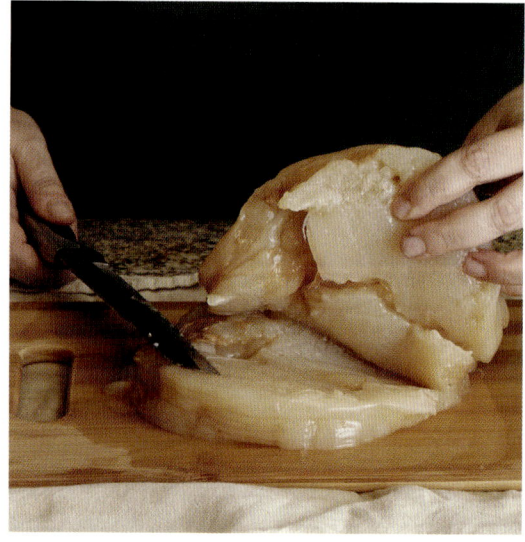

한 손으로 스코비를 내리눌러 단단히 고정한 뒤 톱니 칼로 자른다.

리의 젤라틴 부위를 톱니 칼로 잘라서 손질한 뒤 단단하면서도 하얀색이나 황갈색을 띠는 건강한 스코비만 남긴다.

그럼 다음에 톱니 칼로 스코비를 잘라서 본격적으로 손질한다. 한 손으로 스코비 상단을 내리눌러 단단히 고정시킨 뒤 롤빵처럼 두꺼운 스코비를 가로로 저며서 분리한다. 또는 피자를 자르듯이 전체를 이등분 또는 사등분해서 자르거나 중앙 부위만 잘라 낸다. 다 잘라 냈으면 손질이 끝난 스코비를 앞으로 새로 배양할 용기에 넣는다. 이때 여분의 스코비 조각을 따로 준비하여 스코비 호텔에 저장 및 보관한 뒤, 나중에 실험용으로 사용하거나 선물로 나눠 주면 된다.

새로운 시작을 위한 액종

연속배양법을 새로 시작할 경우에 액종으로 사용할 숙성된 콤부차 액을 5컵 이상 준비한다. 액종의 양이 많을수록 다음 회분의 발효 속도도 빨라진다. 성숙한 콤부차 액의 절반 또는 그 이상을 사용해도 좋다. 콤부차 액이 너무 탁하면 스트레이너, 체, 치즈클로스 등으로 걸러 내 효모의 양을 줄인다. 그 뒤 큰 그릇에 담아 둔 손질된 스코비 위에 액종을 붓고 수건으로 덮어 둔다.

용기에서 남은 콤부차 액은 따로 병에 담아 두거나 스코비 호텔 또는 다른 목적으로 사용할 용기에 넣어 보관한다(제17장 참조). 아니면 배수구에 쏟아서 버린다.

용기와 수도꼭지의 세척

용기를 완전히 비웠다면, 이제는 세척할 준비가 된 것이다. 지금부터는 용기 내벽에 과도하게 낀 효모와 수도꼭지에 낀 이물질을 완전히 제거한다. 그 뒤 뜨거운 물로 용기 안에 남아 있는 스코비의 잔여물을 완전히 씻어 낸다. 구석진 곳을 세척할 경우에는 이쑤시개 등과 비슷한 도구도 사용할 수 있다.

뜨거운 물로 용기를 완전히 세척하였으면 저온 살균된 식초나 콤부차 식초로 코팅한다. 수도꼭지를 새것으로 교체하고 액체가 이음새로 새지 않는지 검사한다.

마지막으로 스코비와 액종을 용기에 넣고, 연속 배양법의 지침에 따라 새로운 작업을 시작한다.

막힌 수도꼭지 뚫기

수도꼭지가 막히는 일은 매우 흔한 일이지만, 막상 막히면 아주 짜증스럽다. 스코비는 매우 다양한 기능을 하는데, 그중 하나가 바로 수분이 증발할 수 있는 빈 공간을 모두 채워서 봉인하는 것이다. 그 과정에서 작은 덩어리로 생겨난 스코비가 수도꼭지를 막아 버릴 수 있다. 정기적인 관리 작업을 통해 수도꼭지를 용기에서 분리하면 스코비 덩어리를 쉽게 제거할 수 있다. 그러나 용기에서 수도꼭지를 분리하지 않으면, 스코비를 제거하기가 상당히 어려울 수 있다. 여기서는 그러한 문제를 해결하기 위한 몇 가지의 방법들에 대하여 소개한다.

중력 사용 가끔 수도꼭지를 열어 중력이 작용하도록 둔다. 수도꼭지 바로 아래에 그릇이나 병을 두고 수도꼭지를 연다. 수도꼭지를 5분 정도 열어 놓아도 스코비 덩어리가 아래로 떨어지지 않으면 다른 방법을 사용한다.

입으로 불기 수도꼭지 내부에 스코비 덩어리가 뭉쳐 있으면 그 내부에 입으로 공기를 불어넣어 빼낼 수 있다. 빠르고 강하게 입으로 분 뒤 즉시 피해야 한다. 그렇지 않으면 얼굴에 콤부차가 묻을 수 있다!

용기 내부 확인 용기 내의 액체가 수도꼭지로 흘러갈 때 스코비나 증식 중인 효모가 통로를 가로막을 수 있다. 이러한 현상은 용기 내에 든 액체의 높이가 낮거나 스코비가 두꺼울 경우에 발생한다. 손을 세척한 뒤 용기 내에 넣어서 그 통로를 확보한다.

뚫기 파이프 청소 도구, 이쑤시개, 곧게 펴진 클립 등의 뚫는 도구를 준비한다. 현재 사용하지 않는 마스카라 브러시도 수도꼭지를 뚫는 데 좋은 도구이다. 수도꼭지 아래에 큰 그릇이나 병을 놓아두고 수도꼭지를 연 뒤 앞서 제시한 도구들을 삽입한다. 물고기를 낚듯이 수도꼭지를 막고 있는 모든 이물질들을 파낸다. 이 작업은 과감하게 진행해야 한다. 단번에 끝나지 않고 여러 번에 걸쳐 작업을 반복해야 끝날 수도 있다. 일단 수도꼭지가 완전히 뚫리면 그때부터 액체는 거침없이 흘러나온다.

위의 방법들을 사용하여도 수도꼭지가 뚫리지 않으면 용기로부터 수도꼭지를 분리해 손으로 직접 청소해야 한다. 콤부차가 든 용기 안을 모두 비우고 수도꼭지를 분리한 다음에 뜨거운 물줄기 아래에 두면서 효모와 스코비를 씻겨 낸다. 이때 이쑤시개와 같은 도구를 사용하여 잔여 스코비를 완전히 제거한다.

연속배양법의 휴면기

콤부차를 만드는 사람이 의도했든지, 의도하지 않았든지 간에 휴식을 취하는 동안에도 연속배양에서는 콤부차의 배양균과 낮은 산도의 배양액이 유지된다. 이로 인해 콤부차를 언제든지 다시 쉽게 만들 수 있다. 최대 6개월까지 휴면기에 들어가도 전혀 문제될 것이 없다.

배양균이 잠길 정도로 콤부차 원액이 용기에 충분히 담겨 있으면 언제든지 연속배양법으로 콤부차를 다시 만들 수 있다. 용기 내의 콤부차 액체의 높이가 낮으면 배양액을 보충하면 된다.

콤부차를 다시 연속배양할 때면, 용기 내부의 스코비와 숙성된 콤부차의 상태에 따라 처리해야 할 과정이 결정된다. 용기의 4분의 3 이상으로 가득 차 있으면, 절반 또는 절반보다 약간 적도록 빼낸 뒤 배양액

연속배양법을 위해 알아 두면 좋은 정보들!

여기서는 연속배양법으로 콤부차를 만들고 있는 상황에서 여행을 떠나야 할 경우에 알아 두면 좋은 정보들을 소개한다!

콤부차가 용기에 가득 찬 경우
- 그대로 둔 채 여행을 떠난 뒤 돌아오자마자 콤부차를 빼내 옮겨 담는다. 그 뒤 용기에 배양액을 보충한다. 며칠 뒤 콤부차를 다시 병에 옮겨 담는다.
- 용기의 콤부차를 1/2~1/3만 남겨 두고 나머지는 병에 옮겨 담는다. 여행을 다녀온 뒤 배양액을 보충하고 며칠 뒤에 콤부차를 다시 병에 옮겨 담는다.
- 병에 콤부차를 모두 옮겨 담고 곧바로 배양액을 보충한다. 여행을 다녀온 뒤 콤부차의 맛을 본다.

콤부차가 용기에 거의 없는 경우
- 그대로 둔 채로 여행을 떠난 뒤 돌아오자마자 배양액을 보충한다. 며칠 뒤 콤부차를 병에 옮겨 담는다.
- 여행을 떠나기 전에 배양액을 보충하고 발효를 진행시킨다. 여행 기간에 따라서 마실 수 있는 콤부차가 될 수도 있고, 콤부차 식초가 될 수도 있다.

을 보충한다. 그리고 며칠 뒤 콤부차의 맛을 확인한다. 용기에 숙성된 콤부차의 양이 너무 적거나 신맛이 매우 강하거나 효모의 양이 지나치게 많으면, 콤부차를 만드는 방법도 변경해야 한다.

한편 휴면기가 6개월 이상이 될 경우에는 스코비 호텔에 저장하는 것이 좋다. 이때는 스코비 호텔에 여분의 배양액을 충분히 보충하여 오래 유지할 수 있도록 한다.

배럴을 사용한 연속배양법

콤부차를 목재 용기에서 발효시키면 매우 독특한 향미를 낼 수 있는 장점이 있지만, 또한 독특한 위험성도 함께 존재한다. 목재는 고대로부터 사용한 오래된 식기 재료이며, 오늘날에도 매우 다양한 전통 발효 및 양조 과정에서 많이 사용되고 있다. 목재 배럴은 다공성으로 인해 곡물 내에 서식하는 박테리아와 효모에 안전한 보금자리를 제공한다는 점에서 유일하게 '살아 있는' 용기이다. 배럴 발효는 약간의 더 많은 인내를 요하지만, 결과적으로는 '오크 특유의 향'과 '부드러운 맛'을 내기 때문에 그만한 가치가 있다.

목재 배럴의 밀폐

배럴에는 매우 다양한 종류들이 있기 때문에 완전히 밀봉하기 전까지는 매우 주의를 기울여야 한다. 콤부차를 오염시킬 수 있는 화학 접착제나 밀폐재가 사용된 모델은 피한다.

밀폐재가 사용되지 않은 목재 배럴은 충분히 물에 적셔 통판桶板, stave이 부풀어 오르도록 해야 한다. 목재가 부풀어서 팽창하면 금속 밴드가 꽉 조이면서 단단히 밀폐된다. 배럴을 한 번 밀폐하면 계속 젖은 상태로 유지해야 한다. 그렇지 않으면 수축되면서 밀폐도가 떨어져 내용물이 샐 수 있다. 이와 같은 이유로 목재 배럴은 총 용적의 4분의 3 이상을 항상 액체로 채워 두어야 한다.

먼저 따뜻한 물을 넣어 목재 배럴을 절반가량 채운다. 배럴의 용적 1갤런당 아황산정제Campden tablet(와인, 맥주 등 양조업에서 멸균에 사용되는 정제) 한 알을 가루로 빻아 넣는다. 예를 들면, 배럴의 용적이 2.5갤런인 경우에는 두세 알, 5갤런인 경우에는 다섯 알을 넣는다. 그리고 배럴의 잔여 공간을 물로 가득 채운 뒤 24시간 동안 가만히 둔다. 통판이 완전히 부풀지 않았을 경우에는 이 단계에서 물의 일부가 통판 사이로 새어 나올 수 있다. 또한 약간의 탄화 물질이 외부로 새어 나오면서 노화된 것으로 보일 수도 있다. 이 단계에서 배럴이 완전히 밀폐되지 않아도 상관없다. 첫 1주일에 동안 배럴에서는 계속해서 밀폐 과정

이 이루어진다.

24시간이 지나면 배럴을 비운 뒤 깨끗하면서도 뜨거운 물로 세 번 정도 세척하여 아황산정제와 잔여 탄화 물질들을 모두 제거한다. 그리고 산도(pH)를 빨리 낮추는 것이 매우 중요하며, 이를 위해 1갤런당 스코비 큰 것(5온스) 1개와 강한 액종 1컵을 넣고 곧바로 연속배양에 들어가는 것이 좋다. 콤부차를 발효시키는 과정에서 배럴 상단의 통판이 약간 움직일 수 있다. 이는 목재가 완전히 적셔질 때까지 내용물이 새는 것과 마찬가지로 지극히 정상적인 현상이다.

목재 배럴의 누수 관리법

목재가 약간씩 변형되면서 배럴에서 누수 현상이 일어나는 것은 일반적인 일이다. 특히 계절이 바뀔 때마다 이와 같은 누수 현상은 발생한다. 그런데 보통은 목재가 계속적으로 팽창하면서 종국적으로는 누수 현상이 사라진다. 누수 현상이 계속되면 누수 부위에 배럴용 왁스나 밀랍을 바르면 된다.

누수 현상이 5일 이상 계속 지속되거나 배럴의 외부가 심하게 젖으면 배럴에 구조적인 문제가 있을 수 있다. 목재 배럴은 썩지만 않으면 사용하기에 매우 안전하다. 그리고 자체적으로 팽창하거나 수축할 수도 있다. 누수 면적이 많아 내용물이 많이 소실되면 배럴을 수리하거나 교체해야 한다.

목재 배럴의 곰팡이 제거법

목재는 다공성 재질로서 곰팡이의 포자가 존재하기 때문에 곰팡이가 스는 현상은 다른 용기보다 배럴에서 발생 빈도가 더 높다. 신뢰도가 높은 업체로부터 목재 배럴을 구입하면 위험도가 낮지만, 환경에 따라서 외부로부터 오염이 발생할 수도 있다.

배럴에 곰팡이가 슬었으면, 그 속의 내용물을 모두 비우고 깨끗하고 부드러운 솔로 내벽을 문질러 효모나 그 밖의 이물질을 제거한 뒤 뜨거운 물로 세척한다. 이어 뜨거운 물로 배럴을 절반 정도 채운 뒤 증류식초 2컵, (배럴의 갤런 용량당) 아황산정제 1알을 넣는다. 마지막으로 뜨거운 물로 배럴을 완전히 채운다. 그리고 배럴을 24시간 동안 완전히 적신 상태로 두면서 오염 물질을 완전히 제거한다.

배럴을 완전히 적시는 작업이 끝나면 뜨거운 물로 3회 정도 세척한 뒤 모든 흔적을 제거한다. 그 뒤 평소보다 더 건강한 스코비와 액종 2컵 이상을 넣은 뒤 곧바로 콤부차의 발효에 들어간다. 이때 액종의 양은 많을수록 좋다.

배럴 내에서 스코비를 떼어 내는 방법

목재 배럴에서 콤부차를 발효시키면 스코비에 있던 박테리아와 효모가 내벽인 다공질의 목재로 이동한다. 이때 박테리아 셀룰로오스의 실같이 가는 돌기 중 일부가 목재의 틈새로 들어가면서 배럴의 측면을 밀폐시킨다. 그런데 수도꼭지로 콤부차를 빼내면 스코비는 배럴의 내벽에 부착된 셀룰로오스의 가는 돌기로 인해 고정되면서, 결과적으로 콤부차 액과의 접촉을 상실할 수 있다.

이는 지극히 정상적인 현상으로서 쉽게 해결할 수 있다. 손가락이나 나무숟가락을 사용해 스코비를 부

콤부차 에세이

향미와 알코올의 향연

"독특한 향미와 높은 알코올 도수의 콤부차를 만들고 싶은 사람들도 있을 것이다. 와인이나 위스키 산업에서처럼 목재 배럴을 용기로 사용하면, 자신이 원하는 하이브리드 콤부차를 충분히 만들 수 있다."

드럽게 밀어내 콤부차 액체와 다시 접촉시키면 된다. 셀룰로오스의 실 같은 돌기가 배럴 내벽에서 떨어지면 스코비는 부유하거나 바닥으로 가라앉을 수 있다. 배럴의 상부에서 새로운 스코비들이 층을 형성하는 것과 마찬가지로, 이 또한 매우 정상적인 현상이다.

배럴의 보관 관리

배럴을 사용하지 않을 경우에는 몇 가지의 관리 작업이 필요하다. 조만간 콤부차를 다시 만들 계획인 경우에는 스코비와 콤부차 액을 넣고 그 위로 배양액을 부어 배럴 용적의 4분의 3 정도까지 채워 유지하는 것이 좋다. 그리고 콤부차를 만들기 시작할 때는 신맛이 나는 것들만 들어내어 배럴을 완전히 비운 뒤 한 회분을 준비한다.

창고에 배럴을 보관할 경우에는 물을 채워서는 안 된다. 콤부차 만들고 난 뒤의 배럴은 내부를 비워 두어도 스코비가 자라는 것을 목격할 수 있다. 이는 박테리아와 효모가 목재의 다공층에 거주하면서 오크나무로부터 타닌의 영양 성분을 흡수하여 스코비가 생성되는 것이다. 따라서 배럴을 장기간 보관할 경우에는 내부를 완전히 비워 두어야 하고, 나중에 콤부차를 만들기 직전에는 반드시 철저하게 세척해야 한다.

목재 배럴은 완전히 건조시켜 보관할 수도 있다. 이러한 경우에는 목재가 수축하면서 통판과 테두리의 대(후프라고도 한다)가 변형될 수 있는데, 이때는 통판과 후프의 위치를 변경해야 한다. 앞서 설명한 대로, 목재 배럴을 완전히 밀폐시키기 위해서는 물에 흠뻑 적셔야 한다. 콤부차를 목재 배럴에 넣어 만들 경우에는 처음부터 지침에 따라 시작하는 것이 가장 바람직하다.

CHAPTER 8

콤부차의 병입 과정

조절(컨디셔닝), 여과, 가향

발효 용기에서 곧바로 꺼낸 콤부차는 특히 얼음을 넣어 마시면 맛이 훌륭하다. 콤부차의 향미가 자신에게 맞을 때 그 향미를 지속적으로 유지하려면 병에 담아서 냉장고에 보관하면 된다. 발효 전문가인 샌도 카츠는 그런 의미에서 냉장고를 일명 '발효-둔화 장치'라고 불렀다. 병에 보관하면 새로운 회분을 계속해서 만들 수 있기 때문에 콤부차를 지속적으로 공급할 수 있다. 물론 1갤런들이 단지나 연속배양 용기보다는 병에 담아 운송하기가 훨씬 더 쉽다.

콤부차를 병에 담는, 즉 병입 과정도 역시나 재미있다. 향신료를 자유롭게 첨가할 수 있을 뿐만 아니라 탄산가스의 함유량도 높일 수 있기 때문이다. 콤부차의 숨은 초강력 효용 중 하나는 어떤 향미와도 잘 어울린다는 것이다. 짭짜름한 맛이나 달달한 맛에도 모두 잘 어울린다. 블렌딩의 가능성은 거의 무한하다. 과일, 채소, 버섯, 허브, 뿌리 등 상상할 수 있는 모든 식재료들을 첨가할 수 있다. 더 나아가서는 상상력으로 떠올릴 수 있는 거의 모든 것들도 첨가할 수 있다. 베이컨 콤부차? 안 될 것도 없다! 영양소, 미네랄, 항산화 물질 등의 향신료에 든 유효 성분들은 콤부차에 녹아들면서 몸에 흡수되기 쉬운 형태로 분해된다.

병 속의 가향 콤부차

콤부차에 향미를 가하는 작업은 아마도 가장 창조적인 작업일 것이다. 이는 콤부차를 만드는 사람들이 가장 흥미로워 하는 부분이다. 일반적으로는 콤부차에 신선한 과일과 생강이나 식물성 허브를 첨가하여 향미를 더한다. 양질의 과일이 부족할 경우에는 건과일, 잼, 주스를 사용하기만 해도 훌륭한 과일 향미를 낼 수 있다. 고품질의 말린 허브와 향신료는 항상 사용할 수 있다. 향신료 중에서도 약간 독창적인 것으로는 약초 달인 물, 꽃차(티젠), 시럽 등이 있다. 이로부터 사람들은 콤부차를 마시면서 단맛에서부터 톡 쏘는 맛, 매운맛, 짭짜름한 맛까지 매우 다양하면서도 폭넓게 향미를 즐길 수 있다!

착향료(대부분 설탕을 가한 향신료)를 첨가하면 잠재해 있던 효모가 다시 깨어나 2차 발효가 일어나면서 향미적 요소를 변화시키고 탄산가스의 생성 작용을 촉진시킨다. 자신이 좋아하는 향미의 균형을 찾기 위해 다양한 재료들로 실험에 나서 보길 바란다.

만약 콤부차를 마셔 보고 그 맛이 너무 시큼하고 자극적이면, 마늘이나 향신료를 첨가해 맛있고 건강에도 좋은 콤부차 식초를 만들어서 양념장, 샐러드드레싱, 각종 요리의 재료로 활용한다.

콤부차 에세이

맞춤형 향미

"콤부차가 단맛이 강해 마시기에는 좀 어려운 경우에는 병입하여 상온에서 3~7일간 보관한다. 그러면 향미와 탄산가스의 함유량을 최대한으로 끌어올릴 수 있다. 추운 계절에는 병을 냉장고에 보관할 필요가 없다. 일부 사람들은 콤부차를 병 속에 오래 두면 향미가 더욱더 좋아진다고 한다. 무엇보다도 중요한 것은 자신의 입맛에 맞는 가장 좋은 '병 컨디셔닝 bottle conditioning'(맥주나 와인에서 탄산가스를 생성시키는 일)의 주기를 발견하기 위해 서로 다른 요소들 간의 균형을 찾는 것이다."

콤부차의 병입 과정

콤부차를 병입하는 과정은 매우 간단하다. 그 과정은 다음과 같다.

1. 가향 재료를 가하는 경우에는 가향 재료를 먼저 병에 넣는다.

2. 발효된 콤부차를 조심스럽게 병에 넣고 뚜껑을 닫는다. 최대한의 양으로 병입하기 위해 거의 끝까지 채운다. 콤부차를 회분배양법으로 만든 경우에는 회분배양의 용기에서 콤부차가 다른 곳으로 쏟아지는 것을 막기 위해 깔때기를 사용하는 것이 좋다. 연속배양법으로 만든 경우에는 수도꼭지를 열어 콤부차를 곧바로 병입하면 된다. 이때 콤부차가 병에서 넘치지 않도록 유의한다. 나머지 콤부차도 반복하여 다른 병에 담는다.

3. 원한다면 1~4일, 또는 그 이상의 기간 동안에 상온에 두어 탄산가스의 생성량을 높여서 향미를 더 깊게 만들 수 있다. 자신의 입맛에 맞는 향미와 탄산가스의 함유량에 이르면 냉장고에 넣어 보관한다.

4. 즐겁게 마신다!

병 컨디셔닝

병 컨디셔닝은 탄산가스를 생성시키거나 그와 관련된 제반 작업을 뜻한다. 따라서 병 컨디셔닝은 이름 그대로 병 속에서 콤부차의 발효가 지속적으로 일어난다는 것을 의미한다. 콤부차를 병입하는 경우에 설탕(프라이밍 슈거, 허브 시럽, 과일의 일부이든 상관없다)을 함께 가하면, 효모가 다시 깨어나 2차 발효를 시작해 탄산가스의 함유량이 더 늘어난다. 그런데 콤부차는 병 속에 갇혀 있으면서 혐기성 환경에 노출되어 있는 상황이고, 따라서 기체가 배출되지 못하고 콤부차에 갇혀 탄산가스의 함유량을 더욱더 높이는 것이다.

설탕과 다른 가향재료를 넣지 않아도 콤부차의 발효는 병 속에서 계속 진행된다. 이와 같이 발효가 지속되면 시간이 지나면서 콤부차의 향미와 균형이 변화하기 때문에 마실 병에 옮겨 담는 시기를 반드시 고려해야 한다.

콤부차를 마실 병에 다 옮겨 담았으면, 상온에서 1~4일간 그대로 놓아둔다. 만약 발효 용기에서 콤부차를 마실 병에 옮길 때 이미 향미와 균형이 훌륭하다면 곧바로 병입하여 냉장 보관하면서 발효 과정을 최대한 늦춘다. 일반 가정에서 콤부차를 능숙하게 만들 수 있는 사람들은 가향재료와 설탕을 콤부차와 함께 병입하여 2차 발효를 촉진시켜 보길 바란다.

주의 : 압력으로 봉인된 내용물들!

콤부차가 든 병의 뚜껑을 갑자기 열면 간혹 거품이 화산처럼 분출한다! 한편으로는 재미있는 일이지만, 또 한편으로는 훌륭한 향미의 콤부차를 지저분하게 낭비하는 일이다. 콤부차를 넣어 상온에서 보관한 병을 약 30분 정도 냉장고에 넣어 두면, 효모의 활동이 둔화되면서 거품이 분출될 가능성도 줄어든다.

탄산가스가 과도하게 녹아 있는 콤부차의 병을 안전하게 개봉하는 또 하나의 방법은 큰 그릇 안에 병을 놓아두고 비닐로 뚜껑 부위를 덧씌우는 것이다. 이때 비닐을 꽉 쥐고 뚜껑을 연다. 콤부차가 흘러넘쳐서 그릇 안으로 쏟아지면 유리잔에 다시 옮겨 담으면 된다.

이러한 상황을 미연에 방지하려면 콤부차에 가향재료의 사용을 줄이거나 병입하기 전에 효모를 걸러 내야 한다. 거품이 흘러내리면 불편할 뿐만 아니라, 압력이 높을 경우에는 병이 폭발할 수도 있기 때문에 카보네이션의 과정은 주의해서 진행해야 한다. 콤부차가 든 병을 상온의 실내에서 보관하여도 좋지만, 폭발이나 거품이 흘러내릴 것이 염려스러우면 상자나 냉장고에 넣어서 보관한다.

또 2차 발효 과정에서 병의 뚜껑을 서서히 돌리면서 열어 탄산가스가 약간 새어 나가도록 한 뒤 다시 뚜껑을 강하게 조여 닫아 주면, 폭발의 위험을 크게 줄일 수 있다. 병 내의 압력이 너무 높거나 유리가 깨질 위험이 있는 경우에는 병 윗부분을 수건으로 덧씌워 작업하면 손가락에 가해지는 충격을 완화할 수 있다. 병 내에 탄산가스가 많으면 압력도 높다. 그러나 뚜껑을 과도하게 열면 탄산가스가 모두 날아가 거품이 전혀 생기지 않는다. 따라서 콤부차 전문가들은 특정한 조건에서 탄산가스의 양을 얼마나 유지해야 할지에 대하여 최고의 판단력을 동원한다.

여과 및 정제

콤부차는 발효시킨 뒤 여과나 정제fining의 작업을 거친다. 여기서 여과는 콤부차 내에 과도하게 들어 있는 미립자들을 여과기를 통해 물리적으로 걸러 내는 작업을, 정제는 탁한 발효 음료를 맑고 투명하게 만드는 '청징법'을 뜻한다. 투명하면서도 부드러운 향을 원하면 정제를 거치는 것이 더 유리하다. 이러한 작업과 관련해 일부 사람들은 시각적으로 별로 좋아 보이지 않는 효모나 박테리아의 줄기 가닥들을 병 속에서 제거하기 위해 진행하지만, 또 다른 사람들은 탄산가스의 함유량을 줄이거나 알코올 도수를 낮추기 위해 진행한다.

콤부차를 병입할 때 효모의 양이 지나치게 많으면 여과의 방법을 택하는 것이 현명하다. 그러나 과도하게 효모를 제거해도 문제가 될 수 있다. 왜냐하면 병입된 콤부차 내의 발효 작용이 둔화되면서 탄산가스도 생기지 않아 향미가 밋밋해질 수 있기 때문이다.

오늘날 사람들은 비타민 B가 풍부히 들어 있는 효모를 많이 섭취하고 있다. 맥주를 떠올리면 된다. 이러한 이유로 콤부차를 최대한 '살아 있는 음료'로 만들기 위해 효모를 여과하지 않는 사람들도 꽤 있다. 그럼에도 불구하고 발효 용기의 바닥에 가라앉은 갈색의 침전물은 여과하는 것이 좋다. 이는 병입하거나 마실 경우에도 마찬가지이다. 여기서는 콤부차와 같은 발효 음료 속의 미립자들을 걸러 내는 대표적인 방법 두 가지를 소개한다.

물리적인 여과

치즈클로스는 발효 용기를 덮는 데 사용해서는 절대로 안 되는 용품이다. 초파리의 유충들이 유입될 수 있기 때문이다. 그러나 여과기로서는 체나 스트레이너와 겸용할 경우에 매우 훌륭한 용품이 될 수 있다. 그리고 거름망이 내장된 깔때기를 사용해도 좋다. 걸러 낸 효모는 퇴비로 사용하거나 '콤부차 사워도kombucha sourdough'의 액종으로 사용하면 된다.

정제(파이닝)

일부 사람들은 여과기를 사용해 눈에 보이는 효모만 간단히 걸러 내는 것을 선호한다. 그러나 정제제를 사용하여 맑고 투명한 음료로 만들기를 선호하는 사람

우글리스ooglies : 후세대의 작은 스코비들

콤부차는 산소가 없는 환경에서도 계속 발효된다. 병입하여 냉장고에 보관하여도 배양균의 성장이 둔화될 뿐 완전히 중단되는 것은 아니다. 이것이 바로 콤부차가 '기적의 음료'인 이유이다. 콤부차는 항상 더욱더 많은 스코비들을 만들고 있다! 이렇게 새로 생긴 작은 스코비들의 군집체를 비공식적으로는 '우글리스ooglies'라고 한다.

경우에 따라서는 콤부차를 스트레이너에 통과시켜 작은 스코비들, 즉 우글리스를 걸러 내어 단순히 찌꺼기로서 배수구에 버리거나 퇴비 더미에 버릴 수도 있다. 그러나 수많은 사람들은 그 배양체가 농축도가 가장 높아 건강에도 매우 좋은 산의 성분이라고 주장한다. 용감한 사람만이 우글리스를 삼킬 것이다. 우글리스는 오이스터 슈터oyster shooter와 같은 방식으로 섭취하면 된다. 목 뒤로 단번에 꿀꺽 삼키는 것이다.

들도 있다. 정제는 이름에서도 알 수 있듯이, 떫은맛이나 쓴맛이 나는 미립자들을 걸러 내 향미를 부드럽게 만드는 작업이다. 이는 단순히 여과만으로는 달성할 수 없는 맑고 투명한 음료를 사람들에게 선사한다.

정제제는 일반적으로 와인을 정화하거나 발효 용액에서 침전물을 제거하는 데 사용된다. 정제제 중 젤라틴과 같은 물질은 용액 속의 부유하는 수많은 고형물질들과 마찬가지로 양전하와 음전하를 지닌다. 용액에 젤라틴을 넣으면 서로 반대 전하를 띠는 양이온과 음이온의 물질들이 끌어당겨 결합하면서 미립자의 질량이 증가해, 결국에는 용기의 바닥으로 침전한다. 벤토나이트 점토^{bentonite clay}와 같은 또 다른 정제제들은 미립자들을 끌어당기기보다는 흡수를 통해 가라앉으면서 바닥에 침전된다.

혈분^{powdered blood}에서부터 아이싱글라스^{isinglass}(물고기 부레에서 콜라겐만 추출하여 정제한 것)에 이르기까지 온갖 이상한 물질들이 정제제로 사용되지만, 여기서는 가장 일반적인 두 가지만 소개한다.

벤토나이트 점토

화산재로 형성된 벤토나이트 점토는 흡수력과 전하의 성질을 이용하여 정제제로 사용된다. 이 정제제는 흡수력이 매우 강하여 본래 크기의 20배까지 팽창할 수 있다. 음전하를 지녀 양전하의 입자들을 끌어당기면서 결합하여 무게가 무거워지면 병 바닥으로 침전된다. 미네랄 성분들이 풍부하여 산도(pH)를 약간 높이는 결과로 콤부차의 신맛을 감소시킨다.

콤부차에 사용할 경우에는 먼저 물 2컵에 벤토나이트 점토 1테이블스푼을 넣은 뒤 격렬하게 휘저어 준다. 그 뒤에는 혼합물 내의 미립자들이 완전히 수화될 때까지 1시간 정도 기다린다. 수화가 끝나서 사용할 준비가 되면, 콤부차 1갤런당 점토 슬러리^{clay slurry} 1~2테이블스푼을 더 넣는다. 정제제를 너무 많이 사용하면 콤부차의 향미를 제거해 버리기 때문에 과도한 양으로 사용하면 안 된다. 그리고 콤부차를 며칠 동안 냉장고에 넣고 보관하면서 정제 과정을 마친다. 마지막으로 촘촘한 직조의 치즈클로스나 미세한 망의 스트레이너로 고밀도의 미립자들을 걸러 낸다.

젤라틴

젤라틴^{gelatin}은 동물의 조직과 뼈에서 콜라겐을 추출해 만든 유도 단백질이다. 양전하를 띠고 있어 타닌 성분을 줄이는 데 도움을 주면서, 결과적으로 떫은맛도 감소시킨다. 그리고 콤부차의 색상도 밝고 투명하게 만들어 준다. 시간을 약간 들여서라도 조금씩(콤부차 1갤런당 1티스푼) 사용하면서 정제를 시작한다. 정제가 완전히 끝나면 보통 48시간 이내에 콤부차를 스트레이너에 통과시켜 대량의 미립자들을 걸러 낸다.

CHAPTER 9

콤부차의 고급 기술들

가향, 배양, 그리고 카보네이션

콤부차에 관한 기본적인 사항들을 익히고 나면, 이제는 매우 다양한 방법으로 콤부차를 만들어 볼 수 있다. 콤부차를 병입하기 전에 첫 발효 단계에서 가향재료를 첨가하거나, 티 이외의 재료로 배양액을 만들어 사용하거나, 설탕 대신에 과일 퓌레로 발효를 진행하거나, '프라이밍*priming' 병에서 설탕이나 그 밖의 다른 재료들로 카보네이션을 촉진하거나 등등 그 응용 가능성은 무궁무진하다.

* 프라이밍priming : 숙성된 음료(1차 발효액)에 설탕(당)을 더해 효모의 작용으로 2차 발효를 일으켜 탄산가스를 생성시키는 작업.

상호 오염을 방지하기 위해 실험용의 스코비는 스코비 호텔에 있는 다른 스코비들과 따로 분리시켜 놓는 것이 좋다. 연속배양법의 과정에서는 스코비의 성장 상태를 지켜보면서 실험을 계속 진행할지의 여부를 결정해야 한다. 스코비의 성장이 매우 느리거나 효모가 지나치게 증식하면 실험은 실패하였다고 보아야 한다. 그러고 나서 또다시 자체 유지를 위해 특별한 배양 방식을 필요로 하지 않는, 스코비를 여분으로 충분히 보유하고 있는 경우가 있다. 어떤 경우에는 콤부차를 발효시킬 때 커피나 고농도의 휘발성 오일이 함유된 허브 재료를 배양액으로 사용하여 스코비의 상태가 저하될 수도 있다. 이런 경우에는 스코비를 한두 차례 그냥 사용한 뒤 폐기하면 된다. 기본적인 규칙을 익혔으면, 지금부터는 그 규칙들을 깨는 재미있는 방법들에 대하여 알아본다.

콤부차 전설
의사 콤부는 실존 인물인가?

콤부차의 기원에 관해 가장 유명한 전설은 진시황의 '불로초' 이야기일 것이다. 그 다음으로 유명한 전설은 아마 '콤부차의 이름'에 관한 이야기일 것이다. 일본의 역사서인 『일본서기(日本書紀)』에서는 『고사기(古事記)』의 기록을 인용해, 한국의 고대 왕국인 신라에서 사신으로 일본으로 건너갔던 콤부에 대해 소개하고 있다. 제19대 천황인 인교천황(允恭天皇, 376?~453)이 413년에 즉위한 뒤 병약하여 자리에 드러누웠는데, 414년 신라국의 사신 김파진한기무(金波鎭漢紀武, 파진찬 신분의 김무라는 뜻)가 인교천황의 질병을 치료하였다는 것이다. 이때가 신라 실성마립간(實聖麻立干, ?~417) 재위 13년이었다. 그런데 김무(金武)의 당시 일본식 발음이 '콤부[kombu]'였고, 따라서 콤부차의 이름이 여기서 유래되었다는 설이다. 물론 『고사기(古事記)』에는 김무가 인교천황을 치료한 구체적인 의술과 오늘날의 콤부차에 대한 기록은 없다.

● 편집자 부연 : 콤부차 이름에 대해서는 전 세계 콤부차 애호가들이 그들의 블로그나 홈페이지에서 한국의 신라에서 일본으로 건너간 의사 콤부에서 유래되었다고 주로 소개한다. 그 근거로 『일본서기(日本書紀)』를 들고 있지만, 이 역사서는 사실의 왜곡이 많아 신뢰성이 없다고 평가받고 있다. 그러나 서울대 역사학과의 한 교수에 따르면, 일본 에도시대 한의학의 붐이 일어날 당시 일본인들이 『일본서기(日本書紀)』에 근거해 김무를 일본 한의학의 시조로 추앙한 것은 사실이라고 한다. 그리고 이는 오늘날 한국 의학사학자들에게도 일본에 의학을 전한 자랑스러운 전설로 이해되고 있다고 한다. 신라의 김무가 약 1500년이 지난 오늘날 콤부차를 통해 서양의 일반인들 사이에서도 회자되는 만큼, 국내에서도 다큐멘터리나 사극을 통해 그의 존재가 재조명되어 국내 티 문화에 풍요로움을 더해 주길 간절히 고대해 본다.

발효 용기에 가향 재료 첨가

일반 가정에서 콤부차를 만드는 대부분의 사람들은 콤부차를 병입하는 과정에서 가향 재료를 첨가해 매우 미묘하고도 특별한 향미를 낸다. 반면 병이 아니라 처음의 발효 용기에서부터 가향 재료를 첨가하면, 첫 회분 또는 다음 회분의 발효에서도 계속 작용하여 콤부차의 세기가 더 강해지고 복합적인 특징과 함께 은은한 향미가 생긴다.

실험에 가향 재료로 가장 많이 사용되는 허브로는 바질basil, 월계수잎bay leaf, 캐모마일chamomile, 클로브clove, 라벤더lavender, 로즈메리rosemary, 로즈페틀rose petal, 세이지sage, 타임thyme 등이 있다. 페퍼민트peppermint와 세이지와 같이 휘발성 오일을 함유한 허브는 콤부차 배양균에 치명적인 영향을 줄 수 있다. 이러한 이유로 휘발성 오일이 많은 허브들은 실험에서만 주로 사용된다. 물론 다양한 종류의 허브들, 꽃, 딸기, 과일, 향신료를 콤부차에 첨가해 발효에 대성공을 거둔 사례도 많다.

먼저 원하는 가향 재료를 넣어 시험해 보고, 그 진행 과정을 확인한 뒤 적용하는 것이 가장 바람직하다. 콤부차 차트를 작성한 뒤 기본적인 발효에 어떤 가향 재료를 첨가할지 결정한다. 가향 재료의 특성에 관한 장기적인 지속성에 대해 최종적인 결론을 내릴 경우에는 10회 연속배양 규칙을 따른다. 콤부차의 실험은 아주 매력적인 일이다!

전형적인 향미 촉진제

용기는 콤부차의 용적보다 항상 약간 더 커야 한다. 예를 들면, 1갤런들이 용기에는 ¾갤런의 배양액과 스코비, 액종을 담을 수 있다. 작은 용적의 회분들도 큰 용기에서 만들어질 수 있다. 공간이 남는 것은 문제가 되지 않는다. 액종과 함께 배양액은 콤부차가 만들어지는 동안에 일부가 증발하기 때문에 배양액의 양은 보통 한 회분의 양과 거의 동일하다.

시나몬 브루 Cinnamon Brew

시나몬 브루는 부드럽고 풍부한 향미로 매우 온화한 느낌을 선사한다. 시나몬에 든 에센셜 오일이 신맛을 완화시키고 콤부차 본연의 사과 향을 보완해 준다. 따라서 콤부차 사이다를 만들 때 사용하면 좋다.

- 시나몬 스틱 2개, 다진 시나몬 껍질 2티스푼
  또는 시나몬 가루 1티스푼

진저 펀치 Ginger Punch

생강은 천연 탄산가스의 생성, 즉 카보네이션을 촉진하는 효과가 있고, 소량의 히비스커스는 콤부차의 향미에 어울리는 은은한 단맛을 더해 준다. 진저 펀치는 아이들도 즐겨 마시며, 완전히 발효시키면 기분 좋은 신맛의 즐거움을 선사할 것이다.

- 생강 또는 건생강 간 것 1테이블스푼
- 건히비스커스 1티스푼

1차 가향 발효

콤부차에 향미를 가하는 가장 일반적인 방법은 1차 가향 발효로서, 발효 용기에서 첫 발효가 시작되기 전에 전통적인 홍차/녹차의 기본 배양액에 허브(티잰), 과일 몇 조각, 주스를 첨가해 발효와 가향을 동시에 진행시키는 것이다. 가향 재료를 발효 용기에서 첫 발효가 시작될 때 첨가하면, 병입 때 첨가하는 경우보다 발효가 훨씬 더 오래 진행되어 콤부차의 맛과 향도 훨씬 더 강해진다. 그러나 가향 재료의 사용이 첫 발효에 큰 영향을 주지는 않는다. 여기서는 일반적인 순서만 간략히 소개하고, 자세한 내용은 제11장에서 설명하기로 한다.

병입된 콤부차에서도 발효는 계속된다는 사실을 염두에 두어야 한다. 발효가 진행될수록 향미가 더 강해지고, 알코올 성분의 양도 많아지기 때문에 취향에 맞는 맛에 이르면, 병입된 콤부차를 곧바로 냉장고에 넣어 보관한다.

1. 티, 설탕, 물로 배양액을 만든 뒤 발효 용기에 붓는다.

2. 과일, 허브(티잰), 주스, 그 밖의 가향 재료를 첨가한다.

3. 스코비를 넣는다.

4. 신맛이 강한 숙성된 콤부차를 액종으로 사용한다. 정상적인 비율은 배양액 1갤런당 액종 1컵이다. 그러나 여기서는 배양액 1갤런당 액종 3~4컵의 비율을 권장한다. 추가된 과당 성분과 효모, 그 밖의 다른 성분으로 인해 곰팡이가 슬 가능성이 높기 때문이다.

5. 발효 용기를 천으로 덮고 발효시킨다. 5일째가 되면 향미를 확인한다. 왜냐하면 신맛이 빨리 나타나기 때문이다. 특히 과일에 든 과당은 콤부차의 맛을 진하게 만든다.

2차 가향 발효

발효 용기에서 1차 가향 발효를 진행하는 것도 훌륭하지만, 용기에서 발효가 끝난 뒤에 가향 재료를 첨가하는 것도 또 하나의 훌륭한 방법이다. 2차 가향 발효이다. 이 방법은 스코비를 제거한 뒤에 가향 재료를 첨가하는 것으로서 스코비가 오염될 가능성이 없다. 2차 가향 발효 기간은 1~4일로서 1차 가향 발효의 7~14일보다 적다. 2차 가향 발효는 콤부차가 이미 정상적으로 산성화되어 있기 때문에 곰팡이가 슬거나 그 밖의 문제가 발생할 확률이 거의 없다.

물론 발효 용기가 아니라 병 속에 직접 가향 재료를 넣어 2차 가향 발효를 진행할 수도 있다. 그러나 병입하여 몇 주 이상을 보관할 계획이면, 발효 용기에 다시 넣은 뒤에 병입할 때 가향 재료를 걸러 내는 것이 좋다. 시간이 지나면서 가향 재료로 인해 향미가 떨어질 수 있기 때문이다.

2차 가향 발효 뒤에 병입할 때 과일 조각, 꽃, 베리류, 껍질 등의 가향 재료를 걸러 내면, 부유물이 없어 콤부차가 맑고 깨끗하여 전문적으로 생산된 느낌을 준다. 그런데 가향 재료를 병 속에서 모두 걸러 내지 않으면 바닥에 침전해 세척이 불편해진다. 따라서 병보다는 발효 용기에서 가향 발효를 진행시키는 것이 여러 면에서 유리하다.

1 기본적인 방법으로 콤부차를 발효시킨다.

2 스코비를 제거한 뒤 충분히 숙성된 콤부차로 다음 배양을 시작한다.

3 가향 재료를 첨가한다.

4 발효 용기를 천으로 덮은 뒤에 1~4일 동안 가향 발효시킨다. 비가향 콤부차와 마찬가지로 발효 용기에서 탄산가스의 생성은 왕성하지 않을 수도 있다.

5 가향 재료와 과다한 효모를 걸러 낸 뒤 병입한다. 콤부차가 든 병을 상온에서 1~4일 이상 보관하거나, 거품이 더 발생하기를 기다리거나, 냉장고에 넣어 취향에 맞는 향미를 유지한다.

가향을 위한 티잰, 탕약, 시럽류

티잰tisanes이나 탕약decoctions은 모두 식물성 허브를 우리거나 달인 것이다. 티잰은 주로 식물의 잎과 꽃을 우려낸 것이고, 탕약은 주로 식물의 뿌리와 껍질 부분을 달인 것이다.

티잰

허브를 비롯한 식물들은 인류 최초의 의약품이었다. 뜨거운 물에 식물성 재료를 넣어 활성 성분들을 풍부하게 추출하여 마셨던 것이다. 이와 같은 티 이외의 식물을 우려내 마시는 것을 허벌 인퓨전herbal infusion 또는 티잰tisanes이라고 한다. 인류는 거의 모든 종류의 식물들을 다양하게 사용해 왔고, 또한 섭취해 왔다. 콤부차의 가향을 위하여 자주 활용되는 티잰으로는 민트, 히비스커스, 고투콜라, 엘더플라워elderflower 등이 있다. 이 식물성 재료들은 콤부차에 직접 첨가할 수 있고, 티잰으로 우려낸 형태로 활용하여 콤부차의 향미를 좀 더 쉽게 조절하는 데 사용할 수도 있다.

허브를 오래 우릴수록 티잰의 향도 강해진다. 따라서 허브를 취향에 맞는 향미의 수준에 따라 콤부차에 첨가한다. 티잰을 냉장고 넣어 여분으로 보관해도 좋지만, 적어도 1주일 이내에 섭취하는 것이 좋다.

탕약

탕약은 뜨거운 물로 식물성 재료의 활성 성분을 추출한다는 점에서는 티잰과 유사하다. 그러나 탕약은 유효 성분을 최대로 추출하는 데 시간과 온도가 더욱더 중요한 역할을 한다. 껍질과 뿌리와 같은 식물성 섬유질이나 목질 부분으로부터 향미와 영양분을 추출하는 데 가장 효과적이다. 통상적 비율은 물 8온스당 허브가루 1티스푼 또는 신선한 허브 잎 2티스푼이다. 적은 양으로 달이면서 시험해 보고 자신에게 맞는 레시피와 비율을 찾은 뒤 전체의 양을 조절한다. 콤부차 1갤런의 향미를 내는 데는 약 2온스의 탕약을 준비하면 좋다. 탕약은 냉장고에 보관하면 최대 1주일간 보관할 수 있다.

10회 연속배양 규칙

1차 가향 발효에서 허브, 향신료, 그 밖의 가향 재료들 중에서 어떤 것을 사용하는 것이 가장 좋을지 알 수 있는 방법이 있다. 바로 연속배양으로 콤부차를 10회까지 계속해서 발효시켜 보면 된다. 10회의 연속배양을 거쳐도 스코비의 상태가 생기 있고 건강하다면, 해당 가향 재료는 1차 가향 발효에서 안전하게 사용할 수 있는 것이다.

건강한 스코비라면 크림색을 띠면서 단단히 뭉쳐져 있지만, 허약한 스코비라면 손가락을 눌렀을 경우에 구멍이 뚫린다. 배양액을 교체하여 발효할 경우에 배양균이 적응하기 위해 어떤 변화를 겪었는지는 DNA 분석 없이는 알 수 있는 방법이 없다. 따라서 실험용 배양균은 반드시 별도의 스코비 호텔에 보관하면서 메인 스코비 호텔과 기본 티와 분리해야 한다.

시럽류

진하고 걸쭉한 시럽은 콤부차의 향미를 급속히 변화시킬 수 있다. 또한 설탕 성분의 농도가 높아 거품도 풍부하게 생성시킬 수 있다. 이러한 시럽도 많이 사용하면 역효과가 발생할 수 있어 되도록 조금만 사용하는 것이 좋다. 콤부차의 신맛이 너무 강해지거나 거품이 과다하게 생겨 뚜껑을 열었을 경우에 거품으로 쏟아져 나와 절반 정도는 그냥 버려야 하기 때문이다. 콤부차에 강렬한 향미를 내고 싶은 경우에는 시럽을 많이 사용하기보다는 가향 재료를 좀 더 오랫동안 우려내면 된다. 그 뒤 같은 양의 설탕을 넣고(물과 설탕 1 대 1의 비율) 약 30분간 졸인다. 마지막으로 콤부차 1갤런당 시럽 1온스를 첨가한다. 시럽은 천연 보존재인 설탕이 고농도로 들어 있어 오랫동안 보관할 수 있다.

루트비어 시럽 Root Beer Syrup

루트비어는 20세기 초반 소다수 판매점의 붐이 일었을 때 큰 인기를 끌었던 전통적인 약용 음료이다. 루트비어를 달일 때 사용되는 모든 허브들은 건강 효능이 높은 것들이다. 콤부차의 향미를 보다 더 쉽게 내기 위해 루트비어 시럽을 고농도로 맛있게 미리 만들어 두면 좋다. 자신의 취향에 따라 12갤런의 콤부차에도 충분히 사용할 수 있다.

3컵 기준

재료
- 물 2쿼트
- 사사프라스 껍질 1컵
- 사르사 껍질 ½컵
- 건조 윈터그린 잎 ¼컵
- 바닐라 빈 1개
- 레몬(또는 건조 레몬) 껍질 1테이블스푼
- 감초 뿌리 1테이블스푼
- 설탕 3컵

방법

1. 대형 포트에 사사프라스 sassafras(북아메리카 원산의 녹나뭇과의 나무), 사르사 sarsaparilla(청미래덩굴속의 식물), 윈터그린 wintergreen(노루발과의 식물), 바닐라 빈, 레몬 껍질, 감초 뿌리를 넣고 물을 붓는다. 다 끓으면 불을 줄여서 두 시간 정도 서서히 졸인 뒤에 체로 허브 재료들을 걸러 낸다.

2. 걸러 낸 액체를 다시 포트에 넣고 끓인다. 여기에 설탕을 넣은 뒤 약 3컵 정도로 액체가 줄어들 때까지 중간 세기의 불로 졸인다. 마지막으로 차갑게 식혀 냉장고에 넣어 보관한다.

루트부차 Rootbucha

루트비어 맛의 콤부차, 즉 루트부차를 만들려면 콤부차 2컵에 루트비어 시럽 1티스푼을 섞는다. 뚜껑을 단단히 조여 밀폐시킨 뒤 어둡고 따뜻한 장소에서 1~3일 정도 보관한다. 매일 같이 확인해 거품이 보이면 뚜껑을 돌려 탄산가스를 방출시키고 다시 뚜껑을 닫는다. 자신의 취향에 맞는 향미가 나면 냉장고에 넣어 보관한다.

루트부차를 만들 수 있는 또 다른 방법은 221페이지를 참조하면 된다.

설탕 대신에 과일의 사용

설탕(당)은 과일에 프룩토스(과당) 등으로 포함되어 있는 등 매우 다양한 형태로 자연계에 존재한다. 앞서 언급하였지만, 사탕수수원당을 사용해 콤부차를 발효시키면 중요한 산 성분이 생긴다. 그런데 일부 전통 발효에서는 사탕수수원당, 설탕 대신에 과일을 사용해 발효시키기도 한다. 가공 설탕의 사용을 피하거나 좀 더 색다른 발효 기술을 실험하고 싶은 경우에는 사탕수수원당이나 설탕 대신에 농축 과일 주스를 사용해 보길 바란다.

과일을 넣어 발효를 진행시키는 방법에는 몇 가지가 있다. 과일 전체를 몇 조각으로 잘라서 티를 우린 배양액에 넣는다. 처음 시도하는 경우에는 설탕 1컵 대신에 과일 2컵을 사용하는 것이 좋다. 또 다른 방법으로는 농축 과일 주스를 사용하는 것이다. 농축 과일 주스마다 과당의 농도가 매우 다양하기 때문에 정확한 레시피를 제공하기는 어렵지만, 일반적으로 농축 과일 주스 1컵이면 발효에 필요한 당 성분을 공급할 수 있다. 향미의 균형을 유지하기 위해 티는 일반적인 경우보다 1.5배 더 강한 농도로 우려낸다.

과일에 든 과당을 발효 과정에 사용하면 스코비의 상태가 약화될 수 있기 때문에 기본 티 배양액과 설탕이 든 스코비 호텔을 저장용으로 항상 유지하는 것이 좋다. 다른 실험에서와 마찬가지로 과일을 당으로 넣어 배양시킨 스코비는 기존의 스코비 호텔에 넣어서는 절대 안 된다.

저온 살균 처리

저온 살균은 유해한 미생물들을 죽일 수 있지만 콤부차의 발효에 꼭 필요한 효모와 박테리아도 죽일 수 있다는 단점이 있다. 반면에 장점은 병에 우글리스가 전혀 없어 상온에서 장기 보관성이 좋고 특히 시간이 지나도 향미를 일정하게 유지할 수 있다.

그러나 살아 있는 제품을 저온 살균으로 처리하는 것은 결국에는 발효에 반하는 일이다. 그럼에도 맥주나 와인을 자연 그대로의 살아 있는 발효 식품으로서가 아니라 저온 살균을 거쳐 마신다고 하면 전혀 이상하게 들리지 않는다. 수많은 사람들은 콤부차의 건강한 산 성분들이 저온 살균 과정 속에서도 유지될 것으로 믿고 있다. 물론, 콤부차의 프로바이오틱 효능을 충분히 얻으려면 당연히 그대로 두는 것이 가장 좋다.

저온 살균에는 일반적으로 두 가지의 방법이 있다. 화학적인 방법과 열처리 방법이다. 화학적인 방법에서는 미생물들을 살균하기 위해 아황산염^{Sulfite}이 사용된다. 열처리 방법에서는 특정한 온도와 시간을 유지하여 살균한다.

일반 가정에서 콤부차를 만드는 대부분의 사람들은 유리병 속에서 자연적으로 발효시키는 과정을 좋아한다. 따라서 저온 살균의 작업은 진행하지 않는다. 그러나 상업적으로 대량으로 판매하는 업체의 경우에는 저온 살균의 상품을 자랑스럽게 출시하거나 실험에서 배양한 프로바이오틱 제품을 저온 살균하여 다른 시장에서도 구매력이 있도록 다양한 제품들을 만든다. 발효 음료의 적합성 여부는 항상 소비자에게 달려 있다. 그리고 상업용 제품에서는 저온 살균 작업의 여부를 라벨에 반드시 표시할 의무는 없는 상황이다.

콤-파체 Kom-pache
(멕시코의 파인애플 콤부차)

일부 사람들은 1500년대부터 멕시코에서 콤부차를 발효시켜 음료로 마셨다고 주장한다. 멕시코의 전통 발효 음식인 테파체tepache를 두고 한 말이다. 테파체는 첫 발효에서 사탕수수 액 대신에 파인애플 농축 주스에 든 천연 당을 사용한다. 신선한 파인애플을 사용할 경우에는 설탕 1컵당 파인애플 조각 2컵을 사용한다.

1갤런 기준

재료
- 고농도의 티 1쿼트
- 얼린 파인애플 농축 주스 12온스
  (또는 생파인애플 조각 2컵)
- 물 3쿼터
- 스코비 1개
- 액종 1컵

방법
고농도로 우려내 티에 파인애플 농축 주스를 넣고 완전히 섞일 때까지 휘저어 준다. 이 혼합액을 물과 함께 발효 용기에 넣어 기본 배양액을 만든다. 혼합물이 따뜻하면 식을 때까지 기다린 뒤 스코비와 액종을 붓고 발효 작업에 들어간다. 발효의 과정은 매우 빠르게 진행되어 5일 뒤에 테이스팅해 보면 신맛이 적당하여 맛있게 즐길 수 있다!

카보네이션에 대한 정보와 기술들

일반 가정에서 콤부차를 만드는 사람들이 가장 궁금해 하는 부분 중 하나는 콤부차에 탄산가스를 최대한으로 생성시키는 방법이다. 탄산음료가 든 유리잔의 가장자리에서 거품이 부글거리는 것을 보면 매우 흥미롭다. 이는 사실 '카보네이션carbonation'이라기보다는 '자연 발포effervescent'로 인한 것이다. 카보네이션과 자연 발포의 차이는 매우 미묘하여 경험을 통해서만 거의 구분할 수 있다. 일부 상업적인 콤부차 브랜드는 탄산가스를 인위적으로 넣기도 하여 일반 가정에서 직접 만든 것과 다를 수도 있다.

카보네이션이 발생하는 이유

카보네이션은 액체 속에 탄산가스(CO_2)가 발생하여 용해되는 과정이다. 액체에 외부에서 일정한 압력을 가하면 기체인 탄산가스가 용해된다. 그런데 외부 압력이 사라지면 기체인 탄산가스가 기포의 형태로 방출된다. 카보네이션도 다른 과정과 같이 인위적으로 또는 자연적으로 진행시킬 수 있다. 인위적인 카보네이션은 외부에서 일정한 압력을 기계적으로 가한 상태에서 탄산가스를 액체에 주입 및 용해시키는 것이다. 반면 자연적인 카보네이션은 액체가 든 용기의 뚜껑을 완전히 닫고 그 액체 속에서 발효가 일어나기를 기다리면 된다.

그런데 콤부차의 발효에는 반드시 공기의 순환이 있어야 하기 때문에 용기를 뚜껑으로 완전히 막지 않고 미세한 망의 천으로 덮어서 보관한다. 그럼에도 콤부차에는 탄산가스가 용해되어 축적되어 있다. 그 이유는 스코비가 있기 때문이다! 스코비가 용기 상단에 새로운 층을 형성하여 뚜껑 역할을 하면서 기체인 탄산가스를 아래쪽에 가두어 두는 것이다. 실제로 새로 형성된 스코비의 층 바로 아래에는 거품이 밀집되어 있는 현상을 자주 볼 수 있다. 스코비에 난 구멍들은 탄산가스가 빠져나가지 못하고 기포의 형태로 갇혀서 생긴 블로홀blowhole(또는 기공)이다.

카보네이션의 촉진

일반 가정에서 콤부차를 만드는 사람들이 자신이 직접 만든 콤부차에 탄산가스가 충분히 들어 있지 않다고 불평하는 경우가 있다. 이는 단순히 관점상의 문제일 수 있다. 콤부차를 유리잔에 부을 때 소다수만큼 거품이 많이 생길 것으로 특별히 기대할 수는 없지만, 가정에서 만든 콤부차에서도 분명히 카보네이션 과정이 오랫동안 지속될 수 있다. 발효 중인 콤부차를 유심히 살펴보면, 상당히 많은 양의 탄산가스가 용해되어 있음을 알 수 있다. 그럼에도 불구하고 더 많은 기포의 발생을 원하는 경우에는 다음의 몇몇 방법들을 활용할 수 있다.

2차 발효 과정의 추가 진행

회분배양법이든지, 연속배양법이든지 간에 2차 발효 과정을 추가로 진행하면 발포가 더 많아진다. 보통은 가향 재료를 넣는 시점에서 진행되는데, 그대부분은 카보네이션이 강화된다. 여기에는 두 가지의 기본적인 요구 사항이 있다. 첫째는 병 내부에 효모

용어 유래 : 발포(effervescence)

발포(發泡, Effervescence)라는 용어는 발효와 마찬가지로 라틴어로 '끓이다'는 뜻의 페르베레(fervere)에서 유래되었다. 병 속에서 거품(기포)들이 부글거리는 모습이 마치 물이 끓으면서 발생하는 모습과 매우 비슷하기 때문이다. 오래전에도 그랬지만 오늘날에도 사람들은 음식의 윗부분에서 거품(기포)이 일면, 발효가 진행되고 있음을 곧바로 알아차린다.

가닥들이 있어야 하고, 둘째는 병에 꼭 맞는 뚜껑으로 완전히 밀폐해야 한다. 이때 설탕을 공급하는 프라이밍 작업을 거치면 효모가 탄산가스를 생성시킨다. 따라서 2차 발효 과정을 통해 카보네이션을 촉진하는 가장 쉬운 방법은 효모와 설탕을 넣고 뚜껑을 꼭 닫는 것이다.

병입 전 연속배양 발효 용기 속 휘젓기

회분배양법으로 완성된 콤부차는 발효 용기의 바닥 부분에 효모들이 침전되어 있다. 이 콤부차를 병입할 경우에는 바닥 부분을 휘저어서 효모들이 골고루 병 속으로 들어가게 한다. 연속배양법에서는 배양 용기의 수도꼭지를 통해 간단히 콤부차를 배출하기 때문에 효모들이 용기의 바닥에 고스란히 남는다. 따라서 병입된 콤부차에서 효모의 양이 부족하면 향미가 약하고 탄산가스의 발포도 적을 수 있다. 이 경우에는 깨끗한 숟가락을 스코비 아래의 용기 바닥까지 댄 뒤 효모 층을 여러 차례에 걸쳐 재빨리 휘저어 준 다음에 곧바로 콤부차를 병입하면 된다. 이때 각 병에 충분한 효모들이 골고루 분배되도록 다시 한 번 더 휘저어 준다. 이렇게 효모를 휘저어 주면 발효 용기 내에서 효모의 성장을 지연시켜 균형 잡힌 향미를 오래도록 유지할 수 있고, 세척 주기도 늘릴 수 있다.

병 속을 가득 채우기

일반 가정에서 콤부차를 만들어 마실 경우에는 대부분 맥주나 와인과 같이 병 윗부분에 기포가 생기도록 여분의 공간을 남겨 둔다. 그런데 그 공간을 줄여 병 속에 있는 산소의 양을 줄이면 탄산가스를 더 많이 용해시킬 수 있고, 결과적으로 콤부차에서 더 많은 거품을 낼 수 있다.

냉장고 밖에 보관하기

콤부차를 병 내에 공기가 거의 없도록 가득히 채운

인공적으로 생성시킨 거품은 일반적으로 더 균일하다. 유리 병 가장자리에 달라붙으면서 잘 뭉쳐지지 않는 경향이 있다. 또한 거품이 더 빨리 터지고 입안에서의 느낌도 훨씬 더 거칠다.

자연적으로 생성시킨 거품은 뚜껑을 열었을 때 폭발이 일어나더라도 화상을 입기보다는 간지럽게 느껴진다. 거품의 모양, 크기, 터지는 속도도 모두 달라 비누거품처럼 보인다.

뒤에 온도 23~26도의 어둡고 따뜻한 장소에서 보관한다. 이때는 공기의 순환에 신경을 쓸 필요가 없기 때문에 찬장이나 그 밖의 밀폐된 공간에 보관해도 상관없다. 콤부차를 병입할 때 가향 재료를 많이 첨가할수록 병을 자주 확인해야 한다. 병이 폭발하거나 깨지는 사고를 예방하기 위해 뚜껑을 살짝 열어 거품을 약간씩 빼 주어야 한다. 그 뒤 1~4일 정도 지나면 거품이 생성된다. 물론 겨울 날씨나 저온의 장소에서는 더 오래 걸릴 수도 있다.

특정 물질을 소량 첨가

병 안에서 카보네이션 과정을 좀더 강화하려면 특정한 물질을 소량 첨가하여 거품을 생성시키면 된다. 여기서는 몇몇 선택적인 방법들을 소개한다.

설탕 카보네이션 과정을 좀 더 촉진시키는 일반적인 재료에는 프라이밍 슈거가 있다. 콤부차를 병입한 뒤에 프라이밍 슈거를 첨가하고 뚜껑을 닫으면, 프라이밍 슈거가 효모와 반응하면서 탄산가스를 생성시킨다. 16온스들이 병당 프라이밍 슈거 ½티스푼을 넣으면 적당하다. 과일 조각에 든 과당도 카보네이션 과정을 촉진시킨다.

생강 생강 껍질에 있는 박테리아나 천연적으로 함유한 설탕(당) 성분도 카보네이션 과정을 촉진시킨다. 16온스들이 1병당 갈거나 빻은 생강을 취향에 맞는 향미와 거품의 정도에 따라 ¼~1티스푼 정도 넣는다.

카보네이션 드롭스 cabonation drops 콤부차에서 자신이 바라는 만큼 거품이 형성되지 않으면, 포도당과 자당 성분의 카보네이션 드롭스(사탕 형태)를 첨가하면 카보네이션을 촉진할 수 있다. 포도당과 자당 성분의 카보네이션 드롭스는 시중에서 판매되는 목 드롭스의 형태로 생겼다. 이 드롭스를 넣으면 카보네이션 과정을 지속적으로 일으킬 수 있다. 콤부차를 병입할 때 효모를 활성화시키는, 그 어떤 천연 당 성분도 함

콤부차 에세이

콤부차 병을 흔들어 대면 분출한다!

❝ 병이나 캔에 든 소다수나 맥주와 마찬가지로 콤부차도 요동치면 발포가 일어난다. 따라서 뚜껑을 열기 전에 절대로 흔들어 대서는 안 된다. 소풍이나 파티에 갈 때 콤부차 병을 조심해서 운반하면, 콤부차의 폭발적인 분출을 막을 수 있다!❞

유하지 않은 가향 재료를 같이 넣으면 특히나 큰 도움이 된다. 이 카보네이션 드롭스는 일반 가정용 콤부차 매장에서 구입할 수 있는데, 생산업체의 지침에 따라 사용해야 한다.

미네랄 부스터 mineral booster 약산성의 물질이 염기성 물질과 상호 반응하면 탄산가스를 발생시키면서 발포가 일어난다. 본래 산성을 띠는 콤부차에 염기성 물질인 미네랄 부스터를 첨가하면, 카보네이션을 촉진하고 미네랄 성분을 공급하여 거품이 더욱더 많이 일어난다. 또한 이 화학 반응에서는 콤부차의 발효로 생성된 아세트산의 일부가 사용되기 때문에 신맛이 최소화된다. 따라서 미네랄 부스터는 신맛이 다소 강한 콤부차에 사용하는 것이 적합하다. 일반 가정용 콤부차 매장에서 구입할 수 있는데, 생산업체의 지침에 따라 사용해야 한다.

달걀 껍데기 콤부차에는 칼슘과 미량 무기질의 성분들이 다량으로 함유되어 있기 때문에 달걀 껍데기를 첨가하면 탄산가스의 생성을 촉진시키고, 신맛을 감소시키면서 영양성을 높여 준다. 최고의 영양가를 얻기 위해서는 자연 방목으로 키운 닭으로부터 구한 유기농 달걀의 껍데기를 사용한다.

달걀 껍데기를 깨끗이 세척한 뒤, 콤부차에 사용

하기 전 약 10분 동안 95도의 오븐에 넣어 건조시킨다. 표면적이 넓을수록 칼슘을 더 많이 추출할 수 있기 때문에 껍데기를 잘게 부수는 것도 좋은 방법이다. 물론 부수지 않는 쪽이 나중에 제거하기가 훨씬 더 쉽다. 살모넬라균의 감염이 우려될 수도 있지만, 콤부차의 낮은 산도(pH)는 병원성 박테리아를 죽인다는 사실을 앞서 이미 소개하였다.

달걀 껍데기는 콤부차의 향미에 영향을 주기 때문에 16온스들이 1병마다 껍데기의 ¼씩 채워 나가면서 향미와 탄산가스의 생성량에 맞춰 그 사용량을 늘리거나 줄인다.

탄산칼슘 정제 양질의 달걀 껍데기를 구할 수 없으면 탄산칼슘 정제(알약)로 대체할 수 있다. 표면적을 최대한 넓히기 위해 알약을 부순 뒤 생산업체의 지침에 따라 첨가한다.

알코올 도수 낮추는 방법

여기서는 알코올 도수를 낮추기 위한 몇몇 방법들을 소개한다. 적당히 발효된 콤부차에 자연적으로 생성된 알코올의 도수 ABV, alcohol by volume 는 1도 이하이다.

효모 걸러 내기 혐기성 환경에서 효모는 에탄올과 탄산가스(이산화탄소)를 생성하기 때문에 효모 가닥을 걸러 내면 알코올의 함유량이 급격히 줄어든다. 그러나 효모는 또한 영양과 향미를 제공하면서 카보네이션 과정도 촉진하기 때문에 이와 같은 효과들은 걸러 내면 떨어진다.

과일과 설탕이 들어간 가향 재료 피하기 허브, 꽃, 녹차, 뿌리, 뿌리줄기 등을 사용해 설탕 없이도 단맛을 낼 수 있다. 그러나 설탕이 없으면, 효모가 에탄올을 생성시키는 데 필요한 에너지원도 없는 셈이다. 결국 카보네이션 효과도 설탕을 첨가하지 않는 한 감소된다.

재빠른 냉장 보관 콤부차를 섭취하기 전까지 차가운 장소에서 보관한다. 저온 상태에서는 효모의 활동이 둔화되어 알코올과 탄산가스의 생성량을 줄일 수 있기 때문이다. 마시기 전에 상온에서 보관하면 효모의 활동이 다시 시작되어 거품을 발생시킨다.

병 상단부에 여분의 공간 확보 앞서 병입 과정에서 콤부차를 가득 채웠던 경우와는 정반대이다. 한두 주 내에 콤부차를 모두 소비할 계획인 경우에는 산소를 병 속에 더 많이 남겨 두는 것이 좋다. 발효보다 호흡에 유리한 환경이 조성되면서 탄산가스를 과도하게 줄이지 않고 알코올의 생성도 감소시킬 수 있기 때문이다. 예를 들면, 콤부차를 병입할 때 필터나 스트레이너로 걸러서 액체만 붓고 산소를 여분의 공간에 채워 두면 알코올 도수를 제한할 수 있다.

2차 발효의 연장 콤부차를 병입하여 1개월 이상 보관하는 경우에는 병 꼭대기까지 채운다. 산소를 최대한 많이 제거할수록 탄산가스의 양도 많아지고, 발효에도 유리한 환경을 조성하여 알코올이 더 많이 생성된다. 그런데 박테리아가 에탄올을 건강한 산 성분으로 변환하는 데 시간을 충분히 줄 경우에는 알코올 도수는 더 낮아지는 대신에 향미는 보다 더 발전한다. 마르는 듯한 드라이한 맛과 톡 쏘는 신맛이 더 강해지는 것이다. 결과적으로 콤부차에도 거품이 더 많아질 것이다.

와인이 단맛의 포도즙에서 숙성되면서 점차 건조한 향미로 발전하는 것과 마찬가지로, 콤부차도 단맛이 날 때 병입하여 오래 숙성시키면 그 기간이 길수록 더 부드러운 향미를 지닌다. 콤부차의 향미가 약간 시큼할 때 병입하면, 점차 숙성되면서 신맛이 강해져 마시기도 더 어렵게 될 것이다.

섭취 시에 희석하기 콤부차를 마실 때마다 물 또는 주스로 절반 정도 희석하면 알코올 도수를 줄이고 산도(pH)와 산성액을 줄일 수 있다. 그러면 신맛을 한결 더 부드럽게 하면서도 수분을 유지할 수 있다.

알코올 도수 높이는 방법

콤부차는 자연적으로 알코올 도수 최대 2도(대개는 훨씬 적은 양)까지 알코올 성분을 함유한다. 그러나 다른 효모와 전통 맥주 재료들을 첨가하여 알코올 성분을 증가시키면, 알코올 도수를 3~14도까지 높일 수 있다. 일부 업체에서는 콤부차 맥주를 생산하는데, 그중에서 알코올 도수가 높은 것들도 즐겨 보길 바란다.

맥주

자연 발효 맥주인 램빅 비어 lambics beer를 비롯해 그 밖의 야생 효모 맥주에 매우 비슷한 맛을 지닌 하이브리드 콤부차 맥주는 수제 맥주로서 큰 호응을 받고 있다. 2차 발효에 맥주 효모를 사용하면 전통 콤부차보다 훨씬 더 많은 알코올이 생산된다. 쓴맛을 지닌 호프를 소량으로 사용하면 콤부차를 더욱더 강력한 향미로 만들 수 있다.

콤부차 맥주는 두 가지의 방법으로 만들 수 있다. 1차 발효 과정에서 맥주를 넣거나, 2차 발효 과정에서 맥주 효모와 홉 꽃을 가향 재료로 첨가하는 것이다. 각기 다양한 맛으로 생성시킬 수 있는데, 특히 맥주 효모로는 일반적으로 알코올 도수를 4~9도까지 올릴 수 있다.

와인과 샴페인

와인과 샴페인은 본질적으로 효모와 박테리아에 의해 발효된 포도즙을 병입하여 숙성시키면서 과일 향미에서 드라이한 향미까지 생산하는 것이다. 콤부차도 그 원리는 같다. 알코올 도수는 와인 효모로는 9~16도, 샴페인 효모로는 15~20도까지 낼 수 있다. 숙성이 아직 안 된 콤부차에 효모를 가하면 드라이하면서도 선명한 향미가 난다. 반면 숙성이 오래된 콤부차에 효모를 가하면 시큼하고 톡 쏘는 듯한 향미가 난다.

과향 향미를 더 선호하면 원하는 과일을 넣은 뒤 이틀 동안 2차 발효 과정을 거친 뒤에 효모를 첨가한다.

콤부차로 맥주, 와인, 샴페인 만들기

약 1갤런의 맥주, 포도주 또는 샴페인을 만들기 위해서는 적어도 1갤런을 담는 양조 용기가 필요하고, 뚜껑에도 에어록airlock이 있어야 한다.

재료

    에일, 와인 2티스푼 또는 샴페인 효모
    미지근한 물 1컵
    설탕 1 컵
    (숙성 기간이 짧은) 약간의 단맛이 있는
    발효 콤부차 1갤런
    건조 홉 1테이블스푼(맥주 전용)
    보드카 1온스

발효

1. 미지근한 물에 효모 2티스푼과 설탕을 넣고 걸쭉한 슬러리 상태가 될 때까지 잘 섞는다. 거품이 생길 때까지 혼합물을 30분에서 1시간 동안 그대로 둔다. 최대 2일이 걸릴 수 있다(남은 효모를 냉동실에 보관한다).

2. 활성화된 효모 혼합물과 콤부차를 양조 용기에 넣는다. 맥주를 만드는 경우에는 홉을 첨가한다.

3. 에어록이 있는 뚜껑을 닫고 그 내용물을 섞는다. 에어록에 보드카를 넣어 양조 용기에 산소가 유입되지 않도록 한다.

4. 양조 용기를 온도 22.26도의 따뜻하고 어두운 장소에 보관한다.

병입과 숙성

맥주 : 1일 뒤 양조된 술에 홉의 향이 충분히 가향되었는지 확인한다. 쓴맛이 너무 강해지는 것을 막기 위해 2일 이상 방치하면 안 된다. 뚜껑을 닫고 2~5일 동안 다시 발효시킨다. 맥주에 선호하는 쓴맛/단맛/신맛이 나는 경우에는 병입하여 뚜껑을 꼭 닫아 둔다. 1주일 이상 시원하고 어두운 곳에 보관하여 탄산가스가 생성되도록 한다. 오래 보관할수록 드라이한 맛도 더 강해진다.

와인 : 3~5일 뒤, 와인을 750mL 병에 부은 뒤 뚜껑을 반드시 덮는다. 시원하고 어두운 곳에서 최소 1주일에서 최대 1년 동안 보관한다. 보관 기간이 길수록 드라이한 맛도 더 강해진다.

샴페인 : 30~45일 뒤에 샴페인을 750mL 병에 붓고 뚜껑을 꼭 덮는다. 최소한 3개월에서 최대 1년 동안 시원하고 어두운 곳에서 보관한다. 발효 기간이 길수록 드라이한 맛도 더 강해진다.

소다수와 마찬가지로 병이 파손될 수 있기 때문에 사전 예방 조치가 필요하다.

CHAPTER 10

다양한 문제의 해결 방법들

콤부차를 만드는 일은 쉽고 재미있지만, 가끔은 문제도 발생한다. 그런데 문제가 발생하여도 다음의 몇 가지 방법을 알고 있으면 매우 간단하게 해결할 수 있다. 지금 당면한 문제점을 확인하고, 여기에서 제시된 지침에 따라서 회분배양법을 수정한 뒤 다음 회분을 만든다. 연속배양법에서도 지침의 적용 방법을 익혀 두면 문제가 발생하여도 쉽게 해결할 수 있다!

일반적인 실수들과 해결 방법들(174페이지)

향미의 문제(176페이지)

스코비의 문제(179페이지)

카보네이션의 문제(181페이지)

발효의 균형 잡기(184페이지)

이상한 냄새, 이취 문제(188페이지)

초파리의 처리(187페이지)

곰팡이의 처리(188페이지)

초산벌레의 처리(191페이지)

일반적인 실수들과 해결 방법들

배양액에 설탕을 첨가하지 않은 경우
해결 방법 : 스코비를 꺼내고 설탕을 넣은 뒤 저어서 용해시킨다.

차후 유의 사항 : 잎차나 티백을 꺼내자마자 티에 설탕을 첨가한다. 뜨거운 티로 인해 설탕이 곧바로 용해될 것이다.

다음 회분배양을 위해 액종을 보관하지 않은 경우
해결 방법 : 배양액 2~4컵에 스코비를 넣고 7~10일 동안 평소와 같이 발효시킨다. 그 뒤 스코비와 모든 액체, 새로 성장한 스코비로 ½갤런 또는 1갤런의 회분배양을 시작한다. 액종을 일부 떠서 보관하지 않고 콤부차에 가향 재료를 넣어 버렸으면, 과일이나 생강과 같은 에센셜 오일을 최소한의 양으로 거기에 첨가한 뒤 액종으로 사용한다.

차후 유의 사항 : 콤부차를 병입하기 전에는 항상 다음 회분배양의 액종으로 사용하기 위해 상단부에 있는 콤부차 액을 2컵 정도 떠서 따로 보관한다.

배양액에 물을 첨가하지 않는 경우에는?
해결 방법 : 회분배양을 처음 시작한 지 5일 이내인 경우에는 그동안 사용해 왔던 대로 물을 첨가한다. 그러나 5일이 지난 경우에는 물을 첨가해서는 안 된다. 자신의 취향에 맞는 향미가 나올 때까지 콤부차의 향미를 정기적으로 확인한다(평소보다 더 빨리 발효될 수도 있다). 그 뒤 새로운 회분배양을 시작한다.

차후 유의 사항 : 티를 우린 물에 설탕을 넣고 용해시킨 직후에 배양액에 필요한 양만큼의 물을 첨가한다.

몇 개월이나 방치한 경우에는?
해결 방법 : 배양 용기의 상단부에 곰팡이가 슬었는지, 거품이 있는지 확인한다. 없으면 스코비와 액체의 일부를 사용하여 새로운 회분배양을 시작한다. 남은 강한 신맛의 콤부차는 스코비 호텔, 초파리 트랩, 조리용 콤부차 식초에 사용할 수 있고, 그 밖에도 다양한 용도로 가정에서 활용할 수 있다.

차후 유의 사항 : 스코비가 촉촉한 상태로 유지되어 있으면서 콤부차를 뒤덮고 있는 한, 액체는 완전히 증발하지는 않는다. 이 상태에서는 콤부차를 무기한으로 발효시킬 수 있다.

권장 발효 온도 범위보다 높게 관리한 경우

해결 방법 : 온도를 24~29도로 낮추고 콤부차의 상태를 관찰한다. 온도가 42도 아래인 경우에는 스코비가 손상되지 않는다.

차후 유의 사항 : 온도를 적당히 유지하기 위해 보다 더 세심하게 콤부차의 상태를 관찰한다.

스코비 호텔에서 스코비가 말라 버린 경우 여전히 살아 있는가?

해결 방법 : 스코비에 배양액 2~4컵을 붓고 평소와 같이 14~30일간 발효시킨다. 스코비가 완전 말라 버린 경우에는 배양액 위에 증류(저온 살균된) 식초 몇 테이블스푼을 떨어뜨려 곰팡이의 발생을 예방한다.

곰팡이가 없는 상태에서 수분이 다시 공급되면 스코비와 발효 액체로 ½갤런 또는 1갤런의 회분배양을 시작할 수 있다.

차후 유의 사항 : 스코비를 항상 촉촉한 상태로 유지한다. 필요에 따라 배양액을 추가하여 스코비 호텔의 상태를 신선하게 유지한다.

스코비와 액종을 냉장 보관한 경우

해결 방법 : 스코비와 액종을 2주 미만 동안 보관한 경우에는 최소 1주일 동안 상온에서 보관한 뒤 신선한 유리 용기로 옮겨 담는다. 여기에 배양액 2컵을 첨가한 뒤 뚜껑을 닫고 5~7일간 그대로 둔다. 이와 같이 소량의 배양액이라도 냉장 보관한 스코비를 되살릴 수 있다. 이때 배양액의 양이 지나치게 많으면 오히려 곰팡이가 생길 수 있다. 유리 용기의 상단부에서 스코비가 성장하고 효모가 형성되기 시작하면 원래대로 콤부차를 발효시키면 된다. 5~7일이 지나도 스코비에서 움직임이 보이지 않으면 배양균과 액종을 살릴 수 없다.

차후 유의 사항 : 스코비와 스코비 호텔은 항상 상온의 어두운 장소에서 보관한다.

스코비를 바닥에 떨어뜨린 경우

해결 방법 : 최상의 해결 방법은 스코비 호텔에서 잘 발효된 콤부차 속에서 스코비를 헹구는 것이다. 두 번째로는 증류 식초, 세 번째로는 정제된 물에 헹구는 것이 좋다.

차후 유의 사항 : 스코비를 떨어뜨리지 않도록 주의하자!

향미의 문제

콤부차에서는 맛이 최고의 요소이다! 콤부차는 단맛에서 신맛, 매운맛, 과일 맛 등 사용하는 재료와 발효 조건에 따라 다양한 맛이 난다. 대부분의 향미 문제는 콤부차의 발효 과정을 되돌아보면서 약간만 수정하면 쉽게 해결된다. 발효는 하나의 예술로서 경험이 있는 사람이라도 실수를 반복할 수 있다. 그러나 크게 걱정할 필요는 없다. 실수를 바로잡은 뒤에 다시 시도하면 된다!

너무 강한 단맛

단맛이 너무 강하면 발효가 잘못되었거나, 배양균이 약하거나, 발효가 완료되지 않았을 가능성이 높다!

발효 시간이 너무 짧은 경우

발효가 덜 된 상태에서는 설탕 농도가 아직 높다. 그러나 발효가 더욱더 진전되면 단맛은 줄어들고 신맛은 점점 더 강해진다. 발효가 어느 정도 이상 진행한 뒤에 취향에 맞는 맛이 날 때까지 매일 맛을 본다.

그러나 몇 주가 지나도 여전히 달거나 향미가 약하거나 물맛이 난다면 박테리아가 비활성 상태일 가능성이 높다. 이는 스코비의 활동이 약하거나, 온도가 낮은 상태인 것을 의미한다. 따라서 콤부차를 약간 배수한 뒤 용기 상단부에 신선한 배양액을 들이부으면서 스코비를 계속 활성화시키고 온도를 적절하게 유지해야 한다.

발효 온도가 너무 낮은 경우

콤부차의 발효에 적정한 온도 범위는 24~29도이며, 이상적인 온도는 26~27도이다. 발효가 시작된 지 첫 7~10일 동안에는 적정 온도로 정확히 유지하는 것이 가장 중요하다. 또한 발효가 완료될 때까지 '균형 잡힌 향미 rounded flavor'로 유지하는 것도 매우 중요하다.

만약 온도를 너무 낮게 시작하면 콤부차의 발효 과정도 느리게 진행되는데, 이때는 열을 가끔씩 가하면 정상 상태로 회복시킬 수 있다.

연속배양법에서 콤부차를 너무 빨리, 많이 배출한 경우

콤부차를 처음 만드는 사람들은 빨리 만들어 먹고 싶은 욕구가 강하다. 그러나 콤부차에서 훌륭한 향미를 장기적으로 내기 위해서는 무엇보다도 초반부에 인내심을 발휘해야 한다. 잘 발효된 콤부차를 기반으로 연속배양에 나서야, 비로소 최고의 결과물을 얻을 수 있기 때문이다. 처음 몇 회분 동안에 콤부차를 과도하게 빼내면, 효모와 박테리아 간의 균형을 깨뜨릴 수 있고, 단맛도 더 강해질 수 있다. 따라서 콤부차가 완전히 발효되면 병입하기 전의 발효 용기에는 반드시 4분의 3 정도를 남겨 둔다. 그리고 새로운 발효 주기의 첫 4~5일 동안은 숙성을 위해 그대로 둔다.

너무 강한 신맛

콤부차에 강한 신맛이 나면 영양성이 풍부한 것으로 많이 알려져 있다. 그러나 강한 신맛은 마시기에는 매우 부담스러운 맛이다. 콤부차를 일반 가정에서 처음 만드는 사람들에게는 더욱더 그러하다. 그러나 콤부차를 만드는 데 인내심을 갖고 꾸준히 경험하다 보면, 맛을 자유롭게 조절하는 데 언젠가는 성공할 것이다.

발효 시간이 너무 긴 경우

콤부차는 종종 강한 단맛에서 곧바로 강한 신맛으로 빠르게 바뀔 수 있다. 이와 같은 이유로 콤부차를 발효시키는 과정에서는 맛을 정기적으로 보는 일이 매우 중요하다. 하루에 한 번이나 두 번 정도면 좋다. 특히 콤부차의 발효가 완료될 시점에서는 맛을 반드시 매일 같이 보아야 한다.

온도가 너무 높은 경우

콤부차가 29도 이상으로 온도가 너무 높게 유지되었다면, 향미의 균형이 깨져 신맛, 쓴맛, 이상한 냄새가 날 수 있다. 최상의 콤부차를 얻으려면 반드시 적정 온도 범위인 24~29도를 유지하는 것이 좋다.

발효 용기의 바닥 쪽에서 가열한 경우

연속배양법에서는 효모의 과도한 증식을 막기 위해 반드시 발효 용기의 측면에서 열을 가해야 한다. 효모는 생애 주기를 다하면, 종국적으로는 온도가 가장 낮은 용기의 바닥 쪽으로 가라앉는다. 그런데 바닥에 열이 가해지면 효모가 다시 활동에 나서면서 발효 과정의 균형이 깨지는 것이다. 회분배양법으로 콤부차를 짧은 시간에 걸쳐 발효시키고 용기의 바닥을 깨끗이 세척한 경우라면, 바닥 쪽에 열을 가해도 상관없다. 그러나 8일 이상 발효시키거나 연속배양법으로 발효시키는 경우에 최상의 콤부차를 얻기 위해서는 반드시 용기의 측면에서 열을 가해야 한다.

배양균이나 효모가 너무 많은 경우

연속배양법의 경우에는 시간이 지나면서 스코비의 새로운 층들이 다량으로 용기의 상단부에 형성되는 반면, 효모 가닥들은 바닥에 많이 뭉쳐진다. 그러한 과정에서 콤부차가 발효되고 완성되는 것이다. 이때 스코비의 배양균이나 효모의 양이 너무 많아지면 콤부차의 맛을 유지하기가 어렵다. 이 경우에는 발효 용기를 완전히 세척한 뒤 처음부터 다시 시작해야 한다.

영양원이 너무 많은 경우

첫 발효의 배양액에서 설탕과 티를 우린 액은 모두 전체에서 최대 3분의 1 이하로 줄여서 사용한다. 효모와 박테리아의 영양원(에너지원)인 설탕과 티를 줄이면 강한 신맛의 산성도도 줄일 수 있다. 그러나 효소, 비타민, 건강한 산 성분도 함께 줄어들면서 스코비의 성장이 완화될 수 있고, 맛도 약해질 수 있다.

물로 희석시킨 경우

콤부차에 물을 곧바로 첨가하면 산도(pH)를 높이면서 과도하게 숙성된 콤부차의 신맛을 최소화하여 훨씬 마시기에 좋다. 과일 주스에는 과당이 들어 있어 콤부차에 1~2온스만 첨가해도 신맛을 크게 줄일 수 있다. 신맛의 콤부차에 과일 스무디를 첨가하면, 영양 효과는 그대로 유지하면서 신맛도 가릴 수 있다.

정제제를 사용하는 경우

정제제(또는 청징제)를 넣으면 콤부차의 pH를 바꿔 산도를 부드럽게 완화시킬 수 있다. 단, 정제제의 사용이 지나칠 경우에는 맛이 완전히 달라지기 때문에 적당량으로 사용해야 한다.

식초를 만드는 경우

콤부차가 신맛이 매우 강하여 마시기에 부적합할 경우에는 콤부차 식초로 만들어 마시면 된다.

너무 약한 맛

콤부차에서 기대한 맛이 나지 않을 경우에는 숙성 기간을 더 늘려야 한다. 며칠이 지난 뒤에도 산성도나 맛의 깊이에 변화가 없으면 다른 잠재적인 요인으로 인한 것일 수 있다.

스코비가 죽었거나 죽어 가는 경우
스코비를 곧바로 퇴비로 사용하고 새로운 배양에 나선다.

효모가 불충분한 경우
스코비 호텔 바닥의 효모가 풍부히 든 액체를 떠낸 뒤, 다음 콤부차 회분배양의 액종으로 사용한다.

온도가 너무 낮은 경우
발효 온도를 24~29도로 적정하게 유지한다.

티의 농도가 약한 경우
찻잎을 더 오랫동안 우려내거나, 배양액에 사용하는 티의 양을 늘린다.

설탕이 부족한 경우
양을 더 늘린다! 필요한 경우에는 1갤런당 1컵보다 최대 50%까지 더 첨가할 수 있다.

액종의 활성도가 약한 경우
스코비 호텔에 든 강한 신맛의 콤부차를 액종으로 사용한다.

콤부차 전설 : 카르가소크 티 Kargasok tea

러시아 남부의 코카서스산맥 부근에는 100세를 넘긴 고령의 인구가 밀집되어 있는 것으로 유명하다. 고령의 인구가 밀집된 곳은 그 밖에도 또 있다. 전설에 따르면, 러시아의 한 시골 마을인 카르가소크 Kargasok 지방에는 소수의 사람들이 살고 있는데, 그 중에는 100세를 넘긴 사람들도 꽤 많다고 한다. 그 사람들은 고령임에도 불구하고, 지역사회에서 건강하게 활동하면서 가정에서도 중심적인 역할을 수행하여 큰 존경을 받고 있다고 한다.
그 사람들의 장수 비결로는 '훌륭한 습관'과 '콤부차'가 주장되고 있다. 이 콤부차는 유제품과 야채가 풍부한 전통적인 식단의 일종인데, '효모 효소 티 yeast enzyme tea'인 것으로 알려졌다.

스코비의 문제

스코비는 일종의 모체(또는 원형)로서 모양, 색상 및 질감에서 매우 다양하게 나타난다. 누군가에는 매우 친숙해 보일 수도 있지만, 또 다른 누군가에는 매우 이상하게 보여 궁금증을 자아낼 수도 있다. 여기서는 스코비와 관련해 생길 수 있는 일반적인 문제들과 그 해결 방식들에 대해 소개한다.

스코비의 미성숙

스코비는 콤부차를 만들 때마다 새롭게 생성된다. 그런데 5일이 지나도 성장하지 않거나 그 성장이 미약하면, 콤부차의 발효 환경에 문제점이 있다고 보아야 한다.

온도가 너무 낮은 경우

콤부차를 발효시킬 때 적정한 온도 범위는 24~29도이지만, 이상적인 온도 범위는 26~27도이다. 온도가 너무 낮을 경우에는 스코비가 제대로 성장하지 못하여, 결과적으로 사과 향미와 신맛이 결여되면서 맛없는 콤부차가 만들어진다. 따라서 콤부차의 발효 용기 옆에는 항상 적정 온도로 유지하기 위해 전열 매트를 두도록 한다.
콤부차가 18~21도에서 오랫동안 발효되면 신맛이 강해지면서 식품의 안전성도 높아진다. 18도 미만에서 발효되면 향미가 약해지고 박테리아의 활동도 둔화되면서 곰팡이가 쉽게 발생할 수 있다.

스코비나 액종의 사용이 불충분한 경우

콤부차를 만들 때 각 재료들을 적당한 비율로 사용하지 않으면, 박테리아가 빠른 시일 내에 건강한 스코비를 생성시킬 수 없다. 특히 첫 회분배양에서는 더더욱 그렇다. 곰팡이가 생기지 않는 한, 일반적으로 발효 기간이 길수록 스코비도 더 크게 성장한다. 특히 발효가 완전히 끝난 뒤에 스코비 상부에 배양액을 공급해 주면 그 성장은 매우 왕성해진다.

박테리아가 죽었거나 죽어 가는 경우

스코비의 배양균이 완전히 죽으면 곰팡이가 생긴다. 그러나 효모는 살아 있지만, 박테리아가 죽었거나 활동이 크게 약해지면 더 이상 새로운 스코비가 형성되지 않는다. 그와 동시에 효모의 생성은 건강할 수도 있고, 그렇지 않을 수도 있지만, 발효는 계속 일어난다. 이와 같은 현상은 스코비를 냉장 보관하였거나, 42도 이상의 매우 뜨거운 곳에서 1시간 이상 보관하였거나, 스코비 호텔에서 6개월 이상 동안 성장이 침체된 경우에서 볼 수 있는 일이다. 따라서 박테리아가 완전히 죽은 경우에는 새로운 배양균으로 반드시 처음부터 새로 시작해야 한다.

효모가 너무 많은 경우

효모는 발효의 상태를 가장 가시적으로 보여 줄 수 있다는 측면에서 위의 경우와 유사하다. 차이점이 있다면, 이 경우에는 스코비의 증식과 박테리아의 생존 징후를 볼 수 있다는 점이다. 결국 효모의 수를 줄이면서 박테리아의 수를 회복시켜 발효의 상태를 조절할 수 있다. 짧은 기간임에도 효모가 과도하게 증식한다면, 용기 바닥에 있는 액종을 사용하였거나 발효가 끝난 뒤 용기를 세척하지 않고 다시 사용하였거나 발효 용기를 너무 많은 횟수로 사용한 경우이다. 이와 같은 경우에는 발효 용기의 바닥에 효모가 과도하게 증식한다.

초산벌레가 있는 경우

선충의 일종인 초산벌레vinegar eels, Turbatrix aceti는 스코비가 성장하는 가장자리 부위를 갉아먹는다. 그로 인해 발효가 진행될수록 스코비의 품질이 점차 떨어지고, 배양균과 용기의 모서리 사이에 얇은 효모 망을 형성시킨다.

스코비가 용기 밖으로 증식된 경우

스코비는 가끔 용기의 내벽을 타고 밖으로 증식하는 경우가 있다. 이때는 스코비와 콤부차 액체 사이에 공기가 통할 수 있는 틈새가 생긴다. 그리고 효모와 배양균은 마치 탯줄과도 같은 역할을 하면서 배양액으로부터 영양분과 수분을 스코비에 공급하는 현상을 볼 수 있다. 이와 같은 현상은 탄산가스가 액체 속에 녹아 있을 수 있는 용해도 이상으로 생성되었을 때 자주 일어난다. 그리고 탄산가스가 배양균을 밀어 올리면서 용기에 봉인 효과를 내면서 스코비도 완벽하게 성장하는 것이다.

스코비의 내리누르기

스코비가 용기의 내벽을 타고 증식하여 밖으로 올라오면 내리누르기만 하면 된다. 배양균에는 손상을 주지 않기 때문에 필요한 만큼 힘껏 눌러 준다. 스코비는 가라앉거나 뜨겠지만, 어느 경우에서든 용기 상단부에서는 스코비의 새로운 층이 생성될 것이다.

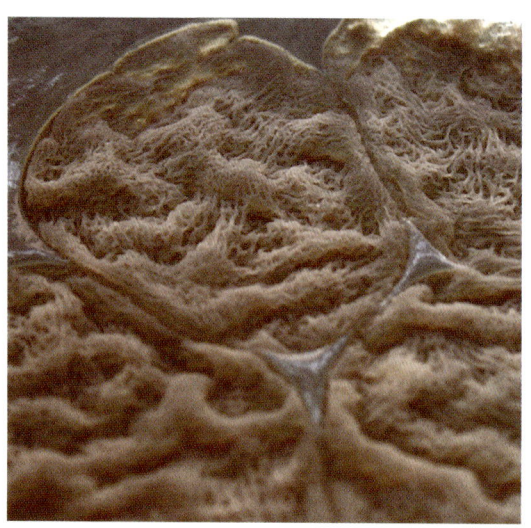

캄 효모(Kahm yeast)는 사람에게 해롭지 않다. 대부분 발효액에서 안전하게 제거할 수 있으며, 잔여물을 섭취하여도 건강에는 문제가 없다. 그러나 캄 효모의 생성은 콤부차의 발효가 약하다는 신호이기 때문에 스코비 호텔에서 신선한 배양균을 꺼내 콤부차를 다시 발효시키는 것이 좋다.

카보네이션의 문제

탄산가스가 생성되는 카보네이션의 과정에 문제가 있을 경우에는 앞에서 설명한 '카보네이션의 정보 및 기술들'을 참조하여 해결을 시도한다. 그럼에도 불구하고 문제가 해결되지 않을 경우에는 다음에 소개하는 고급 기술들을 적용해 보길 바란다.

발효 용기에 거품이 적은 경우

첫 발효에서는 탄산가스가 기공을 통하여, 또는 스코비의 가장자리에서 새어 나갈 것을 감안하여 거품을 충분히 많은 양으로 만들어야 한다. 그러면 용기의 바닥에서 일어난 거품이 스코비를 밀어 올리는 모습도 종종 볼 수 있다. 거품이 거의 보이지 않으면 발효 과정에 문제가 생겼을 가능성이 높다.

용기 바닥의 액종 사용하기

액종은 대개 박테리아와 효모의 균형을 건강하게 유지하기 위해 효모가 적은 용기의 상단부에서 떠내어 사용한다. 발효 과정에서 거품을 증가시키는 방법 중 하나로는 효모의 수치를 높이는 것이 있다. 그런데 효모가 가장 밀집되어 있는 부분은 용기의 바닥면이다. 먼저 발효 용기의 바닥에서 액종 2컵을 떠낸다. 이 효모로 가득한 액종 2컵이면 콤부차를 정상적으로 발효시킨다. 만약 2컵분이 필요량보다 더 많으면, 여분의 액종이 차지하는 만큼 배양액에서 물을 적게 사용하면 된다. 또 액종이 2컵 이상으로 필요하면 2컵을 제외한 나머지 분량은 용기의 바닥이 아니라 상단부에서 떠낸다.

최상의 결과를 얻기 위해서는 발효 용기를 열원 근처에 두어야 한다. 예를 들면, 열 매트나 스토브 인근의 따뜻한 곳이다. 그리고 나서 첫 번째 또는 두 번째 회분의 발효 과정에서 카보네이션의 과정을 반드시 확인해야 한다. 만약 카보네이션 과정이 다시 시작되면 용기 바닥의 액종은 그대로 두고 대신에 상단부의 액종을 떠내 발효의 균형을 유지한다.

티의 양을 늘리기

카페인은 효모의 활동을 자극한다. 그런 카페인이 든 티의 양이 많으면, 효모도 더 많은 자극을 받아 정상적으로 휴면기를 갖기보다는 훨씬 더 많은 활동성을 보이게 된다. 목표한 바대로 결과를 얻기 위해서는 녹차나 홍차 1~2티스푼 또는 티백을 티블렌드에 넣거나(회분배양) 또는 용기 상단부에 붓는다(연속배양). 만약 허브티(티잰)을 사용하는 경우에는 1~2회의 발효 주기를 거쳐야 비로소 일반적인 활성 상태로 회복할 수 있다.

온도 높이기

발효의 온도 범위를 24~29도로 유지하면 병 속이든지, 발효 용기 속이든지 간에 카보네이션 과정에 매우 적합한 조건이다. 가장 이상적인 온도 범위는 26~27도이다.

병 속에 거품이 적은 경우

대부분의 사람들은 음료에 거품이 아무리 많아도 싫증내 하지 않는다! 고대로부터 거품은 영양이 풍부하다는 신호로 받아들여졌다는 점을 상기하면, 사람들이 거품이 일고 있는 음료를 왜 그토록 갈망하는지에 대해서 쉽게 이해될 수 있다. 종종 발효 과정에서 맛은 있지만 거품이 일지 않아 충족감이 떨어지는 콤부차가 만들어지는 수도 있다. 여기서는 거품(기포)의 발생을 촉진하는 몇몇 방법들을 소개한다.

용기 바닥의 효모를 휘젓기

콤부차를 연속배양법으로 만든 뒤, 병입하기 직전에 손잡이가 긴 숟가락을 스코비 아래쪽의 바닥까지 밀어 넣고 골고루 휘저어 효모 가닥들을 부유시킨다. 그 뒤 병입하면서 효모의 일부를 걸러 낸다. 병입한 뒤에도 카보네이션 과정이 골고루 일어나도록 가끔씩 휘저어 준다.

발효 온도 높이기

발효 과정에서 온도를 적정 범위인 24~29도로 유지하면 발효 용기든지, 병이든지 간에 카보네이션 과정이 일어나기에 적합하다. 발효에 가장 이상적인 온도는 26~27도이다.

보관 장소의 온도 높이기

온도가 너무 낮으면 효모는 활동하지 않기 때문에 카보네이션의 과정은 중단된다. 따라서 탄산가스가 적거나 전혀 없을 수도 있다. 콤부차를 병입할 당시에 거품이 있더라도 냉장고 등 추운 장소에 오랫동안 보관하면 효모의 활동이 위축될 수 있다.

콤부차를 병입한 뒤에 냉장고에 보관한 경우에는 15~30분간 상온에서 보관하여 병 상단부에서 거품이 보이면 마신다. 또는 추운 장소(온도 16~21도)가 아닌 서늘한 장소에 콤부차 병을 보관한 뒤 차게 마시고 싶으면 얼음을 넣어 마신다. 거품을 좋아하면, 효모가 최대한 편안히 활동할 수 있는 온도로 유지하면 된다.

단맛이 강할 때 병에 담기

발효 과정의 초반부에 콤부차를 병입하면 단맛이 강한 대신에 거품이 적다. 병속에서도 효모는 설탕(당)을 계속해서 소비하고 있는 만큼, 박테리아는 무산소 2차 발효 과정에서 휴식하고 있다.

병뚜껑 확인하기

만약 병이 탄산가스를 잘 가두어 놓을 만큼 충분히 좋지 않으면, 액체 속의 탄산가스는 모두 날아가 사라질 것이다. 그 이유의 대부분은 병 뚜껑의 밀봉성이 좋지 않기 때문이다. 일반적으로 코르크 뚜껑이 부착된 스윙 톱 유리병이 탄산가스를 유지하기에 가장 좋은 것으로 평가되고 있다.

설탕을 몇 회에 걸쳐 나눠 첨가하기

설탕이 효모가 소비할 수 있는 양보다 훨씬 더 많이 첨가되면, 효모의 활동이 둔화되면서 발효와 카보네이션의 과정도 동시에 느려진다.

설탕을 콤부차 1갤런당 표준 1컵 이상으로 사용한 경우에는 그 사용량을 줄여서 발효 과정의 둔화를 막을 수 있다. 그럼에도 효모의 활동이 계속 둔화되면, 설탕을 단번에 첨가하지 않고 발효가 시작된 지 3일 동안 몇 회에 걸쳐 나눠 첨가한다. 이 과정을 거치면 효모는 티에 함유된 포도당에 맞춰 활동할 수 있다. 그러면 다음 회분의 배양부터는 정상적인 발효에 나설 수 있다.

다음의 비율은 콤부차 1갤런당 설탕 1컵을 기준으로 한다. 각 회분 크기에 맞게 양을 조절하면 된다.

- *1일째* : 우려낸 티, 스코비, 액종에 설탕을 25%(¼컵)만 넣는다.
- *2일째* : 설탕 25%(¼컵)를 더 넣는다.
- *3일째* : 나머지 50%(½컵)를 넣는다.

설탕을 첨가할 때 반드시 휘저을 필요는 없지만, 용기 바닥에 골고루 분배되도록 흩어서 넣으면 빨리 용해된다. 이때 스코비는 설탕이 위로 뿌려지지 않도록 이동시킨다.

카보네이션이 너무 강한 경우

대부분의 사람들은 콤부차에 탄산가스가 아무리 많이 들어 있어도 지나침이 없다고 말하지만, 콤부차의 병이 폭발하여 과일 조각이 천장까지 날아가 본 경험이 있는 사람이라면 조심할 것이다. 병이 폭발하지 않는 한, 발효가 계속되면서 거품도 점차 관리할 수 있을 만큼 줄어든다. 대신에 신맛은 매우 강해질 것이다. 콤부차가 폭발하거나 흘러넘치는 일을 예방하려면 냉장고에서 최소 30분에서 최대 24시간 동안 보관하면 된다.

가향 재료를 많이 사용한 경우

콤부차가 든 병에 가향 재료를 매우 소량으로 넣어도 그 결과는 크게 달라질 수 있다. 2차 발효 과정에서는 효모가 다시 활동하면서 설탕(당)을 더 많이 소비함에 따라 탄산가스도 더 많이 생성된다. 특히 과일, 생강, 그 밖의 뿌리줄기 등의 가향 재료에는 당분이 함유되어 있어 거품이 많이 생성될 수 있는 것이다. 따라서 가향 재료와 과일 퓌레는 사용은 하되, 되도록 소량으로 사용하는 것이 좋다.

효모가 너무 많은 경우

발효 용기에 효모가 너무 많으면 콤부차를 병입할 경우에도 많이 섞여 들어간다. 이로 인해 콤부차 병에서는 분출이나 폭발이 일어날 수 있다. 이와 같은 문제가 자주 발생하면 콤부차를 병입하는 단계에서 효모를 걸러 내는 것이 좋다.

온도가 너무 높은 경우

2차 발효 과정에서 온도가 너무 높으면, 특히 29도 이상인 경우에는 효모들이 쉬지 않고 활동하면서 가향 재료로부터 영양분을 흡수 및 소비하여 병 내의 압력이 상승한다.

초산벌레가 있는 경우

초산벌레는 사람에게 해를 주지는 않는다. 그러나 병 속의 박테리아를 섭취하면서 효모의 과도한 증식을 초래하여 결과적으로 병의 폭발로 이어질 수 있다. 원인 불명으로 콤부차의 병이 폭발하면 초산벌레가 들어 있는지 확인해 보아야 한다.

발효의 균형 잡기

콤부차의 발효 과정에서는 균형을 유지하는 것이 무엇보다 중요하다. 박테리아와 효모는 공생 관계에 있지만 경쟁하기도 한다. 콤부차의 발효 과정에서 균형이 무너졌을 경우에 가장 좋은 해결 방법은 신선한 배양균으로 작업을 다시 시작하는 것이다.

박테리아가 너무 많은 경우

박테리아가 너무 많으면 스코비의 두께가 지나치게 두꺼워진다. 그리고 탄산가스가 거의 없고 맛도 깊이가 부족하다. 또한 신맛이 나는 데에도 매우 오랜 시간이 걸린다. 여기서는 박테리아가 너무 많을 경우에 효모와 균형을 맞추기 위한 몇 가지의 방법들을 소개한다.

효모가 풍부한 액종 첨가

효모를 증가시키는 가장 빠른 방법은 발효 용기의 바닥에서 액종을 떠서 사용하는 것이다. 일반적으로 용기 바닥에는 효모가 가라앉아 그 밀도가 높다.

티 사용량 늘리기

배양액에서 티의 양을 늘린다. 순수한 티 대신에 블렌딩 티를 사용할 경우에는 홍차의 함유 비율을 높여 주면 효모가 더 왕성하게 증식된다.

온도 높이기

발효 시작 온도를 29도로 설정하면, 박테리아를 손상시키지 않고 그 증식도 최소화할 수 있다. 반면에 효모의 증식은 최대화할 수 있다.

효모의 영양 공급 중단

설탕(당)의 양을 약간 줄이면 효모는 더욱더 효율성을 띠게 된다. 이는 설탕의 사용량을 늘리면 영양(에너지원)을 더 많이 공급한다는 측면에서 볼 때 한편으로는 모순으로 보인다. 여기서 설탕의 양을 줄인다는 뜻은 설탕을 한 번에 많이 넣는 것이 아니라 여러 회에 걸쳐 조금씩 첨가한다는 것이다. 그로 인해 효모는 더욱더 활동적이고 균형 있게 성장하는 것이다.

효모가 너무 많은 경우

박테리아의 양이 적으면 스코비의 성장이 불량할 뿐만 아니라, 콤부차의 색상도 과도한 양의 효모에 의해 흐리고 탁해진다. 이로 인해 콤부차에서는 신맛과 함께 이상한 냄새가 날 수 있다. 여기서는 효모의 증식을 최소화하면서 박테리아의 증식을 최대화할 수 있는 몇 가지의 방법을 소개한다.

액종 여과하기

이전 회분의 상단부로부터 콤부차를 떠내 액종으로 사용하면 효모가 억제되지 않는다. 그럴 경우에는 액종을 여과시키면 효모를 줄이는 데 큰 도움이 될 수 있다. 치즈클로스나 눈이 촘촘한 체를 사용하면 액종을 충분히 여과시킬 수 있다.

온도 낮추기

발효의 이상적인 온도 범위에서 최저점을 유지한다. 온도를 약 24도로 유지하면 효모의 활동성이 줄어들면서 박테리아의 성장이 우세해질 수 있다.

효모의 영양분 줄이기

카페인과 퓨린 성분은 효모의 활동을 촉진한다. 따라서 이러한 성분을 함유한 티의 우려내는 시간을 줄이거나, 그 성분의 함유량이 적은 백차, 녹차, 더 나아가 일부 허브티 등을 블렌딩해 사용하면 효모의 양을 효과적으로 줄일 수 있다.

박테리아의 영양 공급 늘리기

설탕의 25%를 포도당으로 대체한다. 단맛은 줄어들겠지만, 박테리아에 즉각적으로 영양분을 공급하여 보다 더 균형을 이룬 콤부차를 만들 수 있다. 가루 형태로 사용되는 포도당은 보통 옥수수로부터 추출된 것이다.

액종을 전부 소모한 경우

가끔은 액종을 다 소진해 버리는 수도 있다. 콤부차의 마지막 한 방울까지 병입하였을 경우이다. 여기서는 액종을 다시 만들어 새로운 발효 과정에 사용할 수 있는 몇 가지의 방법들을 소개한다.

병에 든 콤부차 활용하기

가장 최근에 병입한 콤부차의 일부를 꺼내 사용한다. 가향 재료가 들어 있지 않은 콤부차를 사용한다. 그러한 콤부차가 없다면 차선으로 과일 향, 생긴 향이 나는 것을 사용한다. 에센셜 오일, 커피, 강한 향신료를 비롯해 배양균을 손상시킬 수 있는 가향 재료가 다량으로 든 허브티(티잰)가 함유된 것은 사용을 가급적이면 피한다.

용기 바닥의 액종 여과

앞서 사용된 발효 용기의 바닥에 있는 찌꺼기 액체는 효모로 가득한 탁한 액체일 가능성이 높다. 이 찌꺼기 액체를 적당히 여과시키면 액종으로도 사용할 수 있다. 그리고 다음 회분의 배양에서 효모가 가득 찬 액종을 사용하지 않으려면, 용기 상단부의 콤부차를 떠내어 액종으로 사용하기 위해 따로 보관해야 한다는 사실을 염두에 두길 바란다.

직접 만들기

스코비만 선물로 받았거나 유리병에서 콤부차 액이 완전히 소실된 경우에는 배양균이 완전히 탈수되지만 않았다면, 스코비를 곧 되살릴 수 있다. 유리컵에 스코비를 넣고 배양액 1~2컵을 부은 뒤 증류된 백식초를 1티스푼 정도 첨가한다. 천으로 유리컵을 덮은 뒤 5~7일간 방해를 받지 않도록 그대로 둔다. 새로운 스코비가 성공적으로 형성되면, 그 스코비와 유리컵 내의 액체를 모두 사용하여 0.25~0.25갤런의 용량으로 회분배양을 시작해 콤부차의 농도를 서서히 높여 준다.

• **참고 사항**

일부 사람들은 액종 대신에 식초를 사용해도 된다고 이야기하지만 권장할 만한 사항은 아니다. 증류된 식초는 발효 초기에 곰팡이의 발생을 예방할 수는 있지만, 박테리아와 효모의 증식에는 큰 도움이 되지 않는다. 또한 식초 원액을 사용할 경우에는 식초 내 박테리아와 효모로 인해 콤부차의 배양균이 오염될 수 있다. 스코비가 상태가 좋지 않거나 박테리아와 효모가 충분히 않으면, 식초를 아무리 첨가하여도 소용이 없다. 스코비가 1~2컵 정도의 액종을 자체적으로 생성시키지 못하면, 새로운 스코비를 사용하여 강력한 액종을 만들도록 한다.

이상한 냄새, 이취 문제

콤부차는 냄새를 맡아 보면, 곧바로 달달하고도 시큼한 사랑스러운 향을 느낄 수 있다. 대부분의 사람들은 거의 느끼지 못하지만, 발효 용기에서 케케묵은 냄새가 풍기면 용기를 자세히 살펴보아야 한다. 그 원인은 종종 효모와 관련이 있다. 영양소가 적절히 공급되지 않거나 발효 조건이 맞지 않으면 효모에 이상이 생기면서 이취가 발생할 수 있다. 발효 조건이 정상적으로 복원되면 이러한 문제들도 곧바로 사라진다. 또 한편으로는 자체적으로 회복할 수 있도록 그대로 두기도 한다. 여기서는 효모에 이상이 발생했는지의 여부를 확인할 수 있는 몇 가지의 방법들을 소개한다.

아세톤 냄새

아세트산과 에탄올이 합성된 유기 화합물, 즉 에틸아세테이트ethyl acetate(초산에틸)가 생성되면 매니큐어 제거제와 비슷한 냄새가 풍긴다. 이는 대개 효모의 상태에 이상이 있거나 영양소가 적절히 공급되지 않아서 생긴다. 아세톤 냄새가 발생하는 데는 다음과 같은 요인들이 있다.

- 상호 이질적으로 '하면발효bottom fermentation'된 효모들의 혼재
- 권장 발효 온도보다 높은 경우
- 생꿀을 사용하여 그 속에든 미생물이 콤부차 배양균의 성장을 막은 경우
- 발효에 필요한 산소 부족

이와 같은 경우에는 스코비 호텔에서 새로운 스코비를 꺼내 새로 작업을 시작한다.

유황 냄새

효모가 매우 높은 온도에 노출되면 황화수소가 과잉으로 생성되면서 그 부산물로 계란이 썩는 냄새가 난다. 발효가 계속 진행되면서 자체적으로 회복될 수도 있지만, 그렇지 않은 경우도 있다. 온도를 적절히 조절해 나가면 회복에 나서 볼 수도 있다.

또한 황을 생성시키는 박테리아가 든 우물물을 사용하였을 경우에도 유황 냄새가 발생할 수 있다. 이 경우에는 발효가 진행될수록 유황 냄새가 더 심하게 날 수 있다. 이때는 발효 중이던 콤부차를 버리는 것이 좋다. 우물물을 사용하려면 10분 동안 끓여서 사용하거나 여과해서 사용한다. 아니면 다른 수원을 찾는 것이 바람직하다.

토 냄새(뷰티르산)

매우 드문 경우이지만, 뷰티르산butyric acid을 생성시키는 박테리아가 과도하게 증식하면서 콤부차에 토 냄새가 나는 수도 있다. 참고로 뷰티르산을 생성시키는 박테리아는 사람의 장 내에서도 발견된다. 이 토 냄새는 비록 역겹지만 위험하지는 않다. 다행히도 냄새 나는 용기를 버리고 새로운 용기로 발효를 시작하면 스스로 균형을 되찾는다.

시럽같이 끈적거리는 경우

이 경우도 드물지만, 콤부차를 적정한 온도로 유지하기 위해 1주일 정도 전열기를 사용한 경우에 종종 발생한다. 스코비의 두께가 두꺼워지면 효모의 균형에 문제가 발생할 수 있다. 적절한 환경에서 자정 작용이 일어나지 않으면, 콤부차를 버리고 다시 작업한다.

초파리의 처리

사과즙파리, 광대파리로도 잘 알려진 초파리는 시큼한 콤부차에 번식하는 것을 좋아한다. 따라서 스코비에 초파리가 날아드는 일은 매우 흔하다. 초파리는 발효에 영향을 주거나 사람에게 해를 주지는 않지만, 기분을 불쾌하게 만든다. 특히 유충은 쌀알이 꿈틀꿈틀하는 것처럼 보인다.

경미한 경우

초파리에 오염된 부분만 부드럽게 걷어 낸다. 이때 콤부차에 유충이 유입되지 않도록 주의한다. 거름망으로 여과된 깨끗한 물로써 스코비의 배양균을 잘 헹궈 내 초파리의 알과 유충을 제거한다. 티에도 초파리, 알, 유충이 유입되었을 가능성이 있기 때문에 티도 거름망으로 여과시킨 뒤 작업을 다시 시작한다.

심각한 경우

초파리의 유입이 심한 경우에는 스코비를 쓰레기통에 버리거나 퇴비로 사용하고 티도 쏟아버린다. 발효 용기에 이물질이 없도록 완전히 문질러서 닦아 낸 뒤에 새로운 배양균으로 발효 작업을 다시 시작한다. 연속 배양법에서 스코비가 여러 층으로 형성되어 있을 경우에는 유충과 알이 있는 윗부분만 걷어 낸 뒤, 아랫부분은 계속해서 사용할 수 있다.

초파리 트랩 만들기

종이로 아이스크림 콘 모양을 만든다든지, 플라스틱 병을 자른다든지, 초파리 트랩을 만드는 방법은 매우 많다. 우리는 여러 해 동안 실험을 진행한 결과, 아주 간단하게 최상의 트랩을 만들 수 있었다. 발효된 콤부차를 소량으로 접시에 담고 주방용 세제를 몇 방울 떨어뜨린다. 티는 초파리를 꾀는 작용을 하며, 세제는 물의 표면장력을 깨뜨려 초파리를 도망가지 못하게 하고 액체로 떨어지게 한다. 초파리를 상당수 잡으면 새 접시로 교체해 최상의 결과를 얻을 수 있도록 한다.

곰팡이의 처리

곰팡이는 콤부차에 위협적이고 보기에도 불쾌하지만, 일반 가정에서 콤부차를 만드는 사람들에게는 매우 친숙한 존재이다. 곰팡이가 생기면 발효 환경이나 스코비의 배양균에 문제가 발생하였다는 징조이다. 곰팡이는 드물게 발생하지만 눈에 잘 띈다. 이로 인해 곰팡이는 콤부차가 섭취하기에 안전하지 않고 스코비를 버려야 한다는 사실도 알려 주는 훌륭한 신호등이다. 콤부차에 생긴 곰팡이는 일반 음식물이 부패하면서 생기는 곰팡이와 모양새가 똑같다. 색상도 다양한데, 푸른 곰팡이, 검은 곰팡이, 하얀 곰팡이가 있다. 이 곰팡이의 가장 중요한 특징은 마른 털이 보송보송하게 나 있는 것이다. 주로 스코비의 윗부분에 퍼져서 분포한다.

이렇게 곰팡이가 생기면 콤부차를 모두 버리는 수밖에 없다. 모체 스코비에서 형성된 새로운 층들에 곰팡이가 생겼을 경우에는 새로운 스코비뿐 아니라 모체 스코비(곰팡이가 안 보이더라도)와 함께 든 액체도 모두 버려야 한다. 그 뒤 스코비 호텔에서 신선한 배양균의 스코비와 액종을 꺼내 처음부터 다시 작업을 시작한다. 버리기에 아까운 마음이 들지만, 곰팡이가 생기면 모두 버려야 한다. 물론 그것이 진짜 곰팡이인지는 확인해야 할 필요가 있다.

콤부차를 처음 만드는 사람들은 스코비나 효모가 이상해 보이면 곰팡이가 생긴 것으로 착각한다. 갈색을 띠는 효모 가닥이 배양액에 부유하거나 스코비의 반투명한 배양균 속에 침투하여 어두운 색의 혹이나 반점을 형성하기 때문이다. 이때 스코비는 고르게 성장하지 못하여 주름을 형성한다. 이는 우리 눈에 비정상적으로 보일 수 있지만, 실은 완벽하게 정상이다.

곰팡이의 발생 조건

육안으로 확인할 수 없는 곰팡이의 포자는 극한의 조건에서도 휴면 상태에 있거나 생존할 수 있다. 그러한 곰팡이의 포자는 물이나 식초로도 완전히 제거할 수 없다. 여기서는 곰팡이가 생길 수 있는 몇몇 조건들에 대해 소개한다.

온도가 낮은 경우

콤부차의 온도가 적정 온도인 24~29도 이하로 내려가면 박테리아의 활동이 둔화되면서 산성화를 지연시켜 곰팡이가 생길 수 있다.

배양균이나 액종이 충분치 못한 경우

스코비와 액종을 너무 아껴서 사용하는 것도 곰팡이가 생기게 하는 이유 중 하나이다. 더욱이 온도까지 낮아지면 곰팡이는 매우 빠르게 증식한다. 스코비의 배양균과 액종이 충분치 않으면 산성화가 지연되고, 결과적으로 콤부차는 곰팡이와 같은 유기체의 영양원이 되는 셈이다.

발효 환경이 오염된 경우

발효 환경이 오염되면 곰팡이가 증식할 수 있다. 일반 가정에서 꽃을 키우면, 꽃가루가 퍼지면서 자연 발생하는 효모와 곰팡이의 포자를 운반할 수 있다. 따라서 발효 용기는 꽃이 핀 식물로부터 적어도 1미터 이상 떨어뜨려 놓아야 하고, 다른 방에 두면 더욱더 좋다. 곰팡이 외에 담배 연기도 스코비의 배양균을 파괴할 수 있는 또 다른 위험 요소이다.

곰팡이의 다양한 모습들

재료가 오염된 경우

모든 작물과 마찬가지로 티(찻잎)에는 스코비에 부정적인 영향을 줄 수 있는 농약 등의 물질이 포함되어 있을 수 있다. 배양액에 사용하는 물도 오염되었을 수 있다. 더욱이 일부 설탕은 발효를 전혀 일으키지 않을 수도 있다. 곰팡이가 발생하면 되도록 최고급 재료를 사용하여 본래의 레시피에 충실하면서 곰팡이가 생길 수 있는 원인들을 모두 제거한다.

습도가 높은 경우

습도가 높으면 특정한 박테리아와 효모의 성장을 촉진한다. 이들 중 일부는 콤부차의 스코비에 병원균을 옮길 수 있고, 또한 곰팡이도 유발할 수 있다. 열대 기후에서는 팬을 설치하여 공기의 순환을 촉진시켜야 한다.

배양균이 미성숙한 경우

배양균을 냉장이나 냉동으로 보관하였거나 탈수한 경우에는 발효가 원활히 진행되지 않아 곰팡이가 생길 수 있다.

곰팡이의 발생 예방

콤부차가 발효된 지 3~4일간은 곰팡이가 거의 발생하지 않는다. 이 기간에는 박테리아와 효모가 왕성하게 증식하면서 외부 침입자들을 철저하게 물리치기 때문이다. 따라서 초반의 며칠 동안 최적의 상태를 유지하여 배양균을 용기 전체로 증식시켜 병원균들이 발을 붙이지 못하도록 하는 것이 가장 중요하다. 첫 번째 방어선이면서 최강의 무기가 바로 액종이다. 스코비 위로 액종을 부으면 용기 상단부에서 산성화가 진행되면서 보호층을 형성하여 곰팡이와 병원균들의 침입을 막을 수 있다. 여기에 다음의 방법들도 함께 진행하면, 곰팡이의 발생을 효과적으로 예방할 수 있다.

- 스코비 호텔에서 숙성된 액종이나 매우 오래 묵힌 콤부차만 사용한다. 발효시킨 지 얼마 안 된 콤부차는 충분한 보호 작용을 일으킬 정도로는 산성화되지 않았다.
- 액종의 사용량을 늘린다. 발효 용기를 보호하기 위해서는 최소한 전체 양의 10%가 필요하다. 액종이 기대하는 만큼 작용의 세기가 강하지 않으면 사용량을 더 늘린다. 극단적인 경우이지만, 증류된 식초도 1~2테이블스푼 정도 첨가해 보강한다.
- 온열 패드를 발효 용기의 측면에 둔다. 발효 과정에서 생기는 문제의 상당수는 온도를 24~29도로만 유지하면 원만히 해결될 수 있다. 특히 이상적인 발효 온도는 26~27인 점을 염두에 두길 바란다.
- 환경을 깨끗하게 유지한다. 꽃이 피는 식물을 멀리하고, 담배 연기에는 노출시켜서는 안 된다.
- 공기의 순환을 개선한다. 찬장을 열거나 발효 용기를 조리대에 옮긴다. 면이나 그 밖의 통기성 재질의 천으로 용기의 입구를 덮어 둔다. 폴리에스테르 등의 합성섬유로 만든 천은 덮개로 사용하지 않는다.

초산벌레의 처리

비기생성 선충류인 초산벌레(또는 식초벌레)는 투르바트릭스 아케티Turbatrix aceti 종으로서 식초나 콤부차와 같이 강한 산성의 환경을 좋아한다. 사과식초의 원액을 병에 담아 오래 두었을 때 초산벌레가 득실거리는 모습을 본 경험은 누구나 한 번쯤은 있을 것이다. 이 초산벌레는 사람에게는 해를 주지 않지만, 콤부차에는 매우 치명적이다. 초산벌레가 배양균을 잡아먹으면서 콤부차를 파괴하기 때문이다. 또한 초산벌레는 식초 산업을 위협하는 한 요인이기도 하다. 이 초산벌레는 보통 이산화황의 처리나 저온 살균의 처리로 근절할 수 있다. 한 사람이 이러한 사과식초를 '도움이 된다'는 식의 잘못된 조언에 따라 콤부차에 넣는다고 한 번 상상이나 해보라! 최악의 경우에는 자신도 모르는 사이에 오염된 스코비를 다른 사람에게 나눠 줄 수 있다.

사과식초의 원액은 초산벌레가 서식하는 주요 장소로서 절대로 콤부차에 사용해서는 안 된다. 초산벌레가 생긴 스코비는 소독을 하여도 사용할 수 없기 때문에 모두 폐기해야 한다. 그 밖에 오염된 도구들도 표백제에 담가 두었다가 사용해야 한다.

초산벌레의 발생 징조

- 새로운 스코비가 완벽하게 생성되지 않는다.
- 발효 용기 측면에서 하얀 백악질의 잔류물(선충 알)이 보인다.
- 스코비가 '죽은' 모양을 하면서 용기 내에 이상하게 떠 있다.
- 박테리아가 심하게 죽어 나가는데, 효모는 과도하게 번식한다.
- 초산벌레가 아세트산을 영양원으로 섭취한 결과, 발효가 시작된 지 몇 주가 지나도 단맛이 줄지 않고 여전히 강하다.

초산벌레의 확인

콤부차에 초산벌레가 발생하는 일은 극히 드문 일이다. 여기서는 초산벌레의 발생 여부를 확인할 수 있는 몇 가지의 방법들에 대해 소개한다.

1. 발효 용기의 상단부에서 콤부차를 몇 온스 정도 떠낸 뒤 깨끗한 유리컵에 담는다.
2. 유리컵에 밝은 빛을 쬔다.
3. 손가락으로 콤부차의 가장자리 부분을 닦아 거품

을 제거한다.

4. 콤부차 액이 점성으로 유리컵 내에 달라붙은 반원 모양의 부분을 관찰한다. 효모 입자는 떠 있지만 움직이지는 않는다.

초산벌레는 액체의 움직임과는 상관없이 별도로 움직일 것이다. 탁한 색상의 선충이 움직이는 모습을 잘 관찰할 수 있도록 유리컵은 손으로 잡고 고정시킨다. 초산벌레가 침투하였다면 그 반응은 즉각적으로 일어날 것이다. 처음 시도에 나선 사람이 관찰할 경우에는 인내심이 요구된다.

초산벌레 제거하기

1. 초산벌레에 감염되었으면, 즉시 스코비, 액종을 비롯해 콤부차의 일체를 버린다.
2. 수도꼭지가 달려 있는 연속배양의 발효 용기를 사용하는 경우에는 수도꼭지까지 분리하여 완전히 세척한 뒤 표백제 10%를 녹인 물에 24시간 동안 담가둔다. 그리고 발효 용기는 중성 세제나 표백제로 문질러 완전히 세척하여 초선벌레의 모든 흔적을 지운다. 수도꼭지와의 이음새 부위도 마찬가지이다. 발효 도구를 완전히 헹군 뒤에 24시간 동안 자연 건조시킨다.
3. 깨끗한 액종과 스코비로 발효 작업을 다시 시작한다.

콤부차 전설 : 칭기즈칸의 군대

칭기즈칸과 그의 군대는 신맛이 나는 발효 음료를 삼각형의 유리병에 담아 다녔다는 설도 있다. 몽골족은 유목생활을 하였기 때문에 우유, 고기 등을 발효 식품으로 만들어 장기간 안전하게 보관하는 데 매우 능숙하였다. 당시 몽골족이 주로 마셨던 음료는 암말의 젖을 발효시킨 쿠미스 koumiss와 콤부차를 비롯하여 그 밖의 전통적인 토속 음료들이었다.

또한 칭기즈칸의 군대는 러시아인들이 오늘날 '스테이크 타르타르'라고 하는 햄버거, 주요 중국 요리에 속하는 전골, 바비큐 등의 음식을 발명한 것으로도 유명하다. 여담이지만 스코비가 걷잡을 수 없이 증식하는 것과 마찬가지로, 칭기즈칸의 자손들도 오늘날에는 인구가 약 1600만 명에 이를 것이라고 주장하는 사람들도 있다.

다양한 검사 도구와 지침들

조건을 달리하면서 콤부차를 시험적으로 많이 만들어 본다면 초보자든지, 전문 애호가든지 간에 매우 흥미로운 일이 될 것이다. 물론 일반 가정에서 콤부차를 만들고 있는 수많은 사람들은 다양한 검사에 나서지 않고서도 다년간 콤부차를 정상적으로 만들어 왔다. 그럼에도 불구하고 콤부차를 다양한 실험을 통하여 그에 대한 지식을 더 많이 쌓을수록 콤부차에 대한 이해도 더 넓어질 것이다.

대용량의 콤부차 발효에 나서거나 한 번에 여러 회분을 발효시켜 만드는 콤부차 업체, 특히 상업적인 업체들은 다양한 시험을 통해 특정한 측정 기준과 표준을 개발하고 있다. 그 밖에도 특정한 콤부차의 발효에 대해 더 깊은 이해를 얻기 위해 다양한 검사들을 실시 하고 있다. 여기서는 콤부차를 검사하는 데 사용되는 기본 도구와 검사자에게 도움을 주는 작업, 그리고 그 밖의 유의 사항들에 대해 간략히 소개한다.

일관성 검사

pH 시험지와 pH 미터

콤부차의 발효가 안전하게 진행되고 있는지는 pH를 측정해 보면 알 수 있다. 이는 곰팡이가 생겼어도 마찬가지이다. 가장 간단한 방법은 리트머스지로 만들어진 pH 시험지를 사용하는 것이다. 리트머스지는 산성 용액과 반응하면 색상이 변한다(콤부차 한 방울이면 족하다). 이때 pH 시험지는 0~6의 pH를 측정하도록 특별히 제작된 것을 사용한다. 측정 범위가 넓은 pH 시험지보다 훨씬 더 정밀하게 측정할 수 있기 때문이다. 이보다 pH를 더 정밀하게 측정해야 할 경우에는 pH 미터의 눈금을 소수점 한 자릿수로 맞추면 된다.

그런데 pH만으로는 콤부차의 발효가 완료되었는지는 알 수 없다. 발효 주기, 시간, 맛, 브릭스^{Brix}(당 측정값)와 같은 다른 요인들의 데이터를 종합한다면 목표로 하는 특징을 지닌 콤부차를 일관성 있게 생산할 수 있는 지표를 개발할 수 있다.

예를 들면, 7일 동안 발효되고 pH가 3.2인 콤부차가 14일 동안 발효되고 pH가 2.8인 콤부차보다 맛이 훨씬 더 좋다는 식이다. 콤부차의 맛을 자주 보고 pH를 자주 검사하여 측정값을 기록해 두면, pH 값과 그에 대한 정보도 더 깊어질 것이다.

굴절률 측정기(굴절계)

일반적으로 맥주나 와인의 산업계에서 굴절계는 빛이 그와 같은 용액을 통과할 때 빛의 파동의 변화에 기인한 굴절률을 측정한다. 이와 같은 음료의 당이나 알코올의 함유량을 측정할 수 있는 브릭스 판독값을 얻으려면 수동 굴절계에 몇 방울의 액체를 첨가해 빛을 쬐거나 LED가 내장된 디지털 굴절계로 시료를 검사할 수 있다. 이러한 측정의 결과로서 콤부차에 든 당이나 알코올의 함유량을 측정하는 데 필요한 브릭스 값을 산출할 수 있는 것이다.

콤부차를 만드는 사람이 이와 같은 정보를 바탕으로 병입하기에 적당한 시기를 결정할 수도 있지만(또는 설탕 섭취량의 조사자들에게도 유용하다), 콤부차의 알코올과 설탕(당) 성분에 대한 굴절계의 예상값은 항상 재조정해야 한다. 왜냐하면 콤부차 내에는 에탄올을 유기산으로 변화시키는 박테리아가 있으며, 또 다른 잔류 고형물(효모나 세균성 셀룰로오스 등)이 설탕(당) 밀도의 값을 왜곡할 수 있기 때문이다.

따라서 값비싼 실험실 장비로 검사하지 않으면 정

확히 알 수는 없다. 그러나 굴절계로는 대략적으로 콤부차의 평균 알코올 함유량의 두 배 가까이로 측정된다. 따라서 생산업체가 제공한 공식을 따른 뒤 최종 측정 결과의 값을 반으로 나눈다. 설탕 함유량도 25~50% 높게 왜곡되어 나타난다. 그 밖에도 굴절계로는 사람의 몸에 각기 다른 영향을 주는 자당, 과당, 포도당의 백분율에 대한 정보를 구체적으로 알려 주지 못하는 단점이 있다.

그럼에도 불구하고 굴절계는 다른 검사 도구와 함께 실험실의 샘플을 확인할 경우에 특정한 판독값을 알고 있는 사람에게는 매우 유용한 도구이다. 가격이 상대적으로 저렴하고, 단지 몇 방울만 떨어뜨려 보고도 쉽게 측정할 수 있기 때문에 사용이 매우 간단하고 편리하다.

액체비중계

눈금이 매겨진 실린더에 측정을 원하는 액체를 채운 뒤 둥근 부위(구근)에서 액체의 밀도를 읽는다. 액체비중계는 특정한 액체의 비중(상대 밀도)을 측정하는 기구이다. 발효 전후의 측정값을 비교하여 설탕이 알코올로 변환된 양을 추산할 수 있다.

그런데 콤부차는 박테리아와 효모가 공생 관계로 발효하기 때문에 액체비중계도 굴절계와 마찬가지로 박테리아에 의해 에탄올이 건강한 산 성분으로 전환되는 양을 제대로 측정할 수 없다. 더욱이 매우 낮은 도수의 알코올(3% 이하의 ABV)을 측정할 경우에는 효모의 증식, 용해된 용질, 그 밖의 미립자들이 밀도에 관여하기 때문에 정확한 판독값을 얻는 것은 매우 까다롭다. 이 기구의 또 다른 잠재적인 단점은 매번 측정 때마다 판독값을 얻기 위해 실린더에 액체를 채우는 일이 필요하다는 것이다.

다시 말하지만, 브릭스 판독값은 실제 설탕 함량보다 25~50% 정도 더 높게 나오는 경향이 있다. 따라서 알코올 함유량의 대략적인 수치를 얻으려면 먼저 배양액의 비중을 측정해야 한다. 그리고 발효 과정이 완료된 뒤 다시 측정하고, 특정 단위와 함께 제공된 공식을 적용한 뒤 그 산출된 값을 절반으로 나눈다.

적정 산도

미네랄 성분, 설탕(당), 미량의 알코올이 균형을 이룰 때, 콤부차는 산도가 가장 적정하고, 고유한 맛과 향을 낸다. 향미에 가장 큰 영향을 주는 성분으로는 아세트산, 글루콘산, 말산, 타르타르산이다.

콤부차를 만들 때 목표로 잡은 향미가 단맛인지, 신맛과 단맛이 균형을 이룬 맛인지, 더욱더 숙성된 맛인지에 따라서 콤부차 전문가들은 향미의 균형을 찾기 위해 적정 산도의 측정 항목들을 달리 잡는다. 이는 매우 고급 기술로서 일반 가정에서 콤부차를 만드는 사람들이 사용하는 경우는 매우 드물다. 그럼에도 도전에 나서고 싶다면, 와인 검사 키트를 활용해 보길 바란다.

DNA 염기서열 결정법

DNA 염기서열 결정법DNA Sequencing을 활용하면, 콤부차의 발효도와 미생물의 다양성에 대해 한층 더 깊이 들여다볼 수 있다. 예전의 DNA 염기서열 결정법은 비용이 매우 높았다. 그리고 측정하려는 유기체를 시험 기판 위로 분리한 뒤 실제 표본에 존재할 수 있는 유기체의 수를 공식을 통해 추산하였다. 최근에는 검사 기술이 향상되면서 DNA 염기서열결정법의 비용이 많이 낮아졌을 뿐만 아니라, 사용도 편리하고 정확도도 훨씬 더 높아졌다.

이 검사 방법으로는 먼저 검사 시료에 든 실제 유기체를 확인한다. 그리고 유기체를 정확히 분별하고, 그 실제 분포 수를 백분율로 표시할 수 있을 때까지 측정한다. 이 검사는 집에서 진행하기에는 복잡하여 실험실에서나 진행할 수 있다.

알코올 검사

콤부차의 발효 과정에서 미량의 알코올이 생성되는 것은 지극히 정상적인 현상이다. 가향 재료를 넣지 않은 콤부차의 경우에는 알코올 도수가 0.2~1.0도로서 저온 살균 처리하지 않은 과일 주스와 비슷하다. 단 2차 발효 과정에서 설탕을 넣은 뒤 병 뚜껑을 닫으면 알코올 성분이 일시적으로 증가하지만, 박테리아가 곧 에탄올을 소비하여 산 성분으로 변환시키기 때문에 콤부차의 알코올 도수는 매우 낮은 수준에 이른다. 즉 알코올 도수는 시간이 지나면서 결코 높아지지는 않고 점차 낮아지는 것이다.

앞서 언급하였듯이, 굴절계나 액체비중계를 사용하여 콤부차의 알코올 함유량을 추정할 수 있지만, 더욱더 정밀한 계측을 위해서는 반드시 실험실에서의 검사가 필요하다.

상업적인 검사 방법

미국에서 무알코올 콤부차를 생산 및 판매하는 콤부차 전문업체는 품질관리 절차의 일환으로 검사를 수행해야 하고, 반드시 '연방 라벨링법 federal labeling laws'을 준수해야 한다. 이를 위해 업체에서는 가장 기본적인 액체비중계에서부터 버튼을 눌러 샘플을 검사할 수 있는 매우 비싼 기계에 이르기까지 다양한 유형의 방법들을 동원하여 검사를 실시하고 있다. 그러나 어떤 방법을 사용하더라도 하나의 동일한 문제에 봉착하게 된다. 바로 실제 알코올 함유량을 측정하기 위해서는 반드시 액체 밀도(비중)를 먼저 정확히 측정해야 한다는 사실이다. 그런데 콤부차에는 유기산이 풍부하게 들어 있고, 더 나아가 박테리아들이 에탄올로부터 그러한 유기산들을 끊임 없이 생산하고 있다. 따라서 콤부차의 액체 비중은 매우 값비싼 장비라도 정확하게 측정하기는 어렵고 반드시 조정이 필요하다. 또한, 콤부차에 침전물이 많을수록 측정의 정확도도 떨어진다.

에탄올의 정확하고 신뢰성 있는 검사를 위해서는 실험실에서 매우 정교한 작업을 거쳐야 한다. 분석화학자들과 콤부차 전문가들도 맥주, 와인 등의 발효 음료보다 콤부차의 검사가 훨씬 더 복잡하다는 사실을 인정하였다. 더욱이 콤부차에 함유된 알코올 성분은 극히 미미하기 때문에 검사의 어려움은 더 높아진다.

한편 맥주와 와인 분야의 과학자들은 그 검사 방법에 대해 수백 년 동안 발전시켜 왔지만, 콤부차의 경우에는 이제 갓 역사가 시작된 수준이다. 오늘날 콤부차의 가장 실용적인 검사 방법으로는 헤드스페이스 가스크로마토그래피 headspace gas chromatography가 있다. 이 방법은 콤부차가 든 병의 위쪽 빈 공간에 에탄올을 측정하는 것으로서 실험실에서나 진행할 수 있다. 가스크로마토그래피 GC, gas chromatography는 독성학 분야에서 혈중 알코올 농도를 측정하는 데 사용하는 방법으로서 정확도는 ±0.1%로서 매우 높다.

콤부차는 시간이 지나면서 알코올 도수가 자연스럽게 낮아지면서 일정하게 유지되기 때문에 일반 가정에서 콤부차를 직접 만들어 소비하는 사람들은 알코올 도수에 대해 크게 염려할 필요가 없다. 또한 알코올 도수 0.2~1도 범위의 콤부차 제품을 생산 및 판매하는 업체들도 알코올 도수와 관련하여 큰 애로사항이 없다. 미국 연방법에서는 알코올 도수가 최소 0.5도 이상이어야만 주류(술) 음료로 인정하기 때문이다. 그러나 콤부차의 특징을 고려하여 적절한 검사 표준(기준)을 개발하는 일은 민간 부문에서부터 국제 음료 산업 차원에 이르기까지 매우 중요한 일로서 꼭 필요한 일이라 할 수 있다.

Part 3
건강 음료를 넘어서

다양한 가향 방법들

플레인 콤부차의 맛과 향도 훌륭하지만, 가향 작업은 콤부차의 제조 과정 중에서도 가장 재미있고 창조적인 부분에 속한다. 콤부차는 가향 재료에 든 플라노보이드 성분과 비타민 등의 건강에 좋은 성분들을 추출하여 우리 몸속으로 고스란히 전달한다. 순한 맛에서 입술을 움츠리게 만드는 신맛, 달달한 맛에서 감미로운 맛, 부드러운 맛에서 거친 맛까지 조금만 상상력을 발휘하면 자신이 원하는 향미의 콤부차를 거의 다 만들 수 있다. 여기서 소개하는 것들은 단순한 사례일 뿐 각자 다양하게 실험해 보길 바란다. 이 레시피들은 직접 시험을 통하여 검증한 것으로서 많은 사람들에게 기분 좋은 맛과 향을 선사할 수 있을 것으로 기대한다!

콤부차에 가향 재료를 약간만 첨가하여도 그 효과는 매우 크게 나타난다. 가향 재료는 일반적으로 콤부차 병 용량의 5% 이하로 사용하는 것이 적당하다. 가향 재료의 표면적도 콤부차의 향미를 강렬하게, 또는 미묘하게 나타나는 데 매우 중요한 역할을 한다. 재료의 조각이 작을수록 부피 대비 표면적이 넓어지면서 발효 과정에서 재료의 성분을 용해하기 더 쉬워진다. 과일의 퓌레와 주스는 가루 형태의 허브나 향신료와 함께 부피 대비 표면적이 가장 큰 재료이다. 탄산가스를 자연적으로 발생시키는 카보네이션 과정도 활발하게 일어날 수 있기 때문에 사용량을 줄이거나 뚜껑을 열 경우에는 주의를 기울여야 한다.

가능하다면, 과일과 허브는 신선한 것을 사용하는 것이 좋다. 이때 약간 썰거나 찢어서 식물성 페놀 성분들이 용해될 수 있도록 한다.

여기서 소개하는 가향 재료는 주재료를 기준으로 분류하였다. 가향 재료들은 모두 '16온스와 / 1갤런'을 기준으로 하였다. 상당수의 레시피가 여기저기의 재료들로 조금씩 섞여 있으니 이름별로 재료를 확인해야 한다. 이 레시피들은 개인적인 취향에 맞추기 위해 고안되었으며, 발효 차트에 가족이 좋아하는 맛을 기록해 두는 것도 좋다!

과일 Fruit

애플 Apple

음식에서 다양한 용도로 사용되는 사과는 콤부차와도 환상적인 궁합을 이룬다. 신선한 사과를 그대로 사용하거나 껍질 벗기거나, 깍두기처럼 조각으로 썰거나 하여 매우 다양한 방식으로 사용할 수 있다. 설탕이 든 사과소스를 사용하는 경우에는 신선한 과일을 권장량의 절반 정도를 넣는다.
너무 신맛이 나지 않으면서 훌륭한 사과 향미를 가미하고 싶다면 주스를 사용한다.

애플 멜론 Apple Melon
- 사과 주스

2큰술/ ¼컵
- 다진 수박

2큰술/ ¾컵

애플 파이 apple pie
- 사과 조각

¼컵/ 1컵
- 차이 스파이스 블렌드 Chai Spice Blend

½작은술/ 1큰술

마스터 클렌즈 Master Cleanse
* 스탠리 버로즈 Stanley Burroughs가 대중화시킨 마스터 클렌즈 레모네이드 다이어트 Master Cleanse Lemonade Diet에서 영감을 받았다.

- 사과 조각

¼컵/ 1컵
- 메이플 시럽 등급 B

2작은술/ 2큰술
- 레몬 껍질

⅛작은술/ 1작은술
- 붉은 고춧가루

1자밤/ ¼작은술

애프리코트 Apricot

살구를 신선한 상태로 사용하면 좋지만, 즙이나 건살구를 사용해도 환상적이다. 설탕이 많이 들어간 제품일수록 사용량을 줄여도 원하는 맛을 얻을 수 있다. 이슬람교에서는 라마단 기간에 아마르 알 딘 Amar al-din이라는 전통 이집트 음료를 마심으로써 금식이 끝났음을 알렸다.

애프리코트 Apricot
아래에서 어떤 것을 선택하여도 상관없다.
- 살구 조각

¼컵/ 1컵
- 살구즙

1큰술/ ½컵
- 건살구 조각

1작은술 ½컵

아마르 알 딘 Amar Al-Din
- 건살구 조각

1큰술/ ½컵
- 꿀

1작은술/ 1큰술

애프리코트 로즈 Apricot Rose
- 살구 조각

¼컵/ 1컵
- 건로즈페틀(말린 장미 잎)

1큰술/ ¼컵

적은 양도 OK!
약간의 재료로도 큰 효과를 발휘할 수 있다. 과일 1큰술이나 허브 1자밤이면 충분하다. 재료를 얇게 다질수록 부피 대비 표면적이 넓어지면서 맛과 향이 더 진해진다. 팩으로 된 주스를 사용하면 맛과 향을 가장 진하게 낼 수 있다. 그리고 적당히 다진 과일을 사용하면 매우 섬세한 향미를 낼 수 있다. 잼, 젤리, 주스도 모두 사용할 수 있지만, 신선한 과일을 그대로 사용하는 것이 가장 좋다.

16온스 / 1갤런 기준

바나나 Banana

콤부차에 바나나를 넣으면 단맛이 눈에 띄게 두드러진다. 바나나가 잘 익을수록 단맛도 더 풍부해지고, 카보네이션 과정도 더 활발하게 진행된다. 건바나나는 맛이 단조롭기 때문에 최상의 맛을 내려면 역시 신선한 바나나를 사용하는 것이 좋다. 바나나만 첨가하거나 다른 재료와 섞거나, 아니면 '엘비스 스페셜'(아래의 레시피)과 마음껏 즐겨 보길 바란다.

스트로베리 바나나 Strawberry Banana
- 바나나 으깬 것

2큰술/ ½컵

- 딸기잼

1큰술/ ¼컵

초코 바나나 Choco-Banana
- 바나나 으깬 것

2큰술/ ½컵

- 생카카오 가루

1작은술/ 1큰술

엘비스 스페셜 Elvis Special
- 바나나 으깬 것

2큰술/ ½컵

- 땅콩버터

1작은술/ 2큰술

블랙베리 Blackberry

블랙베리에 든 비타민 C와 K는 콤부차에 풍부한 영양과 아름다운 색채감을 제공한다. 베리류 특유의 시큼한 맛을 누그러뜨리려면 세이지를 첨가한다.

와이즈 베리 Wise Berry
- 블랙베리 4등분한 것

2큰술/ ¾컵

- 세이지 가볍게 다진 것

1잎/ 4잎

베리 메들리 Berry Medley
- 블랙베리 4등분한 것

1큰술/ ½컵

- 라즈베리 가볍게 으깬 것

2작은술/ ¼컵

- 딸기 다진 것

2작은술/ ¼컵

미드나이트 파이어 Midnight Fire
- 블랙베리 4등분한 것

2큰술/ ¾컵

- 생강 조각

1작은술/ 1큰술

블러드 오렌지 Blood Orange

블러드 오렌지도 콤부차와 환상적인 궁합을 이룬다. 감귤류를 좋아하는 사람들이라면 누구나 천연의 단맛과 아름다운 보랏빛이 감도는 과즙을 마음속에 담고 있을 것이다. 신이 만든 돌연변이 같은 이 블러드 오렌지는 이탈리아에서 처음 발견되었으며, 매우 이국적인 맛을 더한다.

블러드 오렌지
이탈리안 소다 Blood Orange Italian Soda
- 블러드 오렌지 주스

1큰술/ ¼컵

- 세이지 가볍게 다진 것

2잎/ 4잎

- 타임

잔가지 1개/ 잔가지 2개

록 더 카스바 Rock the Casbah
- 블러드 오렌지 주스

1큰술/ ¼컵

- 생강 조각

½작은술/ 1작은술

- 클로브(온전한 것 하나)

¼작은술/ ½작은술

시트러스 미스트 Citrus Mist
- 블러드 오렌지 껍질

¼작은술/ 1작은술

- 레몬 껍질

¼작은술/ 1작은술

- 자몽 껍질

¼작은술/ 1작은술

주스 vs. 껍질!

일부 감귤류 과일은 신맛이나 쓴맛의 정도에 따라 다른 과일보다 더 자주 먹는 편이다. 이 책에서 제공하는 레시피의 상당수는 설탕이 많이 가미되어 진한 풍미를 내는 특정 과일의 주스를 요구한다. 주스를 넣었을 때 너무 강하다면, 다음번에는 과일의 껍질을 사용해 보라. 껍질을 그대로 사용하거나 강판에 갈아 사용해도 에센셜 오일이 잔존하기 때문에 사랑스러운 꽃향, 감귤 향을 풍긴다. 색상이 있는 껍질 부분만 사용하고, 하얀 부분은 쓴맛이 강하기 때문에 사용하지 않는다.

16온스 / 1갤런 기준

블루베리 Blueberry

작지만 강력한 블루베리는 '슈퍼푸드'라는 명성에 걸맞게 콤부차에 근사한 신맛과 진한 자줏빛을 준다. 러브 포션 Love Potion 99는 장미와 라벤더의 아름다운 향이 베리와 완벽한 균형을 이룬다.

러브 포션 Love Potion 99
- 블루베리 2등분한 것

¼컵/ 1컵

- 로즈페틀 신선한 것 또는 말린 것

½작은술/ ¼컵

- 라벤더 신선한 것 또는 말린 것

⅛작은술/ ⅛컵

홀리 볼리 Holy Boly
- 블루베리 2등분한 것

2큰술/ ¾컵

- 홀리 바질 holy basil

⅛작은술/ ½작은술

블루 애플 Blue Apple
- 블루베리 2등분한 것

1큰술/ ¼컵

- 사과 조각

⅛컵/ ¾컵

체리 Cherry

항산화 성분이 풍부하고 항염 효과가 있는 체리는 작지만 콤부차에 맛을 더해 준다. 빙bing과 마라스키노maraschino 품종의 체리를 사용하면 단맛이 더욱 강해지고, 버찌류의 체리를 사용하면 신맛도 낼 수 있다. 시큼한 맛에 균형을 잡아 주고 카보네이션 과정을 촉진시키려면 설탕을 한 자밤 넣어 준다.

체리 업 Cherry Up
- 체리 2등분한 것

1큰술/ ½컵

체리 크림 소다 Cherry Cream Soda
- 체리 2등분한 것

1큰술/ ½컵

- 바닐라 빈을 전부 저민 것

¼개/ ¾개

- 꿀

½작은술/ 1큰술

슈퍼 Super C
- 체리 2등분한 것

1작은술/ ½컵

- 설탕이 첨가된 건크랜베리를 다진 것

1작은술/ ¼컵

- 로즈힙 말린 것

1작은술/ 1큰술

크랜베리 Cranberry

천연 항균성 과일인 크랜베리는 섬유질, 비타민 C, E뿐만 아니라 항산화 성분이 풍부하게 들어 있다. 미국에 첫 발을 내딛은 영국인 필그램Pilgrims은 아메리카의 원주민으로부터 크랜베리를 처음으로 알게 되었다. 그런데 분홍색의 작은 꽃이 캐나다두루미Sandhill crane와 매우 닮았다고 하여 이름을 '크랜베리'라고 붙였다고 한다.

설탕에 첨가된 건크랜베리는 단맛과 신맛의 균형을 잡아 주는 데 매우 좋은 재료이다. 입술을 오므리게 만들 정도로 시큼한 맛을 느끼고 싶다면, 아래의 레시피 크랜베리 시트러스 스파이스에 신맛의 크랜베리를 첨가해 보길 바란다.

크랜부차 Cran-bucha
- 설탕이 첨가된 건크랜베리를 다진 것

2작은술/ 2큰술

크랜베리 시트러스 스파이스 Cranberry Citrus Spice
- 설탕이 첨가된 건크랜베리를 다진 것

2작은술/ 2큰술

- 생오렌지 주스

1큰술/ ¼컵

- 클로브 가루

⅛작은술/ ½작은술

크랜 버내플 Cran-banapple
- 설탕이 첨가된 건크랜베리를 다진 것

2작은술/ 2큰술

- 바나나 으깬 것

1작은술/ 1큰술

- 사과 조각

1큰술/ ¼컵

냉동 과일 사용법

과일은 역시 제철 과일이 가장 맛이 좋지만 재배 기간이 매우 짧다. 반면에 일 년 내내 블루베리를 콤부차에 첨가해 마시고 싶은 우리의 욕구는 무한하다. 자, 그러면 차선으로 냉동 크랜베리라도 사용해 보자! 콤부차에 넣기 전에 먼저 해동시켜 으깨거나 자른 뒤 콤부차에 넣기만 하면 끝이다.

16온스 / 1갤런 기준

데이트 대추야자, date palm

대추야자date palm는 인류의 역사와 함께 오랫동안 식용되었는데, 그 열매 속에는 수많은 종류의 비타민들이 풍부히 들어 있다. 아랍 전설에 따르면, 하나님은 흙으로 남자를 빚은 뒤 나머지 재료로 대추야자나무를 만들어 낙원의 정원에 심었다고 한다. 천연의 단맛이 나는 대추야자는 카보네이션 과정을 촉진시키고, 기분이 좋은 톡 쏘는 맛을 더해 준다. 병입하여 오랫동안 저장하면 발효되어 독특한 맛의 식초가 만들어진다.

이눈 데이트 Inun-date
- 대추야자 다진 것

1큰술/ ¼컵

핫 데이트 Hot Date
- 대추야자 다진 것

1큰술/ ¼컵

- 붉은 고춧가루

⅛작은술/ 1작은술

터키 커피 Turkish Coffee
- 대추야자 다진 것

1큰술/ ¼컵

- 우린 커피

1큰술/ ½컵

- 카르다몬 간 것

⅛작은술/ 2작은술

- 클로브 간 것

⅛작은술/ 2작은술

엘더베리 Elderberry

엘더베리는 수 세기 동안 만병통치약으로 사용되었기 때문에 '응급약'로 알려진 허브이다. 여기서 소개되는 레시피에서는 건엘더베리를 사용하지만, 엘더베리 시럽을 사용하여도 상관없다. 단, 시럽을 사용할 경우에는 권장량의 절반만 사용하고 설탕은 사용하지 않는다. 시럽으로도 탄산가스가 충분한 양으로 생성되기 때문이다.

블랙 뷰티 Black Beauty
- 엘더베리 말린 것

½작은술/ 1큰술

- 설탕

¼작은술/ 1작은술

콜드 파이터 Cold Fighter
- 엘더베리 말린 것

½작은술/ 1큰술

- 생강 절편

½작은술/ 1큰술

- 레몬 껍질

¼작은술/ 1작은술

베리 민트 Berry Mint
- 엘더베리 말린 것

½작은술/ 1큰술

- 민트 가볍게 다진 것

½작은술/ 2작은술

- 세이지 가볍게 다진 것

½작은술/ 2작은술

피그 무화과, Fig

인류가 최초로 재배한 작물 중 하나인 무화과에는 섬유질, 철분, 칼슘이 풍부하게 들어 있다. 무화과는 언제든지 사용할 수 있는 건무화과를 추천한다. 생무화과를 사용하면 건무화과를 사용하였을 경우보다 두 배로 많은 양을 사용해야 한다.

스파이스 피그 Spiced Fig
- 건무화과 다진 것

2큰술/ ¼컵

- 후추

⅛작은술/ ¾작은술

- 바닐라 빈을 전부 저민 것

¼개/ ¾개

피그 리프 Fig Leaf
- 건무화과 다진 것

2큰술/ ¼컵

- 바질 가볍게 다진 것

½작은술/ 1큰술

피그 앤 피그 Fig 'n' Pig
- 건무화과 다진 것

2큰술/ ¼컵

- 익힌 베이컨 다진 것

1큰술/ 4큰술

16온스 / 1갤런 기준

그레이프 Grape

포도는 고대에는 음식이라기보다 약재로 사용되었다. 포도를 사용하면, 콤부차에 영양을 더해 줄 뿐만 아니라, 카보네이션을 촉진시켜 톡 쏘는 맛의 포도 소다를 만들 수 있다.

풀 콩코드 Full Concord
- 콩코드 포도 주스

2큰술 / ½컵

메디터리언 딜라이트 Mediterranean Delight
- 적포도 저민 것

2큰술 / ½컵
- 무화과 다진 것

1큰술 / ¼컵
- 발사믹 식초 balsamic vinegar

½작은술 / 1큰술

싱커스 펀치 Thinker's Punch
- 적포도 저민 것

2큰술 / ½컵
- 브레인 브루 블렌드 Brain Brew Blend,

¼작은술 / 1작은술

그레이프프루트 Grapefruit

시큼한 맛의 콤부차에 더 시큼한 자몽을 첨가하면 어떻게 될까? 놀랍게도 향미가 상호 보완되면서 감귤 향과 꽃 향이 난다. 천연의 단맛이 나면서 허브 등 그 밖의 식물과도 향미가 매우 잘 어울려서 2차 발효 과정에서도 훌륭한 루비레드 Ruby Red 품종의 자몽을 추천한다. 신선한 자몽이 없으면 자몽 주스를 대신 사용해도 된다. 이때는 쓴맛이 나지 않도록 과즙을 반드시 여과시켜 사용한다.

루비 세이지 Ruby Sage
- 루비레드 자몽 주스

2큰술 / ½컵
- 세이지 가볍게 다진 것

½작은술 / 2작은술

그레이프프루트 엘더플라워 Grapefruit Elderflower
- 루비레드 자몽 주스

2큰술 / ⅓컵
- 엘더플라워의 말린 꽃

½작은술 / 2작은술

루비 루트 펀치 Ruby Root Punch
- 루비레드 자몽 주스

2큰술 / ½컵
- 생강 절편

⅛작은술 / 1작은술
- 히비스커스의 말린 꽃잎

⅛작은술 / 1작은술

구아바 Guava

구아바는 오렌지보다도 더 많은 양의 비타민 C를 함유하고 있다. 특히 비타민 B3(니아신)와 B6를 비롯하여 구리 성분도 매우 풍부하다. 구아바즙은 그 맛이 매우 진하고 달콤하다. 신선한 생구아바를 사용할 경우에는 권장량의 두 배로 사용하고 설탕을 첨가한다.

퓌레 구아바 Pure Guava
- 구아바즙

1큰술 / ¼컵

트로피컬 딜라이트 Tropical Delight
- 구아바즙

2작은술 / ¼컵
- 파인애플 주스

1작은술 / ⅛컵
- 파파야즙

1작은술 / ⅛컵

구아바 너트 Guava-nut
- 구아바즙

2작은술 / ¼컵
- 코코넛 워터

1큰술 / ½컵

과일은 통째로 먹는 것이 제일!

일부 사람들은 과일을 주스, 퓌레, 에센셜 오일, 그 밖의 가향 재료로 사용하는 것을 선호한다. 그러나 과일이나 허브는 역시 자연 그대로 통째로 먹는 것이 영양분을 최대로 섭취할 수 있는 길이라고 본다. 자신의 입맛에 맞게 다양한 형태로 도전에 나서 보길 권한다!

16온스 / 1갤런 기준

러브 포션 99
LOVE potion 99

pink LEMONADE
핑크 레모네이드

록 더 카스바
ROCK the CASBAH

금귤
KUMQUAT

슈퍼 C
Super C

APPLE pie
애플파이

Elderberry
엘더베리

BUDDHA'S Delight
붓다 딜라이트

chapter 11 · 다양한 가향 방법들

허니듀 멜론 Honeydew

허니듀 멜론의 단맛은 콤부차의 맛을 매우 부드럽게 만든다. 또 엽산, 칼륨, 비타민 C, B6의 성분들이 매우 풍부하게 들어 있다.

올 인 듀 타임 All in Dew Thyme
- 허니듀 멜론 조각

2큰술/ ¾컵
- 타임

잔가지 1개/ 잔가지 2개

허니 탱 Honey Tang
- 허니듀 멜론 조각

2큰술/ ¾컵
- 감귤 주스

2큰술/ ¼컵

멜론 리픽 Melon-riffic
- 허니듀 멜론 조각

1큰술/ ¼컵
- 수박 다진 것

1큰술/ ¼컵
- 칸탈루프 멜론 cantaloup 조각

1큰술/ ¼컵

키위 Kiwi

비타민 C와 칼륨이 가득한 키위 콤부차는 맛과 영양이 매우 뛰어나다. 위층의 거품은 걷어 내지만, 키위 씨 등은 걸러 내지 않는다. 키위 씨앗에는 비타민 A가 풍부하기 때문이다. 건조시킨 키위를 사용할 경우에는 권장량의 절반만 사용한다.

키위 베리 Kiwi Berry
- 키위 과육만 다진 것

2큰술/ ¾컵
- 블랙베리 4등분한 것

2큰술/ ¾컵

피치 퍼즈 Peach Fuzz
- 키위 과육만 다진 것

2큰술/ ¾컵
- 복숭아 과육 조각

2큰술/ ½컵

그린 가디스 Green Goddess
- 키위 과육 다진 것

2큰술/ ¾컵
- 민트 가볍게 다진 것

1작은술/ 1큰술
- 카르다몸 간 것

⅛작은술/ 1작은술

금콰트 금귤 Kumquat

오래전부터 감귤류의 일부로 여겨졌던 금귤은 1915년에 금감속 Fortunella이라는 자체 속屬으로 재분류되었다. 금귤에는 비타민 C, 섬유, 칼슘, 칼륨, 철 성분이 풍부하다. 과즙은 매우 신맛이고 껍질은 매우 달콤하다. 자연이 주는 일종의 '사워 패치 키드 Sour Patch Kid' (미국 과자의 일종)이다.

골든 굿 포춘 Golden Good Fortune
- 금귤 껍질

1개/ 3개
- 건타임

½작은술/ 2작은술

쿰콰트 퍼시먼 Kumquat Persimmon
- 금귤 껍질

1개/ 3개
- 감 조각

2작은술/ ¼컵

플룸콰트 Plumquat
- 금귤 껍질

1개/ 3개
- 매실 조각

2작은술 ¼컵

16온스 / 1갤런 기준

레몬 Lemon

다양한 형태와 용도로 사용되는 레몬은 아마도 전 세계 과일 중에서 가장 많이 소비되는 과일일 것이다. 콤부차에도 레몬 주스와 레몬 껍질이 매우 잘 어울린다. 강렬한 쓴맛이 있어도 어울린다. 레몬 향을 좋아한다면 주스를 사용하고, 가벼운 시트러스 향을 좋아하면 껍질을 사용한다. 허브 재료와 섞어 사용하면 혀에 미묘한 자극을 불러일으킬 수도 있다. 레몬 중에서는 메이어^{Meyer} 품종의 레몬이 단맛이 가장 강한데, 여기의 레시피에서도 사용되고 있다.

레몬 바질 Lemon Basil
- 생레몬 주스

2큰술 / ¾컵

- 바질 가볍게 다진 것

2작은술 / ¼컵

레몬 징 Lemon Zing
- 생레몬 주스

1큰술 / ¼컵

- 생강 절편

½작은술 / 2작은술

- 레몬 껍질

¼작은술 / 1작은술

라벤더 레모네이드 Lavender Lemonade
- 레몬 껍질

½작은술 / 2작은술

- 라벤더 말린 꽃

¼작은술 / 1작은술

라임 Lime

레몬의 사촌격인 라임은 과육이 더 푸르고, 맛은 더 달콤하다. 라임은 감귤류 과일 중에서도 맛이 매우 뛰어나며, 음식과 음료, 미용 및 헬스 케어 제품에 이르기까지 모든 분야에서 사용되고 있다. 라임 껍질과 주스도 강렬한 시트러스 향과 꽃 향을 내면서 이국적인 맛과 일반적인 맛에 모두 잘 어울린다.

라인 인 더 코코넛 Lime in the Coconut
- 생라임 주스

1작은술 / 1큰술

- 코코넛 워터

4큰술 / ¼컵

베리 체리 라임 Berry Cherry Lime
- 생라임 주스

1작은술 / 1큰술

- 블루베리 2등분한 것

2작은술 / ¼컵

- 체리 2등분한 것

2작은술 / ¼컵

라이메이드 Limeade
- 라임 껍질

½작은술 / 2작은술

- 꿀

1작은술 / 1큰술

리치 Lychee

중국 남부에서 자생하는 과일나무의 열매인 리치에는 항산화 성분과 항인플루엔자 효능이 뛰어난 것으로 알려진 올리고놀^{oligonol} 성분도 풍부하게 들어 있다. 리치 특유의 과즙은 포도 같은 질감을 가지면서도 포도보다 더 단맛을 내고, 콤부차에 감미로운 향을 풍성하게 더해 준다. 미국에서는 아시아 식품을 파는 시장이나 일부 파머스 마켓에서만 리치를 구입할 수 있기 때문에 보통은 리치 통조림을 많이 사용하고 있다. 리치 통조림에는 단맛을 지닌 시럽도 함께 들어 있기 때문에 콤부차에 단맛을 내거나 럼 슈럽$^{rum\ shrub}$(과즙에 설탕·럼술을 섞은 음료)을 만드는 데에도 사용할 수 있다.

리치 러브 Lychee Love
- 리치 조각

1큰술 / ¼컵

- 리치 주스

1작은술 / 1큰술

차이나 펀치 China Punch
- 리치 조각

1큰술 / ¼컵

- 바나나 으깬 것

1작은술 / 1큰술

- 파인애플 조각

1작은술 / 1큰술

리치 로즈 Lychee Rose
- 리치 조각

1큰술 / ¼컵

- 로즈 워터

1작은술 / ⅛컵

16온스 / 1갤런 기준

망고 Mango

망고는 생망고든지, 냉동 망고든지 간에 모두 품질이 가장 좋은 것을 사용한다. 콤부차에 특히 색상과 감미로운 향을 더해 준다. 건망고나 주스도 좋지만, 권장량의 절반만 사용한 뒤, 설탕을 더 넣어 균형을 잡아 준다.

붓다스 딜라이트 Buddha's Delight
- 망고 조각

¼컵 / ¾컵

하트 파이어 Heart Fire
- 망고 조각

¼컵 / ¾컵

- 붉은 고춧가루

두 자밤 / ½작은술

망고 스파이스 Mango Spice
- 망고 조각

¼컵 / ¾컵

- 바닐라 빈을 전부 저민 것

¼개 / 1개

- 시나몬 껍질 다진 것

1작은술 / 1큰술

오렌지 Orange

갓 짜낸 오렌지 주스는 콤부차와 아름다운 조화를 이룬다. 주스 대신에 오렌지 껍질을 넣으면 꽃 향이 만발한다. 시중에서 판매하는 오렌지를 사용해도 된다(펄프가 포함되지 않은 오렌지 사용). 오렌지를 조각내어 권장량의 두 배를 사용한다.

오렌줄리어스 Oranjulius
- 생오렌지 주스

1큰술 / ¼컵

- 바닐라 빈을 전부 저민 것

¼개 / 1개

드리미 오렌지 Dreamy Orange
- 생오렌지 주스

1큰술 / ¼컵

- 바닐라 빈을 전부 저민 것

¼개 / 1개

- 꿀

1작은술 / 1큰술

민트 스퀴즈 Mint Squeeze
- 생오렌지 주스

1큰술 / ¼컵

- 민트를 약간 다진 것

1작은술 / 1큰술

파파야 Papaya

호사스러운 사향 냄새가 나는 파파야는 카로티노이드 carotenoids, 엽산, 식이 섬유질과 함께 비타민 C를 풍부하게 함유하고 있다. 파삭파삭한 것보다는 버터 같은 부드러운 질감의 파파야를 사용하도록 한다. 아시아 요리의 재료로 흔히 사용되는 그린파파야는 맛이 약하기 때문에 권장하지 않는다. 생파파야가 없으면 냉동이나 건조시킨 파파야를 사용해도 된다.

바나나 파파야 Banana Papaya
- 생파파야 또는 냉동 파파야 조각

1큰술 / ½컵

- 바나나 으깬 것

2작은술 / ¼컵

- 시나몬 가루

¼작은술 / 1큰술

P3
- 생파파야 또는 냉동 파파야 조각

1큰술 / ½컵

- 파인애플 주스

2작은술 / ⅛컵

- 붉은 고춧가루

⅛작은술 / ½작은술

팝파야 Pop-aya
- 생파파야 또는 냉동 파파야 조각

1큰술 / ½컵

- 시금치 다진 것

1작은술 / ⅛컵

- 생강 절편

¼작은술 / 1큰술

16온스 / 1갤런 기준

패션프르트 Passion Fruit

단맛과 신맛이 함께 나는 패션프루트는 콤부차에서 비타민 A, C, 철 성분의 함유량을 끌어 올린다. 껄쭉한 식감의 과육을 포크로 찍어 먹으면 과즙이 흘러나오고, 씨앗도 먹기가 좋다. 시중에서 판매되는 패션푸르트 주스는 단맛이 매우 강하기 때문에 소량으로 사용하는 것이 좋다.

트로피컬 패션 Tropical Passion
- 패션프루트 다진 것

1큰술/ ½컵
- 망고 주스

1작은술/ ⅛컵
- 생강 절편

¼작은술/ 1큰술

패션베리 Passionberry
- 패션프루트 주스

2작은술/ ¼컵
- 라즈베리 가볍게 으깬 것

1작은술/ ⅛컵
- 오렌지 껍질

¼작은술/ 1큰술

브이피 V. P.
- 패션프루트 주스

2작은술/ ¼컵
- 바닐라 빈을 전부 저민 것

¼개/ ¾개

피치 복숭아 Peach

복숭아는 위장을 진정시키고 소화 기능을 촉진시킨다. 제철의 싱싱한 복숭아는 껍질을 벗겨 사용하며, 통조림이나 즙을 사용할 경우에는 권장량의 절반만 사용한다.

피치 킨 Peachy Keen
- 복숭아 과육 조각

2큰술/ ½컵
- 차이 스파이스 블렌드

¼작은술/ 1작은술

페쉬 루즈 Peche Rouge
- 복숭아 과육 조각

2큰술/ ½컵
- 라즈베리 가볍게 으깬 것

1작은술/ ¼컵

피치 코블러 Peach Cobbler
- 복숭아 과육 조각

2큰술/ ½컵
- 바닐라 빈을 전부 저민 것

½개/ 1개
- 시나몬

1자밤/ 1작은술

페어 배 Pear

인류는 오래전부터 헛구역질이 나면 민간 요법으로 배를 먹었다. 실제로도 배는 소화계의 기능을 증진한다. 신선하고 잘 익은 배는 최고의 재료이며, 통조림이나 즙, 건조시킨 배를 사용할 경우에는 권장량의 절반만 사용한다.

페어 Pear
- 배 다진 것

¼컵/ ¾컵

퍼플 페어 Purple Pear
- 배 다진 것

¼컵/ ¾컵
- 적색이나 보라색의 포도를 저민 것

2큰술/ ½컵

페리 체리 Perry Cherry
- 배 다진 것

¼컵/ ¾컵
- 체리 2등분한 것

1큰술/ ¼컵

퍼시먼 감 Persimmon

잘 익은 감은 천연 카테킨과 비타민 C 성분을 다량으로 함유하여 단맛이 매우 훌륭하다. 감은 과일 형태 그대로 먹는 경우가 대부분이지만, 말려서 가공한 곶감도 온라인이나 아시아의 식품 매장에서 구입할 수 있다. 2차 발효 과정에서 홍시를 껍질째로 한 숟가락 떠서 넣으면 꽃 향과 매실 향을 연상시키는 매우 섬세한 향이 난다.

퍼시먼 Persinammon
- 감 조각

1큰술/ ½컵
- 사과 조각

1작은술/ ⅛컵
- 시나몬

⅛작은술/ ½작은술

퍼시몽 오 쇼콜라 Persimmon au Chocolat
- 감 조각

1큰술/ ½컵
- 생카카오 가루

1작은술/ ⅛컵

퍼시먼 쿠키 Persimmon Cookie
- 감 조각

1큰술/ ½컵
- 건포도 다진 것

1작은술/ ⅛컵
- 바닐라 추출물

¼작은술/ 1작은술

16온스 / 1갤런 기준

파인애플 Pineapple

파인애플에서만 발견되는 단백질 소화 효소인 브로멜라인Bromelain은 항염증성, 항가려움증, 항암의 효과가 있다. 파인애플 특유의 상쾌한 단맛과 톡 쏘는 맛은 입안 가득 열대 과일의 향미를 선사한다. 단맛의 음료를 더욱더 빛나게 하면서 시큼한 맛을 완화시킨다.

과일 형태의 신선한 파인애플 또는 통조림이나 냉동시킨 파인애플 중 어느 것이든 사용해도 좋다. 주스를 사용하여도 좋지만, 탄산가스가 과도하게 발생하지 않도록 한 번 걸러 내 사용하는 것이 더 좋다. 다른 열대 과일과 함께 사용하면 해변에 온 느낌이 날 것이다!

파인애플 Pineapple
- 파인애플 다진 것

¼컵/ ¾컵

피나 피칸테 Pina Picante
- 파인애플 다진 것

¼컵/ ¾컵
- 붉은 고춧가루

½자밤/ ⅛작은술

피나민트 Pina-mint
- 파인애플 다진 것

¼컵/ ¾컵
- 민트 가볍게 다진 것

½작은술/ 2작은술

플럼 자두 Plum

자두는 식이 섬유의 훌륭한 공급원일 뿐만 아니라, 소화를 촉진하고 변비를 해소하는 데에도 도움이 된다. 또한 비타민 A, C, K, 칼륨, 플루오린, 철 등의 미네랄 성분들이 풍부히 포함되어 있기 때문에 콤부차 고유의 시큼한 맛을 더 깊고 풍성하게 한다.

플럼 스파이스 Plum Spice
- 자두 조각

2큰술/ ¼컵
- 시나몬

½작은술/ 2작은술
- 클로브

2개 / ½작은술

플럼 처트니 Plum Chutney
- 자두 조각

2큰술/ ¼컵
- 체리 2등분한 것

1작은술/ ⅛컵
- 생강 절편

½작은술/ 2작은술

슈거 플럼 플라워 Sugar Plum Flower
- 자두 조각

2큰술/ ¼컵
- 라벤더의 말린 꽃

½작은술/ 2작은술
- 꿀

½작은술/ 1큰술

포메그레니트 석류 Pomegranate

석류는 고대로부터 건강, 다산, 영생의 상징으로 오랫동안 사용되어 온 과일이다. 석류에는 심장의 기능에 좋은 성분들과 항산화 성분이 녹차보다도 3배나 많이 들어 있는 독특한 화합물을 함유하고 있다. 석류의 알갱이 그 자체로는 향미를 충분히 제공하지 못하기 때문에 주스 형태로 사용하는 것이 좋다. 석류 특유의 쓴맛과 떫은맛을 내는 성분은 콤부차의 산 성분과 만나 짙은 보랏빛의 색상을 낸다.

폼코코 Pomcoco
- 석류 주스

1큰술/ 1컵
- 코코넛 워터

1큰술/ ¾컵

폼쿠크 쿨러 Pom-cuke Cooler
- 석류 주스

1큰술/ ¾컵
- 오이 조각

2작은술/ ⅔ 컵
- 민트 가볍게 다진 것

½작은술/ 1큰술

레몬 폼부차 Lemon PomBucha
- 석류 주스

1큰술/ ¾컵
- 꿀

1작은술/ 1큰술
- 레몬 껍질

¼작은술/ 1작은술

16온스 / 1갤런 기준

프룬 건자두 Prune

건자두는 맛과 향이 더 진하고 설탕이 포함되어 있어 적은 양으로도 깊이 있는 풍미를 제공하며, 옅은 자줏빛을 띠게 한다. 또한 항산화 물질이 풍부하여 영양을 공급한다. 환원유 상태의 건자두는 발효 과일 콤부차 사워도 빵에 첨가하면 좋다.

디저트 딜라이트 Desert Delight
- 자두 다진 것

2큰술/ ½컵
- 건살구 조각

2작은술/ ¼컵
- 대추야자 조각

1작은술/ ⅛컵

포크 오 프룬 Pork au Prune
- 자두 다진 것

2큰술/ ½컵
- 익힌 베이컨 조각

1큰술/ ⅛컵
- 오렌지 껍질

¼작은술/ 1작은술

프루넬라 타임 Prunella Thyme
- 자두 다진 것

1큰술/ ¼컵
- 바닐라 빈을 전부 저민 것

¼개/ ¾개
- 타임 말린 것

½작은술/ 2작은술

펌킨 호박 Pumpkin

호박은 미국에서도 가장 인기 있는 작물에 속한다. 이 호박을 콤부차에 넣으면 언제 마셔도 맛이 매우 훌륭한다. 통조림 호박 파이 필링을 사용하는 것이 좋지만, 일반 통조림 호박을 사용해도 상관없다. 호박은 콤부차에서 펌킨 비어pumpkin beer와 비슷한 신맛을 낸다. 따뜻한 이 콤부차에 향신료를 첨가하면 흥미로운 맛이 나고, 커피와 바닐라 아이스크림을 섞어 주면 콤부차 프라페frappe가 완성된다!

펌킨 파이 Pumpkin Pie
- 통조림 펌킨 파이 필링

2큰술/ ½컵
- 시나몬

¼작은술/ 1작은술
- 너트메그를 강판에 간 것

⅛작은술/ ½작은술

피그 인 어 펌킨 패치 Pig in a Pumpkin Patch
- 통조림 호박

2큰술/ ½컵
- 익힌 베이컨 조각

1큰술/ ⅛컵
- 메이플 시럽

¼작은술/ 1작은술

펌킨 세이지 Pumpkin Sage
- 통조림 호박

2큰술/ ½컵
- 사과 조각

1큰술/ ⅛컵
- 세이지 말린 것

¼작은술/ 1작은술

레이진 건포도 Raisin

건포도는 2차 발효 과정에서 첨가하는 전형적인 재료이다. 포도당을 통해 카보네이션 과정을 일으키는 데 도움이 된다. 단맛을 낼 뿐만 아니라, 할라페뇨와 같이 강렬한 맛이나 당근같이 향긋한 향에도 균형감을 준다.

레이진 쿠키 Raisin Cookie
- 건포도 다진 것

1큰술/ ¼컵
- 시나몬 가루

¼작은술/ 1작은술
- 바닐라 추출물

¼작은술/ 1작은술

레이진 헬 어 폐뇨 Raisin' Hell-a-peno
- 건포도 다진 것

1큰술/ ¼컵
- 할라페뇨 다진 것

¼작은술/ 1작은술
- 오렌지 껍질

¼작은술/ 1작은술

레이진 슬로 Raisin Slaw
- 건포도 다진 것

1큰술/ ¼컵
- 당근 주스

1작은술/ 1큰술
- 레몬 껍질

¼작은술/ 1작은술

16온스 / 1갤런 기준

라즈베리 Raspberry

콤부차에 라즈베리를 첨가하면 붉은 빛깔의 화려한 색상이 나고, 시큼하면서도 기분 좋은 맛이 난다. 물론 신맛이 매우 자극적이기 때문에 조금만 사용하거나 부드러운 맛의 허브와 함께 사용하면 날카로운 맛을 약화시킬 수 있다. 생라즈베리나 냉동 라즈베리 모두 좋은 재료이며, 보통은 포크로 부드럽게 으깨거나 그대로 사용한다. 핑크 빛깔의 보석 같은 색상을 보이면 항산화 성분과 영양분이 풍부하다는 신호이다.

라즈베리 Raspberry
- 라즈베리 가볍게 으깬 것

1큰술/ ¾컵

라즈베리 진저 Raspberry Ginger
- 라즈베리 가볍게 으깬 것

1큰술/ ¾컵

- 생강 절편

1작은술/ 2작은술

- 생레몬 주스

1작은술/ 1큰술

레이즐러민트 Razzlemint
- 라즈베리 가볍게 으깬 것

1큰술/ ¾컵

- 히비스커스 말린 것

½작은술/ 1작은술

- 민트 가볍게 다진 것

½작은술/ 2작은술

레이지 베이지 Razzy Bazzy
- 라즈베리 가볍게 으깬 것

1큰술/ ¾컵

- 홀리 바질

⅛작은술/ 1작은술

루바브 Rhubarb

식용 대황 pieplant으로 알려진 루바브는 비타민 K가 다량으로 함유되어 있다. 주로 약용으로 재배되었지만, 17세기에 설탕 가격이 하락하면서 동시에 요리 재료로서도 큰 인기를 끌었다.

루바브 Rhubarb
- 루바브 소스

1큰술/ ¼컵

루베리 Rhuberry
- 루바브 소스

1큰술/ ¼컵

- 딸기 다진 것

2큰술/ ½컵

스트로베리 딸기 Strawberry

북아메리카의 일반 가정에서는 딸기를 소비하는 비율이 94%에 이른다. 매우 다양한 요리에 감미로운 맛을 내기 위해 주로 사용된다. 딸기는 생과일이나 냉동 과일로 사용할 수 있고, 콤부차의 신맛을 부드럽게 완화시키면서 색상도 사랑스러운 분홍빛으로 만들어 준다. 특히 핑크 레모네이드는 시도해 볼 만하다.

스트로베리 Strawberry
- 딸기 다진 것

2큰술/ ½컵

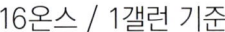

16온스 / 1갤런 기준

핑크 레모네이드 Pink Lemonade
- 딸기 다진 것

2큰술/ ½컵
- 타임

잔가지 1개/ 잔가지 2개
- 생레몬 주스

1작은술/ 1온스

그린 스트로베리 Green Strawberry
- 딸기 다진 것

2큰술/ ¾컵
- 엽록소 가루

½작은술/ 2작은술

스트로 애플 Straw Apple
- 딸기 다진 것

2큰술/ ¾컵
- 사과 조각

2큰술/ ½컵

타마린드 Tamarind

페이스트 형태로 사용되는 타마린드는 아시아 식품을 파는 매장이나 온라인 사이트 또는 라틴 식품 매장에서 판매되고 있다. 달콤새콤한 맛과 함께 항산화 성분도 풍부히 들어 있어 열대 과일의 맛과 향을 충분히 즐길 수 있다.

탐부차 Tambucha
- 타마린드 페이스트

2작은술/ 3큰술

타마린드 파이어 Tamarind Fire
- 타마린드 페이스트

2작은술/ 3큰술
- 붉은 고춧가루

1자밤/ ½작은술

시나탐 Cinna-tam
- 타마린드 페이스트

2작은술/ 3큰술
- 시나몬 가루

½작은술/ 2작은술
- 붉은 고춧가루

1자밤/ ½작은술

탄제린 귤 Tangerine

귤 주스는 약간만 사용해도 풍부한 향미를 더해 주기 때문에 처음에 사용할 때 유의해야 한다. 너무 많이 넣으면 얼굴이 찌푸려질 정도로 신맛이 날 것이다. 신맛을 좋아하면 콤부차의 마니아가 될 수도 있다. 특히 귤의 시트러스 향은 매운 향과 단 향과도 잘 어울린다.

탱거부치 Tangabuch
- 생귤 주스

2큰술/ ¼컵

스파이시 탄제린 Spicy Tangerine
- 생귤 주스

2큰술/ ¼컵
- 붉은 고춧가루

½자밤/ ¼작은술

탄제린 드림 Tangerine Dream
- 생귤 주스

2큰술/ ¼컵
- 코코넛 워터

2큰술/ ¼컵

워터멜론 수박 Watermelon

콤부차에 수박을 사용할 경우에는 향미와 당도가 높기 때문에 설탕을 권장량의 절반만 사용해도 충분하다. 콤부차에도 녹색 빛깔이 감돌면서 수박 껍질이 연상될 것이다. 히비스커스를 약간 추가하면 맛과 색상도 좋아지면서 콤부차를 행복하게 즐길 수 있다.

워터멜론 Watermelon
- 수박 다진 것

2큰술/ ¾컵
- 히비스커스 말린 것

½작은술/ 1작은술

시나멜론 Cinna-melon
- 수박 다진 것

2큰술/ ¾컵
- 시나몬

1작은술/ 1큰술

멜로닐라 Melonilla
- 수박 다진 것

2큰술/ ¾컵
- 바닐라 빈 전부 저민 것

¼개/ ¾개

16온스 / 1갤런 기준

허브 HERBALS

브레인 브루 Brain Brew

은행잎과 고투콜라는 혈액 순환을 개선시킨다. 이 두 재료의 혼합을 머릿속에 잘 기억해 두면 좋다! 이 두 재료를 콤부차에 사용하면 상쾌한 기분의 허브 향을 더해 줄 수 있다. 물론 뜨거운 물로 우려내 티잰으로 마실 수도 있다. 콤부차에 허브를 직접 넣어서 걸러 내는 과정이 번거롭다면 뜨거운 물에 15분 정도 우려내 티잰으로 콤부차에 넣어서 향미를 더해 줄 수도 있다. 물론 스코비 호텔에서 여분의 스코비를 꺼내 브레인 브루의 콤부차를 만들 수도 있다. 여기에 사용하는 생강뿌리는 가루 형태나 설탕에 조린 것보다 건조시킨 것이나 생강뿌리 그대로 사용하는 것이 좋다.

브레인 브루 블렌드 Brain Brew Blend
- 은행잎 8큰술
- 고투콜라 8큰술
- 생강뿌리 다진 것 2큰술
- 히비스커스 말린 것 1큰술

상기 재료들을 모두 넣고 흔들어 섞은 뒤 밀폐 용기에 담아 보관한다.

플레인 브레인 브루 Plain Brain Brew
- 브레인 브루 블렌드

½작은술/ 1큰술

로즈 브레인 브루 Rose Brain Brew
- 브레인 브루 블렌드

½작은술/ 1큰술
- 로즈 페틀 말린 것

1작은술/ 1큰술

엘더베리 브레인 브루 Elderberry Brain Brew
- 브레인 브루 블렌드

½작은술/ 1큰술
- 엘더베리 말린 것

½작은술/ 2작은술

버독 Burdock

중국에서 오래전부터 약용으로 사용되었던 우엉은 흙 향이 나는 뿌리 식물로서 쓴맛과 단맛이 섞여 있는데, 그 향미가 아티초크 artichoke와 비슷하다. 우엉에는 이눌린 inulin 성분이 다량으로 함유되어 있기 때문에 장내 세균에 영양을 공급하는 프리바이오틱이 많다. 생강이나 강황 등 다른 허브와도 조화를 잘 이룬다. 흙 향을 보완하고 싶은 경우에는 과일을 일부 첨가하는 것도 좋다.

버독 Burdock
- 우엉뿌리 말린 것

2작은술 1½큰술

버독 진저 Burdock Ginger
- 우엉뿌리 말린 것

2작은술 1½큰술
- 생강 절편

¼작은술 2작은술

블루 버드 Blue Burd
- 우엉뿌리 말린 것

2작은술 1½큰술
- 블루베리 2등분한 것

2큰술 ¼컵

16온스 / 1갤런 기준

칼렌둘라 금잔화 Calendula

금잔화는 맵고 후추 향이 강해 '가난한 사람들이 사용하는 사프란'으로 알려져 있다. 데이지 계통의 '금잔화 pot marigold'의 꽃잎은 콤부차에 황금빛 색조와 함께 활력을 불어넣는다. 수프, 죽, 탕에 뜨거운 물로 우려내 티젠으로 첨가하면 장내 궤양을 치료하며 염증을 진정시키는 데 도움이 된다. 노란색 또는 오렌지색 과일(심지어 강황도 좋다)을 첨가하면 향미가 단연 돋보인다.

골든 글로 Golden Glow
- 금잔화 말린 것

1작은술/ 1큰술
- 강황 간 것

½작은술/ 2작은술

칼렌둘라 큐컴버 Calendula Cucumber
- 금잔화 말린 것

1작은술/ 1큰술
- 오이 조각

2큰술/ ¼컵

모닝 리프레셔 Morning Refresher
- 금잔화 말린 것

1작은술/ 1큰술
- 오렌지 껍질

¼작은술/ 1큰술
- 꿀

¼작은술/ 1작은술

차이 스파이스 Chai Spice

사람들이 좋아하는 인기 음료인 '차이 chai'의 어원은 일반적으로 히말라야 산지에서 '티'를 '차이'로 부른 데서 유래한다. 인도에서는 무려 5000년 전부터 허브 강장제로서 '차이 스파이스'를 마셔 왔다고 전해진다. 차이 스파이스에 전통적으로 사용되는 모든 향신료들은 면역력을 증강시키고 몸을 데우는 데 큰 효능이 있는 것으로 알려져 있다.

차이 스파이스 블렌드 Chai Spice Blend

차이 블렌드의 재료는 일반적으로 생강, 시나몬, 카르다몸, 클로브(정향)이지만, 각자 자신만의 특별한 블렌드로 자유롭게 만들 수 있다. 여기서 소개하는 블렌딩 레시피는 단지 하나의 사례일 뿐이다. 향신료는 가루 형태를 구입하든지, 직접 갈아서 만들든지 간에 가장 신선한 재료를 사용한다. 콤부차에 시중의 가루 향신료를 첨가할 경우에는 매우 소량으로 사용한다. 손으로 직접 간 것보다도 입자성이 작아 더 강한 향미를 내기 때문이다. 시중에서 구입한 가루 향신료 1작은술은 손으로 직접 간 향신료 1큰술과 향미 측면에서 같은 효과를 낸다고 보면 된다.

사용량 : 가루 향신료 2큰술, 손으로 직접 간 향신료 ⅓컵

- 올스파이스 allspice

2작은술/ 7개
- 카르다몸

2작은술/ 1큰술
- 시나몬

2작은술/ 스틱 1개 부순 것
- 클로브

1작은술/ 4개 홀
- 코리앤더 coriander 고수

1작은술/ 씨 1큰술
- 생강

2작은술/ ¼인치 크기의 1조각
- 페퍼콘 후추 peppercorn

½작은술/ 온전한 것 1작은술
- 스타아니스 팔각 Star Anise

1작은술/ 온전한 것 3개

시중에서 구입한 가루 형태의 항신료를 사용할 경우에는 밀폐 용기에 넣고 뚜껑을 닫은 뒤 흔들어서 잘 섞어 둔다. 손으로 직접 분쇄해 사용할 경우에는 온전한 형태의 항신료를 분쇄기에 넣고 곱게 갈아서 밀폐 용기에 넣어 둔다. 그러면 최대 1년간은 잘 보관할 수 있다.

바닐라 차이 Vanilla Chai
- 차이 스파이스 블렌드(직접 분쇄한 것)

1작은술/ 1큰술
- 바닐라 빈 전부 저민 것

¼개/ ¾개

허니 스파이스 Honey Spice
- 차이 스파이스 블렌드(직접 분쇄한 것)

½작은술/ 1큰술
- 꿀

1작은술/ ⅛컵

마카롱 커피 Moroccan Coffee
- 차이 스파이스 블렌드(직접 분쇄한 것)

½작은술/ 2작은술
- 커피 간 것

1작은술/ 1큰술

16온스 / 1갤런 기준

캐모마일 Chamomile

세계에서 가장 인기 있는 허브 중 하나인 캐모마일은 산뜻한 향에 흙 향과 사과 향이 뒤섞여 있다. 진정 효능이 있어 수면 보조제로 종종 사용되며, 신경계와 위장도 안정시킨다. 또한 항염증, 항진균의 효능도 있다.

서머 브리즈 Summer Breeze
- 캐모마일 말린 것

1작은술/ 1큰술

- 라벤더 말린 것

¼작은술/ 1작은술

캐모멜론 Chamo-melon
- 캐모마일 말린 것

½작은술/ 2작은술

- 수박 다진 것

2큰술/ ½컵

캐모마일 그레이프푸르트 Chamomile Grapefruit
- 캐모마일 말린 것

½작은술/ 2작은술

- 루비레드 포도 주스

1큰술/ ¾컵

시나몬 Cinnamon

1차 발효 과정에서 시나몬 껍질 조각을 넣으면 아세트산의 생성을 줄이고 발효를 부드럽게 할 수 있다. 그런데 2차 발효 과정에서는 그 어떤 재료를 넣어도 대부분 숙성된 콤부차와 잘 혼합되기 때문에 이때 시나몬 껍질 조각을 넣는 것이 최고의 결과를 가져다준다. 바닐라를 첨가하면 멕시코의 전통적인 쌀뜨물인 오르차타 horchata의 크리미한 시나몬 향도 즐길 수 있다.

시나몬 Cinnamon
- 시나몬 껍질 조각

½작은술/ 1큰술

오르차타 브루 Horchata Brew
- 시나몬 껍질 조각

½작은술/ 1큰술

- 바닐라 빈 전부 저민 것

¼개/ ¾개

신틸레이팅 망고 Cinn-tillating Mango
- 시나몬 껍질 조각

½작은술/ 1큰술

- 망고 조각

2큰술/ ¾컵

클로브 정향 Clove

클로브(정향) 허브는 상록수의 아직 개화하지 않은 꽃봉오리이다. 몸을 따뜻하게 해 주는 클로브는 매우 독특한 향미가 있어 콤부차에 달콤하고 향긋한 풍미를 더해 준다. 아린 맛이 나는 천연 에센셜 오일이 들어 있어 매우 적은 양으로도 클로브 특유의 향미를 낼 수 있다. 천연 방부제 기능이 있을 뿐 아니라 스트레스를 해소하고 면역력을 증강시킨다. 그 밖에도 치아의 건강에도 도움이 된다. 특히 자연에서 갓 채취한 클로브는 적은 양으로도 아린 맛을 낼 수 있고, 그 효능도 매우 풍부하다.

프레시 브리스 Fresh Breath
- 클로브 온전한 것

3개/ 8개

- 민트 약간 다진 것

1작은술/ 1큰술

- 펜넬회향 fennel 씨앗

⅛작은술/ ½작은술

클로브 아몬 Clove-amon
- 클로브 온전한 것

2개/ 4개

- 시나몬 껍질 조각

¼작은술/ 1작은술

크림슨 앤 클로브 Crimson and Clove
- 클로브 온전한 것

2개/ 4개

- 라즈베리 다진 것

1큰술 ¼컵

- 설탕에 조린 생강 다진 것

½작은술/ 2작은술

엘더플라워 Elderflower

엘더플라워의 꽃에서 추출한 에센셜 오일은 오래전부터 입맛을 돋게 하고 마음을 진정시키는 약재로 사용해 왔다. 말오줌나무 elder tree의 꽃인 엘더플라워는 여름의 도래를 알려 준다. 매끄러우면서도 새하얀 빛의 꽃에는 기본적으로 천연 효모가 자생하고 있기 때문에 카보네이션 과정을 촉진시킨다. 엘더플라워는 맛이 좋을 뿐만 아니라 건강 기능성도 훌륭하여 식재료로 사용해 온 역사가 깊다.

서니 딜라이트 Sunny Delight
- 엘더플라워 말린 것

½작은술/ 2작은술

- 생레몬 주스

1큰술/ 3큰술

- 설탕, 꿀 또는 그 밖의 감미료

½작은술/ 1큰술

16온스 / 1갤런 기준

chapter 11 · 다양한 가향 방법들 | 217

와이즈 엘더스 Wise Elders
- 엘더플라워 말린 것

½작은술/ 2큰술
- 엘더베리 말린 것

½작은술/ 1큰술
- 세이지 약간 다진 것

½작은술/ 2작은술

와일드 플라워 Wildflower
- 엘더플라워 말린 것

½작은술/ 2큰술
- 로즈 페틀 말린 것

1큰술/ ¼컵
- 캐모마일 말린 것

1작은술/ 1큰술
- 라벤더 말린 것

¼작은술/ 1작은술

'4인조 도둑' 식초
Four Thieves Vinegar

전설에 따르면, 흑사병이 확산되어 수많은 사람들이 죽어 나가던 시기에 희생자들의 집을 털고 다녔던 한 4인조 도둑이 있었다고 한다. 이 4인조 도둑은 흑사병에 걸리지 않도록 온몸에 식초를 뿌리고 활개를 친 것으로도 유명했는데, 이로부터 훗날 '4인조 도둑 식초 four thieves vinegar'가 유래되었다고 한다. 신선한 허브를 다져서 휘발성 오일에 첨가하면, 효능이 높아지면서 독특한 치유력이 생긴다. 단 건조시킨 허브는 사용할 수 없다.

4인조 도둑 식초 Four Thieves Vinegar #1
- 라벤더

1자밤/ ¼작은술
- 로즈메리

2자밤/ ½작은술
- 민트

1자밤/ ¼작은술
- 세이지

잎 1개/ ½작은술
- 오레가노

1자밤/ ¼작은술
- 생강 조각

⅛작은술/ ½작은술

4인조 도둑 식초 Four Thieves Vinegar #2
- 클로브 간 것

⅛작은술/ ½작은술
- 시나몬 껍질 조각

⅛작은술/ ½작은술
- 마늘 조각

⅛작은술/ ½작은술
- 너트메그(육두구) 강판에 간 것

⅛작은술/ ½작은술
- 민트 말린 것

1자밤/ ¼작은술
- 라벤더 말린 것

1자밤/ ¼작은술
- 로즈메리 말린 것

¼작은술/ 1작은술
- 세이지 말린 것

⅛작은술/ ½작은술

에르브 드 프로방스
Herbes de Provence

프랑스 남부산의 허브를 블렌딩한 에르브 드 프로방스는 인기가 높다. 미국에서 시판 중인 것에는 종종 라벤더가 추가되어 있다. 이것을 콤부차에 첨가하면 사랑스러운 향기가 나고, 맛이 다양해지며, 홀짝이고 싶은 욕구가 자꾸 생긴다. 여기서는 다루기가 쉬운 이유로 건조시킨 허브를 사용한다. 신선한 생허브를 사용할 경우에는 에센셜 오일이 배어 나오는데, 이는 권장량의 두 배나 된다.

에르브 드 프로방스 Herbes de Provence
- 로즈메리

¼작은술/ 1½작은술
- 타임

⅛작은술/ 1작은술
- 오레가노

⅛작은술/ 1작은술
- 바질

⅛작은술/ 1작은술
- 펜넬 씨앗

1.16작은술/ ¼작은술
- 타라곤 tarragon

⅛작은술/ 1작은술

선택 사항
- 라벤더

⅛작은술/ 1작은술
- 처빌 chervil

⅛작은술/ 1작은술
- 월계수 잎 으깬 것

¼개/ 1개

히비스커스 Hibiscus

히비스커스 꽃은 짙은 분홍빛을 띠면서 상큼하게 톡 쏘는 향을 내어 전 세계적으로 티잰의 재료로 많이 사용되고 있다. 콤부차의 1차 발효 과정에서 주로 첨가한다. 히비스커스의 성질에 대해 잘 숙지한 뒤 조금씩 사용한다.

자메이카 미 크레이지 Jamaica Me Crazy
- 히비스커스 말린 것

1작은술/ 1큰술

진저 펀치 Ginger Punch
- 히비스커스 말린 것

1작은술/ 1큰술
- 생강 절편

½작은술/ 2큰술

16온스 / 1갤런 기준

히비스커스 레모네이드 Hibiscus Lemonade
- 히비스커스 말린 것

½작은술/ 1큰술
- 생강 절편

½작은술/ 1큰술
- 생레몬 주스

⅛작은술/ ½작은술

주니퍼 베리 Juniper Berry

주류인 진에 기본 가향 재료로 사용되는 주니퍼 베리는 소나무 향이 나면서 신맛이 나는 수지성 열매이다. 건조시킨 열매는 쉽게 구할 수 있는데, 조금씩 사용하는 것이 좋다. 주니퍼 베리를 콤부차에 첨가하면 비알코올성 청량음료를 만들 수 있다.

저스트 주니퍼 Just Juniper
- 주니퍼 베리 말린 것

2작은술/ 1½큰술

주니퍼 로즈 Juniper Rose
- 주니퍼 베리 말린 것

2작은술/ 1½큰술
- 로즈 페틀 말린 것

2작은술/ 1큰술

스파이시 주니퍼 Spicy Juniper
- 주니퍼 베리 말린 것

2작은술/ 1½큰술
- 붉은 고춧가루

½자밤/ 1자밤

라벤더 Lavender

콤부차에 라벤더 꽃을 첨가하면 향기로운 꽃 향과 약간의 민트 맛이 콤부차의 산 성분에 그윽한 향기를 더해 주면서 탁월한 맛을 안겨 준다. 갓 꺾은 라벤더 꽃과 잎을 사용하면 향이 너무 강해지는 반면, 건조시킨 꽃잎을 사용하면 매우 섬세한 향을 줄 수 있다.

라벤더 Lavender
- 라벤더 꽃

½작은술/ 1큰술

러브 멜론 Love Melon
- 라벤더 꽃

½작은술/ 1큰술
- 수박 다진 것

2큰술/ ¾컵

라벤더 브레인 브루 Lavender Brain Brew
- 라벤더 꽃

½작은술/ 1큰술
- 브레인 브루 블랜딩

½작은술/ 1큰술

레몬 밤 Lemon Balm

부드럽고 은은한 향이 나는 레몬 밤은 레몬이나 민트와 똑같은 맛이 난다. 진정 효능이 우수하여 수천 년 동안 불안감을 줄이고, 집중력을 향상시키는 재료로 사용되었다. 레몬 껍질이나 오렌지 주스와 함께 사용하면 시트러스 향을 더해 줄 수 있다. 그리고 라벤더나 페퍼민트와 함께 사용하면 허브 향도 강조할 수 있다.

캄 밤 Calm Balm
- 레몬 밤 말린 것

½작은술/ 2큰술
- 캐모마일 말린 것

½작은술/ 2큰술
- 라벤더 말린 것

¼작은술/ 1큰술

피치 민트 레모네이드 Peach-Mint Lemonade
- 복숭아 과육 조각

1큰술/ ¼컵
- 레몬 밤 말린 것

½작은술/ 2큰술
- 민트 말린 것

¼작은술/ 1큰술

16온스 / 1갤런 기준

진저 듀 Ginger Dew
● 허니듀 조각
1큰술/ ¼컵
● 레몬 밤 말린 것
½작은술/ 2큰술
● 생강 가루
¼작은술/ 1큰술

민트 Mint

항산화 성분이 풍부한 민트는 완화제인 천연 멘톨 성분도 들어 있어 충혈을 완화시킨다. 인후염, 위장염, 과민성 대장증후군의 치료에 효과가 좋다. 1500년대부터는 치아를 하얗게 만드는 미백용으로 사용되었다. 콤부차에 민트를 사용하는 방법은 수도 없이 많지만, 주로 페퍼민트와 스피어민트와 함께 사용해 콤부차에 시원한 청량감을 불어넣는다. 다른 허브 식물과 함께 사용하여 다양한 종류의 콤부차를 만들 수 있다. 또한 단품으로 사용하여 민트 티도 만들어 마실 수도 있다.

마테 민트 Mate Mint
● 예르바 마테
½작은술/ 1큰술
● 민트 약간 다진 것
½작은술/ 2작은술

멜론 쿨러 Melon Cooler
● 수박 다진 것
2큰술/ ¾컵
● 민트 약간 다진 것
1작은술 2작은술

애플 민트 Apple Mint
● 사과 조각
2큰술 ¾컵
● 민트 약간 다진 것
1작은술/ 2작은술

루트 비어 Root Beer

루트 비어와 진저 에일 등 천연 발효 음료는 가당 소다 산업에 흡수되기 전까지는 일반 가정의 식생활에서 매우 중요한 위치를 차지하였다. 소다수를 좋아하는 사람들이 가향 콤부차에 천연 루트 비어를 재료로 사용하면서부터 건강한 음료라는 제 위치를 회복하였다. 루트 비어는 콤부차에 매우 다양한 형태로 사용할 수 있다. 각자 다양한 실험을 통하여 자신만의 이상적인 맛을 찾아보길 바란다!

루트 비어 스파이스 블렌드
Root Beer Spice Blend

루트 비어는 역사적으로 미국인들이 독특하게 즐겨 마시는 음료이다. 미국 독립혁명의 영웅인 새뮤얼 애덤스Samuel Adams, 1722~1803가 자녀들이 마실 수 있는 음료를 개발하라고 요청해 만들어진 것으로 추정되고 있다. 처음에는 알코올 도수가 낮은 발효 맥주였다. 또한 여기서 사용되는 사사프라스와 사르사와 같은 나무의 껍질은 아메리카의 원주민들이 오래전부터 약초로 사용해 온 재료들이었다. 이 재료로는 시럽을 만들 수도 있으며, 부드러운 맛을 좋아하면 콤부차에 직접 넣어도 된다.
시중에서 가루 향신료를 구입하거나 직접 갈아서 사용해도 좋지만, 무엇보다도 신선도가 높은 것을 사용해야 한다. 콤부차에 직접 넣어 맛을 내는 경우에는 가루 향신료가 직접 빻은 거친 것보다 더 강렬한 향미를 내기 때문에 적은 양으로 사용하는 것이 좋다.

사용량 : 루트 비어 가루 2큰술, 직접 손으로 간 것 ⅓컵.

● 사사프라스 껍질 다진 것
2작은술/ 2큰술
● 사르사 껍질 다진 것
1작은술/ 1큰술
● 윈터그린 말린 것
2작은술/ 2큰술
● 바닐라 빈 가루, 다진 것
1작은술/ 1알

선택 사항(다양한 혼합도 가능)
● 올스파이스
1작은술/ 3개
● 자작나무 껍질 저민 것
2작은술/ 2큰술
● 우엉 뿌리 저민 것
2작은술/ 2큰술
● 시나몬 스틱 조각
2작은술/ 1개
● 클로브
1작은술/ 온전한 것 4개
● 민들레 뿌리 말린 것과 다진 것
1작은술/ 1큰술
● 생강 다진 것
2작은술/ ¼인치 크기 1개
● 홉 말린 것
½작은술/ 홉의 꽃 2개 빻은 것
● 감초 뿌리 다진 것
1작은술/ 2작은술
● 민트 말린 것과 부순 것
1작은술/ 1큰술
● 스타아니스 star anise
1작은술/ 3개 홀
● 야생 체리나무 껍질 다진 것
1작은술/ 1큰술

시중에서 구입한 가루 향신료를 사용할 경우에는 밀폐 용기에 넣고 뚜껑을 잘 닫은 뒤 흔들어서 잘 섞는다. 모든 재료를 사용하는 경우에는 향신료 전용 분쇄기에 곱게 간 뒤 밀폐 용기에 잘 옮겨 담는다. 상온에서는 최대 1년간 보관할 수 있다.

16온스 / 1갤런 기준

로즈 힙 Rose Hip

비타민 C와 A가 풍부한 로즈 힙의 잼과 시럽을 아이들에게 정기적으로 복용시키면 감기를 예방할 수 있다. 보통의 경우 건조 상태로 판매되며, 적은 양의 항산화 성분으로도 신맛을 빨리 낼 수 있기 때문에 주의해서 사용한다. 항산화 성분이 풍부한 또 다른 베리류와 부드러운 꿀을 약간 넣으면 현대적인 영약을 만들 수 있다.

루트부차 Rootbucha
- 루트 비어 스파이스 블렌드(직접 간 것)

½작은술/ 1큰술

대체 선택 재료
- 루트 비어 스파이스 블렌드(시판 가루 향신료)

1작은술/ ¼컵

진저루트부차 Gingerootbucha
- 루트 비어 스파이스 블렌드 직접 간 것

½작은술/ 2작은술
- 설탕에 조린 생강 다진 것

1작은술/ 1큰술
- 몰라세 molasses 당밀

¼작은술/ 1작은술

체리 바닐라 루트 비어 Cherry Vanilla Root Beer
- 루트 비어 스파이스 블렌드 직접 간 것

1작은술/ ⅛컵
- 체리 2등분한 것

2작은술/ ¼컵
- 바닐라 빈 전부 저민 것

¼개/ ¾개

로즈힙노틱 Rosehipnotic
- 로즈 힙 말린 것

1작은술/ 1큰술

힙 고지 Hip Goji
- 로즈 힙 말린 것

¾작은술/ 1큰술
- 고지 베리 구기자 Goji Berries

¾작은술/ 1큰술

수딩 Soothing C
- 로즈 힙 말린 것

¾작은술/ 1큰술
- 레몬 껍질

¼작은술/ 1작은술
- 꿀

¼작은술/ 1작은술

16온스 / 1갤런 기준

로즈 페틀 장미 꽃잎 rose petal

로즈 페틀은 종류에 따라서 단맛에서 톡 쏘는 맛, 아린 맛에 이르기까지 매우 흥미로운 맛들을 제공한다. 순한 진정제, 항우울제로도 사용되며, 비타민 C의 함유량이 많아 기분을 상승시키는 효능이 있다. 낭만적이면서 이국적인 향미에 아름다운 색조와 섬세한 향까지 더해 준다. 정원에서 직접 딴 것을 곧바로 말려서 사용하는 것이 좋다. 중동 지역에서는 손쉽게 구할 수 있고, 그 밖에도 식품점이나 온라인 사이트에서도 구입할 수 있다.

로즈 페틀 Rose Petal
- 로즈 페틀 말린 것

1큰술/ 2큰술

파워 페틀 Power Petal
- 로즈 페틀 말린 것

1큰술/ 2큰술
- 엽록소 가루

½작은술/ 2작은술

로즈베리 Roseberry
- 로즈 페틀 말린 것

1큰술/ 2큰술
- 로즈 힙 말린 것

¼작은술/ 1작은술
- 엘더베리 말린 것

¼작은술/ 1작은술

사사프라스 Sassafras

사사프라스는 월계수나무의 일종으로 고대에서부터 혈액 순환을 개선하고 어혈을 풀어 주기 위해 뿌리와 껍질을 약재로 사용해 왔다. 원산지는 북아메리카로 일반적으로 가루나 껍질의 형태로 판매된다. 콤부차에 사사프라스를 넣으면 활성 화합물질인 사프롤safrole로 인해 루트 비어 향이 더욱더 두드러진다. 사람들은 이 독특한 향을 매우 좋아하며, 루트부차를 만들 때 많이 사용한다.

사사치노 Sassachino
- 우려낸 커피

2큰술/ ¼컵
- 사사프라스 가루

1작은술/ 1큰술

크랜체리 사스 Crancherry Sass
- 가당 크랜베리 주스

1큰술/ ⅛컵
- 체리 주스

1작은술/ 1큰술
- 사사프라스 가루

1작은술/ 1큰술

몰러사프라스 Molassafras
- 사사프라스 껍질 다진 것

1작은술/ 1큰술
- 당밀

¼작은술/ 1작은술
- 바닐라 빈 가루

⅛작은술/ ½작은술

세인트 존스 웟트
서양고추나물 St. John's Wort

서양고추나물의 영어명은 순교자인 성 존스 웟트St. John's Wort의 이름을 붙인 것이다. 꽃잎을 문지르면 피를 연상시키는 붉은 빛깔이 난다. 고대로부터 상처, 두통, 통풍에서 불안과 우울증에 이르기까지 만병통치약으로 알려졌다. 건조시키면 천연의 흙 향이 나고, 다른 종류의 허브나 과일과 함께 콤부차에 넣어 마시면 최고의 향미를 선사한다.

홀리 고스트 Holy Ghost
- 세인트 존스 워트

¼작은술/ 1작은술
- 홀리 바질

¼작은술/ 1작은술

디보셔널 브루 Devotional Brew
- 세인트 존스 워트

¼작은술/ 1작은술
- 칼렌둘라 말린 것

¼작은술/ 1작은술
- 로즈 힙 말린 것

⅛작은술/ ½작은술

16온스 / 1갤런 기준

타임 Thyme

처음 재미있는 맛을 만들어 보아야겠다고 생각하였을 때 정원으로 향하였다. 그 결과 가든 듀Garden Dew가 만들어졌다. 타임은 역사적으로 치즈와 알코올에 포함되어 있으며, 숨겨진 톡 쏘는 맛은 다른 허브 재료에 잘 어울리며 과일의 맛을 높여 준다. 갓 채취한 신선한 타임과 기타 허브 재료를 사용하는 것이 좋지만, 말린 것도 괜찮다. 말린 허브를 사용할 때는 제시된 양의 절반만 사용한다.

가든 듀 Garden Dew
- 타임
¼작은술/ 1작은술
- 오레가노
¼작은술/ 1작은술
- 로즈메리
¼작은술/ 1작은술
- 라벤더
⅛작은술/ ½작은술

허브 에이드 Herbal-ade
- 타임
½작은술/ 1큰술
- 생레몬 주스
½작은술/ 1큰술
- 레몬 껍질
¼작은술/ 1작은술

비비티 BBT
- 타임
½작은술/ 1큰술
- 바질 약간 다진 것
¼작은술/ 1작은술
- 바나나 으깬 것
1작은술/ ⅛컵

바닐라 빈 Vanilla Bean

항염증 성분을 함유하고 있는 바닐라 빈은 메스꺼움을 감소시키고 정력을 강화시키는 효과가 있는 것으로 알려져 있다. 콤부차에 넣으면 그 맛과 향이 매우 환상적이다. 특히 빈의 향기로운 에센셜 오일은 콤부차의 톡 쏘는 신맛을 두드러지게 하면서 단맛을 더해 준다(실제로 바닐라 아이스크림처럼 검정색 반점과 함께 나타난다!). 바닐라 빈은 전체를 조각내 사용하는 것이 좋다. 바닐라 빈 가루를 사용할 경우에는 단맛이 더 강해진다. 대신에 달콤한 맛의 에센셜 오일이 적게 들어 있어 2차 발효 과정에 넣으면 톡 쏘는 맛이 더욱더 강해진다.

루비 빈 Ruby Bean
- 바닐라 빈 전부 저민 것
¼개/ 1개
- 루이보스 티잰
½작은술/ 2작은술

닐러 웨이퍼 Nilla Wafer
- 바닐라 빈 전부 저민 것
¼개/ 1개
- 아가베agave 시럽
1작은술/ 2큰술

크림 소다 Cream Soda
- 바닐라 빈 전부 저민 것
¼개/ 1개
- 꿀
1큰술/ ¼컵

16온스 / 1갤런 기준

슈퍼푸드 SUPER FOODS

알로에 베라 Aloe Vera

이 다육 식물은 오래전부터 화상이나 상처 등의 외상을 입었을 경우에 국소적으로 발라 치료에 사용해 왔다. 또한 내복을 통해서는 소화기계의 기능을 증진시키고 염증을 완화시킬 수도 있다. 알로에 주스는 오늘날 다양한 마트에서 구입할 수 있다. 알로에는 아랍어로는 '반짝이는 쓴맛의 물질'이라는 뜻인 만큼 독특한 쓴맛이 난다. 이 쓴맛은 보통 다른 과일과 함께 사용하면 완화시킬 수 있다.

알로에 거브너 Aloe Guv'nor
- 알로에 주스

1큰술/ ¼컵

그린 수더 Green Soother
- 알로에 주스

1큰술/ ¼컵
- 그린 파워 블렌드 Green Power Blend

½작은술/ 2작은술
- 꿀

1작은술/ 1큰술

알로에 포메그레니트 Aloe Pomegranate
- 알로에 주스

1큰술/ ¼컵
- 석류 주스

1작은술/ 1큰술

아보카도 Avocado

아보카도의 풍부하고도 크림 같은 과즙을 싫어하는 사람은 아마 없을 것이다. 이 아보카도는 실제로는 베리류에 속한다. 신맛, 단맛, 향긋한 맛, 자극적인 맛 등의 모든 맛과도 잘 어울린다. 콤부차에 아보카도를 첨가하면 신맛을 부드럽게 하고, 모든 맛의 기본을 형성한다.

아보카도 Avocado
- 아보카도 으깬 것

2큰술/ ½컵

페퍼카도 Peppercado
- 아보카도 으깬 것

2큰술/ ½컵
- 후추

1자밤/ 1작은술

구아콤부차 Guakombucha
- 아보카도 으깬 것

2큰술/ ½컵
- 토마토 조각

1작은술/ 1큰술
- 생레몬 주스

½작은술/ 2작은술
- 코리앤더 약간 다진 것

¼작은술/ 1작은술

16온스 / 1갤런 기준

비 폴런 벌 화분 Bee Pollen

맛있고 영양가 있는 꿀을 만드는 꿀벌은 벌 화분도 생산한다. 이 벌 화분은 콤부차에 넣으면 건강에도 좋은 탄산가스가 만들어진다! 벌 화분의 입자는 아미노산, 단백질, 비타민 B를 함유하고 있기 때문에 꿀벌 애벌레에는 훌륭한 영양 공급원이 된다. 이 벌 화분과 함께 꿀벌의 배설물이 콤부차와 혼합되면 카보네이션 작용이 활발하게 일어나 꿀의 얼얼한 맛도 유지한다. 그러나 단맛은 없다. 꿀벌이나 꽃가루에 알레르기를 일으키는 사람들은 벌 화분을 섭취할 경우에 주의해야 한다.

슈퍼버즈 Superbuzz
- 벌 화분 살짝 부순 것

1작은술/ 1큰술

- 생카카오 가루

2작은술/ 1½큰술

- 마카maca 가루

1작은술/ 1큰술

멜로버즈 Mellowbuzz
- 벌 화분 살짝 부순 것

1작은술/ 1큰술

- 캐모마일 말린 것

½작은술/ 2작은술

- 라벤더 말린 것

¼작은술/ 1작은술

C 버즈 Buzz
- 벌 화분 살짝 부순 것

1작은술/ 1큰술

- 생오렌지 주스

2작은술/ ¼컵

- 레몬 껍질

¼작은술/ 1작은술

카카오 Cacao

카카오는 발효시킨 카카오 빈을 볶아서 분쇄한 것이다. 카페인과 비슷한 알칼로이드인 테오브로민theobromine과 항산화 성분을 다량으로 함유하고 있다. 트립토판, 세로토닌과 같은 아미노산도 매우 풍부하다. 당분이 없기 때문에 맛은 약간 쓰고, 색상은 초콜릿색을 띤다. 단맛의 과일과 혼합하면 새롭고 흥미로운 '소다' 향미를 낼 수 있다. 쿠즈코 초콜릿cuzco chocolate은 남아메리카에서 쉽게 구할 수 있는 루쿠마lucuma를 사용하는데, 매우 기분 좋은 보리 향이 난다. 루쿠마는 보통 가루 형태로 판매되고 있다.

쿠즈코 초콜릿 Cuzco Chocolate
- 생카카오 파우더

¼작은술/ 1큰술

- 루쿠마 가루

¼작은술/ 1큰술

카카오 포 Cacao Pow
- 생카카오 가루

¼작은술/ 1큰술

- 마카 가루

¼작은술/ 1큰술

초코 체리 Choco-Cherry
- 생카카오 가루

¼작은술/ 1큰술

- 체리 보존액

1작은술/ 1큰술

치아 시드 Chia Seeds

멕시코가 원산지인 치아는 사막 식물로서 그 씨앗에는 오메가 3 성분이 풍부하게 함유되어 있다. 이로 인해 치아 시드는 오래전부터 에너지 공급원으로 사용되어 왔다. 여기서 소개하는 레시피에서는 치아 시드를 '젤gel'의 형태로 사용한다. 그릇에 따뜻한 물 ¼컵과 치아시드 1큰술을 넣고 잘 섞은 뒤 20~30분 또는 두꺼운 젤이 형성될 때까지 그대로 둔다. 이렇게 만들어진 젤은 즉시 사용하거나 최대 1주일까지 냉장고에 보관할 수 있다. 시중에서 구입할 수 있는 치아시드는 시간이 지나면 효능이 떨어지기 때문에 구입한 지 적어도 3일 이내에 소비하는 것이 좋다.

그린 치아 Green Chia
- 치아 시드 젤

2작은술/ ¼컵

- 그린 파워 블렌드

1작은술/ 1큰술

체리 가치아 Cherry Garchia
- 치아 시드 젤

2작은술/ ¼컵

- 체리 2등분한 것 또는 보존액

1큰술/ ¼컵

그레이프 치아 Grape Chia
- 치아 시드 젤

2작은술/ ¼컵

- 포도 주스

1큰술/ ¼컵

16온스 / 1갤런 기준

코코넛 워터 Coconut Water

열대 지방에서 인기가 높은 코코넛 워터는 몸에 수분을 공급하고 상쾌한 기분을 가져다준다. 칼륨과 마그네슘이 매우 풍부하여 손실된 미네랄 성분을 보충할 때 최고의 선택이다. 코코넛 워터는 펄프가 들어 있지 않은 브랜드 상품을 사용하거나, 아니면 필터로 여과시킨 뒤 사용한다.

코코 부치 Coco-buch
- 코코넛 워터

¼컵/ 1컵

코코 차이 Coco-Chai
- 코코넛 워터

¼컵/ 1컵
- 차이 스파이스 블렌드

¼작은술/ 1작은술

시나 코코 Cinna-coco
- 코코넛 워터

¼컵/ 1컵
- 시나몬 껍질 조각

¼작은술/ 1작은술

커피 Coffee

티를 기반으로 하는 콤부차에 커피를 첨가하는 일은 좋은 생각이 아닌 것으로 보이지만, 커피 애호가도 만족할 만한 복합적인 향미를 만들어 낸다. 커피의 쓴맛은 콤부차의 톡 쏘는 맛과 조화를 이룬다. 바닐라나 카카오 등의 단맛을 내는 재료와 함께 사용하면, 입맛을 돋우는 깊고 섬세한 향을 만들어 낼 수 있다. 전혀 다른 맛을 경험해 보고 싶다면, 1차 발효 과정의 콤부차에 커피를 첨가하는 것도 좋은 방법이다.

스타부차 Starbucha
- 바닐라 빈 전부 저민 것

¼개/ 1개
- 우려낸 커피

⅛컵/ ⅓컵

모카 Moka
- 우려낸 커피

⅛컵/ ⅓컵
- 생카카오 가루

¼작은술/ 1½작은술

터키시 딜라이트 Turkish Delight
- 우려낸 커피

⅛컵/ ⅓컵
- 카르다몸 간 것

⅛작은술/ ½작은술
- 시나몬

⅛작은술/ ½작은술
- 클로브 간 것

⅛작은술/ ½작은술

고지 베리 구기자 Goji Berry

구기자, 울프베리wolfberry라고도 하는 이 허브는 중국이 원산지이며, 주로 건조시킨 형태로 판매된다. 맛이 미묘하면서 영양성도 뛰어나 '영생의 딸기'로 알려져 중국에서는 오래전부터 '티'에 넣어 먹었다. 콤부차에 고지 베리(구기자)를 넣어 마시면, 몇 번을 다시 태어날 지도 모른다!

고, 고지 Go, Goji
- 고지 베리

½작은술/ 2작은술

티베턴 딜라이트 Tibetan Delight
- 고지 베리(구기자)

½작은술/ 2작은술
- 생강 조각(구기자)

⅛작은술/ 1작은술

빅 레드 Big Red
- 고지 베리(구기자)

½작은술/ 2작은술
- 딸기 다진 것(구기자)

1작은술/ ¼컵

16온스 / 1갤런 기준

그린 파워 블렌드 Green Power Blend

모든 녹색 채소는 영양성이 매우 높다. 그 대부분은 콤부차와도 잘 어울리는데, 특히 사람들이 선호하는 알칼리성 음료로도 만들 수 있다. '녹색 채소'이면 무엇이든지 사용할 수 있으며, 가루나 주스 형태로도 사용할 수 있다. 녹색 채소에는 밀가루, 보리 순, 스피룰리나 spirulina, 클로브렐라 chlorella, 밀 순 wheatgrass 등이 있다.

아이 드림 오브 그리니 I Dream of Greenie
- 녹색 채소 가루

1작은술/ 1큰술

그린 멜론 Green Melon
- 녹색 채소 주스

2작은술/ 2큰술
- 수박 다진 것

2큰술/ ¾컵

임파워민트 Empowermint
- 녹색 채소 가루

1작은술/ 1큰술
- 민트 약간 다진 것

½작은술/ 2작은술

마카 Maca

마카는 남아메리카 사람들이 즐겨 먹는 슈퍼푸드이다. 마카는 뿌리채소로서 자양강장과 정강의 효능이 있는 것으로 알려져 있어, 특히 페루 사람들은 매우 선호한다. 맥아 향이 풍기면서 흙 향의 스카치 캔디를 연상시킨다.

파워 업 콤부차 Power-Up Kombucha
- 마카 가루

1작은술/ 1큰술
- 벌 화분 약하게 부순 것

1작은술/ 1큰술
- 생카카오 가루

2작은술/ 1½큰술

바나나 마카 Banana Maca
- 마카 가루

1작은술/ 1큰술
- 바나나 으깬 것

2큰술/ ½컵

고지 마카 Goji Maca
- 마카 가루

1작은술/ 1큰술
- 고지 베리(구기자)

½작은술/ 2작은술

마키 베리 Maqui Berry

상록수의 과일인 마키 베리는 그 맛이 블랙베리와 비슷하다. 연구에 따르면, 마키 베리는 항염증 성분이 풍부하여 다양한 염증 유발성 질환의 발생 위험을 줄일 수 있다고 한다.

마키 Maqui
- 마키 베리 가루(또는 말린 것)

1작은술/ 4개

4작은술/ 16개

마키 민트 Maqui Mint
- 마키 베리 가루(또는 말린 것)

1작은술/ 4개

4작은술/ 16개
- 민트 약간 다진 것

1작은술/ 2작은술

마키 마카 Maqui Maca
- 마키 베리 가루(또는 말린 것)

1작은술/ 4개

4작은술/ 16개
- 마카 가루

1작은술/ 1큰술

16온스 / 1갤런 기준

향신료 식물 SAVORY

베이컨 Bacon
베이컨은 매우 환상적인 식품으로 매우 맛있고 재미있다. 물론 콤부차에 넣어도 맛있는데, 짠맛이 나는 비건용 베이컨도 잘 어울린다.

메이플 포크 소다 Maple Pork Soda
- 익힌 베이컨 조각

½작은술/ 1큰술

- 메이플 시럽

¼작은술/ 1작은술

애플 베이컨 Apple Bacon
- 익힌 베이컨 조각

½작은술/ 1큰술

- 타임 말린 것

¼작은술/ 1작은술

- 사과 조각

½작은술/ 1큰술

체리 피그 팝 Cherry Pig Pop
- 익힌 베이컨 조각

½작은술/ 1큰술

- 체리 2등분한 것

1작은술/ ⅛컵

- 오렌지 껍질

⅛작은술/ ½작은술

비트 Beet
비트는 뿌리채소로 엽산, 망간을 비롯해 당분이 다량으로 함유되어 있다. 너무 많이 첨가하면 흙 향이 강해지고 단맛이 콤부차의 맛을 내리누를 수 있다. 생비트를 구입하여 껍질을 벗긴 뒤 잘게 다져서 넣으면 콤부차에 매우 훌륭한 색상을 줄 수 있다.

캔트 비 비트 Can't Be Beet!
- 비트 다진 것

1큰술/ ¼컵

펩 어 비트 Pep-a-Reet
- 비트 다진 것

1큰술/ ¼컵

- 후추

1자밤/ ⅛작은술

루트 토닉 Root Tonic
- 비트 다진 것

1큰술/ ¼컵

- 셀러리 다진 것

1큰술/ ¼컵

16온스 / 1갤런 기준

캐럿 당근 Carrot

당근은 영양가가 매우 높은 채소로서 은은한 맛과 단맛 모두에 잘 어울려서 매우 다양하게 활용할 수 있다. 당근을 채로 썰면 흙 향의 성질이 강해지면서 단맛이 줄어든다. 반면에 당근 주스는 콤부차의 시큼한 맛에 훌륭한 향미를 더해 주어 콤부차를 처음 마시는 사람들에게도 부담이 없도록 만들어 준다.

파이어 캐럿 Fire Carrot
- 당근 주스

1큰술 / ¼컵

- 붉은 고춧가루

⅛작은술 / ½작은술

바이털 Vital C
- 당근 주스

1큰술 / ¼컵

- 오렌지 껍질

⅛작은술 / ½작은술

- 타임 말린 것

¼작은술 / 1작은술

캐럿 파이 Carrot Pie
- 당근 주스

1큰술 / ¼컵

- 시나몬

¼작은술 / 1작은술

- 바닐라 빈 가루

⅛작은술 / ½작은술

카옌 붉은 고춧가루 Cayenne

붉은 고춧가루는 가루 형태로 가장 흔하게 사용되는 향신료이다. 혈액 순환을 촉진하고 신진대사를 원활히 하여 특유의 매운맛을 제공한다. 적은 양으로도 콤부차의 맛과 향을 훌륭하게 만들어 주기 때문에 콤부차 식초에 넣어도 좋은 재료이다.

파이어 멜로네이드 Fire Melonade
- 붉은 고춧가루

½자밤 / ¼작은술

- 수박 다진 것

¼컵 / ¾컵

시즈레몬 SizzLemon
- 붉은 고춧가루

½자밤 / ¼작은술

- 레몬 주스

½작은술 / 2작은술

- 레몬 껍질

⅛작은술 / ½작은술

- 오이 조각

2작은술 / ¼컵

서머 히트 Summer Heat
- 붉은 고춧가루

½자밤 / ¼작은술

- 토마토 조각

2작은술 / ¼컵

- 바질 약간 다진 것

¼작은술 / 2작은술

큐컴버 오이 Cucumber

오이는 멜론과 같은 과의 식물로서 비타민 K의 함유량이 매우 풍부하다. 궁합이 맞는 재료와 사용하면 매우 풍부한 향미를 더해 준다. 특히 껍질을 벗기지 않고 그대로 사용하면 여름철에 자연의 향미를 한껏 맛볼 수 있다.

잉글리시 가든 English Garden
- 오이 조각

2큰술 / ¼컵

- 엘더플라워 말린 것

1작은술 / 1큰술

- 민트 약간 다진 것

½작은술 / 2작은술

16온스 / 1갤런 기준

쿠크 마리 Cuke Marie
- 오이 조각

2큰술/ ¼컵

- 로즈메리 말린 것

⅛작은술/ ¼작은술

- 레몬 껍질

⅛작은술/ ¼작은술

쿨 멜론 Cool Melon
- 오이 조각

1큰술/ ¼컵

- 허니듀 조각

1큰술/ ¼컵

- 페퍼민트 말려 부순 것

¼작은술/ 1작은술

갈릭 마늘 Garlic

마늘이라고 하면 좀 의아하게 들릴 수 있다. 그러나 마늘은 올바르게 사용한다면 다른 재료들과 잘 어울리며 매운맛도 균형을 잡아 줄 수 있다. 최상의 맛을 내기 위해서는 신선한 생마늘을 사용하는 것이 좋다. 마늘은 오래될수록 마늘 향도 강해진다.

갈릭셔스 Garlicious
- 마늘 조각

½작은술/ 2작은술

- 레몬 껍질

⅛작은술/ ½작은술

피자 부치 Pizza Booch
- 마늘 조각

½작은술/ 2작은술

- 생토마토 다진 것

2큰술/ ¼컵

- 오레가노 말린 것

⅛작은술/ ¼작은술

퍼플 골드 토닉 Purple Gold Tonic
- 마늘 조각

½작은술/ 2작은술

- 생비트 조각

1큰술/ ¼컵

- 생라임 주스

½작은술/ 1큰술

할라페뇨 Jalapeno

매운 할라페뇨는 콧구멍이 뻥 뚫리게 할 뿐만 아니라 향긋한 주스와 함께 섞어 마시면 맛이 매우 훌륭하다. 레시피상으로는 할라페뇨의 껍질만 사용하지만, 매운맛을 좋아한다면 씨앗도 함께 사용해도 좋다.

페뇨 큐컴버 Peno Cucumber
- 할라페뇨 다진 것

½작은술/ 1큰술

- 오이 조각

2큰술/ ¼컵

스파이스 토마토 Spicy Tomato
- 할라페뇨 다진 것

½작은술/ 1큰술

- 생토마토 다진 것

2큰술/ ¼컵

- 코리앤더 가볍게 다진 것

¼작은술/ 1작은술

망고 살사 Mango Salsa
- 할라페뇨 다진 것

½작은술/ 1큰술

- 망고 조각

2큰술/ ¼컵

- 생라임 주스

¼작은술/ 1작은술

- 레몬 껍질

⅛작은술/ ½작은술

버섯 Mushrooms

영양성이 풍부하고 원기를 회복시켜 주며, 걸쭉한 느낌을 주는 버섯은 어떤 음식에도 잘 어울리는 이상적인 재료이다. 과식한 뒤나 나른한 오후에 버섯을 넣은 콤부차를 간식으로 마시는 것도 좋은 방법이다. 버섯은 말린 것이나 생것 모두 같은 양으로 사용한다.

펑거 민털 Funga-mintal
- 느타리버섯 조각

1작은술/ 2작은술

- 표고버섯 조각

1작은술/ 2작은술

- 민트 말린 것

¼작은술/ 1작은술

허비드 머시룸 Herbed Mushroom
- 버섯(종류 무관) 조각

1큰술/ ¼컵

- 로즈메리 말린 것

⅛작은술/ ½작은술

- 타임 말린 것

⅛작은술/ ½작은술

시타케 사워 Shiitake Sour
- 표고버섯 조각

1큰술/ ¼컵

- 레몬 주스

½작은술/ 2작은술

16온스 / 1갤런 기준

토마토 Tomato

신맛의 콤부차에 산성인 토마토를 첨가하면 맛이 겹친다고 생각할 수도 있다. 그러나 재료를 올바르게 사용한다면 토마토 본연의 단맛을 고스란히 살리면서 매우 근사한 블렌딩을 만들 수 있다. 맛이 훌륭한 콤부차는 단순히 음료를 넘어서 매우 다양한 분야에서 활용할 수 있다. 특히 비네그레이트 vinaigrettes 소스와 잘 어울리고 수프에는 기본 맛을 제공한다. 그 밖의 다른 요리에서도 활기를 불어넣기 위해 뿌려 먹기도 한다.

피코 데 부차 Pico de Boocha
- 생토마토 다진 것

2큰술/ ¼컵
- 양파 다진 것

⅛작은술/ ½작은술
- 할라페뇨 다진 것

⅛작은술/ ½작은술
- 코리앤더 약간 다진 것

1작은술/ 1큰술
- 마늘 조각

1자밤/ ⅛작은술
- 후추

1자밤/ ⅛작은술

조르부차 더 그리크 ZorBucha the Greek
- 오이 조각

2큰술/ ¼컵
- 생토마토 다진 것

2큰술/ ¼컵
- 오레가노 말린 것

1작은술/ 1큰술

마스터스 앤 페퍼스 Maters 'n' Peppers
- 생토마토 조각

2큰술/ ¼컵
- 후추

⅛작은술/ ½작은술
- 할라페뇨

½큰술/ 1½작은술

16온스 / 1갤런 기준

약재 MEDICINAL

중국 전통 의학 TCM, Traditional Chinese Medicine 과 아유르베다 Ayurveda

안젤리카 Angelica

안젤리카는 당귀 또는 '여성에게 좋은 인삼'으로 알려져 있는 약재이다. 뿌리는 몸을 따뜻이 하고, 근육 조직을 이완시켜 준다. 또한 내분비물인 호르몬 분비에 균형을 잡아 주면서 소화 기능도 향상시킨다. 뿌리는 보통 가루나 절편 형태로 사용될 수 있다. 시중에서 가장 쉽게 구입할 수 있는 형태는 캡슐에 든 가루이다. 뿌리를 잘라서 절편으로 사용할 경우에는 권장량보다 25% 정도 더 많이 사용한다.

원더 브루 Wonder Brew
- 안젤리카 말린 것

1작은술/ 1큰술
- 말린 살구 조각

1큰술/ ¼컵
- 라벤더 말린 것

¼작은술/ 1작은술

앤젤 앤 데빌 Angel and the Devil
- 안젤리카 말린 것

1작은술/ 1큰술
- 생강 조각

1큰술/ ¼컵

플룸젤리카 Plumgelica
- 안젤리카 말린 것

1작은술/ 1큰술
- 자두 조각

2큰술/ ½컵

아스트라갈루스 황기 Astragalus

아스트라갈루스, 즉 황기는 몸을 따뜻하게 데워 주는 성분이 포함되어 있기 때문에 면역력을 증강시키고, 피로를 해소해 주는 효능이 있다. 또 약간 단맛이 있어 쓴맛의 약초와 잘 어울린다. 시중에서는 다양한 형태로 판매되고 있는데, 특히 캡슐 형태로 된 것이 가장 구입하기 쉽고 보관하기에도 좋다. 황기 캡슐 대신에 건뿌리를 절편으로 사용하는 경우에는 1캡슐당 절편 1작은술로 대체해서 사용하면 된다.

아스트라갈루스 Astragalus
- 황기뿌리 캡슐

1개/ 4개

블루 아스트라갈루스 Blue Astragalus
- 황기뿌리 캡슐

1개/ 4개
- 블루베리 2등분한 것

2큰술/ ¾컵

리쯔좀 파워 Rhizzzome Power
- 황기뿌리 캡슐

1개/ 4개
- 설탕에 조린 생강 다진 것

1작은술/ 1큰술
- 벌 화분 약간 부순 것

¼작은술/ 1작은술

아슈르베다 블렌드 Ayurvedic Blends

아유르베다는 고대 인도에서 허브를 의약으로 사용하였던 관습이다. 중국 전통 의학 TCM과 거의 동시에 발생한 것으로 알려졌다. 양자에는 여러 공통점들이 있는데, 그중에서도 가장 대표적인 것이 하나의 질병에 집중하기보다는 환자의 몸 전체적인 상태를 다루고, 그 처방을 자연적인 요소에 기반을 둔다는 점이다.

허브 사용의 주의첨!

허브는 수천 년 동안 약재로 사용해 왔고, 오늘날 여러 의약들의 근원이 되었다. 그런 허브를 사용할 경우에는 매우 세심한 주의가 필요하다. 특히 콤부차에 넣어 장기적으로 복용할 경우에는 의사의 상담을 반드시 받아야 한다. 실험적으로 콤부차에 넣어 마실 경우에는 항상 용법에 주의해야 하고, 바이오피드백이 충분히 이루어지도록 특별한 관심도 요구된다. 허브를 사용하다 보면 새로운 맛과 향을 발견할 수도 있지만, 무엇보다도 허브의 성공적인 사용을 위해서는 허브에 꾸준히 관심을 갖고 실험을 지속적으로 진행해 보아야만 한다.

16온스 / 1갤런 기준

도샤 Doshas

아유르베다에서 도샤는 사람의 몸과 마음의 에너지를 가리킨다. 아유르베다에 따르면, 모든 도샤가 균형을 이루면 건강 상태를 궁극적으로 유지할 수 있다고 한다. 세 가지의 도샤에는 바타Vata, 피타Pitta, 카파Kapha가 있다. 대부분의 사람들은 하나의 도샤만 우세를 보이는 편이다. 특정한 음식이나 허브를 복용하거나 특별한 운동을 진행하면, 각 도샤 간에 균형을 맞출 수 있다.

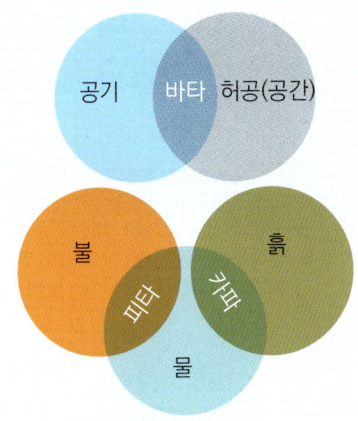

피타 Pitta

피타는 소화기, 영양분, 체온을 통해 신진대사를 조절하는 도샤로서 '불'의 속성을 띠고 있다. 피타가 균형을 이루면 지능과 행복감이 높아진다.

- 카르다몸 간 것
⅛작은술/ ½작은술
- 히비스커스 말린 것
⅛작은술/ ½작은술
- 생페퍼민트 약하게 간 것
2잎 6잎
- 사르사 말린 것
⅛작은술/ ½작은술
- 홀리 바질
¼작은술/ ¾작은술
- 레몬 껍질
1작은술/ 2작은술
- 복숭아 과육 조각
½큰술/ 2큰술

카파 Kapha

카파는 성장을 촉진하고, 면역력을 증강시키고, 피부에 수분을 공급하는 역할을 한다. 물의 속성이 주요 성질이다. 균형이 잘 이루어지면 사랑과 용서의 형태로 나타난다.

- 클로브 온전한 것
⅛작은술/ ½작은술
- 생강 조각
⅛작은술/ ½작은술
- 시나몬 껍질 조각
⅛작은술/ ½작은술
- 페퍼민트 말린 것
⅛작은술/ ½작은술
- 카르다몸 간 것
⅛작은술/ ½작은술
- 올스파이스 간 것
1/16작은술/ ¼작은술
- 오렌지 껍질
1/16작은술/ ¼작은술
- 흑후추
1/16작은술/ ¼작은술

바타 Vata

바타는 운동, 혈액 순환, 호흡기계를 조절하는 역할을 한다. 바타의 가장 두드러진 속성은 공기인데, 균형이 잘 이루어지면 사람의 창의력과 활기가 높아진다.

- 캐모마일 말린 것
¼작은술/ 1작은술
- 감초뿌리 말려서 다진 것
⅛작은술/ ¾작은술
- 생강 조각
⅛작은술/ ¾작은술
- 펜넬 씨앗
⅛작은술/ ¾작은술
- 민트 말린 것
½작은술/ 1작은술
- 로즈 페틀 말린 것
¼작은술/ 1작은술
- 로즈 힙 말린 것
⅛작은술/ ¾작은술
- 홀리 바질
⅛작은술/ ¾작은술
- 오렌지 껍질
⅛작은술/ 1작은술

16온스 / 1갤런 기준

블랙페퍼 흑후추 Black Pepper

흑후추는 사람의 몸을 데워 주는 효능이 있어, 기침, 감기, 소화 불량, 잇몸 약화, 쉰 목소리, 이질의 치료에 효과적이다. 또한 알칼로이드 성분인 피페린Piperine도 들어 있어 항열antifever, 항염, 진통의 효능도 있는 것으로 알려졌다.

체리 스파이스 Cherry Spice
- ● 체리 2등분한 것

1큰술/ ½컵

- ● 흑후추

½작은술/ 2작은술

- ● 시나몬 껍질 조각

¼작은술/ 1작은술

헤븐 센트 Heaven Scent
- ● 카르다몸 간 것

⅛작은술/ ½작은술

- ● 클로브 온전한 것

3개/ 10개

- ● 생강 조각

¼작은술/ 1작은술

- ● 흑후추

½작은술/ 2작은술

페퍼 베리 Pepper Berry
- ● 딸기 다진 것

1큰술/ ½컵

- ● 라즈베리 약간 으깬 것

1큰술/ ½컵

- ● 흑후추

½작은술/ 2작은술

진저 생강 Ginger

중국 전통 의학과 아유르베다에서 공통적으로 훌륭한 평가를 받고 있는 약재가 바로 생강이다. 생강은 오래전부터 소화기계의 질환을 치료하고 혈액 순환을 촉진시키며 몸을 따뜻이 데우는 데 사용되었다. 특히 생강 특유의 매운맛과 단맛은 콤부차와 조화를 이룰 뿐만 아니라, 그 밖의 다른 재료와도 궁합이 잘 맞아 맛과 향의 조합을 수없이 많이 창조할 수 있다. 레시피에 따라서 특정한 형태가 선호될 수 있지만, 특히 잘게 다지거나 생것 그대로 사용할 경우에 생강의 향미를 최고로 즐길 수 있다. 물론 껍질을 벗길 필요도 없다!

애플 진저 Apple Ginger
- ● 사과 조각

¼컵/ 1컵

- ● 생강 조각

¼작은술/ 1작은술

진저 버즈 Ginger Buzz
- ● 생강 조각

¼작은술/ 2작은술

- ● 꿀

1작은술/ 1큰술

- ● 벌 화분 약간 부순 것

⅛작은술/ 1작은술

제이드 드래곤 Jade Dragon
- ● 녹색 채소 주스

2작은술/ 2큰술

- ● 생강 조각

¼작은술/ 2작은술

- ● 붉은 고춧가루

⅛작은술/ ½작은술

진셍 인삼 Ginseng

진셍은 중국어로 '런션人參'으로 '사람의 다리'라는 뜻이다. 몸체가 두 갈래로 나뉜 것이 마치 사람의 다리와 닮았다고 하여, 그렇게 이름이 붙었다고 한다. 맛은 약간 달고, 또 약간 뜨거운 듯한 쓴맛이 난다. 인삼은 정강 효능이 있어 중국을 비롯해 동양에서는 오래전부터 약재로 많이 사용해 왔다. 또한 비장과 폐의 기운을 북돋워 주고, 체액을 생성시키며, 신경계를 안정시키는 효능도 있다. 오늘날 인삼은 매우 다양한 형태로 가공되어 판매되고 있지만, 가루 캡슐의 형태가 가장 구입하기 쉽다. 물론 가격도 가장 저렴하다. 인삼뿌리를 말려서 사용할 경우에는 가루 캡슐 1개당 인산뿌리 1작은술로 대체하여 사용하면 된다.

저스트 진셍 Just Ginseng
- ● 인삼 캡슐

1개/ 4개

파낙스 파이 Panax Pie
- ● 인삼 캡슐

1개/ 4개

- ● 사과 조각

1큰술/ ½컵

- ● 시나몬 껍질 조각

¼작은술/ 1작은술

민트셍 Mint-seng
- ● 인삼 캡슐

1개/ 4개

- ● 페퍼민트 약간 다진 것

1작은술/ 1큰술

16온스 / 1갤런 기준

홀리 바질 툴시 Holy Basil (Tulsi)

인도에서 홀리 바질은 신화 속의 여신인 '툴시Tulsi'의 화신으로 여겨졌다. 홀리 바질을 재배하는 사람들은 신의 가호를 받는다고 여길 정도로 오래전부터 신성시된 허브 재료이다. 줄기는 건조시켜서 종종 묵주로 만들어 명상에 나설 때 착용한다. 발열성 허브로서 몸을 산뜻하고 가볍게 한다. 복부 가스를 제거하고 소화 불량을 해소하며, 호흡기계를 정화시킨다. 보통의 경우에는 말려서 티백의 형태로 만들어 음료로 우려내 마신다.

홀리 멜론 Holy Melon
- 홀리 바질

2작은술/ 1큰술

- 수박 다진 것

¼컵/ ¾컵

플라워 가디스 Flower Goddess
- 홀리 바질

2작은술/ 1큰술

- 로즈 페틀 말린 것

1큰술/ ¾컵

- 캐모마일 말린 것

1큰술/ ½컵

툴시 민트 Tulsi Mint
- 홀리 바질

2작은술/ 1큰술

- 루이보스 티잰

¼작은술/ 1작은술

- 민트 약간 다진 것

1작은술/ 1큰술

리코리스 감초 Licorice

리코리스의 뿌리는 단단하지만 섬유질이 매우 풍부히 들어 있다. 뿌리에 함유된 글리시리진glycyrrhizin은 천연의 단맛을 낸다. 아니스anise와 펜넬(회향) 등의 다른 허브와도 비슷한 향미를 지니고 있어 대용하기에 편리하다. 동양에서는 '감초甘草'라고 하고, 단맛을 지닌 중성 허브로 평가된다. 효능은 인후통으로 인한 발열을 줄이고, 통증을 완화하며, 다리나 복부의 경련을 예방해 준다. 그 밖에도 해독 효능이 있다. 감초는 몸속에서 칼륨을 소모시키기 때문에 정기적으로 복용하는 경우에는 칼륨을 섭취를 통해 보충해 주어야 한다.

스위트 스파이스 Sweet Spice
- 감초뿌리 말려서 다진 것

1작은술/ 1큰술

- 시나몬 껍질 조각

¼작은술/ 1작은술

베리 리코리스 Berry Licorice
- 감초뿌리 말려서 다진 것

1작은술/ 1큰술

- 라즈베리 조각

1큰술/ ¼컵

- 블루베리 2등분한 것

1큰술/ ¼컵

탱오리스 Tang-orice
- 감초뿌리 말려서 다진 것

1작은술/ 1큰술

- 생감귤 주스

1큰술/ ¼컵

스키챈드라 베리 오미자 Schizandra Berry

스키챈드라 베리, 즉 오미자는 다섯 가지의 기본 맛을 전부 지니는 독특한 특징이 있다(다음 페이지 표 참조). 기본적으로는 맛이 시큼하고, 발열성이 있다. 설사 치료, 폐와 신장의 정화, 신경계의 균형 유지, 체액 생성 등의 효능이 있다. 콤부차에 오미자를 넣으면 맛이 훨씬 더 강해지고 카보네이션의 과정도 촉진된다. 오미자의 약간 시큼하면서도 쓴맛은 다른 과일이나 단맛의 허브(바닐라, 감초, 루이보스)와 함께 사용하면 균형을 쉽게 잡을 수 있다.

스키챈드라 Schizandra
- 오미자 말린 것

⅛작은술/ 1작은술

엘더 잔드라 Elder Zandra
- 오미자 말린 것

⅛작은술/ 1작은술

- 엘더베리 말린 것

1큰술/ 1큰술

이뮨 부스터 브루 Immune Booster Brew
- 오미자 말린 것

⅛작은술/ 1작은술

- 엘더베리 말린 것

1작은술/ 1큰술

- 생강 조각

¼작은술/ 1작은술

- 시나몬 껍질 조각

¼작은술/ 1작은술

16온스 / 1갤런 기준

터메릭 _{강황} Turmeric

인도에서는 샛노란 강황을 '황금의 여신' 이라는 뜻으로 '칸차니kanchani'라고도 한다. 강황은 국소적인 치료를 위해 외용하기도 하고, 내복할 수도 있다. 아유르베다에서는 강황을 호흡기 질환, 상처, 피부 질환의 치료에 좋고, 몸의 균형을 잡아 주는 약재로 여긴다. 천연 방부제로서 화장품의 원재료로도 사용되고 있다. 그 밖에 해충의 접근을 막는 데에도 매우 효과적이다.

강황에는 폴리페놀류의 일종으로서 노란색을 띠는 커큐민curcumin 성분이 다량으로 함유되어 있다. 강황뿌리는 콤부차에 넣으면 매우 특별한 아름다움과 매력을 더해 준다. 강황은 보통 가루 형태로 많이 사용하지만, 가끔은 뿌리 형태로 취급하는 곳도 있다. 강황을 뿌리 형태로 사용할 경우에는 잘라서 절편으로 만들어야 한다. 가루 형태의 경우보다 25% 이상 더 많이 넣어 주어야 한다. 콤부차에 강황을 넣으면 신선한 오렌지 주스의 톡 쏘는 맛이 나는데, 입맛을 돋우기 위해 강황뿌리를 약간 넣어 주는 것이 좋다.

오렌지 블라스토프 Orange Blastoff
- 강황 가루

½작은술/ 1½작은술

- 생오렌지 주스

1큰술/ ¼컵

- 시나몬 껍질 조각

½작은술/ 2작은술

수딩 선라이즈 Soothing Sunrise
- 강황 가루

½작은술/ 1½작은술

- 캐모마일 말린 것

1작은술/ 1큰술

생라임 주스
1작은술/ 1큰술

- 생강 조각

½작은술/ 1큰술

라이처스 리좀 Righteous Rhizome
- 강황 가루

¼작은술/ 1작은술

- 생강 절편

½작은술/ 2작은술

다섯 가지의 향미, 기관, 속성

맛	작용 기관	속성
단맛	위장, 소화계	땅(흙)
쓴맛	심장, 심장혈관계	불
신맛	간, 신경계	나무
짠맛	콩팥, 내분비계	물
톡 쏘는 맛	폐, 림프, 면역 체계	금속

16온스 / 1갤런 기준

CHAPTER 12

스무디, 소다수, 알코올 음료

소비자들 사이에 시중에서 판매되는 청량음료에 인공 가향료, 감미료, 착색료가 사용된다는 인식이 점차 확대되면서 탄산음료의 시장이 점차 줄어들고 있다. 그러나 사람들은 여전히 탄산음료를 선호하고, 또 그냥 물이 아닌 특별한 음료를 추구한다. 그렇다면 무엇이 있을까? 그 해답은 분명하다. 사람들의 시선은 이제 발효 음료로 향하고 있다. 식물의 실제 뿌리와 허브, 향신료를 사용하는 루트 비어와 진저 에일은 향미가 탁월할 뿐만 아니라 영양가도 높다. 지금은 발효 기술의 재발견으로 인해 각자 자신만의 레시피를 만들어 새로운 음료를 만들어 마실 수 있다.

이 장에서 소개하는 음료의 레시피들은 각자 자신의 입맛에 맞게, 그리고 참신하면서 독특한 음료를 참조하는 데 기반을 제공할 것이다. 영양가를 높이기 위하여 사용되는 재료들 중에는 시중에서 쉽게 구입할 수 없는 것들도 있을 것이다.

모닝 음료에 콤부차를 약간만 넣어도 그 향미에 큰 변화를 주고 영양성도 한껏 올릴 수 있을 것이다. 그리고 디저트에는 커피와 스무디, 셰이크 외에도 아이스크림이 빠질 수 없을 것이다! 이 디저트에도 콤부차를 약간만 넣어 보길 바란다! 아마도 디지트의 향미에 활력소가 되면서 당신의 소화를 도와줄 것이다.

스무디, 셰이크, '커피' 음료

베이직 프루트 앤 콤부차 스무디
Basic Fruit 'n' Kombucha Smoothie

일반 가정에서 자주 먹는 스무디는 쉽고 빠르게 만들 수 있을 뿐만 아니라 영양성도 매우 높아 한 끼 식사로 대용할 수도 있다. 이 스무디에 콤부차를 넣으면 영양성이 더욱더 높아진다. 여기서 소개하는 과일들 중 하나 이상을 선택해 믹서로 갈아서 콤부차에 넣으면 매우 환상적인 맛을 즐길 수 있다.

2인분 기준

과일
바나나, 체리, 딸기, 망고, 파인애플, 복숭아, 라즈베리

콤부차
가향되지 않은 기본 콤부차, 생강을 넣은 콤부차,, 파워 업 콤부차, 실험용 콤부차

부스터
마카 가루, 단백질 가루, 생카카오, 녹색 채소 가루(엽록소, 남조류, 밀싹), 벌 화분, 너트 버터, 과일 주스

아이스큐브

과일 2컵, 콤부차 8온스, 부스터 1~2큰술, 아이스큐브 1~2컵을 넣고 믹서로 간다. 부드러운 맛을 좋아한다면 콤부차의 사용량을 더 늘린다. 스무디는 냉장고에서 최대 24시간까지 보관할 수 있다.

콤부차 케피어 스무디 Kombucha Kefir Smoothie

콤부차와 케피어를 함께 혼합하면 프로바이오틱 성분이 크게 증가해 에너지를 높여 준다. 부드럽고 크리미한 콤부차 케피어 스무디도 영양성이 매우 높다. 여기에 여러 과일을 섞어 주면 매우 다양한 맛들을 창조할 수 있다.

2인분 기준

- 생베리 또는 냉동 베리가 혼합된 것 1½컵
- 슈퍼 C 콤부차 ⅔컵(또는 그 이상)
- 석류 주스 ⅓컵
- 케피어 치즈 또는 그릭요거트 Greek Yogurt 3큰술
- 아이스큐브

베리, 콤부차, 주스, 케피어 치즈를 믹서에 넣고 간다. 신선한 생베리를 사용하는 경우에는 아이스큐브 1~2컵을 추가하고, 냉동 베리를 사용하는 경우에는 아이스큐브를 사용하지 않는다. 그리고 믹서로 잘 갈아 주면 완성된다. 약간 더 부드러운 식감을 원하면 콤부차의 사용량을 약간 더 늘린다. 스무디는 냉장고에서 최대 24시간까지 보관할 수 있다.

콤부차 에세이

얼려라!

❝ 프로바이오틱 성분이 음료에 잘 녹아들게 하는 방법은 콤부차를 아이스큐브로 만드는 것이다. 아이스큐브 트레이에 콤부차를 부어 얼리면 된다. 그 뒤 음료나 스무디에 맛을 내고 영양성을 높이려고 할 때 콤부차 아이스큐브를 몇 개씩 적당히 넣어 주면 된다.

콤부차 앤 케일 스무디 Kombucha 'n' Kale Smoothie

뽀빠이가 먹는다는 시금치보다도 영양성이 훨씬 더 높다! 콤부차의 산성액과 오렌지 주스가 부드럽게 남아 케일의 강렬한 맛을 누그러뜨린다. 그리고 바나나는 맛의 균형을 잡아 주고, 베리는 단맛을 더해 준다.

2인분 기준

- 중간 크기 바나나 1개
- 오렌지 과육 1개
- 과일(파인애플, 딸기, 체리, 블루베리, 복숭아, 망고) 1컵
- 시금치 또는 여린 근대 chard 1컵
- 케일의 큰 잎 3장
- 아이 드림 오브 그리니 1컵(또는 그 이상)
- 아이스큐브

바나나, 오렌지, 과일, 시금치, 케일, 콤부차에 아이스큐브 1~2컵을 넣고 믹서로 잘 갈아 준다. 약간 부드러운 식감을 좋아한다면 콤부차의 사용량을 약간 더 늘린다. 스무디는 냉장고에서 최대 24시간까지 보관할 수 있다.

콤부차 너트 스무디 Kombucha Nut Smoothie

땅콩과 같은 견과류는 식물성 지방의 함유량이 많아 유제품과 같은 크리미한 향미를 줄 수 있다. 과일 향미의 콤부차에 크리미한 캐슈넛 cashew nut이 가장 잘 어울리지만, 브라질너트, 아몬드, 헤이즐넛을 사용해도 좋다. 물에 불려 연화된 견과류는 단백질의 소화와 흡수를 방해하는 피탄산 phytic acid을 분해한다.

2인분 기준

- 견과류 ½컵
- 라즈베리 콤부차 1컵(또는 그 이상)
- 메이플 시럽 2작은술(등급 B 권장)
- 아이스큐브 2컵

견과류를 물에 2시간 정도 불린 뒤 깨끗하게 헹궈 건져 낸다. 물에 불린 견과류와 콤부차, 메이플 시럽, 아이스큐브를 믹서에 넣고 잘 갈아 준다. 이때 서서히 갈면서 섞어 주는데, 약간 부드러운 식감을 좋아한다면 콤부차의 사용량을 약간 더 늘린다.

베이직 프루트 앤 콤부차 스무디 BASIC Fruit 'N' Kombuch Smoothies

피냐 콜라다 세이크 Piña Colada Shake

kombucha 'n' kale SMOOTHIE

콤부차 앤 케일 스무디

피냐 콜라다 셰이크 Pina Colada Shake

바닐라와 코코넛의 부드러우면서도 무난한 맛과 파인애플의 톡 쏘면서 달콤한 맛에 콤부차의 거품이 더해지면서 경이로울 정도로 이국적인 맛을 선사할 것이다.

1인분 기준

- 바닐라 아이스크림 1컵
- 라임 인 더 코코넛 콤부차 ¼컵
- 파인애플 주스 2큰술
- 아이스큐브 ½컵
- 코코넛 플레이크 1큰술
- 파인애플 조각(고명용)

아이스크림, 콤부차, 파인애플 주스를 믹서에 넣고 아이스큐브와 코코넛 플레이크를 첨가한 뒤 부드러워질 때까지 계속 갈아 준다. 마지막으로 파인애플을 저며서 고명으로 올린다.

루트부차 플로트 Rootbucha Float

여름에 흔히 마시는 루트부차에 변화를 준 음료이다. 약효성이 있고 톡 쏘는 맛을 내는 루트부차에 아이스크림을 넣어 주면 향미에 균형이 잡힌다. 콤부차와 어울리는 다양한 맛의 아이스크림을 섞어 주면 또 다른 맛의 루트부차를 만들 수 있다.

1인분 기준

- 아이스크림, 셔벗, 냉동 요구르트 2스쿱
- 루트부차 1½~2컵

긴 유리잔에 아이스크림을 떠 넣는다. 아이스크림 위에 루트부차를 천천히 부으면 거품이 일어날 것이다. 후루룩 마신 후 루트부차를 또 부어도 된다. 여기에 빨대를 두 개 꽂는다면 더 재미있을 것이다!

초콜릿 체리 콤부차 플로트 Chocolate Cherry Kombucha Float

쓴맛, 시큼한 맛, 단맛이 완벽하게 어우러지면서 꿈에도 그리던 고혹적인 맛이 난다. 약간 부드러운 맛을 좋아한다면 커피를 넣지 않는 것이 좋다.

1인분 기준

- 아이스크림, 셔벗 또는 냉동 요구르트 2스쿱
- 에스프레소 또는 다크 로스트 커피 ¼컵
- 초코 체리 콤부차 ¼컵
- 휘핑크림, 초콜릿 토핑, 체리(고명용)

긴 유리잔에 아이스크림을 먼저 넣은 뒤 커피와 콤부차를 붓는다. 그 위로 약간의 휘핑크림을 올린 뒤 초콜릿 토핑과 함께 체리를 고명으로 올린다.

차이 라테 플로트 Chai Latte Float

매운맛과 단맛이 부드럽게 조화를 이루면서 최상의 맛을 선사한다! 차이와 향신료는 취향에 따라서 사용량을 조절하면 된다.

1인분 기준

- 아이스크림, 셔벗 또는 냉동 요구르트 2스쿱
- 우려낸 차이 티(식힌 것) ¼컵
- 차이 스파이스 콤부차 ¼컵

긴 유리잔에 아이스크림을 먼저 넣고, 그 위로 차이 음료와 콤부차를 붓는다.

콤부피 Kombuffee

커피 빈이 콤부차와 만나면 강한 신맛이 한결 더 부드러워진다. 그리고 초콜릿 색상으로 변하면서 동시에 놀라울 정도로 달콤한 향이 풍긴다. 커피의 깊은 맛을 좋아하면 커피의 사용량을 ½컵 더 늘리면 된다. 콤부피는 단품으로 즐길 수도 있지만, 건강성이 높은 라테와 모카로도 만들 수 있다.

1갤런 기준

- 물 4쿼트
- 커피 간 것 ⅓컵
- 설탕 1컵
- 스코비 1개
- 액종 1컵

1. 물 1쿼트를 끓기 직전까지 가열한다. 내구성 있는 그릇에 커피를 넣은 뒤 뜨거운 물을 붓고 5~7분간 우린다. 체로 걸러 낸 뒤 뜨거운 상태에서 설탕을 넣고 저어서 용해시킨다.

2. 나머지 3쿼트의 물을 발효 용기에 붓는다. 여기에 설탕을 녹인 커피를 첨가한 뒤 손으로 온도를 대략적으로 잰다. 체온과 비슷하면 스코비와 액종을 넣고 뚜껑을 덮은 다음에 평소처럼 한쪽에 두고 보관한다.

3. 5일 뒤 발효시킨 콤부피의 맛을 본다. 커피가 아세트산의 강한 신맛을 누그러뜨려 신맛이 처음보다 강하지 않다.

4. 발효가 완료되면 스코비를 제거한다. 나중에 콤부피를 다시 만들 계획이면 숙성된 액체를 1컵 떠내 보관하여 액종으로 사용한다. 배양균은 퇴비로 사용하거나 스코비의 호텔에서 넣어 별도로 보관한다.

5. 콤부피를 병입한다. 이때 카카오, 바닐라 빈, 체리를 함께 넣어 맛을 보완한다. 맛과 탄산가스가 취향에 맞을 때까지 1~4일 정도 상온 상태에서 보관한다.

아이스 콤부피 라테 Iced Kombuffee Latte

프로바이오틱이 듬뿍한 아침 아이스티로 제격이다. 일반 가정에서 커피를 마시는 비용도 절감할 수 있다.

1인분 기준

- 콤부피 1컵
- 케피어 또는 요구르트 ¼컵
- 꿀 1작은술(취향에 따른 선택 사항)
- 아이스큐브 ½컵

콤부피, 케피어, 꿀, 아이스큐브를 믹서에 넣고 프라푸치노가 될 때까지 갈아 준다.

콤부차 에세이

자신만의 모카를 만들어 보자!

"아이스 콤부피 라테에 초콜릿 시럽 2작은술을 넣으면, 그 맛이 한층 더 풍요로워진다. 거기에 시나몬 가루를 뿌리면 누구나 미식가가 될 수 있다!"

건강 스파클링 음료

콤부체이드 Kombuchade

시중에 판매되는 에너지 드링크나 스포츠 음료의 문제점은 화학 성분과 설탕으로 가득 차 있다는 점이다. 실제로 기력을 회복하고 젖산의 생성도 감소시키는 자신만의 스포츠 음료를 만들어 보자.

1쿼트 기준

- 베리 메들리 콤부차 3½컵
- 사과 주스 ½컵(유기농이 적당)
- 소금 ¼작은술(히말라야 핑크 솔트 또는 켄트해 소금)

콤부차, 주스, 소금을 1쿼트 병에 담고 천천히 흔들어 섞어 준다. 냉장고에 최대 1개월간 보관할 수 있다.

콤부차 파머 Kombucha Palmer

전설적인 골퍼인 아놀드 파머 Arnold Palmer는 집에서 레모네이드와 아이스티를 섞어서 마시는 것을 좋아했다고 한다. 1960년 US 오픈 경기가 열릴 즈음에 한 술집에서 파머가 주문한 음료를 보고 곁에 있던 한 여성이 "파머가 마신 거요"라고 말하면서 주문한 데서 이름이 유래되었다. 레몬 징 Lemon Zing 과일 향이 나는 아이스티를 혼합하면 갈증을 단번에 해소할 수 있다.

2쿼트 기준

- 아이스티 6컵
- 레몬 징 콤부차 2컵
- 설탕 ⅓컵(선택 사항)
- 아이스큐브
- 민트 잔가지(고명용)

피처에 콤부차와 티를 넣고 설탕을 부은 뒤 완전히 녹을 때까지 휘저어 준다. 유리잔에 담을 때는 먼저 아이스큐브를 넣고 그 위로 아이스티 혼합액을 채운다. 민트 잔가지를 고명으로로 장식한다.

웜 콤부차 사이다 Warm Kombucha Cider

날씨가 추울 때는 콤부차 사이다를 머그잔에 담아서 데운다. 멀링 향신료 mulling spice는 발열성이 있기 때문에 머그잔을 다 비워도 온기가 남는다. 사각형으로 자른 모슬린 천이나 재활용 티백에 재료들을 담아서 사용한다.

2쿼트 기준

멀링 향신료
- 시나몬 스틱 3개(조각내 사용)
- 올스파이스(온전한 것) 1큰술
- 클로브(온전한 것) 1큰술
- 생강을 절반 두께로 저민 것 2개
- 오렌지 껍질 1개 또는 말린 오렌지 껍질 다진 것

사이다 만들기
- 애플 사이다 1쿼트
- 건사과 조각 1컵
- 건크랜베리 ½컵
- 멀링 향신료 1통
- 시나몬 콤부차 1쿼트
- 시나몬 스틱 몇 개(고명용)

애플 사이다, 사과, 크랜베리, 멀링 향신료를 냄비에 넣고 끓인다. 다 끓으면 뚜껑을 연 상태에서 불을 줄이면서 20분간 약한 불로 데운다. 불을 끈 뒤 5분간 식힌 다음에 재료를 모두 걸러 낸다.

따뜻한 사이다에 콤부차를 넣고 휘저어 주면 완성이다. 머그잔에 담은 뒤 고명으로 시나몬 스틱을 올린다.

Warm Kombucha Cider
웜 콤부차 사이다

콤부치아 보바 티 KombuChia Boba Tea

보바 티Boba tea 또는 펄 티pearl tea라고 하는 버블 티는 타이완을 중심으로 아시아 지역에서 즐겨 마시는 티이다. 씹을 수 있는 작은 공 모양의 타피오카펄 또는 타로taro 뿌리가 첨가되어 있다. 치아 시드를 콤부차에 넣으면, 이들 펄과 비슷한 질감이 난다. 치아 시드는 치아Chia라고 하는, 사막에서 자생하는 식물의 씨앗으로서 그 원산지는 멕시코이다. 고대 마야인들과 아즈텍 원주민들이 치아 시드를 재배한 것으로 알려져 있다. 본래 치아는 멕시코 남부의 나와틀족Nahuatl의 언어로서 '기름진oily'이라는 뜻을 지니고 있다. 그 이름처럼 오메가 3 지방산이 매우 풍부하고, 그 밖의 칼슘과 항산화 성분도 다량으로 함유하고 있다. 고에너지의 음식으로서 육상 선수들에게 인기가 높다. 과거에는 전사나 전령이 장거리 여행에 나서기에 앞서 체력을 높이기 위해 복용하였다고 한다.

젤 ¼컵 기준(수 명분)

- 치아 시드 1큰술
- 따뜻한 물 ¼컵
- 가향 재료가 첨가된 콤부차 1컵

그릇에 치아 시드와 따뜻한 물을 넣어 잘 섞어 준다. 그 뒤 20~30분간 흔들지 않고 그대로 두면 두꺼운 젤이 형성되는데, 이 젤을 곧바로 사용하거나 냉장고에 보관한다. 냉장고에서는 최대 1주일간 보관할 수 있다.
유리잔에 치아 시드의 젤 1작은술을 넣고 콤부차를 부으면 완성이다! 콤부치아를 만든 뒤 며칠 이내에 마시면 최상의 맛을 즐길 수 있다. 치아 시드 젤을 콤부차의 2차 발효 과정에 사용하는 경우에는 시중에서 판매하는 치아 시드와는 달리 액체 위로 뜨지 않을 수 있다. 마시기 전에 휘저어서 치아 시드가 고르게 퍼지도록 한다.
콤부치아를 일정 기간 보관하면 치아 시드가 콤부차의 단맛의 성분을 흡수한 결과, 맛이 밋밋하고 단조로워진다. 이때 주스를 1~2큰술 또는 설탕을 2작은술 첨가하면 맛이 다시 살아날 것이다.

컬리 템플 Kurley Temple

1930년대 미국에서 가장 유명하였던 아역 배우인 셜리 템플Shirley Temple, 1928~2014은 어른들이 마시는 음료를 보고 부러워하였고, 자신이 마실 수 있는 특별한 음료를 주문하였다. 이에 할리우드의 한 바텐더는 진저 에일과 마라스키노 체리Maraschino cherry를 넣어 음료를 만들었고, 이로써 아이들도 마실 수 있는 비알콜성 칵테일이 탄생하였다. 컬리 템플이라는 이름은 셜리의 머리가 파마머리였던 데서 유래되었다. 여기에 콤부차를 약간 넣으면 흥미로운 맛이 난다.

1인분 기준

- 아이스큐브
- 생강을 넣은 콤부차 또는 레몬 징 콤부차 1컵
- 소다수 또는 광천수 ¼컵
- 그레나딘 콤부차 슈럽 2큰술
- 마라스키노 체리와 도넛 모양의 오렌지 껍질(고명용)

하이볼 잔에 아이스큐브를 채운 뒤 콤부차, 소다수, 슈럽을 넣은 뒤 잘 저어 준다. 체리를 고명으로 올린 뒤 오렌지를 잘라서 잔의 가장자리를 장식한다.

멜로 콤부히토 Mellow Kombujito

목테일mocktail(비알코올성 칵테일)의 한 종류인 멜로 콤부차 모히토로 갈증을 날려 버려라. 한낮에 마시면 생기를 불어넣어 줄 것이다. 칵테일과도 같은 맛이 나지만 알코올이 없기 때문에 문제될 것이 없다.

1인분 기준

- 아이스큐브
- 신선한 민트 잎 2장
- 심플 시럽 2큰술
- 라임 껍질 ⅛작은술
- 라임 인 더 코코넛 콤부차 ¾컵

록글래스rock glass에 아이스큐브를 채운다. 별도의 유리컵에 민트, 심플 시럽, 라임 껍질을 넣은 뒤 체로 걸러 내 록글래스에 담는다. 마지막으로 콤부차를 위에 붓는다.

그린 애플 스프리츠 Green Apple Spritz

녹색 과일과 채소로 가득한 그린 애플 스프리츠(알코올 음료)는 원기를 회복시키고 입맛을 돋운다.

1인분 기준

- 아이스큐브
- 신선한 바질 잎 2장
- 신선한 민트 잎 2장
- 사과 주스 ¼컵
- 애플 민트 콤부차 ¾컵
- 그래니스미스 품종의 사과 Granny Smith apple 조각, 민트 잔가지(고명용)

록글래스에 얼음을 담는다. 별도의 유리컵에 바질, 민트, 사과 주스를 부어 섞은 뒤 체로 걸러 내어 록글래스에 담는다. 곧이어 콤부차도 첨가한다. 사과 조각을 민트의 잔가지와 함께 고명으로 올린다.

트로피칼 슬로 번 Tropical Slow Burn

재료로 사용되는 타마린드와 파인애플은 단맛과 신맛을 동시에 내는 반면에 고춧가루는 서서히 매운맛을 낸다. 마치 불이 서서히 타오르는 경우와 같다.

1인분 기준

- 아이스큐브
- 타마린드 파이어 콤부차 ½컵
- 파인애플 주스 ½컵
- 마라스키노 체리와 도넛 모양의 파인애플 조각(고명용)

록글래스에 아이스큐브를 채운 뒤 콤부차와 주스를 붓는다. 마라스키노 체리와 도넛 모양의 파인애플 조각을 고명으로 올린다.

스트로브리타 Strawb'rita

사랑스러운 '리타'만 내 곁에 있다면 그 무엇도 필요 없다. 스트로브리타의 꽉 차고 부드러운 맛은 매일 같이 입에 달고 살아도 부족할 정도이다.

2인분 기준

- 천일염과 설탕(잔 가장자리의 장식용)
- 핑크 레모네이드 콤부차 1컵
- 레몬 라임 슈럽 ½컵
- 냉동 딸기 1컵
- 아이스큐브 1컵
- 도넛 모양의 라임 조각 2개

설탕과 소금을 반반씩 섞어서 두 개의 록글래스 가장자리에 바른다. 믹서에 콤부차, 슈럽, 딸기, 아이스큐브를 넣고 슬러시 상태가 될 때까지 간다. 취향에 맞는 질감이 날 때까지 콤부차를 추가한다. 이를 설탕과 소금을 묻힌 록글래스에 옮겨 담은 뒤 도넛 모양의 라임 조각을 각각의 잔 위에 고명으로 장식한다.

튜스데이 나이트 상그리아 Tuesday Night Sangria

평일 저녁에 마시는 상그리아가 지겹다면, 와인이 들어가지 않은 상그리아를 권한다. 아침에 만들어 둔 뒤 저녁에 집으로 돌아와 한 모금씩 마시면 좋다.

1쿼트 기준

- 플럼 스파이스 콤부차 2컵
- 오렌지 주스 ¾컵
- 적포도 반쪽 1컵
- 붉은 자두 얇게 저민 것 1개
- 소다수 1컵
- 도넛 모양의 오렌지 조각(고명용)

콤부차, 오렌지 주스, 포도, 자두 조각을 1쿼트 용량의 병에 담아 섞는다. 뚜껑을 닫고 하룻밤 동안(8~12시간) 그대로 두면 다음 날에 탄산가스가 생긴다. 물론 더 오랫동안 두면 탄산가스가 더 많아질 것이다. 취향에 맞는 맛과 탄산가스가 생성되면 소다수를 넣고 부드럽게 저어 준 뒤 록글래스에 담는다. 끝으로 도넛 모양의 오렌지 조각을 고명으로 올린다.

슈럽의 사용법

슈럽은 설탕에 절인 과일 시럽을 식초에 담아 보관하는 형태의 식품이다. 고대로부터 인류와 함께해 왔을 정도로 역사가 깊다. 슈럽은 과일을 오랫동안 보존하는 방법 중 하나였으며, 비타민 C의 함유량이 많아서 항해 중인 선원들이 괴혈병을 예방하기 위해 많이 섭취하였다. 슈럽은 미국에서 '금주 운동'이 유행하였던 시기에 큰 인기를 끌었는데, 19~20세기 일반 가정의 살림 매뉴얼에 기록된 다수의 레시피에서도 슈럽이 많이 등장하였다.

그 뒤 '팜투바farm-tobar' 칵테일의 인기가 높아지면서 맛은 같으면서도 알코올 성분은 들어 있지 않은 슈럽들이 다시 등장하기 시작하였다. 슈럽은 톡 쏘는 맛이 나면서 벌컥벌컥 들이켰을 때 매우 상쾌한 기분을 준다. 그로 인해 사람들은 색다른 맛을 느끼고 싶을 때마다 물이나 칵테일에 슈럽을 넣어 마셨다. 슈럽을 만들 때 식초 대신에 콤부차를 넣으면 또 다른 맛과 영양분을 즐길 수 있다. 또한 슈럽은 만들기도 간편하여 일반 가정에서도 인기 있는 식품으로 자리를 잡았으며, 특히 수제 음료수나 칵테일에 첨가하는 방식으로 많이 사용되었다.

기본 슈럽의 레시피

슈럽은 기본적으로 과일, 설탕, 식초의 비율이 1:1:1이다. 단, 콤부차 식초를 사용할 경우에는 일반 식초에 비해 산 성분이 적기 때문에 1:1:2 비율을 따른다. 과일은 베리류, 복숭아, 자두, 루바브, 살구, 사과, 멜론, 체리 등 어떤 종류를 사용하여도 상관없다!

더 시큼한 맛의 콤부차 식초는 최상의 맛과 향을 제공한다. 그러나 가향 재료를 넣지 않은 콤부차는 냉장고에 보관해도 발효가 계속되기 때문에 매우 약간만 사용해야 한다. 가향 재료가 들어간 블렌드인 차이 스파이스, 에르브 드 프로방스, 아유르베다 블렌드 중 하나를 사용해 보자. 향이 나는 재료나 향신료를 첨가하면 맛의 깊이와 농도도 훨씬 더 진해진다.

뒤쪽에서는 차갑게 마시는 방법과 뜨겁게 마시는 방법이 설명되어 있는데, 각각 장단점이 있다. 슈럽을 차갑게 만들면 과일의 건강 효능과 맛을 극대화할 수 있기 때문에 보통 차갑게 마시는 쪽이 권장된다. 그러나 오늘 당장 저녁에 파티가 있으면 뜨겁게 만드는 쪽이 시간을 절약할 수 있다.

두 방법 모두 오랫동안 슈럽을 방치할 경우에는 병의 바닥에 설탕 결정이 가라앉게 된다. 그와 같은 경우에는 설탕이 잘 녹도록 흔들어 준다. 시간이 지나면, 식초와 과일에 든 산 성분으로 인해 설탕 결정이 녹을 것이다.

슈럽은 점차 맛이 깊어지기 때문에 수시로 맛을 보면서 변화를 지켜보아야 한다. 냉장고에서는 최대 2개월까지 보관할 수 있다.

> **용어 해설 : 슈럽**Shrub
>
> 슈럽은 아랍어로 '와인(또는 모든 음료)'을 뜻하는 사라브sharāb에서 유래되었다. 참고로 사리바shariba는 '마시다'는 뜻이다. 동일한 어원을 둔 용어는 또 있는데, 셔벗sherbet과 시럽syrup이 대표적이다. 가장 오래된 정의에 의하면, 슈럽은 시트러스 맛의 주스, 설탕, 럼이나 주류로 만든 음료를 지칭하는 용어이다. 1800년대 중반부터 식초/설탕/과일 코디얼(과일 주스에 물을 넣어 희석해 마시는 음료)로 확장되어 오늘날에는 높은 인기를 끌고 있다.

콜드 슈러빙 Cold Shrubbing

- 과일 다진 것 1컵(씨를 제외한 것)
- 설탕 1컵
- 콤부차 식초 2컵

그릇에 과일과 설탕을 넣고 살살 섞는다. 덮개를 덮고 24시간 이내로 몇 시간 동안 상온에 보관한다. 가끔씩 휘저어 설탕이 과일에 골고루 묻도록 한다.

설탕으로 인해 과일에서 즙이 배어 나오면서 달콤한 시럽이 만들어지는 것이다. 시럽을 체나 치즈클로브스로 걸러 내 16온스짜리의 용기에 담는다. 꾹꾹 눌러 짜서 시럽이 최대한 많이 배어 나오도록 한다. 용기에 남은 설탕은 모두 긁어 낸다. 용기에 콤부차 식초를 부어 남아 있는 설탕을 모두 용해시킨다.

마지막으로 냉장고에 넣어서 보관한다. 냉장고에서는 최대 2개월 또는 그 이상도 보관할 수 있다. 슈럽은 항상 잘 흔들어 준 뒤 사용한다.

핫 슈러빙 Hot Shrubbing

- 물 1컵
- 설탕 1컵
- 과일 다진 것 1컵(씨를 제외한 것)
- 콤부차 식초 2컵

냄비에 물과 설탕을 넣고 중간 세기의 불로 가열하면서 완전히 용해될 때까지 휘저어 준다. 여기에 다진 과일을 넣고 끓인다. 과일즙이 시럽에 완전히 녹을 때까지 약한 불에 8~15분간 조린다. 점성도가 높아지면 과일즙이 모두 배어 나온 것이다. 이때 불을 완전히 끈 뒤 식을 때까지 기다린다.

체나 치즈클로브스로 시럽을 걸러 내는데, 완전히 빠져나올 때까지 재료들을 눌러 준다. 16온스들이 유리병에 시럽을 붓고 그 위에 콤부차 식초를 붓는다. 그리고 냉장고에 넣어 보관한다. 냉장고에서는 최대 2개월, 또는 그 이상도 보관할 수 있다.

슈럽을 즐기는 방법

스파클링 미네랄워터 6~8온스에 슈럽 2~4온스만 첨가하면 일반 가정에서도 수제 소다수를 손쉽게 만들 수 있다. 강한 맛을 선호하는 사람도 있고, 부드러운 맛을 좋아하는 사람도 있기 때문에 각자 취향에 맞게 맛을 조절할 수 있다. 상상한 것 이상으로 다양한 맛의 조합을 창조해 낼 수 있다!

칵테일에 슈럽을 넣으면 맛의 깊이와 함께 다양한 맛을 선사한다. 단, 슈럽을 넣을 때는 원하는 맛이 날 때까지 서서히 조금씩 넣는다. 특히 시트러스 주스와 같은 신맛을 내는 재료를 함께 사용할 경우에는 더욱더 그렇다. 다음 장에서는 콤부차로 칵테일 만드는 방법에 대해 자세히 알아볼 것이다.

콤부차 에세이

2차 발효에 사용된 과일은 재사용하지 않기!

"2차 발효가 끝난 뒤 사용하고 남은 과일은 슈럽에 사용하지 않는다. 2차 발효 과정에서 이미 과일 맛의 상당 부분이 추출되었기 때문이다. 과일의 온전한 맛을 보고 싶으면 2차 발효 과정에서 사용하고 남은 과일을 사용하지 않는 것이 좋다. 반면, 오래되거나 흠집이 나 상품성이 떨어지는 과일을 사용하면 비용을 절약할 수 있을 뿐 아니라 버려지는 과일을 재사용할 수 있다. 흠집이 난 과일을 농부에게 직접 살 경우에는 보통 할인까지도 받을 수 있다."

다양한 향미의 슈럽

슈럽은 사용하는 과일, 허브, 향신료의 종류와 수에 따라 다양하게 조합하여 색다르게 만들수 있다. 과일은 생것과 냉동한 것 모두 사용할 수 있다. 여기서 소개하는 레시피를 참조하여 각자 취향에 맞는 다양한 슈럽을 만들어 보자.

애플 시나몬 Apple Cinnamon
- 사과 조각 1컵
- 시나몬 껍질 조각 1작은술

비트 앤 레몬 Beet and Lemon
- 비트 다진 것 1컵
- 레몬 껍질 2작은술

블랙 앤 라즈 Black 'n' Rasp
- 블랙베리 ½컵
- 라즈베리 ½컵

큐컴버 워터멜론 Cucumber Watermelon
- 오이 다진 것 ½컵
- 수박 으깬 것 ½컵

엘더베리 진저 Elderberry Ginger
- 엘더베리 말린 것 또는 생것 1컵
- 생강 조각 1큰술

진저 Ginger
- 생강 절편 또는 다진 것 1컵

라벤더 레몬 Lavender Lemon
- 라벤더 말린 것 1큰술
- 레몬 껍질 1작은술
- 레몬 주스 1컵

레몬 라임 Lemon-Lime
- 레몬 및 라임 조각 1컵

믹스 베리 앤 라벤더 Mixed Berry and Lavender
- 베리 조각 1컵
- 신선한 라벤더 1큰술

피치 스파이스 Peach Spice
- 복숭아 조각 1컵
- 차이 스파이스 1작은술

플럼 스파이스 Plum Spice
- 자두 조각 1컵
- 시나몬 껍질 조각 ½작은술
- 클로브 가루 ¼작은술
- 올스파이스 가루 ⅛작은술

스트로베리 앤 루바브 Strawberry and Rhubarb
- 신선한 베리, 루바브 조각

CHAPTER 13

콤부차 칵테일

오늘날 사회에서 술은 종종 해로운 역기능을 하지만, 문화, 사회, 역사, 영양, 의학, 심지어 진화론적인 측면에서는 큰 중요성을 띠는 음료이다. 사람은 몸의 건강을 유지하기 위해 아주 오랫동안 술을 활용해 왔다. 따라서 사람이 술을 좋아하는 것은 지극히 정상적인 현상이다. 여기서는 콤부차와 함께 술에 대해 소개하기로 한다.

콤부차는 어떤 재료를 넣든 그 향미와 유효 성분을 우려내 완벽하게 혼합된다. 콤부차를 스트레이트로 마시거나 슈럽에 넣거나 또는 칵테일로 만들면 복합적인 맛과 향을 선사하는 매우 만족할 만한 음료가 된다. 콤부차의 알코올 함량은 매우 적어서 취하는 일은 거의 없다. 그러나 콤부차 칵테일은 콤부차의 건강 효능과 약간의 알코올이 만나 몸과 마음을 이완시켜 주는 매우 좋은 음료이다. 수많은 사람들이 콤부차를 마시면 독한 음료에 대한 욕구가 줄어든다고 한다. 이는 콤부차가 어느 정도 '살아 있다'는 특징이 있기 때문이다.

콤부차가 칵테일의 완벽한 재료인 또 하나의 이유는 숙취를 해소하는 효능이 있어 '약간의 해독 작용'을 하기 때문이다. 즉 유효 성분인 비타민 B가 메스꺼움을 예방하고 기분을 좋게 유지하며, 글루쿠론산이 알코올 성분을 분해하는 간의 기능을 도와서 유독 성분을 빨리 배출시키는 것이다.

여기서 소개하는 콤부차 칵테일의 레시피들은 미국의 전통적인 조리법에 콤부차를 첨가하는 방식으로 약간 변형시킨 방법들이다. 이제부터 자연이 주는 힐링 효과에 온몸을 내던져 몸과 마음의 평화와 휴식을 즐겨 보길 바란다. 당신의 건강을 위하여!

맥주 Beer

콤부차 샌디 Kombucha Shandy
- 생강을 넣은 콤부차 4온스
- 맥주 4온스(밀맥주나 라거 등 담색맥주 light beer가 적합)

차가운 유리잔에 콤부차와 맥주를 혼합하면 완성이다.

스파이시 엔 첼라다 Spicy en Chelada
- 가장자리에 소금을 묻힌 유리잔
- 마스터 클렌즈 콤부차 6온스
- 맥주 4온스
- 클라마토 Clamato(조개 수프에 토마토 주스를 섞은 것, 선택 사항) 2온스
- 라임 웨지(고명용)

차가운 유리잔의 가장자리에 소금을 묻힌다. 유리잔에 콤부차, 맥주, 클라마토(선택 사항)를 모두 넣고 라임을 웨지 모양으로 썰어 장식한다.

레드 비어드 Red Beerd
- 피코 데 부차 또는 토마스 베이스 콤부차 6온스
- 맥주 4온스(밀맥주나 라거 등 라이트 맥주가 적당)
- 토마토 또는 야채 주스 2온스
- 소금
- 라임 웨지(고명용)

차가운 유리잔에 콤부차, 맥주, 토마토 주스를 넣고 소금을 뿌린 뒤 휘저어 준다. 라임을 웨지 모양으로 썰어서 고명으로 올려 장식한다.

용어 해설 : 샌디 Shandy
어느 무더운 여름날에 독일의 한 바텐더가 레모네이드와 맥주를 혼합하였다. 이때 더 많은 수의 사람들이 마실 수 있도록 맥주를 적게 사용하였다고 한다. 이렇게 탄생한 샌디는 일 년 내내 언제든지 즐길 수 있는 음료로 탄생하였다!

버번 및 위스키 Bourbon and Whiskey

버번 앤 부치 Bourbon 'n' Booch
- 버번 2온스
- 생강을 넣은 콤부차 또는 레몬 징 콤부차 4온스
- 생강 절편 1개
- 레몬 웨지(고명용)

유리잔에 얼음을 채우고 버번과 콤부차를 붓고 휘젓는다. 갈릭프레스로 신선한 생강을 잔에 짜고 라임을 웨지 모양으로 썰어 고명으로 올려 장식한다.

뉴 패션 New-Fashioned
- 오렌지 조각 2개
- 마라스키노 체리 3개
- 비터 2방울
- 아이스큐브
- 버번 2온스
- 체리 업 콤부차 또는 오렌지 블라스트오프 콤부차 4온스

* 비터 bitters : 쓴맛을 지닌 향신료를 섞은 술의 일종.

록글래스 잔에 오렌지 조각 1개, 체리 2개와 함께 비터 2방울을 떨어뜨리고 마구 저어 준다. 오렌지 조각은 버리고 체리는 그대로 둔 채 록글래스 잔에 아이스큐브를 채운다. 버번을 첨가하고 그 위로 콤부차를 붓고 휘저어 준다. 나머지 오렌지 조각 1개와 체리 1개를 고명으로 올려 장식한다.

잭 앤 부치 Jack 'n' Booch
- 아이스큐브
- 잭 대니얼 위스키 3온스
- 크림 소다 콤부차 3온스

록글래스 잔에 아이스큐브를 채운 뒤 잭 대니얼 위스키와 콤부차를 넣고 섞는다.

록 더 버브 Rock the Bourb

- 아이스큐브
- 버번 2온스
- 록 더 카스바 콤부차 6온스
- 블러드 오렌지 조각(고명용)

유리잔에 아이스큐브를 채우고 버번을 넣은 뒤에 콤부차를 붓는다. 블러드 오렌지 조각을 고명으로 올려 장식한다.

피치 스파이스 버번 슈럽 Peach Spice Bourbon Shrub

- 아이스큐브
- 버번 2온스
- 체리 리큐어 1온스
- 피치 스파이스 콤부차 슈럽 1온스
- 소다수 6온스

* 리큐어 liqueur : 과즙·약초 등과 함께 감미료를 넣어 만든 독한 술.

하이볼 잔에 아이스큐브를 채운 뒤 버번, 체리 리큐어, 슈럽을 넣고 그 위로 소다수를 붓는다.

콤부차 사워 Kombucha Sour

- 아이스큐브
- 가향 재료를 넣지 않은 레몬 징 또는 체리 업 콤부차 3온스
- 버번 1½온스
- 타트 체리 주스 tart cherry juice 1½온스
- 소다수 약간

록글래스 잔에 아이스큐브를 채운 뒤 콤부차, 버번, 체리 주스를 붓는다. 그 위로 소다수를 붓고 잘 섞어 준다.

포메그래니트 푸커 Pomegranate Pucker

- 석류 씨
- 레몬 폼부차 4온스
- 위스키 2온스
- 아이스큐브

석류 씨는 포장된 형태로 구입할 수 있다. 만약 석류를 재료로 사용한다면 4등분한 다음 흰색 껍질에서 씨앗을 부드럽게 떼어낸다. 씨를 유리잔에 담고 레몬 콤부차와 위스키를 붓는다. 마지막으로 아이스큐브 몇 개만 얹어 주면 완성이다.

진 Gin

민트 피즈 Mint Fizz
- 진 5온스
- 애플 민트 콤부차 4온스
- 심플 시럽 1½온스
- 계란 1개의 흰자위만
- 소다수 약간
- 오렌지 껍질 트위스트 및 민트 잔가지(고명용)

셰이크 통에 진, 콤부차, 심플 시럽, 계란 흰자위를 넣고 화끈하게 흔든 뒤 체로 걸러 내 액체만 하이볼 잔에 담고 그 위로 소다수를 약간 붓는다. 마지막으로 오렌지 껍질을 트위스트한 것과 민트를 고명으로 올려 장식한다. 계란 흰자위는 흔들면 아름다운 거품을 생성시킨다.

폴크티니 Porktini
- 아이스큐브
- 메이플 포크 소다 콤부차 3온스
- 진 2온스
- 소다수 1온스

유리잔에 아이스큐브를 채운다. 콤부차, 진, 소다수를 셰이커에 넣은 잘 섞은 뒤 아이스큐브 위로 붓는다.

라벤더 콜린스 Lavender Kollins
- 아이스큐브
- 진 2온스
- 라벤더 레몬 콤부차 슈럽 1온스
- 소다수 3온스
- 라벤더 잔가지(고명용)

유리잔에 아이스큐브를 채우고 진과 슈럽을 붓는다. 그 위로 소다수를 부은 뒤 천천히 휘젓는다. 거기에 라벤더를 고명으로 올려 장식한다.

다키리 Dakiri
- 럼 5온스
- 사워 믹스 콤부차 슈럽 2½온스
- 심플 시럽 1½온스
- 아이스큐브

셰이커에 럼, 사워 믹스 콤부차 슈럽, 심플 시럽을 넣고 흔든 다음 체로 걸러 내고 액체만 마티니 잔에 담는다. 다크 럼 dark rum을 좋아한다면 심플 시럽의 양을 절반으로 줄여야 향미의 균형을 잡을 수 있다.

럼 Rum

알 앤 알 R 'n' R
- 아이스큐브
- 루트부차 4온스
- 다크 럼 2온스

록글래스 잔에 아이스큐브를 채운 뒤 그 위로 루트부차와 럼을 붓는다.

콤부히토 Kombujito
- 신선한 민트 잎 2장
- 심플 시럽 1온스
- 라임 껍질 ⅛작은술
- 약한 럼 2온스
- 아이스큐브
- 라임 인 더 코코넛 콤부차 6온스

민트 잎, 심플 시럽, 라임 껍질을 유리잔에 담는다. 럼을 추가하고 잘 저어 준 다음 체로 걸러 내 액체만 하이볼 잔에 담은 뒤 얼음을 넣어 준다. 맨 위에 콤부차를 붓는다.

바에 필수적인 것들

기본적인 향미를 지닌 콤부차 슈럽을 바에 비치해 두면 훌륭한 맛과 향의 칵테일을 곧바로 만들 수 있다. 상점에서 구입한 제품은 일반적으로 인공 방부제와 착색료가 많이 들어 있어 맛과 향이 좋지 않을 수 있다. 바에서 실제 재료와 콤부차로 직접 만들기 때문에 칵테일에 생명력을 불어넣어 줄 수 있다.

심플 시럽
Simple Syrub

심플 시럽을 만드는 방법은 이름 그대로 매우 쉽다. 슈럽에서 식초만 빼면 심플 시럽이 완성되기 때문이다! 슈럽을 만드는 방법을 따라 만들면서 식초 2컵 대신 물 1컵을 대신 사용하면 된다.

1컵 기준

- 설탕 1컵
- 물 1컵

냄비에 설탕과 물을 붓고 중간 정도의 불로 가열한다. 설탕이 완전히 녹을 때까지 저어 준다. 다 녹으면 불을 끄고 식힌 뒤에 병입하여 냉장고에 보관한다. 냉장고에서는 최대 3개월까지 보관할 수 있다.

사워 믹스 콤부차 슈럽
Sour Mix Kombucha Shrub

사워 믹스는 칵테일에 시큼한 맛과 향을 가미하면서 균형을 잡아 준다. 이것은 단품 그 자체로도 '사워'라는 음료가 될 수 있다.

2컵 기준

- 설탕 1컵
- 콤부차, 콤부차 식초, 시트러스 미스트 또는 그 밖의 시트러스 재료를 첨가한 콤부차 1컵
- 신선하게 압출한 레몬 주스 ½컵
- 신선하게 압출한 라임 주스 ½컵
- 레몬 껍질 ½작은술
- 라임 껍질 ½작은술

1쿼트들이 병에 설탕, 콤부차, 레몬 주스, 라임 주스를 붓고 흔들어서 설탕을 일정 수준으로 녹인다. 이 단계에서는 완전히 녹지 않아도 상관없다. 그 뒤 레몬, 라임 껍질을 넣은 뒤 냉장고에 보관한다. 사워 믹스는 냉장고에 보관하면 최대 3개월까지 보관할 수 있다. 매일 흔들어 주면서 설탕을 전부 녹인다.

그레나딘 콤부차 슈럽
Grenadine Kombucha Shrub

그레나딘 콤부차 슈럽은 색상이 매우 아름답고, 컬리 템플 콤부차와 같은 깊은 맛이 난다. 콤부차나 소다수를 소량으로 넣어 주면 맛과 향이 훌륭한 음료를 빠르게 만들 수 있다.

2컵 기준

- 설탕 1컵
- 무가당 석류 주스 1컵
- 비가향 콤부차, 콤부차 식초 또는 레몬 콤부차 1컵

냄비에 설탕과 석류 주스를 섞고 중간 세기의 불로 가열한다. 설탕이 완전히 용해될 때까지 저어 준 뒤 불을 끈다. 차게 식으면 1쿼트들이 유리병에 가당 주스를 넣고 그 위에 비가향 콤부차를 붓는다. 냉장고에서는 최대 3개월까지 보관할 수 있다.

테킬라 Tequila

클래식 콤부차 리타 Klassic Kombucha-rita

- 가장자리에 설탕 또는 소금을 묻힌 유리잔
- 테킬라 1½온스
- 라벤더 레몬 콤부차 슈럽 1온스
- 트리플 섹 1온스
- 생라임주스 ½온스
- 아이스큐브
- 라임 조각(고명용)

* 트리플 섹^{triple sec} : 오렌지를 재료로 세 번 증류하여 만든 리큐어의 일종.

록글래스 잔의 가장자리에 설탕이나 소금을 묻힌다. 테킬라, 슈럽, 트리플 섹, 라임 주스, 아이스큐브를 셰이커에 넣고 흔들어 준 뒤 체로 걸러서 록글래스 잔에 붓는다. 라임 조각을 고명으로 올려 장식한다.

마이 블루 리타 My Blue Rita

- 블루베리 5개
- 아이스큐브
- 테킬라 1½온스
- 홀리 볼리 콤부차 1온스
- 트리플 섹 1온스
- 생라임 주스 ½온스
- 라임 조각(고명용)

블루베리를 셰이커에 넣은 뒤 으깬다. 그 위로 얼음을 가득 채우고 테킬라, 콤부차, 트리플 섹, 라임 주스를 부은 뒤 흔들어 준다. 체로 걸러 내 얼음이 가득한 록글래스 잔에 붓는다. 라임 조각을 고명으로 올려 장식한다.

망고 리타 Mango Rita

- 다크 테킬라 12온스
- 생오렌지 주스 8온스
- 망고 조각 1컵(생망고 또는 냉동 망고)
- 아이스큐브 2컵
- 붓다 딜라이트 콤부차 8온스
- 가장자리에 설탕을 묻힌 유리잔
- 오렌지를 도넛 모양으로 자른 것(고명용)

큰 피처에 넣고 만들어 나눠 마시도록 한다. 믹서에 테킬라, 오렌지 주스, 망고 조각, 아이스큐브를 넣고 슬러시가 될 때까지 갈아 준다. 그 뒤 콤부차를 붓고 잘 저어 준 다음에 가장자리에 설탕을 묻힌 록글래스 잔에 붓는다. 오렌지를 도넛 모양으로 잘라서 고명으로 올려 장식한다.

보드카 Vodka Drinks

베이직 콤부차 칵테일 Basic Kombucha Kocktail

- 콤부차 ⅓(향미에 상관없음)
- 소다수 ⅓
- 보드카 ⅓
- 아이스큐브

록글래스 잔에 아이스큐브를 넣고 콤부차, 소다수, 보드카를 부은 뒤 혼합한다. 이 기본 형태에 서로 다른 보드카와 콤부차를 넣어 주면 매우 다양한 맛으로 변주할 수 있다.

언스크루드 UnScrewd

- 생오렌지 주스 6온스
- 블러드 오렌지 이탈리안 소다 또는 드리미 오렌지 4온스
- 보드카 3온스

하이볼 잔에 주스, 콤부차, 보드카를 부어 혼합한다. 보드카 대신 샴페인을 넣어 주면 사랑스러운 미모자^{mimosa} 칵테일이 된다.

코스모 Kosmo

- 크랜부차 3온스
- 보드카 1온스
- 생레몬 주스
- 아이스큐브
- 소다수 2온스
- 레몬 트위스트(고명용)

콤부차, 보드카, 레몬 주스, 아이스큐브를 셰이커에 넣고 가볍게 흔든 뒤에 체로 걸러 내 마티니 잔에 붓는다. 그 위로 소다수를 뿌려 주고 레몬을 트위스트해 고명으로 올려 장식한다.

헬시 애즈 머 뮬 Healthy as a Mule

- 레몬 징 콤부차 3온스
- 소다수 3온스
- 보드카 2온스
- 진저 콤부차 슈럽 1온스
- 아이스큐브
- 레몬 조각(고명용)

하이볼 잔에 아이스큐브를 넣고 콤부차, 소다수, 보드카, 슈럽을 부은 뒤 잘 저어 준다. 하이볼 잔 대신에 구리로 만든 뮬 머그잔 mule mug을 사용해도 좋다. 마지막으로 라임 조각을 고명으로 올려 장식한다.

비트 코스모 Beet Kosmo

- 비트 및 레몬 콤부차 슈럽 3온스
- 소다수 3온스
- 보드카 2온스
- 아이스큐브
- 레몬 웨지(고명용)

하이볼 잔에 아이스큐브를 채우고 슈럽, 소다수, 보드카를 부어 준다. 레몬 웨지를 고명으로 올려 장식한다.

블러디 부치 Bloody Booch

- 토마토 주스 2온스
- 스파이시 토마토 콤부차 2온스
- 보드카 1½온스
- 생레몬주스 ½온스
- 아이스큐브
- 우스터셔 소스 Worcestershire sauce 소량
- 셀러리 솔트 Celery salt
- 생흑후추 가루
- 핫소스
- 호스래디시 Horseradish (선택 사항)
- 셀러리 줄기(젓는 용도)
- 레몬 웨지, 피클, 올리브(고명용)

하이볼 잔에 아이스큐브를 채우고 토마토 주스, 콤부차, 보드카, 레몬 주스를 부어 준다. 우스터셔 소스, 셀러리 솔트, 흑후추, 핫소스, 호스래디시(선택 사항)를 넣고 셀러리 줄기로 휘저어 준다. 레몬 웨지, 피클, 올리브를 고명으로 올려 은은하게 장식한다.

콤부차 에세이

'후치'를 사용하면 콤부차의 유효 성분이 죽는다?

* 후치 hooch : 불법적으로 생산된 것이나 값이 싸면서 알코올 도수가 매우 높은 술.

"후치는 상처의 세균을 소독하고 치료하는 데 사용된다. 그러나 이것이 콤부차 칵테일의 좋은 유효 성분을 없애버린다는 의미는 결코 아니다! 먼저 칵테일은 매우 빠른 속도로 혼합해 마신다(속도를 조절할수록 더 맛있다!). 칵테일에 사용되는 술의 알코올 도수가 매우 높더라도 즉시 혼합해 마시기 때문에 콤부차 내의 유효 성분인 박테리아와 효모를 그 짧은 시간에 다 죽이는 것이 아니다. 더욱이 건강에 좋은 산 성분과 효소, 그 밖의 유효 성분도 손상되지 않고 그대로 유지되면서 간의 기능을 도와 알코올의 부작용을 완화하고 숙취를 해소하는 작용을 한다. 따라서 중국어로 말하자면, '간 베이干杯, 건배!'이다.

와인 및 샴페인 Wine & Champagne

르 방 데테 Le Vent d'Ete

- 샴페인 3온스
- 서머 브리즈 콤부차 3온스
- 엘더플라워 리큐어 2온스
- 딸기(고명용)
- 엘더플라워 꽃잎(고명용)

샴페인 잔에 샴페인, 콤부차, 엘더플라워 리큐어를 부어 혼합한다. 생딸기 또는 엘더플라워 꽃잎을 고명으로 올려 장식한다.

스파클링 콤부차 펀치 Sparkling Kombucha Punch

- 서머 브리즈 콤부차 또는 진저 펀치 콤부차 16온스
- 스파클링 와인 16온스
- 소다수 8온스
- 오렌지 및 레몬 슬라이스(고명용)

콤부차, 스파클링 와인, 소다수를 차게 만든 뒤 피처나 용기에 담아 혼합한다. 그 위로 오렌지와 레몬의 조각을 고명으로 올려 장식한다.

콤부차그리아 Kombuchagria

- 과일 향이 강한 레드와인 1병(750mL)
- 콜드 파이터 콤부차 16온스
- 파인애플 주스 6온스
- 과일(복숭아, 레몬, 라임, 오렌지, 체리, 딸기 믹스) 다진 것 2컵

와인, 콤부차, 파인애플 주스, 과일을 큰 피처 병에 담고 혼합한다. 냉장고에 하루 정도 보관하면 맛과 향이 최상으로 변한다.

니거스, 빅토리아 시대에 아이들을 위한 파티 와인

빅토리아 시대에는 아이들이 술을 마시는 일이 드문 일은 아니었다. 예를 들면, 니거스Negus는 어린이들이 생일 파티와 같은 매우 특별한 날에 마시는 인기 멀드 와인이었다. 또한 크리스마스 캐럴을 부르는 사람에게 나눠 준 선물이기도 하다. 이 와인을 아이들과 함께 마실 것인지, 어른들만 마실 것인지의 선택은 오직 각자에게 달려 있다!

6컵 기준

- 물 1쿼트
- 포트와인 Port Wine 2컵
- 설탕 ½컵
- 레몬 징 콤부차 2온스
- 레몬 껍질 강판에 간 것 ½작은술
- 너트메그(육두구) 빻은 것 ¼작은술

냄비에는 물을 끓이고, 피처 병에는 포트와인 설탕, 콤부차, 레몬 껍질, 너트메그(육두구)를 넣는다. 물이 끓기 직전에 불을 끈 뒤 피처 병에 붓는다. 온도가 적당히 내려갈 때까지 휘저어 준 뒤 국자로 퍼서 머그잔에 담는다.

le vent d'été
르 방 데테

Part 4
콤부차 요리

CHAPTER 14

주요 저장 식품

우리 주위에는 요리를 두려워하는 사람들이 사실 의외로 많다. 예를 들면, 닭가슴살을 해동시키고, 파스타 소스 한 병을 부어 요리하는 일 등이다. 이러한 요리는 모두 사람의 생존을 위한 일이다. 그럼에도 요리에 대한 심리적인 저항은 왜 생기는가? 바로 두려움이 근간에 자리를 잡고 있기 때문이다. 잘 알지 못하는 것에 대한 두려움, 곤란한 상황이 발생할 것에 대한 두려움, 실패에 대한 두려움이다. 만약 하나의 요리를 만들었는데 맛이 없거나 없다고 평가를 받으면, 두 번 다시는 그 요리를 만들지 않을 수도 있다. 그로 인해 주방에 있는 것조차도 달가워하지 않는 사람들도 꽤 많다.

콤부차를 발견한 뒤 두려움이 사라지고 자신감을 얻었으며, 그 외에 더 많은 것도 시도해 보고 싶은 욕구가 치솟았다. 줄리아 차일드 Julia Child는 '요리 방법을 배우면서 새로운 레시피에 도전하고, 실수를 통해 배우면서 두려움에서도 벗어날 수 있는데, 무엇보다도 가장 중요한 것은 즐기는 것'이라고 말한 적이 있다.

콤부차를 일상생활 속에서 즐기면서부터 다양한 요리에 콤부차를 활용할 수 있다는 사실도 깨달았다. 특히 콤부차 식초는 맛도 좋고 건강에도 좋을 뿐만 아니라, 활용도도 매우 높다. 그리고 콤부차 원액을 그대로 식초로 사용해도 상관없다. 또한 본 브로스 bone broth(사골에 해당하는 서양의 음식)에 콤부차 식초를 넣으면 보다 더 훌륭하고 건강에도 좋은 효능을 더할 수 있다. 특히 연속배양법으로 추출한 효모를 활용하면 맛있는 사워도노 민들 수 있다. 여기서는 맛있고 영양가 있는 식단을 만들기 위해 꼭 알아야 할 기본적인 사항들을 소개한다.

콤부차 식초

콤부차 식초를 만드는 방법은 매우 간단하다. 간단히 설명하면, 콤부차 한 회분을 평소보다 4~10주 정도 더 발효시킨다. 그러면 콤부차 내 박테리아와 효모가 설탕 및 다른 영양소를 섭취하면서 콤부차의 신맛도 더 증가한다. 이는 콤부차가 오래될수록 아세트산의 농도가 높아지면서 신맛도 더 강해짐을 의미한다. 신맛이 매우 강하면, 그 자체로 콤부차 식초가 된다. 일반 가정에서 콤부차 식초를 몇 병씩 담아 보관해 두면, 요리할 때나 집안일을 할 때 간편하게 사용할 수 있다.

콤부차가 발효되면 아세트산이 생성되면서 식초 맛이 난다. 그런데 일반 식초는 아세트산의 함유비가 4~7% 정도 되지만, 콤부차 식초는 함유비가 대략적으로 2% 내외이다. 따라서 일반 식초보다는 맛이 다소 순하다. 물론 사용하는 티의 종류에 따라 그 맛도 달라진다.

콤부차 식초는 매우 다양한 형태로 만들어지지만, 특히 오크배럴에서 발효된 것은 애호가들이 많다. 오크의 구운 향과 그윽한 향이 시큼한 맛과 묘한 균형을 이루는데, 비네그레트^{vinaigrette} 드레싱이나 양념장에 넣으면 또 다른 깊은 맛을 안겨 준다.

만드는 방법

콤부차 식초를 만들려면 적어도 4주 이상 숙성된 1회분의 콤부차(1갤런 이하)가 필요하다. 산성도도 약 1% 정도 되어야 하고, 산성도를 2%로 높이려면 6주 중 2주마다 (총 3회) 1파인트당 설탕 2작은술을 첨가한다.

그 첨가 횟수는 물론 취향에 따라서 더 늘릴 수도 있다. 취향에 맞으면 곧바로 사용할 수 있고, 허브로 가향하여 가향 식초만큼이나 만들기 쉬운 것도 또 없을 것이다. 콤부차 1쿼트에 다진 허브와 향신료(말린 것, 1~2작은술) 1~2큰술을 넣어 주면 완성이다. 시원하고 어두운 곳에서 2~3주간 보관한 뒤 가향 재료를 걸러 내 상온에서 보관한다. 식초는 무기한 보관할 수 있으며, 스코비가 형성되면 퇴비나 사료로 사용할 수도 있다.

가향 식초 만들기

콤부차 식초에 신선한 허브와 향신료를 첨가하면, 복합적인 맛과 함께 영양분을 풍부하게 할 수 있다. 어떤 요리에든 가향 콤부차 식초를 2~3큰술 정도 첨가하면, 그 향미와 영양성이 더 높아진다. 여기서는 그에 관한 몇 가지의 방법들을 소개한다. 이를 바탕으로 각자 자신의 취향에 맞는 가향 콤부차 식초를 만들어 보길 바란다!

- **세이보리** : 마늘, 양파, 스캘리언^{scallion}(봄양파), 샬럿(shallot), 레몬 껍질
- **허브** : 백리향, 오레가노, 민트, 레몬 밤, 바질
- **꽃** : 라벤더, 캐모마일, 장미, 엘더플라워, 히비스커스

사용할 수도 있는데, 최대 6개월까지 발효시킬 수 있다. 이 과정에서는 스코비가 생성될 수 있는데, 그대로 두어도 좋고 제거하여도 좋다.

콤부차 식초는 아세트산 성분의 함유비가 낮아 일반 식초에 비해 맛이 순하고 신맛의 세기도 덜하다. 음식을 조리할 때 신맛이 강한 식초의 맛을 즐기려면 콤부차 식초의 양을 더 많이 첨가하면 된다. 또는 발사믹 식초나 애플 사이다 등 신맛의 식초와 함께 사용해도 좋다.

살균 콤부차 식초

콤부차 식초는 낮은 pH로 인해 자연 방부제로 사용할 수도 있고, 무기한으로 보존할 수도 있다. 그러나 살균 처리하지 않는다면 냉장고에 보관해 두어도 신맛이 점점 더 강해질 것이다. 조미료나 드레싱과 같이 가열하지 않은 요리의 경우에도 콤부차 식초를 넣으면 계속해 발효되기 때문에 그 맛과 향이 시간이 지나면서 계속해서 떨어질 수 있다. 이와 같은 요리의 경우에는 콤부차 식초를 살균 처리하면 효모와 박테리아를 효과적으로 제거해 발효를 중단시킬 수 있다.

콤부차 식초의 살균법에는 두 가지의 방법이 있다. 하나는 가스레인지로 콤부차 식초를 63도로 가열한 뒤 30분 동안 그 온도에서 계속 유지하는 방법이다. 다른 하나는 식초 1갤런당 캠프덴 1정을 부수어 넣고 뚜껑을 덮은 뒤 12~24시간 동안 녹이는 방식이다. 완전히 녹으면 병에 옮겨 담아 사용하기 좋게 보관한다.

살균 처리로 인해 프로바이오틱스는 죽지만, 산 성분을 포함해 식초 자체의 영양가는 그대로 유지되고, 맛도 변하지 않는다. 방부성도 훌륭하고, 드레싱 등 가열하지 않은 음식의 맛과 향을 높여 줄 것이다. 또한 살균한 콤부차 식초는 산도가 낮고 건강에도 좋으며, 특히 GMO 옥수수로 만드는 증류 식초의 훌륭한 대용품으로 사용할 수도 있다.

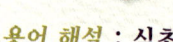

용어 해설 : 식초

식초(vinegar)는 프랑스어로 와인을 뜻하는 '뱅(vin)'과 신맛 또는 쓴맛을 뜻하는 '에그르(aigre)'가 결합된 것으로서 말 그대로 '신맛의 와인'이다. 그런데 중국에서는 '식초를 먹는다'고 하면 질투를 뜻하기도 한다. 질투할 때 사람의 얼굴 표정이 식초 한 잔을 마셨을 때의 표정과 비슷하기 때문이다!

아름다운 '본 브로스'

본 브로스bone broth는 높은 영양성에 향미도 깊고 풍부하여 다양한 요리의 소스로 사용된다. 콜라겐(결합 조직에서 발견되는 단백질)의 훌륭한 공급원으로서 미네랄과 아미노산도 다량으로 함유되어 있다. 특히 뼈와 관절의 건강을 유지하는 데 좋고, 피부에 탄력을 주고 면역력도 증강시킨다. 또한 소화 기관을 안정시키고 활성화하며, 산성의 소화액 분비도 자극하여 소화 기관의 건강에도 특히 좋다.

본 브로스가 담긴 냄비에 콤부차 식초를 넣으면 채소와 뼈에서 영양소가 추가적으로 추출된다. 특히 뼈 국물인 본 브로스의 큰 특징 중 하나인 젤 성분이 적절한 두께를 지속적으로 유지하는 데 큰 도움을 준다.

수프와 쌀 요리를 만들거나 남은 음식을 냄비에 넣어 다시 조리할 경우에 물 대신에 본 브로스의 국물을 넣으면 음식의 맛과 향을 훌륭하게 만들 수 있다. 나트륨 함유량이 낮고, 맛도 중립적이기 때문에 조리법이나 개인의 입맛에 따라 다양하게 조절할 수도 있다.

콤부차 본 브로스 Kombucha Bone Broth

본 브로스의 기본적인 조리법이다. 다진 당근과 셀러리를 다른 야채 2컵으로 대체해도 좋다. 당근 껍질, 셀러리, 양파, 브로콜리 줄기, 그 밖의 야채들을 냉장고에서 얼려 두어 사용하면 편리하다. 물론 야채와 허브는 각자 취향에 따라 다른 것을 사용해도 상관없다.

육류 섭취를 원하지 않는다면, 뼈를 단순히 넣지 않으면 된다. 향미와 영양을 높이기 위해 된장, 해조류를 포함해 다양한 야채들을 넣을 수 있다.

7쿼트 기준

재료

- 지방 식품(버터, 코코넛 오일 또는 라드) 1~2큰술
- 마늘(껍질을 벗기고 약간 으깬 것) 2~6쪽
- 양파(썬 것) 1개
- 타임 가지 2개 또는 말린 것 1작은술
- 오레가노 2개 또는 말린 것 1작은술
- 마조람 2개 또는 말린 것 1작은술
- 베이 잎 2장
- 셀러리 립(가볍게 다진 것) 2~3장
- 당근(가볍게 다진 것) 2개
- 콤부차 식초 1~3컵
- 천일염 2큰술
- 된장 ¼컵 또는 해조류 말린 것 1조각(2인치)
- 닭 머리 또는 닭발 3~5파운드, 소의 관절 및 골수 4~6파운드, 돼지 뼈 및 다리 관절 4~6파운드, 생선머리 및 뼈 3~5파운드 중 택일
- 물 2갤런

조리법

큰 냄비에 지방 1큰술을 넣고 중간 세기의 불에 녹인다. 마늘과 양파를 넣고 3~5분 정도 반투명해질 때까지 볶는다. 냄비 바닥에 기름이 사라지면 지방 1큰술을 더 넣어 준다. 그런 다음 타임, 오레가노, 마조람, 베이 잎, 셀러리, 당근을 냄비에 넣고 2~3분간 저어 준다. 콤부차 식초, 소금, 된장, 해조류, 뼈를 추가하고 물을 붓는다.

물이 끓기 시작하면 뚜껑을 덮고 약한 불에 24~48시간 동안 가열한다. 24시간 정도면 영양가가 충분히 배어 나오지만 모든 재료의 영양가를 극대화하여 추출하려면 48시간을 졸여 주는 것이 좋다.

표면에 거품이 형성되면 가볍게 훑어 내어 건강한 지방이 제거되지 않도록 주의한다. 뚜껑을 열면 기분 좋은 냄새가 날 것이다. 이제 불을 끄고 건더기를 걸러 낸다. 국물을 식히기 위해 용기에 담아 냉장고에 보관한다. 냉장 보관 시 최대 1주일간 보관할 수 있다. 냉동 보관하면 무기한 보관할 수 있다.

콤부차 에세이

애완견의 훌륭한 영양식, 본 브로스

" 뼈, 머리 등을 우려낸 국물의 잔여물은 애완견에게 준다. 장시간 우려냄과 동시에 콤부차의 산도에 영향을 받아 딱딱한 뼈가 부드러워져 강아지가 부숴 먹을 수 있을 정도가 된다. 예를 들면, 치와와, 요크셔테리어 믹스견도 충분히 그 뼈를 먹을 수 있다."

산뜻한 사워도의 액종 만들기

곡물을 물에 불리면 피틴산과 같은 영양분의 흡수를 방해하는 성분을 제거할 수 있다. 또한 야생 효모가 증식하면서 사워도를 구우면 자연스럽게 부풀어 오른다. 미국의 샌프란시스코는 그곳 기후에서 번성하는 독특한 효모균 덕분에 사워도로 매우 유명하다. 숙련된 제빵사들이 이 맛의 전통을 계속해서 이어가고 있는데, 물론 콤부차 사워도를 만드는 곳도 있다! 콤부차 내 효모의 작용으로 부풀어 오르는 정도가 덜하기는 하지만, 보다 더 조밀하고 풍부한 맛의 빵을 만들 수 있다.

콤부차의 발효 과정에서 생성된 과잉 효모를 긁어 모아서 즐겁게 활용하면 맛있고 건강에도 좋은 사워도를 만들 수 있다. 연속배양의 발효 용기를 처음 세척할 경우에 효모의 양이 생각한 것보다 적을 수 있다. 따라서 용기를 매번 세척할 때마다 효모를 최대한으로 채취한 뒤 용기에 담아서 효모가 충분히 잠길 정도로 콤부차를 충분히 붓고 냉장 보관한다.

또는 효모의 습기를 제거해 분말로 만들어서 사용하는 방법도 있다. 효모를 탈수기 트레이에 놓고 완전히 건조될 때까지 최저 온도(35~43도)로 열을 가한다. 건조된 효모는 커피 그라인더에 넣어 갈아 준 뒤에 밀폐 용기에 담아 시원하고 건조한 장소에 보관한다(냉장 보관 가능). 쿠키 시트에 효모를 펼쳐 놓은 뒤 티 타월로 덮어 두면서 자연 건조시키는 방법도 있지만, 벌레가 몰려들지 않도록 주의해야 한다.

액종 만들기

액종 3컵을 기준으로 다음과 같이 재료를 준비한다.

- 밀가루(중력분) 2컵
- 설탕 1컵
- 콤부차 효모 ¼~1컵
- 상온 상태의 콤부차 또는 콤부차 식초 1~2컵

중간 크기의 무반응성(nonreactive) 그릇에 밀가루, 설탕, 효모, 콤부차를 넣고 섞어서 덩어리가 될 때까지 휘저어 준다. 면 재질의 덮개로 그릇을 덮은 뒤 고무 밴드로 묶어 준다. 상온에서 보관하면서 작은 거품이 일 때까지 하루에 한 번씩 휘저어 준다. 대략 3~7일 정도 소요된다.

액종의 영양 공급

반죽에서 거품이 올라오면 제빵 재료로 사용할 수는 있지만, 아직은 이른 상태이다. 며칠 정도 영양분을 더 공급해 사워도의 맛과 향을 높이고 잘 부풀어 오를 수 있게 만들어야 한다.

액종에 영양분을 공급한 뒤 보관하려면 냉장고에 들어갈 수 있는 3쿼트 이상의 무반응성 용기와 뚜껑이 있어야 한다. 액종에 밀가루 1컵과 콤부차 1컵을 넣고 휘저어서 잘 섞는다.

헝겊으로 덮고 고무 밴드로 묶어 준 뒤에 상온에서 하루 정도 둔다. 다음 2일간은 매일 같은 방법으로 액종에 영양분을 공급한다. 마지막 3일째에는 액종이 굳어 있음을 확인할 수 있을 것이다. 이제 사워도를 만들 준비가 완료되었다!

액종의 사용 및 보관

액종은 조리할 때마다 1~2컵씩 사용하기 때문에 충분한 양으로 보관해 두는 것이 좋다. 매번 액종을 사용할 때마다 같은 양의 밀가루와 콤부차 또는 콤부차 식초를 보충해 준다. 예를 들면, 액종 2컵을 사용했을 경우에 밀가루 1컵과 콤부차 1컵을 첨가해 휘저어 준다.

밀폐 용기에 넣어 냉장 보관한다. 효모는 온도에 민감하기 때문에 사용할 때 필요한 만큼 퍼내 상온에 잠시 둔 뒤에 사용하면 효과가 좋다.

콤부차 사워도의 액종을 정기적으로 사용하는 경우(매주 또는 2주에 한 번 이상)에는 효모가 활성 상태를 유지한다. 따라서 매번 사용할 때마다 밀가루와 콤부차를 보충해 주면 좋은 상태로 유지할 수 있다.

이러한 액종은 보관만 잘하면, 4~6개월 정도 방치하였다가 다시 사용할 수도 있다. 약간은 효과가 부진하겠지만 사용에는 지장이 없다. 그러나 액종을 6개월 이상 동안 방치한 경우에는 반드시 다시 만들어야 한다. 3컵을 유지하고 나머지는 버린 뒤, 영양 공급을 반복해 액종의 기운을 키운다. 많이 부푼 콤부차 사워도를 선호하는 경우에는 시중에서 판매되는 효모를 구입하여 한 자밤 정도 넣어 준다.

나무로 된 숟가락 또는 손에 기름을 가볍게 묻힌 뒤 5분 정도 반죽한다. 이때 반죽은 약간 끈끈하고 유연한 상태가 되도록 한다. 반죽의 상태가 너무 끈적끈적한 경우에는 밀가루 1큰술씩 넣어 가며 반죽을 부드럽고 약간 끈적끈적한 공 모양으로 만든다.

그릇에 기름을 바른 뒤 반죽을 넣고 그릇을 따뜻하고 축축한 수건으로 덮는다. 따뜻한 장소에 그릇을 둔 뒤 3~5시간 정도 부풀어 오르게 둔다. 시간이 지날수록 톡 쏘는 맛이 강해진다.

반죽이 부풀어 오르는 동안 갈색 설탕, 으깬 견과류, 시나몬을 작은 그릇에 넣고 잘 섞은 다음에 옆에 둔다.

반죽이 부풀어 오르면 도마나 조리대 위에 밀가루를 뿌리고 그 위에 반죽을 둔 다음 밀방망이로 밀어서 반죽을 직사각형 모양으로 펴 준다. 페이스트리 브러시를 사용해 상온에서 녹인 버터 2큰술을 반죽에 발라 준 뒤에 속 재료를 골고루 뿌려 준다.

긴 쪽으로 반죽을 말아서 단단하게 조여서 가운데에 균열이 생기지 않도록 한다. 날카로운 칼로 반죽을 9등분한다. 먼저 3등분한 뒤에 그 각각을 다시 3등분하는 방법도 있다.

8인치 크기의 사각 팬에 녹인 버터를 바르고 시나몬 롤을 팬에 올린다. 따뜻하고 축축한 수건으로 덮어 반죽이 한 번 더 부풀어 오르게 한다. 이를 위해서는 2시간 정도 소요된다. 롤이 부풀어 올라 팬 전체를 채울 수도 있고, 그렇지 않을 수도 있다.

오븐을 온도 175도로 예열한다. 롤 윗부분이 갈색으로 변할 때까지 약 25분간 구워 준다. 브라우닝을 좋아하면 롤 윗면을 녹인 버터로 한 번 더 발라 준 뒤에 굽는다. 다 구웠으면 식혀서 프로스팅을 준비한다.

롤을 굽는 동안 프로스팅을 준비한다. 중간 크기의 그릇에 정제 설탕, 버터, 케피어 치즈, 바닐라, 레몬 오일을 섞고, 거품이 생길 때까지 10분 정도 휘저어 준다. 손보다는 거품기를 사용하여 버터와 케피어 치즈가 부드러워지도록 만든다.

롤 위에 프로스팅을 뿌려 주면 완성이다. 완성되면 곧바로 먹거나 냉장고에 넣어 보관한다. 냉장고에서는 최대 1주일까지 보관할 수 있다.

콤부차 사워도
시나몬 롤 + 케피어 아이싱

Kombucha Sourdough Cinnamon Rolls with Kefir Icing

즐거운 아침 식사로 또는 언제든지 즐길 수 있는 음식, 콤부차 사워도 시나몬 롤! 오븐에서 갓 구워 내 따뜻한 상태로 먹어야 맛이 가장 좋다.

롤 9개 기준

반죽

- 무표백 밀가루(중력분) 1¾컵
- 설탕 2큰술
- 소금 ¼작은술
- 최근 영양을 공급한 콤부차 사워도 액종 1컵
- 일반 우유 ½컵
- 녹인 버터 1큰술
- 바닐라 추출물 1작은술

속 재료

- 갈색 설탕 ⅓컵
- 흑설탕 ⅓ 컵
- 견과류 으깬 것 ⅓컵
    (선택 사항 : 피칸, 호두 또는 아몬드)
- 시나몬 간 것 1½작은술
- 녹인 버터 2큰술

프로스팅

- 정제 설탕 1컵
- 버터 4큰술(스틱 ½개), 상온
- 케피어 치즈 2온스
- 바닐라 추출물 ½작은술
- 레몬 오일 ¼작은술(레몬 껍질 간 것 ½작은술)

방법

중간 크기의 그릇에 밀가루, 설탕, 소금을 넣고 부드럽게 저어서 혼합하여 반죽을 만든다. 그 반죽의 가운데를 오목하게 만들어 액종, 우유, 버터, 바닐라를 넣는다.

발효 과실 콤부차 사워도 브레드
Fermented-Fruit Kombucha Sourdough Bread

2차 발효 과정이 시작될 때 과일을 첨가하면, 좋은 박테리아와 효모가 주입된다. 발효 과정 중 과일에서 플라보노이드, 비타민 및 기타 영양 성분이 추출되지만, 2~3일 만에 전체 영양분이 추출되는 것은 아니다. 그래서 퇴비로 사용하거나 닭 모이로 주기도 하며, 콤부차 사워도 빵을 굽기도 한다. 일반 사워도보다 밀도가 높고 버터를 얇게 발라 뜨겁게 먹으면 맛있다.

빵 두 덩어리 기준

재료

- 무표백 밀가루(중력분) 4~4½컵
- 최근 영양을 공급한 콤부차 사워도 액종 2컵
- 물 1¼컵
- 2차 발효에서 남은 과일 1~2컵*
- 소금 1큰술

* 과일을 넣지 않고, 감미료(설탕 또는 꿀 1큰술)을 첨가하면 플레인 빵이 된다.

방법

밀가루 4컵, 사워도 액종, 물, 과일, 소금을 큰 그릇에 넣고 잘 섞는다. 밀가루를 가볍게 뿌린 바닥에서 손으로 반죽하거나 반죽용 후크가 달린 식품 가공기를 사용할 수도 있다. 부드럽고 살짝 끈적끈적해지면 공 모양으로 둥글게 반죽을 뭉쳐 놓는다. 손으로 반죽하면 10~12분, 믹서를 사용하면 5분 정도 걸린다. 끈적거림이 심하면 밀가루를 1큰술씩 넣어 반죽하면서 적당한 상태로 만든다.

큰 그릇에 기름을 바르고 반죽을 그 그릇 위에서 굴려 반죽 겉면을 기름으로 코팅한다. 따뜻한 물에 적신 수건으로 덮은 뒤 따뜻한 공간에 두고 반죽이 거의 두 배로 부풀 때까지 둔다(4~12시간). 톡 쏘는 맛을 좋아한다면 12~24시간 동안 둔다. 반죽을 둘로 나누고 각 반죽을 기름칠한 제빵용 팬에 올린다. 둥근 빵을 만들려면 반죽을 구슬 모양으로 만들어 베이킹 스톤baking stone이나 철제 압력솥에 넣는다. 따뜻하고 축축한 수건으로 가볍게 덮고 반죽이 부풀어 올라 뚜껑 가장자리에 닿을 때까지 둔다. 이 과정은 1~1.5시간 정도 걸린다. 그 뒤 오븐을 230도로 예열한다.

날이 날카로운 칼로 빵 상단에 X 또는 슬래시를 표시한다. 10분간 구운 뒤 온도를 205도로 내려 빵 윗부분이 황금색이 될 때까지 25~30분 더 굽는다. 철제 선반으로 꺼내 완전히 식힌다.

양념소스, 드레싱, 소스

음식의 양념소스는 일상의 식생활에서 사용하는 대표적인 향신료이다. 단맛, 신맛을 보충하며, 음식을 따뜻하게 만들기도 한다. 맛이 강한 소스나 피클은 수천 년간 음식의 맛을 내는 데 사용하였고, 소화를 돕는 등 여러 기능도 담당하였다.

감자튀김에 뿌리는 시큼한 케첩, 핫도그의 매운 겨자 등 과거에서 현재까지 사용해 온 모든 양념소스에는 소화기와 면역계를 강화시키는 유익한 박테리아와 효모들이 살아 있다! 역사적으로 오랫동안 사용된 양념소스는 소갈비살에 바르는 스테이크 소스, 루벤샌드위치$^{Reuben\ sandwich}$에 들어가는 사워크라우트, 살사 소스, 인도 요리에 사용되는 처트니^{chutney} 등이 있다.

이러한 양념소스는 전통적으로 소금, 설탕, 레몬 주스, 식초 등의 기본 발효 식품뿐만 아니라 천연 방부제로 사용되는 재료들로 만들어지는데, 거의 모두가 발효 과정에 도움이 된다.

콤부차 식초는 소스를 약간 발효시켜 보다 더 훌륭하고 신선한 상태로 소비할 수 있도록 만들어 준다. 시간이 오래 지날수록 천연의 향미는 더욱더 변화하는데, 일부의 경우에는 발효될수록 맛이 더 좋아진다. 그러나 일정 시점에 이르면 효모가 과도하게 생길 수 있다.

이와 같은 이유로 콤부차 식초를 사용하는 양념소스는 소량씩 만드는 것이 좋다. 만약 콤부차 식초를 서온 살균하여 사용하면 보관 시간을 늘릴 수도 있지만, 대신에 프로바이오틱스가 모두 제거되는 단점이 있다. 또한 콤부차 식초를 동결시키더라도 저온 살균만큼은 아니지만 프로바이오틱스 중 일부가 죽게 된다. 따라서 어느 경우이든 양념소스나 드레싱, 그리고 소스에 콤부차 식초를 사용한다면 소량으로 만들어서 그때그때 곧바로 섭취하는 것이 좋다.

콤부첩 Kombuchup

이 분홍색의 걸쭉한 케첩은 활기로 가득 차 있다! 카레, 치폴레chipotle 또는 케첩의 기원이라 할 수 있는 앤초비anchovy(멸치소스) 등과 함께 놀라움을 선사한다(아래 케첩의 역사 참조).

2½컵 기준

재료
- 토마토 페이스트 12온스
- 설탕 ¼컵
- 당밀 2작은술
- 천일염 ½작은술
- 콤부차 식초 ½~1컵

양념소스 만들기
아래의 다양한 식재료들을 버무려서 각자의 입맛에 꼭 맞는 맛과 향을 만들어 보자.

- 마늘 3쪽 간 것 또는 갈릭 파우더 ¼작은술
- 앤초비(멸치) 2개 다진 것
- 치폴레 가루 ¼작은술
- 시나몬 간 것 ¼작은술
- 카레 가루 ¼작은술
- 머스터드 가루 ¼작은술
- 올스파이스 간 것 ⅛작은술
- 고춧가루 ⅛작은술
- 클로브 간 것 ⅛작은술
- 너트메그(육두구) 간 것 ⅛작은술

방법
중간 크기의 그릇에 토마토 페이스트, 설탕, 당밀, 소금을 넣고 식초 ½컵을 부어 섞는다. 일반 케첩보다 맑은 느낌을 좋아하면 취향에 맞을 때까지 식초를 서서히 조금씩 첨가한다. 걸쭉한 케첩을 만드는 경우에는 식초 ¼컵으로 시작한다.

각자 입맛에 맞게 양념소스를 첨가한다. 조금씩 다양한 맛을 낼 수 있는데, 기준량에 따라 각 재료들의 양은 조절하면 된다.

냉장고에 보관하면 최대 2주일 정도 보관할 수 있고, 저온 살균된 식초를 넣으면 그 이상의 기간으로 맛을 유지하면서 보관할 수 있다.

케첩의 역사

케첩의 역사는 수천 년이나 되지만 토마토로 항상 만든 것은 아니다. 케첩은 기원전 300년경 중국에서 처음으로 등장하였다. 중국에서 '구이즈鮭汁(규즙)'라고 하는 생선 발효 소스가 시초였다. 영어로는 'koechip' 'ke-tsiap'이라고 불렸다. 이와 같은 피시 소스는 장기간의 항해에서도 오랫동안 보관할 수 있기 때문에 무역로를 따라 인도네시아, 필리핀 등으로 전파되었다. 1700년대에는 영국 상인들이 피시 소스의 단맛과 짠맛에 매료되어 자국으로 유입시켰다.

피시 소스는 시간이 흐르면서 기본 재료도 생선에서 벗어나 굴, 버섯, 호두 등으로 다양해졌다. 그리고 짠맛이 극도로 강하여 천연 방부제로도 사용되었다. 그 뒤 아메리카의 신대륙이 발견되면서 케첩은 또다시 그 역사적인 반경을 넓히게 된다. 1800년대 초만 해도 토마토는 독성 과일로 여겼다. 그런데 이 미신이 깨지면서 토마토의 인기가 급속히 늘어났다. 1800년대 중반에 미국의 요리책에 케첩이 처음으로 등장하면서 오늘날의 토마토케첩으로 발전한 것이다.

바나나 케첩 Banana Ketchup

제2차 세계 대전 중 전투 식량으로 토마토가 배급되던 시기에 필리핀의 식품과학자인 마리아 오러서$^{Maria\ Orosa,\ 1893~1945}$는 자국의 천연 자원인 바나나를 활용해 바나나케첩을 발명하였다! 필리핀의 시장에서 오늘날에도 판매되고 있는 바나나케첩은 아나토 시드$^{annato\ seed}$를 첨가해 만들어 밝은 오렌지빛을 띤다. 다음 레시피는 아나토 시드를 사용하지 않았기 때문에 노랑과 주황빛이 더욱더 선명할 것이다. 남녀노소 할 것 없이 이 훌륭한 디핑 소스를 먹으면 그야말로 놀라서 감탄할 것으로 예상한다.

1½컵 기준

재료

- 땅콩기름 2큰술
- 노랑 양파 1개 다진 것
- 마늘 2쪽 다진 것
- 칠리 페이스트 1큰술 또는 칠리(할라페뇨 또는 세라노 고추) 1~2개 다진 것
- 잘 익은 바나나 으깬 것 1컵(중간 크기 2개)
- 토마토 페이스트 1큰술
- 콤부차 식초 ½컵(취향에 따라 추가 가능)
- 물 ¼컵
- 갈색 설탕 2큰술(취향에 따라 추가 가능)
- 간장 1작은술

양념소스 만들기

다음의 재료들을 잘 혼합하여 각자의 입맛에 꼭 맞는 맛과 향을 만들어 보자.

- 생강 강판에 간 것 2작은술
- 베이 잎 1장
- 후추 간 것 ½작은술
- 강황 간 것 ½작은술
- 올스파이스 간 것 ¼작은술
- 클로브 간 것 ⅛작은술
- 천일염 ⅛작은술

방법

중간 크기의 냄비에 땅콩기름을 붓고 중간 세기의 불로 가열한다. 양파가 부드럽고 반투명해질 때까지 5~7분간 살살 휘저어 가면서 볶는다. 마늘과 칠리 페이스트를 넣고 1~2분 정도 조리한다. 그런 다음에 바나나, 토마토 페이스트, 식초, 물, 설탕, 간장 등의 원하는 재료를 첨가하여 잘 저어 준다.

끓기 시작하면 뚜껑을 반쯤 덮고 불을 줄여 약한 불에 20~30분가량 졸인다. 이어 불을 끄고 10분간 식힌다. 베이 잎도 재료로 사용하였다면 건져 낸다.

믹서나 푸드 프로세스에 넣고 혼합한다. 맛이 너무 묽거나 신맛을 더 선호하면 콤부차 식초를 약간 더 넣어 주고, 단맛을 좋아하면 설탕을 더 넣는다. 최종적으로 병에 담아 냉장고에 넣어 두면 최대 3주간 보관할 수 있다. 장기간 섭취할 경우에는 저온 살균 처리해 보관한다.

콤부차 머스터드 Kombucha Mustard

수 세기 동안 우리는 핫도그, 에그 샐러드, 루벤샌드위치에 머스터드를 뿌려 먹었다. 겨자 씨앗 그대로 사용하는 것이 머스터드 특유의 맛과 향을 고스란히 느낄 수 있다. 특히 공정무역 가게에서 판매하는 상품을 사용하는 것이 좋다. 원기의 회복이 필요하면 어떤 요리에든지 활용해 강한 맛을 낼 수 있고, 또 소화에도 도움이 된다! 발효시키는 데 약 1주일 정도 걸리기 때문에 시간의 계산을 잘해야 한다.

2컵 기준

재료
- 황색 또는 갈색의 겨자씨 ½컵
- 콤부차 식초 ½~⅔컵
- 천일염 1작은술

양념소스 만들기
다음의 재료들을 잘 혼합하여 각자의 입맛에 꼭 맞는 맛과 향을 만들어 보자.

- 마늘 큰 것 1쪽 다진 것
- 양파 조각 1큰술
- 꿀 1큰술
- 커민 cumin 간 것 ¼작은술
- 카레 가루 ¼작은술
- 후추 간 것 ⅛작은술
- 고춧가루 ⅛작은술
- 강황 간 것 ⅛작은술
  ('노란색 머스타드'의 색상을 내는 경우)

방법
유리병에 겨자씨를 넣고 씨가 잠길 정도로 충분히 식초를 붓는다. 시간이 지나 발효되면서 부풀어 오를 것이다. 취향에 맞게 마늘과 양파를 추가한다. 콤부차 발효 방법과는 약간 다르다는 점도 유의한다. 이 단계에서 다른 향신료를 첨가해 버리면 겨자의 맛이 지나치게 쓸 수 있다.
필요한 경우 헝겊으로 덮고 고무 밴드로 단단히 동여맨 뒤 18~23도의 어두운 장소에서 1주일 정도 보관한다. 씨앗이 완전히 잠겨 있는지 매일 확인하면서 콤부차 식초를 적당히 부어 준다. 1주일 정도 지나면 겨자씨는 가볍게 눌렀을 때 부드럽고 쉽게 부서진다. 전체 혼합물을 식품 가공기의 그릇에 붓고 소금과 그 밖의 좋아하는 향신료들을 넣는다. 원하는 농도가 될 때까지 그대로 보관하고, 경우에 따라서 식초를 더 첨가할 수도 있다.

'해너 고모'의 마요네즈 'Auntie Hannah's' Mayonnaise

데빌드 에그 Deviled eggs는 맛이 좋을 뿐만 아니라 뇌 기능에 꼭 필요한 콜레스테롤 성분을 공급한다. 미국의 제30대 대통령인 캘빈 쿨리지 Calvin Coolidge, 1872~1933가 지상 최고의 맛이라고 추켜세웠던, 자신의 고모인 메리 해너가 사용한 레시피를 적용하였다. 직접 손수 만든 마요네즈는 시중에서 판매하는 것과는 비교할 수 없을 정도로 맛이 부드럽고 우아하며 풍성하다.

마요네즈를 수작업으로 만드는 일은 어렵지 않고 시간도 오래 걸리지 않는다. 단지 인내력을 갖고 계속 휘저어 주는 힘과 섬세한 주의력이 필요하다. 핸드 믹서, 블렌더 또는 식품 가공기를 사용하면 한결 더 간편해진다. 버터를 기초 재료로 사용하면 맛이 더 풍부하고 더 부드러운 질감을 낼 수 있다. 상업용 마요네즈보다 약간 더 뻑뻑할 수 있지만, 상온에 두거나 샌드위치에 펴서 바르면 곧 부드러워진다.

2컵 기준

재료
- 버터 ½컵(스틱 1개)/상온 유지
- 대란(또는 특란) 노른자위 4개(상온 유지)
- 머스터드 간 것 1티스푼
- 소금 1티스푼(입맛에 따라 추가 가능)
- 엑스트라 버진 올리브 오일 ½컵
- 콤부차 식초 ½컵
- 레몬 주스 ½컵
- 해바라기유 ½컵
- 백후추 간 것

방법

중간 크기의 그릇에 버터를 넣고 믹서로 살짝 갈거나 크리미해질 때까지 포크로 가볍게 으깨준다. 다른 그릇에 계란 노른자위, 머스터드, 소금을 넣고 잘 저어 준다. 여기에 버터를 넣고 다시 또 저어 준다. 어느 정도 섞이면 올리브 오일을 한 방울씩 천천히 떨어뜨리고 점차 두꺼워질 때까지 계속 저어 준다. 여기에 콤부차 식초와 레몬 주스를 붓고 또 저어 준다. 또 해바라기유도 천천히 얇게 떨어지도록 붓고 계속 저어 준다. 모든 재료가 블렌딩될 때까지 계속해서 저어 준다.

오일이 섞이지 않고 겉돌면 오일 첨가를 중단하고 거세게 저어 준다. 다시 부드러워지면 나머지 오일도 부어 휘저어 준다. 마지막으로 소금과 백후추를 첨가한 뒤 저어 준다. 마요네즈를 밀폐 용기에 담아 냉장고에 넣어 두면 최대 3주간 보관할 수 있다.

마요네즈의 역사

마요네즈는 호불호가 심한 식품이다. 그런 마요네즈이지만 지난 100년간 미국식 샌드위치의 기본 재료로 사용되었다. 20세기 초 독일 이민자 출신의 미국인 리카르트 헬만Richard Hellmann, 1876~1971은 뉴욕의 한 음식점에서 아내의 요리를 선보였다. 그런데 예상 밖으로 소스가 굉장히 큰 인기를 끌었다. 특히 소스는 병에 담아 판매하였기 때문에 주부들이 가정에서 사용하기에도 매우 편리하였다. 그 뒤 리카르트는 음식점을 그만두고 공장을 세워 마요네즈를 미국 전역으로 유통시켰고, 결국 소스 시장을 장악하였다.

미국에서 헬만의 마요네즈가 큰 인기를 끌면서 대중화되자, 미국과 스페인 사이에서는 마요네즈의 불분명한 기원을 둘러싸고 큰 논쟁이 일어났다. 일부 프랑스 사람들은 오늘날 스페인령인 미노르카섬Minorca의 항구 도시 포트마흔Port Mahon에서 있었던 전투의 승리를 기념하기 위해 저녁 식사에서 크림 대용으로 먹었던 음식이라고 주장하였다. 또 다른 이들은 마요네즈의 어원이 노른자위를 뜻하는 프랑스 고어, '무아이외moyeu'에서 유래했다는 것이다.

반면 스페인 사람들은 마요네즈가 포트마흔에서 유래하였다는 데에는 동의하지만, 프랑스군이 들어오기 전부터 이미 살사 마요네사salsa mahonesa라는 식품으로 존재했다고 주장한다. 그 증거로 일부 식품 역사학자들은 마늘과 기름을 휘핑한 지중해 아이올리Mediterranean iolis를 들고 있다. 무엇이 진실인지는 정확히 알 수는 없지만, 더 궁금한 점은 감자튀김을 마요네즈에 최초로 찍어 먹었던 네덜란드의 천재가 누구인가 하는 점이다!

콤부차 비네그레트 Kombucha Vinaigrette

훌륭한 비네그레트 드레싱이라면 손쉽게 찾을 수 있는 재료들을 활용해 간편하게 휘핑할 수 있어야 한다. 따라서 기본 레시피에 다른 대체 재료를 얼마든지 사용할 수 있다. 여기서 소개하는 레시피는 콤부차 식초를 오크통에 담아 숙성시켜 타닌 성분 및 목재로 인한 독특한 향미를 내는 것이다. 오크통이 없으면 맛을 내는 단계에서 나뭇조각을 대신 넣어 주면 된다.

일반적으로 비네그레트는 오일과 식초의 사용 비율을 3 대 1로 하지만, 콤부차 식초는 산도가 낮기 때문에 1 대 1의 비율도 적당하다. 양념통에 넣어 두어 필요할 때마다 간편하게 뿌려 먹을 수 있다.

1컵 기준

재료

- 엑스트라 버진 올리브 오일 ½컵
- 콤부차 식초 ½컵
- 샬럿 1개 저민 것
- 마늘 2쪽 저민 것
- 소금 ⅛작은술

양념소스 만들기

다음의 재료들을 잘 혼합하여 각자의 입맛에 꼭 맞는 맛과 향을 만들어 보자.

- 타임, 로즈메리, 오레가노, 파슬리, 타라곤 등 신선한 허브 저민 것 1작은술
- 머스터드 간 것 ¼작은술
- 올스파이스 간 것 ⅛작은술
- 클로브 간 것 ⅛작은술
- 커민 간 것 ⅛작은술
- 설탕 1자밤 (맛의 균형을 잡기 위해)

방법

올리브 오일, 식초, 샬럿, 마늘, 소금, 선호하는 제철 재료를 작은 그릇에 담고 함께 섞어 준다. 그리고 상온의 장소에 두면 거의 무기한 보관할 수 있다.

블러드 오렌지 콤부차 비네그레트 Blood Orange Kombucha Vinaigrette

블러드 오렌지는 매우 아름답고도 독특한 진홍의 색소를 함유하고 있다. 그 이유는 여기에는 강력한 항산화 성분인 안토시아닌 성분이 매우 풍부히 들어 있기 때문이다. 이 블러드 오렌지를 제철에 대량으로 구입하여 보관한 뒤 때에 맞춰 사용하면 좋다. 블러드 오렌지 이탈리안 소다 콤부차에 사용하지 않을 때는 톡 쏘는 맛이 나는 드레싱으로 만들어서 여름철 채소에 사용하면 맛과 향을 더해 줄 수 있다.

1¼컵 기준

재료

- 블러드 오렌지 주스 ½컵
- 엑스트라 버진 오일 ½컵
- 콤부차 식초 ½컵
- 마늘 2쪽 저민 것
- 소금 ⅛작은술
- 신선한 타라곤 줄기 2개 다진 것
- 신선한 타임 줄기 2개 다진 것
- 신선한 라벤더 줄기 1개 다진 것

방법

오렌지 주스, 올리브 오일, 식초를 작은 그릇에 넣고 함께 힘껏 휘저어 준다. 그런 뒤 상온에서 보관하면 거의 무기한 보관할 수 있다.

버터밀크 랜치 드레싱 Buttermilk Ranch Dressing

미국인들이 좋아하는 전형적인 샐러드드레싱은 1950년대 산타 바바라에 위치한 히든밸리랜치Hidden Valley Ranch에서 발명된 뒤로 수많은 사랑을 받아 왔다. 만들기도 쉽고 샐러드와 샌드위치에도 잘 어울리고, 특히 야채와 칩을 찍어 먹으면 맛이 더욱더 훌륭하다. 싱싱하고 톡 쏘는 맛이 특징이며, 회사 피크닉이나 가족 식사 자리에서 선보이면 모두가 레시피를 물어보려고 할 것이다. 버터밀크를 구할 수 없으면 우유 ½컵에 콤부차 식초 1큰술을 섞어 직접 만들 수도 있다.

1컵 기준

재료
- 버터밀크 ½컵
- '해너 고모'의 마요네즈 ¼컵
- 사워크림 또는 케피어 치즈 ¼컵
- 마늘 1쪽 곱게 저민 것 또는 강판에 간 것
- 콤부차 식초 1큰술
- 타라곤, 딜, 파슬리, 스캘리언, 셀러리 잎 다진 것 1작은술
- 콤부차 머스터드 ½작은술
- 타바스코Tabasco 소스 또는 식초 기반의 핫소스

방법
버터밀크, 마요네즈, 사워크림, 마늘, 식초, 타라곤, 겨자, 타바스코를 작은 그릇에 넣고 함께 휘저어 준다. 뚜껑을 덮은 뒤 냉장고에 30분 이상 보관하여 향이 생기도록 한다.
드레싱을 걸쭉하게 만들려면 사워크림과 마요네즈를 같은 양으로 더 넣어 준다. 부드럽게 만들려면 콤부차 식초를 좀 더 넣어 주면 된다.
완성된 드레싱을 냉장고에 넣어 두면 최대 1주간 향미를 유지한 채로 보관할 수 있다. 시간이 오래될수록 배양균으로 인해 맛과 향도 바뀌기 시작한다.

콤부차 에세이

케피어 치즈 Kefir Cheese

"흔히 '마시는 요구르트'로 알려진 케피어는 오랫동안 우리와 함께해 온 또 다른 프로바이오틱 식품이다. 코카서스 산맥에서 유래된 케피어는 한 집안의 비밀스러운 가전 절기였는데, 특히 결혼식에서는 신부가 신랑의 집안에 갖춰서 가야 할 지참금의 일부로 여겨지기도 했다. 터키어로 케프kef는 '좋은 기분'을 뜻하는데, 이는 케피어를 마셨을 때 몸과 마음에 긍정적인 효과가 나타나는 데서 유래된 것으로 보인다.
스코비와 같이 케피어 그레인kefir grain도 효모와 박테리아의 복합체이다. 이 미생물의 복합체가 우유를 약간의 탄산가스가 든 건강 음료로 발효시키고, 또한 유익한 박테리아와 효모균들을 30종 이상으로 증식시킨다. 케피어 치즈는 케피어를 치즈클로브스로써 과도하게 많은 유청 성분을 걸러 내서 만든 것이다. 이 크리미하고 두꺼운 케피어 치즈는 사워크림, 크림치즈, 요구르트를 대신하여 사용할 수 있다.
케피어 그레인은 동물성 유제품을 먹지 않는 사람들을 위해 두유나 너트유 등을 발효시키는 데에도 활용할 수 있다."

컬처드 블루치즈 드레싱 Cultured Blue Cheese Dressing

시카고 도심의 거리를 지나다 보면 바에 꽂아서 조리한 핫 버펄로윙과 와플 튀김 요리를 즐길 수 있다. 일반 가정에서 그 맛을 재현하기에는 한계가 있다. 대신에 프로바이오틱이 풍부한 오리지널 블루치즈 드레싱을 사용하여 그 대용품을 만들어 볼 수는 있다. 기분 좋은 향을 선사하면서 박테리아도 풍부하여 소화의 기능을 도와준다. 여기에 핫 버펄로윙만 곁들이면 완성이다!

1컵 기준

재료
- 블루치즈 6.8온스 으깬 것
- 케피어 치즈 ½컵 또는 샤워크림으로 대체
- 플레인 전유 요구르트 ½컵
- 콤부차 식초 ¼컵
- 후추 간 것 ½작은술
- 소금 ½작은술
- 마늘 다진 것 ¼작은술, 또는 마늘 1쪽 저민 것

방법
블루치즈, 케피어 치즈, 요구르트, 식초, 후추, 소금, 다진 마늘을 작은 그릇에 넣고 함께 섞어 준다. 뚜껑을 덮어서 냉장고에서 30분 이상 차게 보관하여 향이 나도록 한다. 냉장고에서는 약 1주일간 향미를 유지하면서 보관할 수 있다. 점차 시간이 지나면 콤부차 식초 내 배양균과 케피어 치즈에서 발효가 일어나 맛과 향이 변하기 시작한다.

콤부첩 비비큐 소스 Kombuchup BBQ Sauce

바비큐 소스 콘테스트에서 우승을 노린다면 콤부첩 Kombuchup을 비밀 소스로 사용하면 승산이 있을 것이다! 야채와 육류에 톡 쏘면서 군침이 도는 비비큐 소스를 듬뿍 발라 주면 떼놓은 당상이다. 유명한 스코비 육포를 만들 경우에도 사용할 수 있다.

2½컵 기준

재료
- 콤부첩 2컵
- 콤부차 식초 2큰술
- 우스터셔 소스 2큰술
- 갈색 설탕 1큰술
- 가미용 그래뉴당 1큰술(맛내기용)
- 레몬 주스 1큰술
- 후추 간 것 2작은술
- 겨자 간 것 2작은술 또는 콤부차 머스타드 2작은술
- 양파 다진 것 2작은술

방법
콤부첩, 식초, 우스터셔 소스, 갈색 설탕, 그래뉴당, 레몬 주스, 후추, 겨자, 양파 다진 것을 작은 그릇에 넣고 함께 휘저어 준다. 냉장고에서는 최대 2주간 향미를 유지하면서 보관할 수 있다. 시간이 지날수록 배양균으로 인해 맛과 향이 변하기 시작한다.

Cultured Blue Cheese Dressing

컬처드 블루치즈 드레싱

chapter 14 · 주요 저장 식품

콤부차 디핑 소스 & 마리네이드
Kombucha Dipping Sauces and Marinades

만두, 에그롤, 치킨너깃, 감자튀김에 이르기까지 소스에 찍어 먹는 걸 좋아하는 사람들이라면 이 레시피를 결코 지나칠 수 없을 것이다. 디핑 소스를 만들어 스코비 스퀴드 사시미에 곁들이면 맛이 훌륭하다. 물론 만드는 방법도 매우 간단하다. 재료를 한꺼번에 넣고 휘젓기만 하면 완성되기 때문이다!

푸켓 Phuket 스타일
- 칠리 페이스트 1큰술
- 콤부차 식초 1큰술
- 라임 주스 1작은술
- 소이 소스 1작은술
- 설탕 ½작은술
- 신선한 민트 줄기 2개 다진 것

딤섬 Dim Sum
- 소이 소스 1큰술
- 콤부차 식초 1큰술
- 참깨 또는 피넛 오일 1작은술
- 칠리 페이스트(조미용)
- 소금(조미용)
- 신선한 백후추 간 것(조미용)

스파이시 커리 Spicy Curry
- '해너 고모'의 마요네즈 3큰술
- 카레 가루 1작은술
- 콤부차 식초 1작은술

커리 머스터드 Curry Mustard
- 콤부차 머스터드 3큰술
- 카레 가루 1작은술
- 콤부차 식초 1작은술

데리야키 소스 Teriyaki Sauce

데리야키 소스는 일본에서 처음 만들어졌는데, 처음에는 단순히 콩에 윤기를 내는 형태였다. 그 뒤 일본인들이 하와이로 이주하면서 파인애플 농장을 운영하게 되었고, 소스에 과일을 첨가한 것이다. 이로써 데리야키 소스는 진정한 의미에서 아시아와 미국의 콜라보 음식이 되었고, 치킨이나 스테이크에 곁들여 먹는 미국의 전통적인 소스로 확고히 자리를 잡은 것이다.

파인애플은 양념소스의 매우 훌륭한 재료이다. 소금의 짠맛에 균형을 잡아 주고, 풍부하게 들어 있는 브로멜라인 bromelain 성분이 육질을 연화시키는 효소의 생성을 돕는다. 푸른 채소와 굉장히 잘 어울리고, 육류, 버섯, 곡물 등을 비롯하여 거의 모든 종류의 버그와도 잘 어울린다.

2컵 기준

재료
- 미림 또는 설탕 1자밤이 첨가된 셰리주 ⅔컵
- 본 브로스 또는 그 밖의 뼈 ½컵
- 파인애플 주스 ½컵
- 갈색 설탕 ¼컵 또는 꿀 2큰술
- 간장 ¼컵
- 콤부차 식초 ¼컵
- 참기름 2작은술
- 마늘 2쪽 반 저민 것 또는 눌러 으깬 것
- 신선한 마늘(1인치 크기) 1쪽 저민 것 또는 다진 것
- 고춧가루 소량(선택 사항)

방법

작은 냄비에 미림, 본 브로스, 파인애플 주스, 갈색 설탕, 간장, 식초, 참기름, 마늘, 생강, 고춧가루를 넣고 중간 세기의 불로 가열하면서 섞어 준다.

끓기 시작하면 불을 줄이고 10분간 조린다. 맛을 보며 설탕과 향신료를 취향에 맞게 적당량으로 넣어 준다. 15분간 식힌 뒤에 사용한다.

용어 해설 : 데리야키 照り焼き

데리야키는 일본어 '데리(照り)'에서 유래된 용어로서 소스에 설탕을 넣어 광택이 나는 것을 의미한다. 그리고 '야키(燒き)'는 소스를 발라 가며 굽는 방식을 뜻한다. 일반적으로 양념 소스에 고기를 넣어 절이거나 또는 양념 소스를 고기에 여러 번 덧발라 윤기가 나도록 한다.

콤부차 전설 : 사무라이의 콤부차

한 전설에 따르면, 1200년경 일본에서는 무사 계층인 사무라이들이 콤부차를 동물 가죽 주머니에 넣어 몸에 지닌 채 전투에 나섰다고 한다. 당시 콤부차가 기력과 정력을 증진시키는 것으로 여겨졌기 때문이다. 콤부차를 마신 뒤 그 양이 줄어들면 기본 배양액을 넣어 보충하였고, 전투에 나설 때는 자신에게 맞게 연속배양법으로 새로 만들어 마셨다는 것이디.

스낵, 샐러드, 사이드, 스위트

우리가 일반적으로 섭취하는 스낵, 샐러드, 사이드 디시, 스위트 음식을 발효 음식으로 바꾸면 다양한 맛을 즐길 수 있을 뿐만 아니라, 소화를 촉진하여 더 많은 에너지를 낼 수 있다. 식사 때마다 사워크라우트, 발효 채소, 요구르트를 곁들이면 몸도 더 건강해질 것이다.

여기서 소개하는 레시피는 그동안 이미 많이 본 것일 수도 있다. 단지 차이점이 있다면, 콤부차의 프로바이오틱과 영양분이 더해지면서 맛도 좋고 건강에도 더 좋은 요리를 만들 수 있다는 점이다. 그리고 가족들이나 친구들이 콤부차의 맛과 관련하여 기쁨을 느끼면서 그들의 몸이 어떻게 바뀌는지를 잘 지켜보길 바란다. 콤부차를 규칙적으로 소비하면 우리의 미각은 단 음식들로부터 점점 더 멀어지고, 결국에는 매우 가끔씩 먹게 될 것이다.

앞으로 소개할 스낵들도 기존의 케이크, 셔벗, 심지어 젤리에 콤부차를 가하여 누구나 좋아할 만한 건강식품으로 제공될 것이다.

이러한 식품들은 거의 대부분이 무기한으로 보존될 수 있다. 그러나 앞서 가향 재료의 장에서 소개하였듯이, 냉장고에 넣어서 보관할 경우에도 배양균이 계속 증식하면서 그 향미는 더욱더 강한 맛으로 바뀔 것이다. 결국 발효식품은 신선한 상태로 섭취해야만 최상의 맛과 즐거움을 느낄 수 있다.

스낵

맘스 콤부차 프리즈 피클스 Mom's Kombucha Fridge Pickles

남캘리포니아에서 유년 시절을 떠오르게 하는 피클 식품이다. 후텁지근한 날씨에 기분을 산뜻하게 만들어 줄 차가운 오이채와 기절할 것 같이 훅 끼치는 신랄한 식초 향이 마치 '파블로프의 개'의 경우와 같이 무조건적으로 군침을 흘리게 할 것이다. 추억의 옛 레시피에 콤부차 식초와 신선한 허브를 추가해 남캘리포니아 계절의 향미를 담았다.

1컵 기준

재료

- 오이채 1컵(오이 2~3개, 페르시아산, 영국산, 그리고 피클용 오이를 권장)
- 마늘 두 쪽 저민 것
- 콤부차 식초 1컵
- 소금 ⅛작은술
- 설탕 1자밤
- 물 약간

양념소스 만들기

다음의 재료들을 잘 혼합하여 각자의 입맛에 꼭 맞는 맛과 향을 만들어 보자.

- 레몬 1~2개 저민 것
- 딜, 타임, 오레가노 잔가지 신선한 것 몇 개
- 양파 2~3개 다진 것
- 할라페뇨 조각(씨 제거된 것) ¼개
- 당근 1개(채로 썰거나 필러로 둥글고 얇게 커팅한 것)

방법

중간 크기의 그릇에 오이, 마늘, 식초, 소금, 설탕 등 맛과 향을 내기 위한 재료를 모두 넣고 섞는다. 물은 모든 재료가 잠길 정도로 충분히 붓는다. 뒤섞어 준 뒤 뚜껑을 닫고 냉장고에 넣어 24시간 이상 차게 보관한다. 시간이 지날수록 마늘 향이 점점 더 강해진다.

브레드 앤 버터 피클스 Bread-And-Butter Pickles

달콤하고 신맛이 나는 오이 피클의 이름에 빵과 버터라는 뜻의 브레드 앤 버터가 왜 붙었을까? 이와 관련하여 가장 널리 알려진 이야기가 있다. 때는 경제 대공황이 일던 시기였다. 당시 너무도 가난하였던 한 남자가 빵과 버터를 사기 위해 길가에서 절인 오이를 팔았던 데서 유래되었다고 한다. 또 다른 이야기는 샌드위치에 설탕으로 절인 오이 조각을 넣었던 데서 유래되었다는 것이다.

아마도 가장 현실성이 높은 해답은 영국에서 흔히 볼 수 있는 오이 샌드위치에서 찾을 수 있을 것이다. 옥스퍼드 영어사전에는 '브레드 앤 버터'가 "매일 먹는 음식의 유형, 삶의 수단"의 뜻으로 설명되어 있다. 즉 브레드 앤 버터는 절인 야채인 피클과 마찬가지로 수많은 사람들이 일반 가정에서 흔히 즐겨 먹는 음식이라는 뜻이다. 피클도 일상생활 속에서 우리의 곁에 항상 두고 먹기 때문에 브레드 앤 버터가 그 이름에 붙은 것으로 보인다.

슈거 앤 스파이스 콤부차 피클스
Sugar 'n' Spice Kombucha Pickles

이 피클 레시피는 상온에서 약 1주간 발효시키면 완성되기 때문에 매우 간단하다. 좀 더 단맛이 나는 브레드 앤 버터 스타일의 피클을 원한다면, 설탕의 사용량을 ¼컵으로 늘린 뒤 곧바로 냉장고에 넣어 보관한다.

1파인트 기준

재료
- 피클용 오이 2~3조각 또는 길게 자른 것
- 설탕 ⅛컵
- 겨자씨 2작은술
- 적후추 박편 ½작은술
- 레몬 주스 ¼작은술
- 강황 간 것 ¼작은술
- 올스파이스 간 것 ⅛작은술
- 시나몬 간 것 ⅛작은술
- 콤부차 식초 ½컵

방법
1파인트 크기의 병이나 유리 용기에 오이, 설탕, 겨자씨, 고춧가루, 레몬 주스, 강황, 올스파이스, 시나몬을 넣고 섞는다. 재료들이 완전히 잠길 정도로 콤부차 식초를 충분한 양으로 붓는다. 잘 섞어 준 뒤에 뚜껑을 닫고 어둡고 시원한 장소에서 3~7일간 보관한다. 수시로 맛을 보면서 상태를 확인한다. 입맛에 맞는 맛과 향이 나면 냉장고로 옮겨서 맛있게 즐긴다.

그랜마스 딜리 빈스
Grandma's Dilly Beans

누구나 유년 시절 한 번쯤은 겪어 보았을 추억이 담겨 있는 레시피. 사람들은 여름이면 가족 단위로 함께 시골의 할머니가 살고 있는 농장으로 가서 휴가를 보낸 경험이 있을 것이다. 할머니는 가족들을 반기지만, 아이들에게는 몹시 지루한 경험이 될 수도 있다. 돌이켜보면, 트랙터를 타고 자갈밭을 달리던 일, 거대한 버드나무 아래에서 그네를 탔던 일, 현관 앞 그린 빈 더미에 앉아 있었던 일, 콩 줄기를 당겨서 부러뜨렸던 일 등등… 매우 소중하면서 아름다운 추억이 아닐 수 없다.

1쿼트 기준

재료
- 그린 빈 1파운드
- 마늘 2쪽 가볍게 으깬 것
- 딜 씨앗 2작은술
- 통후추 1작은술
- 켈트해 소금 1작은술
- 딜 잎 또는 딜 가지 1개
- 콤부차 식초 ½컵
- 물

방법
1쿼트들이 유리 용기에 그린 빈 green bean을 세로로 채운다. 마늘, 후추, 소금, 딜을 넣고 콤부차 식초를 붓는다. 용기의 빈 공간을 0.5인치만 남겨 두고 물을 채운다. 단단히 봉하고 3~5일 정도 시원하고 어두운 장소에 보관하여 그린 빈이 부드럽고 그윽해질 때까지 기다린다. 취향에 맞는 맛과 향이 나면 냉장고로 옮겨서 맛있게 즐긴다.

샐러드

핫 포테이토 샐러드 + 콤부차 머스터드 드레싱
Hot Potato Salad with Kombucha Mustard Dressing

얼룸감자heirloom potatoes는 아름다운 색상과 영양이 매우 풍부한 재료이다. 여기에 콤부차가 더해지면 활기가 넘친다. 두 재료를 오래 섞을수록 맛도 더 좋아진다. 단맛, 짠맛, 신맛이 골고루 나는 샐러드를 모임에서 내놓으면 눈 깜짝할 사이에 없어질 것이다. 사워크림이나 케피어 치즈를 고명으로 장식하면 더할 나위 없이 좋다.

1쿼트 기준

재료

- 얼룸감자 썬 것 2파운드, 퍼플 페루비안purple peruvian, 유콘 골드yukon gold, 루비 크레센트ruby crescent 등 여러 품종의 감자를 골고루 준비해 다양한 색상과 향미가 나도록 한다.
- 천일염 1작은술
- 베이컨 저민 것 ½파운드
- 양파 다진 것 ¾컵
- 콤부차 식초 ¾컵
- 설탕 ¼컵
- 스파이시 머스터드 또는 콤부차 머스타드 1½큰술
- 소금 및 후춧가루
- 샬럿 또는 쪽파 다진 것 2큰술(고명용)
- 케피어 치즈 또는 사워크림(고명용)

방법

큰 냄비에 감자를 넣고 찬물을 부은 뒤 소금을 넣어 준다. 열을 가해 얼룸감자가 포크로 쉽게 뚫릴 때까지 15~20분 정도 삶아 준다. 불을 끄고 찬물로 헹군다.

감자가 익는 동안 주철 재질의 프라이팬에 베이컨을 올리고 중간 세기의 불로 바삭해질 때까지 굽는다. 다 구웠으면 종이 타월로 건져 내 기름기를 빼낸다.

베이컨을 굽고 난 기름은 ¼컵만 남겨 두고 버린다. 여기에 양파를 넣고 중간 세기의 불로 5분가량 양파가 투명해질 때까지 볶아 준다. 그런 다음에 콤부차 식초, 설탕, 겨자, 소금, 후춧가루를 넣고 눌어붙지 않게 저어 가며 조리한다. 7분 정도 지나면 소테sauté가 두꺼워지고 기포가 생길 것이다. 그러면 불을 끄고 몇 분간 그대로 두어 식힌다.

감자를 큰 그릇에 담고 베이컨을 부숴 온기가 남아 있는 드레싱에 넣는다. 샬럿과 케피어 치즈를 고명으로 올린 다음에 따뜻할 때 먹거나 미지근한 상태로 먹는다. 남은 음식은 냉장고에 넣어 보관한다.

허브 토마토 & 페타 샐러드 + 스캘리언

Herbed Tomato and Feta Salad with Scallions

이 샐러드는 사람들이 매일 같이 즐겨 먹는 대표적인 콤부차 요리 중 하나이다. 짠맛, 신맛, 향긋한 향이 조화롭게 어우러져 있으며, 샬럿을 곁들여 먹으면 더욱 좋다! 토마토 과즙을 활용하는 것도 좋지만, 샐러드에 물기가 없는 것을 선호하면 토마토를 다지기 전에 절반 크기 정도 속을 제거해 준다.

2인분 기준

재료
- 토마토 조각 2컵(중간 크기의 토마토 3개 정도)
- 페타 치즈 feta cheese 으깬 것 ½컵
- 콤부차 식초 ⅓컵
- 샬럿 1개 다진 것
- 신선한 허브 1작은술(타임, 오레가노, 처빌, 타라곤 등)
- 소금 1작은술
- 후춧가루 1작은술

방법
큰 그릇에 토마토, 페타 치즈, 식초, 샬럿, 허브, 소금, 후춧가루를 넣고 부드럽게 휘저어 준다. 필요한 경우 조미료를 첨가해 맛을 조절한다. 맛의 깊이를 더해 주려면 몇 시간 정도 냉장고에 넣어 차게 먹는다.

디프 그린 샐러드 + 블러드오렌지 비네그레트 드레싱

Deep Green Salad with Blood-Orange Vinaigrette

채소가 풍성한 샐러드는 영양분을 풍부하게 제공하지만, 때로는 먹기에 부담스러울 수도 있다. 여기서 소개하는 레시피에는 오렌지의 구연산 성분과 콤부차 식초가 더해져 그윽한 녹색 채소의 맛을 온전히 느끼면서 신선한 오렌지, 민트, 크랜베리의 향긋한 향도 만끽할 수 있다.

2인분 기준

재료
- 근대, 케일 또는 그 밖의 잎이 풍성한 녹색 채소 한 단
- 민트 갓 다진 것 1큰술
- 크랜베리 말린 것 1큰술
- 블러드오렌지 콤부차 비네그레트 1컵
- 콤부차 식초 ½컵
- 올리브 오일 1큰술
- 꿀 1작은술(선택 사항)
- 소금 및 신선한 후춧가루
- 아몬드 저민 것 2큰술

방법
녹색 채소의 거친 줄기 부분은 제거한다. 샐러드의 식감을 좋게 만드는 비결은 새콤한 산성의 드레싱과 함께 식품 가공기를 사용하는 일이다. 식품 가공기에 녹색 채소와 민트를 넣고 30초 정도 잘게 갈아 준다.
작은 그릇에 오렌지 주스, 식초, 올리브 오일, 꿀을 넣어 휘저어 준 뒤, 소금과 후춧가루로 맛을 낸다.
큰 그릇에는 비네그레트와 녹색 채소를 넣은 뒤 크랜베리와 아몬드를 적당히 첨가한다. 뚜껑을 덮은 뒤 냉장고에 20분 이상 차게 하면 훨씬 더 부드러워진다.

허브 토마토 & 페타 샐러드
HERBED tomato AND feta salad

사이드 디시

콤부차 크라우트 Kombucha Kraut
—3가지 방법

사워크라우트의 톡 쏘는 향은 사람에 따라서는 땀에 찌든 발 냄새같이 느껴질 수도 있다. 그러나 독일의 음식 문화에 익숙한 사람들은 그러한 사워크라우트를 매우 맛있게 먹을 것이다. 처음에 사워크라우트를 싫어하던 사람도 점차 익숙해지면 식성도 바뀌면서 거의 모든 음식에 크라우트를 곁들여 먹게 된다.

소금은 고대로부터 천연 방부제로서 매우 중요하게 사용되었다. 특히 병원균을 차단하는 기능으로 높이 평가되었다. 소금은 날것의 음식에서 물 분자를 끌어내 소금물을 만든다. 과일과 야채에 기생하는 박테리아, 주로 락토바킬루스 Lactobacillus 라고 하는 유산균은 짠 소금물과 함께 작동해 재료를 분해한다. 발효된 음식은 소화가 잘되며 맛있는 신맛을 내고 프로바이오틱스가 풍부하다. 물론 보관성이 높아 매우 오랫동안 섭취할 수 있는 장점도 있다.

사워크라우트를 만들 때는 크라우트 방망이 kraut pounder 또는 탬퍼 tamper, 웨이트 weight와 같은 도구가 필요하다. 크라우트 방망이는 일반적으로 끝이 둥근 나무 재질의 방망이로 양배추의 섬유질에서 수분을 빼내는 역할을 한다. 대개 끝이 좁아 병에 담을 때 효과적이다. 통기 구멍이 적을수록 발효가 더 잘 일어난다.

양배추가 소금물에 푹 잠겨 산소에 노출되지 않도록 또는 곰팡이가 생기지 않도록 위에 웨이트를 올려 둔다. 크라우트 웨이트는 보통 세라믹 재질의 원형판으로 되어 있는데, 가운데에 구멍이 나 있어 이산화탄소가 쉽게 빠져나갈 수 있도록 한다. 물론 돌을 깨끗하게 씻어서 재료를 눌러 주거나 비닐봉지에 물을 채워 재료를 눌러 주어도 상관없다. 또는 에어록 기능이 있는 병을 사용할 수도 있다.

여기서 소개하는 세 레시피는 수많은 사례들 중의 하나일 뿐이다. 각자 자신이 좋아하는 재료들을 마음껏 추가하여 다양하게 만들어 먹을 수 있다!

사워크라우트의 역사

양배추를 소금에 절인 식품은 약 2000년 전 중국에서 만리장성을 쌓았던 사람들이 먹었던 음식에 그 기원을 두고 있다. 독일의 크라우트 kraut와는 달리, 중국의 사워크라우트는 곡주를 사용하여 방부 처리하였다. 중국에서 처음 등장한 여느 발명품과 마찬가지로, 사워크라우트도 약 1000년 뒤 칭기즈칸의 서양 원정과 함께 동양에서 유럽으로 전파되었다.

사워크라우트는 독일어로 '신맛의 양배추'라는 뜻이다. 양배추에 소금을 뿌려 두면, 양배추에서 유효 성분이 배어 나오면서 건강에 좋은 소금물이 만들어진다. 이렇게 소금물에 절여진 양배추는 채소의 영양분을 보존함과 동시에 신선한 채소를 먹을 수 없는 긴 겨울 기간에 식량을 제공한다.

요즘에는 산지에서 갓 수확된 재료를 곧바로 사워크라우트로 가공한다. 과거의 전통적인 맛에서부터 현대인들의 기호에 맞는 맛까지 다양한 기성품들이 생산되어 판매되고 있다. 물론 일반 가정에서도 쉽고 간편하게 만들 수 있기 때문에 도전해 보는 것도 좋다!

크라우트 만드는 방법(1쿼트 기준)

중간 크기의 그릇에 채를 썬 양배추와 소금을 넣고 버무려 준다. 수건으로 덮고 상온에서 2~4시간 동안 그대로 둔다. 시간이 지나면 양배추에서 수분이 배어 나온다. 손으로 꽉 짜거나 방망이로 눌러 물기를 최대한 제거한다. 그 뒤 향신료, 과일, 허브 등을 넣어 혼합한다.

1쿼트들이의 용기에 양배추 혼합물을 절반 정도 꾹꾹 눌러 담고 배어 나온 액체와 콤부차 식초를 부어 준다. 남은 재료들을 다시 그 위에 넣고 탬퍼나 나무 스푼으로 눌러 준다. 그런 다음 크라우트 웨이트로 양배추를 눌러 준다. 수건으로 병을 덮고 5~14일 정도 시원하고 어두운 장소에 둔다. 수시로 맛을 보면서 쓴맛과 짠맛이 균형을 이룰 때 냉장고로 옮겨서 보관한다.

참고 사항 : 재료들이 소금물에 잠겨 있는 한, 박테리아와 곰팡이의 생성은 억제된다. 간혹 기포가 발생해 재료들을 밖으로 밀어내면서 곰팡이가 발생할 수도 있다. 과거에는 곰팡이가 생긴 부분을 걷어 내고 소금물에 잠겨 제대로 발효된 크라우트만 먹었다. 그러나 요즘에는 먹지 않고 전부 버리거나 퇴비로 사용하는 추세이다. 왜냐하면 사람의 면역력을 떨어뜨릴 수가 있기 때문이다. 또 한편으로 일부 사람들은 곰팡이가 생긴 부분만 제거한 뒤 그 아랫부분을 섭취하면 오히려 면역력이 더 증진된다고 주장하기도 한다. 결국 어떤 선택을 할지는 각자 자신의 몸에 달려 있다!

클래식 크라우트 Klassic Kraut

기본 크라우트를 만드는 방법이다. 캐러웨이 시드 caraway seed는 순수하고 클래식한 사워크라우트의 맛을 낸다.

재료

- 양배추 1포기 채로 썬 것
- 소금 1큰술
- 캐러웨이 시드 1작은술
- 콤부차 식초 1컵

애플 진저 크라우트 Apple-Ginger Kraut

아삭한 사과와 생강의 매운맛이 어우러져 맛있고 강력한 맛을 낸다. 버거에 토핑해 먹으면 아주 맛있으며, 어떤 요리에 곁들여도 맛있다.

재료

- 양배추 1포기 채 썬 것
- 소금 1큰술
- 사과 1개분 조각낸 것 또는 저민 것
- 생강 1개 저민 것(껍질 제거)
- 콤부차 식초 1컵

블러드오렌지 주니퍼베리 크라우트 Blood-Orange Juniper-Berry Kraut

블러드오렌지는 많은 사람들에게 인기가 높다. 블렌드오렌지 껍질의 색상과 깊은 맛의 과즙이 대비를 이루면서 입맛을 불러일으킨다. 블러드오렌지의 달콤하고 톡 쏘는 맛이 주니퍼베리의 향과 완벽하게 조화를 이루고, 과일 조각들이 화려하고도 강렬한 색채를 더해 준다.

재료

- 양배추 1포기 채 썬 것
- 소금 1큰술
- 블러드오렌지 1개의 껍질과 저민 것
- 주니퍼베리 말린 것 1작은술
- 콤부차 식초 1컵

콤부차 콜레슬로 Kombucha Koleslaw

채를 썬 양배추에 드레싱을 넣은 샐러드는 로마 시대부터 시작되었다. 일반적으로 녹색 채소, 허브, 양념 등을 재료로 사용하며, 여기에 마요네즈가 추가되면서 미국의 전통적인 샐러드로 발전하였다. 본래는 유럽의 음식이었던 것으로 보인다. 네덜란드에서는 '양배추 샐러드'에 해당하는 쿨슬라koolsla는 음식을 먹고 있었기 때문이다. 그러던 것이 미국으로 유입되면서 소풍이나 파티에서 즐겨 먹는 음식으로 자리를 잡았을 가능성이 크다.

콜레슬로는 시간이 지날수록 맛과 향이 좋아지는데, 사람들에게 인기가 높아 만들어 놓으면 금방 동이 나 버릴 정도이다. 부족함 없이 모두가 함께 즐길 수 있도록 콤부차 콜레슬로를 넉넉히 두 배 정도는 만들어 두자!

3½컵 기준

재료
- 레드 또는 그린 양배추 채 썬 것 3컵
- 당근 채 썬 것 ½컵
- '해너 고모'의 마요네즈 ½컵
- 셀러리 씨앗 ½작은술
- 콤부차 식초 ⅛컵
- 소금, 백후추 가루

양념소스 만들기
다음의 재료들을 잘 혼합하여 각자의 입맛에 꼭 맞는 맛과 향을 만들어 보자.

- 건포도 ¼컵
- 건사과 ¼컵
- 건크랜베리 ¼컵
- 아몬드 으깬 것 ⅛컵

방법
큰 그릇에 양배추, 당근, 마요네즈, 셀러리 씨앗, 콤부차 식초, 그 밖의 가향 재료를 섞는다. 소금과 후춧가루를 뿌려 간을 맞춘 뒤 잘 버무린다. 냉장고에 콤부차 콜레슬로를 넣고 30분 이상 차게 식혀서 맛이 어우러지도록 한다.

콤부차 레드 슬로 Kombucha Red Slaw

미국 남부 사람들은 톡 쏘는 맛을 좋아해 콜레슬로에 케첩을 뿌려 먹는다. 본래는 노스캐롤라이나주에서 렉싱턴 스타일의 바비큐 음식에 레드 슬로를 곁들여 먹었다고 한다. 양배추 등 여러 재료를 섞은 뒤 콤부첩을 첨가하면 토마토의 풍부한 맛과 향이 난다. 여기에 콤부차 식초를 넣으면 아삭아삭한 식감을 살릴 수 있다. 콤부차 레드 슬로는 강한 색채와 함께 활기를 불어넣어 주기 때문에 어떤 바비큐에도 잘 어울린다. 몸에 열을 내려면 콤부첩 대신에 콤부첩 비비큐 소스를 사용해 보길 바란다.

2컵 기준

재료
- 녹색 양배추 채 쓴 것 2컵
- 콤부첩 ⅓컵
- 콤부차 식초 ⅓컵
- 고춧가루 또는 핫소스 2작은술
- 소금 1작은술
- 후춧가루 1작은술

방법
큰 그릇에 양배추, 콤부첩, 콤부차 식초, 고춧가루, 소금, 후춧가루를 넣고 양배추에 양념들이 고루 묻히도록 버무린다. 냉장고에 넣고 30분 이상 차게 식혀 맛이 어우러지도록 한다.

킴부치 *Kimbuchi*

김치는 배추를 소금에 절인 한국 고유의 음식이다. 본래는 다양한 종류의 야채를 발효시킨 음식을 포괄적으로 김치라고 하였지만, 오늘날에는 배추, 매운 고춧가루, 생선 젓갈까지 넣어 발효시킨 식품을 가리킨다. 여기서 소개하는 킴부치의 레시피는 빙산의 일각일 뿐이다. 보다 더 화끈하고 매운맛을 선호하는 경우에는 스파이시 피시 킴부치를 만들어 즐겨 보길 바란다.

1쿼트 기준

재료

- 배추 1포기 먹기 좋게 자른 것
- 당근 잘게 채 썬 것 1컵
- 무 잘게 쓴 것 1컵
- 샬럿 1개 세로로 길게 자른 것
- 고춧가루 ¼작은술
- 콤부차 식초 2큰술
- 간장 1큰술

방법

큰 그릇에 배추를 넣고, 당근, 무, 샬럿, 붉은 고춧가루, 콤부차 식초, 간장을 양념으로 넣고 골고루 버무려 준다. 이렇게 버무린 배추를 1쿼트 용기의 병에 담은 뒤 크라우트 방망이나 나무 스푼으로 눌러서 다져 준다. 그러면 액체가 병 위쪽으로 들어찬다.

배추를 소금물에 담가 둘 경우에는 웨이트를 위에 놓아 눌러 준다. 수건으로 병을 덮고 3~5일 동안 서늘하고 어두운 곳에 보관하면서 수시로 맛을 본다. 맛이 좋아지면 김치를 냉장고로 옮긴다. 냉장고에서는 신맛의 선호도에 따라 다르지만, 최대 3개월간 보관할 수 있다.

한국의 대표 발효 식품, 김치 *Kimchi*

우리에게 친숙한 빨갛고 매운맛의 김치는 매우 오래전 무를 소금에 절인 것으로 처음 시작되었다. 고대 시대의 한국인들은 쌀을 주식으로 삼기 이전부터 보리, 기장 같은 곡물을 섭취하면서 소금에 절인 염장 야채도 함께 섭취하였다. 한국의 발효 기술에 대한 언급은 중국의 3세기 역사서인 『삼국지三國志』에서도 찾을 수 있다. 그리고 한국에서는 김치에 관한 기록이 13세기 고려 중엽의 이규보李奎報, 1168~1241가 쓴 『동국이상국집東國李相國集』의 시 「가포육영家圃六詠」에 처음으로 등장한다.

한국의 김치는 사워크라우트와는 달리 무, 죽순, 부추, 버섯, 파 등 다양한 종류의 야채들을 사용한다. 고추가 한국에 처음 유입된 시기에 관해서는 식품역사학자들 사이에서도 이견이 많지만, 일반적으로 일본이 한국을 침략한 임진왜란의 시기인 1600년대로 알려져 있다. 그 뒤 세월이 흐르면서 매운 고추가 사람들의 입맛을 사로잡았고 들불처럼 번져 나가면서, 결과적으로 김치와 관련된 맛과 향, 외양, 발효 기술에도 근본적인 변화가 일어난 것이다.

오늘날 한국 사람들은 김치를 너무도 사랑하는데, 그러한 김치는 현재 수백 종류가 넘게 존재한다!

스파이시 피시 킴부치
Spicy Fishy Kimbuchi

한국 사람들은 매콤한 요리에 자부심이 매우 강하다. 전통적인 김치도 불타는 듯한 매운맛으로 사람들의 입맛을 강타한다! 여기서 소개하는 레시피에는 영양성이 풍부한 생선과 젓갈이 재료로 사용되는데, 이 또한 김부치와 함께 발효될 것이다. 각자 선호하는 입맛에 맞게 매운 정도와 생선 및 젓갈의 양을 조절할 수 있다.

1쿼트 기준

재료
- 배추 1포기 먹기 좋게 자른 것
- 당근 잘게 채 썬 것 1컵
- 무 잘게 채 썬 것 1컵
- 마늘 4쪽 으깬 것
- 생강(1인치 길이) 1개 다진 것
- 파 1개(¼인치 길이로 자른 것)
- 할라페뇨 ½개(씨앗을 빼고 자른 것)
- 정어리 2개 으깬 것 또는 멸치젓 1큰술
- 콤부차 식초 2큰술
- 설탕 2작은술

방법
큰 그릇에 배추를 넣고 당근, 무, 마늘, 생강, 파, 할라페뇨, 정어리, 식초, 설탕을 양념으로 하여 잘 버무려 준다. 양념으로 고르게 버무려진 배추를 통에 담을 경우에는 크라우트 망방이나 나무 스푼을 사용하여 눌러 준다. 그러면 양념 액체에 완전히 잠기게 된다.

배추를 소금물에 담가 둘 경우에는 웨이트를 사용한다. 수건으로 병을 덮고 3~5일 동안 서늘하고 어두운 곳에 보관하면서 수시로 맛을 본다. 맛이 좋아지면 김치를 냉장고로 옮긴다. 냉장고에 보관하면 신맛에 대한 선호도에 따라서 최대 3개월간 보관할 수 있다.

콤부차 비체 Kombucha Viche

남아메리카 원주민이 사용하는 케추아어 Quechua로 시위치 siwichi는 페루 해안의 전통 요리를 지칭한다. 생선은 감귤류 과일의 산도에 의해 '조리'되어 단백질 성분이 변성되면서 불을 가하지 않고도 불투명하게 바뀐다.

자연적으로 산성인 콤부차는 음식에 깊이와 미묘한 맛을 선사한다. 맛있고 먹기에도 안전한 세비체 ceviche를 만드는 방법은 가장 신선한 해산물을 사용하는 것이다. 도미 snapper, 농어 sea bass, 줄무늬 농어 striped bass, 그루퍼 grouper, 도다리 flounder 등 흰살생선이 최상의 선택이다. 낙지, 가리비, 새우도 좋은 선택이다.

6인분 기준

재료
- 적도미 살코기의(또는 살이 단단한 생선류) 뼈를 발라 내 ½인치 크기로 자른 것
- 토마토 으깬 것 1컵
- 콤부차 식초 ½컵
- 레몬 주스 ¼컵
- 라임 주스 ¼컵
- 적양파 반 개 다진 것
- 세라노 고추 serrano pepper 1개 다진 것
- 소금 2작은술
- 오레가노 간 것 1자밤
- 타바스코 약간 또는 고춧가루 1자밤
- 실란트로(고수) 다진 것, 아보카도 조각, 토르티야 tortilla 또는 토르티야 칩(곁절이 음식용)

방법
큰 그릇에 생선과 토마토를 넣어 버무린다. 작은 그릇에 식초, 레몬, 라임 주스, 양파, 세라노 고추, 소금, 타바스코를 붓고 거품기로 휘저어 양념을 만든다. 그런 다음에 양념을 앞서 생선과 토마토를 버무린 그릇에 붓고 잠시 그대로 둔다.

뚜껑을 닫거나 랩으로 단단히 덮고 냉장고에 적어도 1시간 이상 보관한다. 이때 양념이 생선에 잘 배도록 한 번 정도 더 버무린다. 냉장고에 오래 보관할수록 맛이 고르게 배어 든다.

차가운 상태로 실란트로(고수), 아보카도 조각, 토르티야 또는

토르티야 칩과 함께 먹는다.

쉬터멜론-블랙베리 살사
Watermelon-Blackberry Salsa

수박의 원산지가 남아프리카라면, 살사와 토마틀^{tomatls}(아즈텍어로 토마토)의 원산지는 남아메리카이다. 전혀 어울리지 않을 것 같은 재료들의 절묘한 조합이 아닐 수 없다! 멕시코의 전통적인 샐러드인 피코 데 가요^{pico de gallo}에 시원하고 상쾌한 맛을 더했다. 이 살사 소스 ½컵을 사용하면 가츠부초^{Gazboocho}의 양념소스를 만들 수 있다.

4컵 기준

재료
- 수박 큐브 1½컵(씨 포함)
- 블랙베리(껍질을 벗김) 저민 것 1컵
- 오이(껍질 벗김) 채 썬 것 ½컵
- 히카마^{jicama} 조각 ½컵
- 망고 조각 ½컵
- 라임 주스 ⅛컵(중간 크기의 라임 약 2개)
- 콤부차 식초 ⅛컵 또는 피뇨 큐컴버 콤부차
- 마늘 2쪽 다진 것
- 할라페뇨 1개 저민 것
(할라페뇨를 넣은 콤부차를 사용하는 경우 생략)
- 적양파 ½개 다진 것
- 바질 잎 6~8개 다진 것
- 설탕 1큰술
- 라임 껍질 강판에 간 것 1½작은술(라임 약 1개)
- 소금 1작은술
- 후춧가루

방법
중간 크기의 그릇에 수박, 블랙베리, 오이, 히카마, 망고를 넣고 섞어 준다. 작은 그릇에 라임 주스, 식초, 마늘, 할라페뇨, 양파, 바질, 설탕, 라임 껍질, 소금, 후춧가루를 넣고 거품기로 휘저어 드레싱을 만든다. 과일 혼합물에 드레싱을 붓고 살짝 잠기게 한다. 냉장고에 30분 정도 보관해 식혀서 먹는다.

스위트

콤부차 차이 스파이스 케이크 + 진저 프로스팅

Kombucha Chai Spice Cake with Ginger Frosting

특별한 날에 먹으면 더욱더 좋은 케이크! 강한 티의 향미를 내기 위해 콤부차 식초 대신에 차이 스파이스 콤부차를 넣어 준다.

8~9인치 2단 케이크 기준

케이크

- 차이 티백 10개
- 끓인 물 1컵
- 무표백 밀가루(중력분) 1⅔컵
- 베이킹파우더 1¼작은술
- 시나몬 간 것 2작은술
- 카다몸 간 것 1작은술
- 클로브 간 것 1작은술
- 펜넬씨 1작은술
- 생강 간 것 1작은술
- 오렌지 반 개 껍질(선택 사항)
- 버터 상온에서 녹인 것 ¼컵(스틱 ½개)
- 설탕 1컵
- 달걀 2개
- 콤부차 식초 ⅛컵

차이 스파이스 프로스팅

- 크림 치즈 또는 케피어 치즈를 녹인 것 3온스
- 버터 상온에서 녹인 것 ¼컵(스틱 ½개)
- 시나몬 간 것 1작은술
- 카르다몸 간 것 ½작은술
- 클로브 간 것 ½작은술
- 생강 간 것 ½작은술
- 정제 설탕 2컵

방법

케이크 만들기 : 끓는 물에 차이 티백을 5분간 우린다. 그 뒤 티백을 꺼내 꽉 짜낸 다음에 버린다. 우려낸 차이를 냉장고에 30분간 넣어 식힌다.

오븐을 190도로 예열한다. 체로 쳐 낸 밀가루(중력분)와 버터로 8~9인치 크기의 원형 케이크 팬 두 개를 만든다. 중간 크기의 그릇에 밀가루, 베이킹파우더, 시나몬, 카르다몸, 클로브, 펜넬, 생강 등을 넣고 휘저어서 곁에 따로 둔다.

큰 그릇에 오렌지 껍질과 버터를 넣고 30초간 치댄 뒤 설탕을 넣고 잘 섞일 때까지 다시 치댄다. 여기에 계란을 한 번에 하나씩 넣는데, 달걀을 넣을 때마다 1분간 치댄다. 그 뒤에 식힌 차이를 붓고 잘 섞는다.

중간 크기에 그릇에 든 혼합물의 절반을 큰 그릇의 버터 혼합물에 첨가한 뒤 콤부차 식초를 부어 준다. 여기에 나머지 절반의 혼합물을 마저 넣은 뒤 치댄다. 재료를 하나씩 넣을 때마다 반죽을 잘 치대 준다.

반죽을 케이크 팬에 골고루 넣어 주고 30~35분 동안 굽는다. 케이크의 중앙에 이쑤시개를 찔러 넣어 익지 않은 반죽이 묻어 나오지 않을 때까지 완전히 굽는다. 와이어 랙wire rack에서 10분 정도 식힌 뒤에 팬에서 케이크를 꺼낸다. 프로스팅 작업에 앞서 케이크를 완전히 식힌다.

프로스팅 만들기 : 중간 크기의 그릇에 크림치즈, 버터, 시나몬, 카르다몸, 클로브, 생강을 넣고 가볍고 치댄다. 여기에 정제 설탕을 넣고 더 부드러워질 때까지 계속 치대어 준다. 프로스팅을 하단 케이크에 고르게 바른 뒤에 다시 상단 케이크의 윗부분에 발라서 마무리한다.

> ### 콤부차 에세이
>
> ### 케이크 속 화산!
>
> 베이킹파우더와 식초가 만나면 화산 분출하듯이 기포가 부글거리며 솟아나는 현상은 잘 알려진 과학 상식이다. 그렇다면 케이크에 식초를 넣어도 될까? 물론 그렇다! 굽는 식품에 식초를 첨가하면 식감이 향상되고 쫀득쫀득한 탄력성이 늘어나는 것이다. 산성은 건조한 성질의 성분과 반응하여 기포를 생성시킨다. 물론 식초 맛도 동시에 휘발되어 사라진다."

콤부첼로 Kambuchella

젤로Jell-O는 시원한 라임 젤라틴에 담근 오렌지 조각에 신선한 휘핑크림을 토핑한 디저트로서 미국 남부의 사람들에게도 인기가 많다. 이 젤로는 콤부차 2차 발효 과정의 부산물인 과일을 사용해서도 쉽게 만들 수 있다.

4인분 기준

재료

- 차가운 물 ½컵
- 비프 젤라틴beef gelatin 성분 또는 한천 가루 2큰술
 (단단한 식감을 원하면 1·2큰술 너 추기)
- 설탕 ½컵
- 가향 콤부차 4컵
- 과일 적당한 크기로 다진 것 ¼컵(선택 사항*)
- 휘핑크림(곁들여 먹을 용도, 선택 사항)

* 신선한 파인애플, 파파야, 생강, 무화과, 구아바 또는 키위를 재료로 사용하는 경우에는 다진 뒤에 냄비에 넣고 최소 10분 이상 강한 불로 볶아 준다. 이 재료에는 브로멜라인이라는 젤라틴을 분해하는 효소가 들어 있어 원하는 두께로 만들 수 없다. 그런데 열을 가하면 브로멜라인 성분이 활성을 잃게 된다. 따라서 이미 열처리하여 가공한 통조림 과일을 사용하는 것도 한 방법이다.

방법

차가운 물을 작은 냄비에 붓고 그 위에 젤라틴을 뿌리고 5분간 그대로 둔다. 젤라틴은 덩어리지기 쉽기 때문에 처음 사용해 보는 경우에는 까다로울 수 있다. 물 위에 뿌리는 동안 응기는 가루를 부숴 주면 덩어리로 뭉치는 것을 많이 줄일 수 있다. 특히 포크로 가볍게 저어 주면 덩어리가 금방 흩어진다.

이 냄비에 설탕을 넣은 뒤 약한 불로 서서히 휘저어 준다. 물이 약간 따뜻해지면서 설탕과 젤라틴이 모두 녹으면 불을 끈 뒤 콤부차를 첨가한다. 이 용액을 젤라틴 몰드 용기, 램킨ramekin 또는 8인치 크기의 사각형 냄비에 붓고 과일을 넣는다. 그리고 냉장고에서 2~4시간 정도 보관하면서 식힌다. 완전히 차가워지면 젤라틴을 덮어 둔다. 손가락 크기로 사각형이나 육면체로 휘핑크림을 끼얹어 젤라틴 파르페를 만든다.

콤부차 프루트 푸딩 Kombuchia Fruit Pudding

콤부차와 치아 시드가 풍부히 들어 있어 영양가가 높고 맛도 좋아 슈퍼푸드라고 해도 가히 손색이 없을 것이다. 치아 시드를 너무 많이 사용하면 푸딩처럼 단단한 겔이 생성된다. 적당히 소량으로 사용하면 잘 펴 바를 수 있어 아이스크림이나 요구르트의 토핑까지도 만들 수 있다. 재미있고 미끈미끈한 질감이 단맛과 신맛을 보완해 준다. 콤부차 2차 발효 과정의 부산물인 과일을 넣으면 프로바이오틱 성분을 더해 주고, 맛과 향도 높일 수 있다.

4인분 기준

재료
- 생과일 또는 냉동 과일 2컵
  (선호하는 경우 다진 것으로 준비)
- 콤부차 ½컵
- 치아 시드 3큰술
- 꿀 2~3큰술
- 소금 ¼작은술

양념소스 만들기
다음의 재료들을 잘 혼합하여 각자의 입맛에 꼭 맞는 맛과 향을 만들어 보자.

- 생민트 줄기 2개
- 할라페뇨 ¼개 조각
- 시나몬 간 것 ¼작은술
- 생강 간 것 ¼작은술
- 올스파이스 간 것 ⅛작은술
- 클로브 간 것 ⅛작은술

방법
과일, 콤부차, 치아 시드, 꿀, 소금, 그 밖의 양념 재료를 믹서에 넣고 갈아서 퓨레를 만든다. 치아 시드를 많이 넣어 갈수록 겔은 더욱더 단단해진다. 겔은 먹기 몇 분 전에 만드는 것이 모양도 유지되면서 가장 좋다. 단단한 질감을 좋아하면 치아 시드를 더 넣고 갈아 주면 된다. 냉장고에서는 최대 2주간 보관할 수 있다.

굼부차 베어 Gum-boocha Bears

구미베어 Gummy bear 는 사람들에게 인기가 많은 캔디류이다. 일반 가게에서 판매되는 상품의 대부분에는 건강에 좋지 않은 성분들이 많이 함유되어 있다. 이 레시피에서는 콤부첼로보다 젤라틴을 더 많이 사용하여 캔디의 식감을 최대한 살렸다. 과일과 채소에서 당분을 추출하여 영양가도 훨씬 더 높였다. 콤부차를 마실 때 단맛의 캔디와 함께 먹으면 신맛을 누그러뜨릴 수 있다.

2컵 기준

재료
- 과일 및 채소 조각 2컵
  (예: 절반 딸기/절반 비트 또는 절반 당근/절반 망고)
- 과일이 든 콤부차 1¼컵
- 비프 젤라틴 6큰술 또는 한천 가루 1큰술
- 꿀 ¼컵

방법
과일 및 채소 조각 ½컵을 믹서에 넣고 부드럽게 갈아서 퓨레를 만든다. 작은 그릇에 콤부차 ½컵을 붓고 젤라틴을 뿌린 뒤 5분 정도 그대로 둔다. 이때 덩어리지는 것을 막기 위해 젤라틴 과립을 콤부차 액체의 표면 위로 골고루 흩어 뿌린다.
나머지 콤부차 ¼컵은 중간 크기의 냄비에 넣고 약한 불로 따뜻하게 데운다. 여기에 꿀을 넣고 완전히 녹을 때까지 휘저어 준다. 이렇게 데워진 콤부치를 작은 그릇에 든 젤라틴과 콤부차의 혼합물에 부은 뒤 과일 퓨레를 넣어 잘 섞어 준다. 이것을 실리콘 재질의 캔디 몰드 용기, 오일을 살짝 칠한 아이스큐브 트레이, 파라핀 종이를 깐 팬 등에 붓고 ¼인치 두께로 만든다. 젤라틴은 냉장고에 넣어 약 30분간 식힌 뒤 몰드 또는 트레이에서 꺼내 한입 크기로 잘라 낸다. 캔디는 밀폐 용기에 담아 냉장고에 보관한다. 냉장고에서는 최대 2주간 보관할 수 있다.

프루티 콤부차 코코넛 셔벗
Fruity Kombucha Coconut Sorbet

시큼한 콤부차와 달콤한 과일에 크리미한 코코넛 밀크가 만났다! 동물성 유제품이 함유되지 않은 간식으로서 여름밤의 열기를 식혀 준다. 신선한 과일을 사용하면 향미와 계절성이 높아진다. 이 셔벗을 콤부첼로와 콤부치아 프루트 푸딩으로 두 층을 만들고, 그 맨 위로 신선한 휘핑크림을 부드럽게 올려서 콤부차 파르페를 만들어 먹는 것도 좋다.

1파인트 기준

재료
- 코코넛 밀크 1컵
- 콤부차 1컵
- 바닐라 추출물 2작은술
- 꿀 ¼컵
- 과일 조각 1컵

방법
코코넛 밀크, 콤부차, 바닐라, 꿀을 믹서에 넣고 갈아서 섞어 준다. 과일 조각 및 퓌레를 넣는다. 물론 얼음도 함께 넣으면 더 차고, 더 크림 같은 셔벗이 된다. 퓌레는 용기에 넣고 냉동실에서 약 30분간 살짝 얼린다.

러브 포션 셔벗
Love Potion Sorbet

러브 포션 99는 강렬한 색채와 향긋한 꽃 향으로 사람들에게 인기가 높다. 짙은 보라색으로 색채도 아름다운 블루베리와 함께 라벤더와 장미를 사용해 꽃 향도 인상적이다. 콤부차보다 러브 포션 99를 사용할 경우에는 더 깊고 더 풍부한 과일의 향미를 낼 수 있다.

1파인트 기준

재료
- 생블루베리 또는 냉동 블루베리의 퓌레 2컵 (1파운드 정도)
- 설탕 ⅔컵
- 심플 시럽 ⅓컵
- 콤부차 1½컵
- 장미수 1큰술
- 라벤더 에센셜 오일 2방울

방법
냄비에 블루베리 퓌레, 설탕, 심플 시럽을 넣고 중간 세기의 불로 가열한다. 끓기 시작하면 불을 끈 뒤 냉장고에 넣어 2시간 정도 보관하면서 식힌다.
이 블루베리 혼합물에 콤부차를 넣고 잘 저은 뒤에 아이스크림 메이커에 넣고, 여기에 장미수와 라벤더 에센셜 오일을 넣어 준다. 20~30분 정도 휘저은 뒤 냉동실에서 얼린다.

참고 사항 : 아이스크림 메이커가 없어도 상관없다. 비닐봉지에 부은 뒤에 편평하게 만들어 냉동시킨다. 그 냉동된 것을 믹서로 갈아서 보드라운 퓌레로 만든다. 이 퓌레를 용기에 넣고 다시 냉동시키면 매우 고운 젤라토와도 같은 셔벗이 만들어진다.

콤부차 에세이

콤부차 아이스캔디!

"만들기도 쉽고 재미있는 콤부차 아이스캔디를 만들어 보자. 전해질과 프로바이오틱스가 풍부하여 무더운 여름철에 먹으면 에너지를 충전할 수 있는 훌륭한 간식이다. 아이스캔디 트레이 또는 얼음 트레이에 가향 콤부차를 붓고 냉동시키면 된다. 총 30분 정도 소요되며, 다진 과일을 넣으면 맛을 다양하게 낼 수 있다. 얼음 트레이를 사용하는 경우에는 나무막대를 꽂아 랩으로 싸거나 얼음 큐브 그 자체를 다른 음료에 넣어 마신다. 콤부차에 설탕이나 꿀을 넣고 잘 녹인 뒤에 냉동시키면 완성되기 때문에 신맛의 콤부차를 매우 간편하고 편리하게 먹을 수 있는 좋은 방법이다."

콤부차 전설 : 외계에서 온 스코비?

피라미드, 미스터리 서클…, 그리고 스코비? 콤부차의 세계에 입문한 지 얼마 되지 않은 사람이 스코비에 대해 미스터리한 느낌을 갖는 것은 매우 자연스러운 일이다. 바로 콤부차 배양균체인 스코비가 혹시 외계에서 온 미스터리한 물체일지도 모른다는 생각 때문이다. 콤부차의 세계에서 전설적인 존재인 베스티 프라이어Betsy Pryor와 라레인 데이브Laraine Dave 등은 스코비에 대하여 이렇게 말하고 있다.

"일부 사람들은 스코비가 너무도 볼품이 없는 데 불편한 심기를 드러내고, 또 일부 사람들은 칵테일로 사용하면 맛이 너무 뻑뻑하다고 짜증을 낸다. 그 어떤 경우이든지 간에 스코비를 처음으로 접하였을 때는 누구나 스코비가 외계에서 온 생명체이 아닐까 하는 궁금증을 갖는다."

CHAPTER 16

콤부차 배양균의 다양한 활용법

콤부차의 배양균은 증식력이 왕성하여 일반적으로 예상한 것보다 더 많은 양으로 얻는 경우가 많다. 그렇다면 남아도는 스코비로는 무엇을 할 수 있을까? 여기서는 요리 섹션으로서 콤부차의 다양한 조리법에 대해서 소개한다. 스낵으로 만들거나, 신선한 채소와 함께 볶아서 먹거나, 곱게 다져 샐러드에 은은한 고명으로 올리거나, 스무디나 음료에 첨가해 마시는 등 콤부차의 활용법은 그야 말로 무궁무진하다.

콤부차 배양균은 생김새가 너무도 기묘하기 때문에 입에 넣었을 때 어떤 식감일지 상상하기가 어렵다. 역시 먹어보지 않으면 알 수 없다. 셀룰로오스의 단단한 질감을 띠며 잘 씹히지 않지만, 건강한 산 성분과 효모 가닥이 약하면서도 톡 쏘는 맛을 낸다.

콤부차의 배양균을 섭취하면 건강에도 좋은 많은 점들이 있다. 배양균은 셀룰로오스 또는 글루코오스의 섬유질로 구성되어 있다. 반추동물은 셀룰로오스를 쉽게 소화시킬 수 있지만, 사람은 글루코오스와 같은 긴 사슬 구조의 화합물을 분해하는 데 필요한 효소가 부족해 잘 소화시킬 수 없다. 이와 같은 점에서 스코비는 난용성 섬유소 insoluble fiber의 훌륭한 원천이 될 수 있다. 난용성 섬유소는 소화관을 지나가면서 장내의 유독성 찌꺼기들을 마치 빗자루와 같이 쓸어 낸다. 셀룰로오스의 건강 효능으로는 다음과 같은 것들이 있다.

- 칼로리가 없다.
- 물을 흡수하여 대변을 보기 쉽게 도와준다.
- 담즙에서 정상적인 신진대사로 배출되는 폐기물 등을 제거한다.
- 혈류에서 콜레스테롤을 흡수 및 배출하여 콜레스테롤 수치를 낮춘다.
- 설탕의 체내 흡수를 지연시켜 혈당의 수치를 정상화시킨다.

스코비 준비하기

스코비에서 '고기'로 치면 제일 맛있는 부위는 갓 형성되어 두께가 약 4분의 1인치 정도인 흰색 부분이다. 스코비를 재료로 사용하기 전에 톡 쏘는 신맛을 줄이려면, 스코비를 한입 크기로 다진 뒤 물에 30분 정도 담가 두면 된다. 그리고 원하는 맛에 이를 만큼 이 과정을 충분히 반복한다. 신맛이 너무 강하면 물 대신에 우유에 스코비를 담가 두면 된다. 물론 요리에서 톡 쏘는 맛이 있어야 한다면 물에 담가 둘 필요는 없다.

스코비 육포 만들기

일반 가정에서 콤부차를 만들다 보면 항상 여분의 스코비가 생긴다. 프로바이오틱스와 셀룰로오스가 풍부한 이러한 스코비로 매우 독특한 맛을 내는 육포도 만들 수 있다. 스코비 육포는 맛이 훌륭하여 간식으로서 인기도 높아 금방 소진되기 때문에 충분한 양으로 만들어 보관해 두는 것이 좋다.

스코비를 육포로 만드는 방법에는 두 가지가 있다. 하나는 스코비를 기다랗게 잘라서 양념소스에 넣어 둔 뒤 건조시키는 것이다. 또 다른 하나는 퓌레로 만들어 양념소스에 담근 뒤 건조시킨다. 기다란 육포의 경우에는 입으로 잘근잘근 씹어야 부드러워진다. 반면 퓌레의 경우에는 마치 과일 스낵 상품인 '프루트롤업 Fruit Roll-Up'과 같이 매우 연하다.

기다란 육포 만들기 : 주방용 가위나 칼로 스코비를 적당한 크기로 자른다. 이때 스코비는 잘 씹히지 않기 때문에 가늘고 길게 조각낸다. 가느다란 스코비에 양념소스를 부어 맛이 충분히 배도록 버무려 준다. 그 뒤 상온에서 12~24시간 정도 두면, 양념소스의 향미가 배면서 스코비도 양념소스의 색상을 띤다.

퓌레 만들기 : 스코비를 믹서에 넣고 갈아서 크림처럼 만든 뒤 콤부차를 충분한 양으로 붓는다. 일반적으로 스코비 1컵당 콤부차 ⅛컵 정도 필요하다. 크리미하면서 보드라운 질감을 띨 때까지 믹서로 고속으로 갈아서 퓌레를 만든다.

믹서 칼날에 스코비가 엉겨 붙어 있으면 주걱으로 떼어내 다시 갈아 준다. 푸드 프로세서를 사용하면 섬유질 가닥이 남고 맛과 식감도 들쑥날쑥하여 되도록 믹서를 사용하는 것이 좋다.

양념소스에 담그기

스코비를 가느다랗고 기다랗게 잘라서 육포를 만들 경우에는 다진 스코비 1컵당 양념소스 ⅓컵의 비율로 사용한다. 여기에 소금을 뿌리면 스코비에 흡수되면서 맛이 보다 더 진해진다. 건강 효능을 높이기 위하여 양념소스에 효모를 첨가하여도 좋다. 이렇게 양념소스에 육포를 담가 상온에서 12~24시간 정도 보관한 뒤에 건조시킨다.

스코비를 퓨레로 만들어 사용할 경우에는 퓨레와 양념장을 잘 버무려 준 뒤에 상온에서 12~24시간 정도 둔다. 그런 다음에 물기를 체에 밭쳐 빼낸 뒤 건조시키면 된다.

스코비 육포의 건조

스코비를 육포로 만들기 위해 물기를 없애 줄 때 건조기만 한 도구도 또 없을 것이다. 기다란 형태의 육포로 만들 경우에는 건조기 트레이에 파라핀지를 깐 뒤 열을 맞춰서 늘어놓고 비교적 낮은 온도(35도~43도)에서 건조시킨다. 퓨레를 만들 경우에는 푸르트 레더fruit leather로 만든다. 퓨레를 ¼인치 두께의 직사각형으로 모양을 낸 뒤 파라핀지를 깔고 그 위에 놓아 건조시킨다. 이때 취향에 따라서 12시간에서 36시간 정도 건조시킨다. 그 뒤 스코비 육포가 파라핀지에 달라붙어 떨어지지 않으면 냉장고에 15분 정도 보관한 뒤 떼어 내면 된다.

건조기가 없을 경우에는 오븐을 대신해 사용할 수 있다. 가장 낮은 온도의 단계로 설정하여 오븐의 문을 약간 열어 둔 채로 스코비 육포를 건조시킨다. 이때 스코비 육포가 완성되었는지 몇 시간마다 확인하는 작업이 필요하다. 그 밖에도 스코비 육포를 햇빛에 건조시킬 수도 있다. 단, 벌레들이 들끓을 수 있기 때문에 가벼운 헝겊으로 덮어 주어야 한다. 이때 헝겊이 육포에 달라붙지 않도록 이쑤시개나 꼬챙이를 세워 텐트 모양으로 만들어 준다. 이와 같은 햇빛에 말리는 자연 건조 방식은 직사광선에 노출되는 정도에 따라서 시간이 더 오래 걸릴 수도 있다.

콤부차 에세이

데리야키 육포!

> 데리야끼照燒き 소스를 사용하면 일반 가게에서 판매되는 '소고기 육포'의 맛을 한층 더 낼 수 있다. 데리야키 육포를 잘게 자르면 비건(채식주의자)도 섭취할 수 있는 '스코비 베이컨 육포'를 만들 수 있다.
> 다진 스코비 또는 스코비 퓨레 2컵과 데리야키 소스 1컵을 그릇에 넣은 뒤 잘 버무려 준다. 뚜껑을 닫고 12~24시간 정도 그대로 둔다. 이것을 체에 밭쳐 물기를 빼낸 뒤 건조시키면 된다."

양념소스 만들기

스코비 육포의 가장 큰 장점은 다양한 맛을 끝없이 실험할 수 있다는 것이다. 여기서 소개하는 것은 수많은 사례들 중에서 한 예이다. 그 밖에도 디핑 소스도 사용해 볼 수도 있다.

- **아시아** : 다진 파와 생강을 갈아 만든 간장.
- **라틴** : 잘게 다진 할라페뇨와 커민을 소량으로 섞어서 만든 살사 소스
- **동남아시아** : 카레 가루에 레몬그라스를 갈아서 첨가한 코코넛 밀크
- **지중해** : 다진 마늘과 허브(예 : 로즈마리, 오레가노, 파슬리, 타임)가 들어간 올리브 오일
- **비비큐** : 콤부첩 비비큐 소스

스코비 : 또 하나의 '흰살 고기'

신선한 스코비는 고기나 버섯의 대체 식품으로 섭취할 수도 있다. 또한 건강을 생각하면서 자신이 좋아하는 음식에 첨가하여 먹을 수도 있다. 너무 지나치게 익지 않도록 조리할 때 옆에서 살펴보아야 한다. 너무 오래 익히면 고무처럼 질기지만, 살짝만 볶아 주면 낙지나 오징어와 비슷한 물렁한 식감이 난다. 여기서는 또 하나의 '흰살 고기'를 즐기는 몇 가지의 방법을 소개한다.

스코비 '스퀴드' 사시미 SCOBY 'Squid' Sashimi

콤부차 요리 중에 '스코비 스퀴드 사시미'만큼 훌륭한 음식은 또 없을 것이다. 그 조리 비법은 오래 익히지 않고 살짝만 졸여서 셀룰로오스 성분을 분해하여 식감을 매우 부드럽게 만드는 데 있다. 디핑 소스에 찍어 먹거나 킴부치와 함께 곁들여 먹으면 그 맛이 더욱더 좋다.

2인분 기준

재료
- 콤부차 식초 2컵
- 생해초류 또는 건해초류 2큰술
- 스코비 조각 8~10개

방법
얕은 냄비에 콤부차 식초와 말린 것이든 신선한 것이든 해초류를 넣고 뚜껑을 닫은 뒤 약하거나 중간 세기의 불로 가열한다. 여기에 스코비 조각들을 넣는다. 다시 뚜껑을 덮고 스코비의 색이 불투명해질 때까지만 2~3분 정도 살짝 조린다. 불을 끈 뒤 스코비를 꺼내고 차게 식혀 준다. 쌀밥에 스코비 '스퀴드' 사시미를 얹고 매운맛의 와사비를 살짝 묻히면 맛있는 콤부차 초밥이 완성된다!

스코비 '스퀴드' 데리야키 스티어 프라이 SCOBY 'Squid' Teriyaki Stir-Fry

고기 식감이 나는 스코비 스퀴드 사시미에 파와 생강으로 감칠맛을 낸 간장을 뿌리면 매우 절묘한 맛을 즐길 수 있다. 사람들이 무슨 고기를 사용하였는지 질문을 던질 것이다!

2인분 기준

재료
- 스코비 적당한 크기로 다진 것 1컵
- 데리야키 소스 ¼~½컵
- 땅콩오일 ¼컵
- 버섯 조각 1컵
- 피망 수프 ½컵
- 양파 ¼개 저민 것
- 야채 육수 ¼컵
- 녹색 채소(청경채, 브로콜리, 아스파라거스 등) ½컵, 재스민 라이스 jasmine rice 익힌 것

방법
중간 크기의 그릇에 스코비 조각들을 담은 뒤 데리야키 소스를 붓는다. 냉장고에 넣어 24~48시간 동안 보관한다.
프라이팬에 기름을 두르고 중간 세기에서 강한 불로 가열한다. 버섯, 피망, 양파를 넣은 뒤 양파가 반투명해질 때까지 3~5분 정도 볶는다. 육수를 붓고 휘저어 준 다음에 야채를 넣고 부드러워질 때까지 5~10분 정도 조리한다. 여기에 데리야키 양념 소스를 비롯하여 스코비 '스퀴드' 사시미를 넣고 스코비가 약간 불투명하면서 부드러워질 때까지 3~5분 정도 더 가열한다. 다 완료되었으면 재스민 라이스와 함께 식탁에 내놓는다.

SCOBY "SQUID" Sashimi

스코비 '스퀴드' 사시미

스코비 '스퀴드' 똠카가이 SCOBY 'Squid' Tom Kha Gai

타이 치킨 코코넛 수프

달콤하고 짭짤한 맛으로 영혼까지 따뜻하게 만들어 주는 수프이다. 생강은 감기를 예방하고 혈액 순환을 개선하여 겨울철 수프로 좋다. 스코비를 첨가할 경우에는 특유의 톡 쏘는 싸한 맛이 난다.

4인분 기준

재료

- 코코넛 밀크 캔 1개(14온스)
- 생강 1개(1인치 크기) 다진 것
- 레몬그라스 3개(1인치 크기)
- 타이 칠리 페이스트 1작은술 또는 타이 칠리 2개 다진 것
- 스코비 적당한 크기로 다진 것 1컵
- 본 브로스 또는 그 밖의 뼈 2컵
- 버섯 조각 1컵
- 타이 또는 베트남 피시 소스 1큰술
- 생라임 주스 1큰술
- 설탕 1작은술
- 생바질 다진 것 ¼컵
- 생고수 다진 것 ¼컵

방법

큰 그릇에 코코넛 밀크, 생강, 레몬그라스, 칠리 페이스트를 넣고 잘 버무려 섞어 준다. 스코비 조각을 넣고 잠기도록 한 뒤에 뚜껑을 덮고 냉장고에 넣어 24~48시간 동안 보관한다. 오래 둘수록 깊은 맛이 난다.

스코비를 건져 낸 뒤, 나머지 양념을 냄비에 본 브로스와 함께 붓고 중간 세기의 불로 가열하여 끓인다. 여기에 스코비 조각, 버섯, 피시 소스, 라임 주스, 설탕을 넣고 불을 줄인 뒤 스코비 조각이 약간 불투명하고 부드러워질 때까지 5~10분 정도 끓인다. 레몬그라스는 건져 내 버린다. 완성되면 접시에 담은 뒤 바질과 고수와 함께 곁들여 먹는다.

콤부차 에세이

"스코비를 너무 많이 익히면 결코 안 된다! 조리 시간이 길어질수록 스코비의 식감이 단단해지기 때문이다. 스코비의 색상이 변하면 곧바로 맛을 보고 먹기에 적당한지 확인해야 한다."

가즈부초 Gazboocha

남아메리카가 원산지인 토마토가 스페인으로 유입된 뒤, 안달루시아Andalusia 지역에서는 토마토로 만든 차가운 수프인 가스파초Gazpacho가 큰 인기를 끌었다. 오래전에는 재료를 다지기 위해 막자사발과 막자를 사용하였지만, 오늘날에는 믹서나 푸드 프로세서를 사용하여 빠르게 다질 수 있다. 가즈부초는 냉장고에 넣고 일정 시간 보관하면 맛이 훨씬 더 좋아진다. 특히 발효 과일을 넣은 콤부차 사워도 브레드를 잘라서 버터를 바른 뒤 부려 먹으면 맛이 훌륭하다.

4인분 기준

재료

- 생토마토 다진 것 3컵(중간 크기의 토마토 2개 정도*)
- 오이 조각 1컵
- 적피망 다진 것 ½컵
- 셀러리 조각 ¼컵
- 적양파 조각 ¼컵
- 토마토 주스 2컵
- 콤부차 식초 ½컵
- 엑스트라 버진 올리브 오일 ¼컵
- 스코비 퓌레 ¼컵
- 설탕 2작은술
- 프랭크스 레드 핫 소스 6방울, 타바스코 또는 핫소스(양념용)
- 마늘 두 쪽 저민 것
- 소금 및 생피망 간 것
- 아보카도 조각, 사워크림 (또는 케피어 치즈나 요구르트), 고수 다진 것(고명용)

* 냉동 토마토나 일반 가정에서 설탕에 절인 토마토를 사용해도 좋다. 그러나 상점에서 판매되는 통조림 토마토는 사용하지 않는 것이 좋다.

방법

토마토, 오이, 피망, 셀러리, 양파를 절반가량으로 푸드 프로세서나 믹서에 넣는다. 여기에 토마토 주스 1컵, 식초, 올리브 오일, 스코비 조각, 설탕, 핫소스, 마늘도 넣어 준다. 그 뒤 소금과 후춧가루를 뿌린 뒤 살사 소스와 같이 바뀔 때까지 갈아 준다.

이렇게 갈아 준 소스를 큰 그릇에 부은 뒤 나머지의 토마토 주스 1컵, 토마토, 오이, 피망, 셀러리, 양파를 넣어 준다. 잘 버무리면서 섞은 뒤에 소금, 후춧가루, 핫소스를 양념으로 뿌려 맛을 낸다. 완성되면 냉장고에 넣어 1~2시간 정도 보관하면서 식힌다.

마지막으로 냉장고에서 수프를 꺼내 적당히 저어 준다. 국자로 떠서 그릇에 담고 아보카도, 사워크림, 다진 고수를 곁들여 내놓는다.

스코비를 간식으로 즐기기

스코비는 톡 쏘는 맛과 쫄깃한 식감으로 인해 샐러드나 메인 요리로 만들어 먹을 수 있지만, 약간의 설탕이나 과일을 더해 언제, 어디서나 먹을 수 있는 매력 만점의 간식으로 만들어 먹을 수도 있다. 달콤한 스코비를 간식으로 먹으면 군것질하고 싶은 욕구를 안정시켜 주면서 영양도 충분히 공급해 줄 수 있다.

콤부차 식초는 케이크와 쿠키의 볼륨감을 더해 주고, 스코비는 설탕에 절여 간식거리나 건과일로 만들 수 있다. 특히 콤부차는 당분이 가미된 젤라틴 스낵에 매우 특별난 맛을 선사해 준다. 일반 간식에 비해 설탕 함유량이 적기 때문에 건강에도 좋아 안심하고 맛있게 즐길 수 있다.

스코비 프루트 레더 SCOBY Fruit Leather

한 번 맛을 보기만 하면, 누구든지 열광하면서 좋아할 과자이다. 더욱이 이 과자가 스코비로 만들었다는 사실을 알게 되면 놀라움으로 충격에 휩싸일 것이다! 비교적 낮은 온도에서 스코비를 건조시켜 배양균의 건강한 산 성분이 고스란히 유지되어 있고, 박테리아도 계속 활동하고 있다. 프로바이오틱이 풍부한 매우 근사한 간식이다.

10~12개 기준

재료
- 과일(딸기, 복숭아, 배) 조각 2컵
- 설탕 ¼컵
- 스코비 퓌레 2컵
- 향신료 또는 허브 1~2작은술/바질, 시나몬, 클로브, 너트메그, 타임 등 취향에 따라 사용 가능

방법

중간 크기의 냄비에 과일과 설탕을 넣고 중간 세기의 불로 가열한다. 설탕이 완전히 녹아 과일과 섞일 때까지 약 10분간 가열하면서 눌어붙지 않게 자주 휘저어 준다. 과일과 설탕의 이 혼합물과 스코비 퓌레를 믹서에 담고 향신료를 첨가한 뒤 모든 재료들이 잘 섞이도록 갈아 준다.

이 혼합물을 건조기에 파라핀지를 깐 뒤 ¼인치 두께로 고르게 부어 펴 준다. 건조기에서 저온(35도~43도)으로 12~36시간 정도 건조시킨다. 오븐을 사용할 경우에는 문을 살짝 열어 둔 채 가장 낮은 온도로 설정한다.

완전히 건조되어 더 이상 끈적거리지 않으면 파라핀지에서 부드럽게 떼어낸다. 잘 떨어지지 않으면 냉장고에 10~15분 동안 넣어 두면 잘 떨어진다. 이렇게 완성된 것을 칼로 길게 자른다. 돌돌 말아 먹거나 한입 크기로 잘라 먹을 수도 있다. 밀폐 용기에 담아 상온에서 보관한다. 유통 기한은 없지만 시간이 너무 오래 지나면 완전히 말라 버릴 수도 있다.

Fruit LEATHER
프루트 레더

SCOBY

지금까지 보았듯이 스코비는 매우 다양하게 활용할 수 있다. 또한 스코비를 설탕 시럽에 넣은 뒤에 저온에 건조시켜 프로바이오틱이 풍부한 간식도 만들 수 있다. 콤부차의 배양균은 설탕을 에너지원으로 하여 계속해서 발효시키기 때문에 시간이 지나면 단맛이 점차 사라진다! 단맛을 좋아한다면 스코비를 설탕 시럽에 충분히 담가 둔다.

1컵 기준

재료

- 스코비 조각 2컵
- 설탕 2큰술
- 심플 시럽 2컵

양념소스 만들기

다음의 재료들을 잘 혼합하여 각자의 입맛에 꼭 맞는 맛과 향을 만들어 보자.

- 진저 시럽 또는 진저 저민 것 1큰술
- 로즈 페틀 1큰술
- 라벤더 으깬 것 1큰술
- 에센셜 오일 1~2방울

방법

얕은 접시에 스코비 조각들을 펼쳐 놓고 설탕을 뿌린다. 심플 시럽을 첨가해도 좋으며, 다른 향신료도 원하는 만큼 넣어도 된다. 취향에 따라 믹서로 갈아서 가루로 뿌려도 좋다. 접시를 단단히 덮은 뒤 24시간 동안 상온에서 보관한다.

물기를 완전히 제거한 뒤 로즈 페틀, 향신료 등 기타 (고명용) 재료를 뿌려 준다. 건조기에서 저온(35~43도)으로 12~36시간 정도 가열한다. 오븐을 사용할 경우에는 문을 살짝 열어 둔 채 가장 낮은 온도로 설정한다. 스코비가 겔같이 되면 먹기에도 훨씬 더 좋다.

완료되면 밀폐 용기에 담아 상온에서 보관한다. 배양균의 pH가 낮아 천연 방부제의 역할을 하기 때문에 유통 기한이 없지만, 되도록 신선할 때 먹는 것이 가장 맛있다.

CANDIED SCOBY

스코비 캔디

CHAPTER 17

음료를 넘어서

그 밖의 콤부차 용도

콤부차는 음료 외에도 다양한 용도로 활용할 수 있다. ph가 낮기 때문에 천연 방부제 기능이 있어 일반 가정의 청소용품에서부터 상처 치료제에 이르기까지 응용 범위가 매우 넓다. 또한 콤부차 식초는 증류 식초나 사과 식초 대신에 사용할 수 있다. 그 밖에도 바닥을 닦거나 주방과 욕실의 벽을 소독하거나 창을 닦는 등 일반 가정에서 다용도로 사용할 수 있다.

스코비는 그 자체로 죽은 피부 세포를 벗겨 내는 데 사용할 수 있다. 그리고 닭의 모이나 개껌의 영양소로도 활용할 수 있다. 또한 셀룰로오스 성분이 매우 단단하여 과학자들이 치료용 밴드로 사용할 수 있는 방법을 연구하고 있고, 공예가들은 보석이나 동전 지갑 등의 재료로 활용하고 있다. 일부 사람들은 스코비를 지속 가능한 친환경 섬유까지 개발할 수 있다고 높이 평가하고 있다.

콤부차의 다양한 활용은 폐기물을 무해한 상품으로 전환시킨다는 점에서 '폐루프시스템(closed-loop system)'의 일종이다. 콤부차를 만드는 과정에서 생성되는 모든 종류의 부산물들은 퇴비로 사용하든지, 식품으로 사용하든지 간에 매우 유용하게 활용할 수 있다.

주방 용도

유해한 화학 성분이 들어 있는 일반 세정제는 그만 사용하자. 그 대신에 콤부차 식초를 스프레이병에 넣어 세정제로 사용해 보자. 수많은 연구 결과에 따라, 콤부차는 대장균Escherichia coli, 살모넬라균salmonella, 리스테리아균Listeria과 같은 병원체를 제거하는 데 효과가 있음이 입증되었다. 따라서 콤부차는 음료로 마실 수 있을 뿐 아니라, 세정제나 소독제나 광택제로도 사용할 수 있다. 또한 콤부차 식초는 증류 식초 또는 사과 식초를 대신해 요리에 사용할 수 있다. 여기서는 콤부차의 상상을 초월하는 기발한 활용법에 대하여 소개한다.

초파리 트랩

얕은 접시에 주방용 세정제 한두 방울과 콤부차 식초 ¼~½컵을 섞는다. 신맛이 강한 가향 콤부차를 사용해도 좋다. 그리고 접시를 조리대나 선반에 놓아두어 초파리 트랩으로 활용한다. 초파리가 죽어 있으면 새로 만들어 교체한다.

세탁 촉진제

옷이 이물질로 얼룩지는 일은 일상에서 매우 흔하게 겪는 일이다. 이때 옷에 얼룩이 지면 그 얼룩을 없애는 방법이 문제이다. 예를 들면, 주방에서 음식을 만들 때 기름얼룩이 생기는 것은 흔히 있는 일이다. 이 기름얼룩을 재빨리 없애기 위해 콤부차를 활용할 수 있다. 먼저 얼룩 부위에 세정제를 묻혀 문질러 주고(오래된 얼룩의 경우 솔로 문지른다) 콤부차 식초로 헹구는 것이다. 이때 효모 가닥이 남지 않도록 주의한다. 그 뒤 평소와 같이 세탁기에 넣어 빨면 된다.

또 다른 세탁 방법은 세탁기를 돌릴 때 표백제 컵을 사용하여 콤부차 식초를 넣는 것이다. 그러면 옷의 섬유재가 부드러워지고 퀴퀴한 냄새도 없애 준다.

주방 청결제

콤부차는 그 자체로도 천연 살균제인데, 여기에 티트리 오일tea tree oil이나 레몬 에센셜 오일을 한두 방울 떨어뜨려 사용하면 향긋한 냄새와 함께 소독 효과를 높일 수 있다. 콤부차 식초 1컵을 작은 스프레이병에 담고 에센셜 오일을 한두 방울 떨어뜨려 잘 흔들어 준다. 도마나 조리대에 뿌려 준 뒤 몇 분 정도 지나서 수건이나 행주로 닦아 준다. 가스레인지 주위도 깔끔하게 청소할 수 있다.

광택제

스테인리스강이나 크롬 재질의 물건에 아세트산을 사용하여 물때와 얼룩을 없애면 광택이 약해진다. 그러한 물체를 콤부차 식초를 적신 수건으로 닦거나 스프레이병으로 분무하여 수건으로 문지르면 광택이 난다. 얼룩이나 물때가 잔뜩 끼었으면 오랫동안 힘껏 여러 번에 걸쳐서 문질러야 한다.

홈 스파

미용은 피부와 깊은 관련이 있어 보인다. 그런데 여드름, 건선, 습진과 같은 피부 트러블을 치료하려고 할 경우에는 증상을 감추는 것 외에는 다른 선택지가 없어 좌절한다. 그런데 콤부차를 내복하면 피부 깊숙한 곳에서부터 건강을 되찾아 준다. 그리고 콤부차나 배양균을 국소 부위에 외용하면 피부색의 톤을 밝게 만들 수 있다.

또한 콤부차는 순한 수렴성으로 인해 피부의 pH 균형을 잡아 주고, 여드름이나 다른 트러블을 유발하는 박테리아를 죽인다. 콤부차 식초는 표피 아래의 진피에 밀집한 미세 모세 혈관을 자극하여 피부에 보다 많은 혈류와 산소를 공급하여, 결과적으로 세포를 재생하여 피부의 탄력성을 높여 준다. 또한 pH가 낮아 순한 산성 각질 제거제로서 죽은 피부의 각질을 벗겨 내 줄 수 있다. 이와 동시에 셀룰로오스의 나노 섬유들은 피부의 잔주름과 미세 주름을 서서히 채워 없애 줄 수 있다. 또한 콤부차 식초는 일반 식초에 비해 농축도가 약하여 피부를 촉촉하게 하여 매일 같이 사용하는 화장용 토너로도 사용할 수 있다.

이로 인해 화장품 업체에서도 콤부차에 깊은 관심을 보이고 있다. 특히 콤부차는 클렌저와 토너에서부터 박테리아 셀룰로오스로 만든 화장용 시트 마스크까지 매우 다양한 용도로 활용할 수 있는 '대박의 재료'이다. 일반 가정에서 여분의 스코비와 콤부차 식초를 미백재로 활용하면 화장품 비용을 크게 줄일 수 있다. 단, 콤부차 식초나 스코비를 화장품으로 사용하면 시간이 지날수록 그 효과도 감소하기 때문에 되도록 소량씩 자주 만들어 사용하는 것이 좋다. 여기서는 친구, 이웃, 가족에게 선물하면 좋을 콤부차 선물 세트를 만드는 방법을 소개한다.

심플 스코비 시트 마스크 Simple SCOBY Sheet Mask

일본에서는 일반 약국에서 얇은 종이에 박테리아 셀룰로오스를 배양시킨 일회용 시트 마스크 케어 제품을 판매한다. 화장품 업체에 돈을 지불하기보다는 일반 가정에서 여분의 스코비를 활용하여 피부를 관리하면 어떨까. 매주 또는 격주로 규칙적으로 사용하면 피부의 독소를 제거해 줄 뿐만 아니라 주름살까지도 방지할 수 있다.

한 번 사용할 때 얼굴을 전부 뒤덮을 수 있을 정도의 크기(약 4~6인치)와 ¼인치 정도 두께의 스코비를 사용하는데, 물기가 떨어질 때 닦을 수건도 준비한다.

세수한 뒤 바닥, 소파, 침대, 매트 등 편안한 곳에 눕는다. 목 주변에 수건을 접어 두어 스코비에서 액체가 흘러내리면 닦아낼 준비를 한다. 깨끗한 손으로 스코비를 얼굴에 덮는다. 배양균이 피부 전면에 닿도록 눌러 주되, 숨쉬기에 불편하지 않도록 공간을 충분히 확보한다.

깊이 숨을 들이쉰 뒤에 셀룰로오스의 나노 섬유가 주름을 채운다고 상상해 보길 바란다. 단, 눈에 콤부차가 유입되지 않도록 한다. 눈이 따끔거리면 차가운 물로 씻어 낸다. 그리고 편안한 자세로 누워 5~15분간 휴식을 취한다. 그 뒤 스코비를 제거하고 스코비 호텔 옆에 두면서 콤부차용 스코비와 섞이지 않도록 한다. 차가운 물로 얼굴을 헹구고 가볍게 두들겨 수분을 흡수시킨다. 얼굴에 붉은 반점이 생겼으면 혈액 순환이 활발해져 생긴 결과로서 곧 사라질 것이다.

콤부차 에세이

단 5분 만에 주름살 펴기!

" 피곤하거나 지쳤을 때 빠르게 휴식을 취할 수 있는 방법이 있다. 먼저 뜨거운 물에 수건을 담근다. 여기에 콤부차 페이셜 토너를 1큰술 첨가하고 잘 섞이도록 휘저어 준 다음 수건을 짜서 물기를 제거한다. 그 뒤 편안한 자세를 취하고 얼굴에 수건을 덮는다. 뜨거운 천이 식는 동안 잠시 휴식을 취한다. 수건이 다 식었다면 차가운 물로 여러 차례 헹궈 피부가 감각을 되찾고 더운 기운이 빠지도록 한다. 단 5분 만에 얼굴의 주름살을 펴 최고의 상태로 만들어 준다!"

콤부차 페이셜 토너 Kombucha Facial Toner

콤부차 페이셜 토너는 모공을 축소해 피부가 더욱 건강하고 탱탱하게 보이면서 빛나게 해준다. 산뜻하면서도 피부에 매우 순하기 때문에 매일 아침저녁으로 클렌징 토너로 사용할 수 있다.

2컵 기준

재료

- 증류수 또는 정제수 1½컵
- 콤부차 식초 ½컵
- 에센셜 오일 5~10방울 또는 신선한 허브(라벤더, 장미 또는 캐모마일) 1큰술

참고 사항 : 에센셜 오일 대신에 신선한 허브를 사용하는 경우에는 식초에 허브를 넣어 1~3주 정도 숙성시킨다. 그런 다음에 허브를 제거한 뒤 우려진 식초에 물을 섞는다.

방법

병에 물, 식초, 에센셜 오일을 넣고 흔들어 에센셜 오일이 골고루 섞이게 한다. 사용에 앞서 잘 흔들어 준 뒤에 깨끗한 화장용 솜을 사용해 위쪽 방향으로 얼굴과 목에 발라 준다. 토너를 작은 스프레이병에 담아 미스트로 활용할 수도 있다. 스코비가 형성되어 펌핑되지 않고 막히면 마개를 풀고 미지근한 물에 담가 펌핑하여 막혀 있는 스코비를 제거한다. 토너를 다시 담고 뚜껑을 닫은 뒤 스프레이 펌프를 끼우면 다시 토너를 사용할 수 있다. 콤부차 식초가 오래될수록 스코비가 새로 생성될 가능성은 줄어든다.

콤부클레이 마스크 Kombu-Klay Mask

클레이에는 영양분이 많고 진정 효과가 있는 미네랄 성분들도 다량으로 함유되어 있다. 따라서 피부에 발랐을 때에는 불순물을 끌어내 독소를 배출하는 효과가 있다. 클레이와 콤부차가 만난 콤부클레이 마스크는 새로운 피부 세포의 성장을 촉진하고, 독소를 배출하는 역할을 한다. 마스크는 매번 사용할 때마다 새로 만드는 것이 좋으며, 효과를 최대화하기 위해 1주일에 한 번씩 주기적으로 사용할 것을 권한다. 화장품 등급의 클레이는 온라인 및 마트의 건강식품 코너에서 구입할 수 있다.

1회분 기준

재료

- 클레이 1큰술
(고령토, 그린클레이, 레드클레이, 화이트클레이 또는 벤토나이트 등)
- 콤부차 또는 콤부차 식초 1~2작은술
- 피부 사용에 안전한 에센셜 오일 1~2방울(선택 사항)

방법

작은 그릇에 클레이 혼합물과 콤부차, 에센셜 오일을 넣고 잘 섞어 준다. 세안한 뒤 얼굴 또는 여드름이 난 부위에 마스크를 부드럽게 덮고 완전히 마를 때까지 약 20분 정도 기다린다. 다 마르면 따뜻한 물에 적신 수건으로 제거한다. 마지막으로 찬물로 헹군 뒤 부드러운 수건으로 두들겨 물기를 제거한 다음에 수분 크림을 바른다.

스코비 민감도

피부에 스코비를 덮으면 피부색이 붉어지는 것은 지극히 정상적인 현상이다. 배양균이 진피 속으로 침투해 독소를 끌어올리면서 혈액 순환을 촉진시켜 피부의 세포를 재생시키고 죽은 피부 세포가 벗겨지도록 하기 때문이다. 몇 분이 지나도 홍조가 가라앉지 않으면 스코비를 피부에 접촉하는 시간을 줄인다.

스코비로 만든 크림이나 유사 제품의 경우에는 팔꿈치 위쪽 팔 안쪽 부분에 크림을 도포하여 민감도를 테스트한다. 약간의 따끔거림이 발생할 수 있다. 5분 정도 지나면 물에 적신 깨끗한 수건으로 스코비를 닦아 낸다.

콤부차 이스트 마스크
Kombucha Yeast Mask

비타민 B와 미량 미네랄이 풍부한 효모는 혈액 순환을 촉진시켜 얼굴에 장밋빛이 돌게 한다. 효모는 발효 과정에서 생산되기 때문에 일상생활에서 미용품으로 자주 활용할 수 있다! 효모를 얻는 방법은 #143페이지를 참조하면 된다. 이 마스크는 여드름과 그 근처 부위에 탁월한 진정 효과를 보인다. 필요한 만큼 자주 사용하면 된다.

1회분 기준

재료
- 생꿀 1큰술
- 콤부차 효모 1작은술(고체 또는 액체)

방법
작은 그릇에 꿀과 효모를 넣어서 섞고 잘 펴서 마스크 형태로 만든다. 얼굴에 부드럽게 덮고 15~20분 정도 휴식을 취한 뒤 따뜻한 물로 씻어 낸다. 사람들이 즐겁게 느낄 정도의 따끔거림이 있을 수 있지만, 불쾌감이 느껴진다면 즉시 마스크를 벗고 씻어 낸다.

수팅 스코비 크림 Soothing SCOBY Cream

스코비 크림은 시트 마스크, 건선과 화상 치료제, 건조 피부를 부드럽게 하는 피부 연화제, 상처 습포제 등 다양하게 활용할 수 있다. 수팅 스코비 크림을 그대로 사용할 수도 있고, 피부용 컨디셔너 제품이나 에센셜 오일을 혼합해서 사용할 수도 있다. 질감은 사과 소스와 유사하다. 유분기가 있는 오일 제품을 섞으면 크림이 발리는 성질은 높일 수 있지만, 약간 끈적끈적해질 수도 있다.

1컵 기준

재료
- 스코비 4~6온스
- 플레인 콤부차 또는 콤부차 식초 ⅛컵
- 가향 에센셜 오일 1~2방울(선택 사항)

연화(진정) 오일 만들기
* 크림은 단품으로 사용하거나 아래의 것 한두 개를 선택해 혼합해도 좋다.

- 크림
- 올리브 오일 1온스
- 아몬드 오일 1온스
- 비타민 E 오일 1온스
- 로즈 힙 오일 1온스

방법
스코비와 콤부차 절반을 믹서에 붓고 갈아서 퓌레같이 만든다. 사과 소스 같은 질감이 되도록 콤부차를 더 첨가해 다시 갈아 준다. 셀룰로오스는 믹서의 성능이 좋지 않으면 완전히 갈리지 않기 때문에 망칠 수 있다.

연화(진정) 오일 중 1개를 사용하는 경우에는 믹서로 간 크림에 해당 오일을 넣고 거품기로 저어 준다. 취향에 따라서 화장품 등급의 에센셜 오일을 한두 방울 첨가해 향긋한 향이 나게

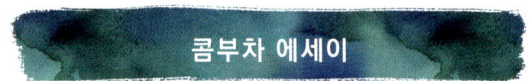

콤부차 에세이

스코비 활용법
- 두께가 ⅛~¼인치 정도로 얇게 갓 형성된 스코비는 피부에 닿았을 때 가장 편안한 느낌을 준다.
- 스코비로 덮어도 호흡하는 데는 지장이 없지만, 깨끗한 가위로 눈, 코, 입 부위에 구멍을 내 주면 숨쉬기가 더욱 편해진다.
- 스코비 하나로 만든 시트 마스크로 4~6회 정도 사용할 수 있다. 최대 효과를 유지하기 위해 사용하지 않을 때는 잘 보관해 둔다.
- 화장품으로 사용하는 스코비는 별도의 스코비 호텔에 보관하여 발효용 스코비와 섞이지 않도록 한다.

할 수도 있다.

이 혼합물은 얼굴의 원하는 부위에 바른 뒤 완전히 건조될 때까지 그대로 둔다. 10~20분 정도 지나면 완전히 건조되면서 크림이 단단한 층을 형성하여 벗겨 내기도 쉬워진다.

플라스틱 뚜껑이 있는 유리병에 담아 직사광선이 비치지 않는 서늘한 곳에 보관하면 몇 달 정도 사용할 수 있다. 너무 오랜 시간이 지나면 증발을 막기 위해 상층부에 거죽이 생길 수도 있다. 이런 일이 발생하면 손가락으로 거죽을 문질러 벗겨 낸 뒤에 다시 크림과 섞어서 바른다. 크림을 너무 오랫동안 방치하면 곰팡이가 슬 수 있는데, 이때는 버리고 새로 만드는 것이 좋다.

드라이스킨 크림 Dry-Skin Cream

건조한 날씨와 찬 바람은 피부를 악어 꼬리의 가죽과 같이 거칠게 만든다. 다이어트로 인해 지방이 부족한 경우에도 피부가 푸석푸석해지고 갈라진다. 이 수분 크림은 먹어도 되며, 피부에 발랐을 때 수분을 잡아 두어 피부를 연화시키면서 오랫동안 보습 효과를 유지한다.

약 ⅔컵 기준

재료
- 수팅 스코비 크림 ¼컵(왼쪽 페이지 참조)
- 코코넛 오일 ⅛컵

방법
수팅 스코비 크림과 코코넛 오일을 얼굴에 바르기 좋게 섞는다. 원하는 부위에 골고루 바른 뒤에 마를 때까지 10~20분 정도 기다린다. 완전히 마르면 미지근한 물로 헹군 뒤에 얼굴을 토닥이며, 건조시킨다. 수분 크림을 추가로 바르지 않아도 된다.

크림이 남았으면, 밀폐 용기에 담아 시원하고 어두운 장소에 보관한다. 최대 2개월간 유지된다.

링클, 스카 크림 Wrinkle, Scar Cream

노화는 정상적인 과정이지만, 피부 내 독소가 있으면 주름살wrinkle이 더 빨리 생성된다. 이때 피부에 영양을 공급하면 자외선으로 인한 피부 화상이나, 독성 물질이 포함된 화장품, 염소의 노출에 의한 피부 손상을 막아 준다. 이 크림은 흉터scar와 반점의 흔적도 사라지게 하는 효능이 있다.

약 ⅔컵 기준

재료
- 코코넛 오일 2큰술
- 시어 버터shea butter 1큰술
- 비타민 E 오일 ½작은술
- 수팅(연화, 진정) 스코비 크림 ½컵
- 로즈 힙 오일 1큰술

방법
이중 냄비 상단에 코코넛 오일, 시어 버터, 비타민 E 오일을 넣고 중간 세기의 불로 가열한다. 가끔씩 휘저어 주며 완전히 녹아 섞이면 불을 끄고 10~15분 정도 식힌다. 여기에 스코비 크림과 로즈 힙 오일을 넣고 다시 휘저어 준다.

  사용할 때는 크림을 피부에 부드럽게 바른 뒤에 10~20분 정도 건조시킨다. 완전히 건조되면 따뜻한 수건으로 닦아 내고 피부를 두들겨 물기를 흡수시킨다. 남은 크림은 밀폐 용기에 담아서 상온에서 보관하면 최대 1개월 동안 유지된다.

카밍 스킨 로션 Calming Skin Lotion

스코비의 연화시키는 성질과 요구르트와 오트밀의 냉각 효과가 만나면, 피부에서 열이 나면서 가려운 증상을 가라앉힌다. 강황은 천연 항염증 효능으로 오랫동안 피부병 약재료로 사용되어 왔다. 여기에 더해 코코넛 오일을 조금만 발라 주면 보습 효과도 볼 수 있다. 매우 순하기 때문에 습진과 건선 피부의 연고제로 사용해도 좋다.

약 ⅓컵 기준

재료
- 오트 1작은술
- 수팅 스코비 크림 ¼컵
- 그릭 요거트 플레인 또는 케피어 치즈 ⅛컵
- 강황 간 것 ¼작은술

방법
오트를 믹서에 넣고 곱게 갈아서 작은 그릇에 담아 스코비 크림, 요구르트, 강황 가루와 함께 섞어 준다. 이때 강황의 노란색이 시각적인 효과를 더해 줄 것이다. 원하는 부위에 두껍고 부드럽게 발라 준다. 완전히 건조될 때까지 약 20분 정도 그대로 둔 뒤 따뜻한 물로 씻어 낸다. 남은 크림은 밀폐 용기에 담아 냉장고에 보관하면 최대 1주일간 보관할 수 있다. 이렇게 냉장고에 보관해 차게 사용하면 진정 효과를 더욱더 높일 수 있다!

풋 디톡스 Foot Detox

온종일 지친 발에 휴식을 주자! 발바닥은 중요한 해독 포인트이며, 예민해진 말단 신경을 진정시켜 주는 것 이상의 효과가 있다. 무좀으로 발톱이 갈라졌거나 발뒤꿈치가 갈라졌다면 매일 사용해서 증상을 개선할 수 있다.

혈액 순환을 촉진하는 페퍼민트를 함께 우린 식초와 악취를 유발하는 박테리아를 죽이는 타임을 우린 식초를 사용할 것이다. 족욕을 한 뒤에 부드러운 천으로 물기를 완전히 닦아 내고 부드러운 코코넛 오일 또는 시어 버터를 문질러 준 뒤 높은 보습 효과를 위해 극세사 양말을 착용한다.

1회분 기준

재료
- 엡솜염 Epsom salts, 무기염 또는 히말라야 핑크 솔트 1컵
- 콤부차 식초 ¼컵에 페퍼민트 및/또는 타임 에센셜 오일 2~3방울 또는 생허브 다진 것 1큰술

방법
세숫대야에 발을 충분히 담글 만큼 따뜻한 물을 채운다. 소금과 식초를 붓고 저어 용해시킨다. 세숫대야에 발을 담근 채 용액이 식을 때까지 20분 정도 휴식을 취한다. 발이 용액에 불면 굳은살 제거용 돌이나 글로브로 각질을 문질러서 제거한 뒤 부드러운 수건으로 완전히 닦아 준다.

콤부차 에세이

콤부차, 목욕 세정제로 사용하기

❝ 현대인들은 목욕보다는 시간이 적게 걸리는 샤워를 선호한다. 목욕은 일종의 사치로 생각되기도 한다. 일반 가정에서 긴장을 풀며 휴식을 취하는 시간은 쇼핑으로 스트레스를 푸는 것보다 훨씬 더 좋은 방법이다. 목욕물에 콤부차 식초를 부어 주면 피부를 부드럽게 하고 독소를 배출시킨다.

욕조의 따뜻한 물 또는 뜨거운 물에 콤부차 식초 1컵과 오트 ½컵을 곱게 간 가루를 붓는다. 오트는 갈지 않고 양말에 넣어 고무줄로 묶은 채로 물에 담가도 좋다. 진정 효과를 더 높이려면 자신이 좋아하는 허브와 에센셜 오일이 든 식초를 사용한다.

헤어 토닉 Hair Tonic

샴푸는 독한 계면활성제 성분을 함유하고 있어 풍부한 비누거품을 생성한다. 그러나 머리카락에 든, 위해 요소로부터 머릿결을 보호하는 천연 오일 성분을 벗겨 낸다. 따라서 많은 사람들이 컨디셔너 제품을 사용해 벗겨진 천연 오일 성분을 보충하는데, 이는 오늘날 면역 체계를 파괴할 수 있는 화학약품의 중독을 일으키는 것으로 알려져 있다. '샴푸를 사용하지 말 것'을 주장하는 사람들은 대신에 독한 식초 성분과 베이킹파우더를 혼합해 머리를 감는 데 사용하고 있다. 이로 인해 머리카락이 짚같이 푸석푸석해지는 문제점이 생긴다. 그런데 콤부차는 머리카락에 천연 오일 성분을 충분히 그대로 남겨 두면서 머릿결도 부드럽게 하여 건강을 유지해 준다. 젖은 머리카락에 콤부차를 손으로 바르고 물로 헹군다.

유분기가 많은 머리카락의 경우에는 헹구지 않는 쪽이 더 큰 효과를 볼 수 있다. 머리카락에 콤부차를 바른 뒤에 그대로 두면 머릿결이 점차 마르면서 부드러워지고 윤기가 도는 것을 경험할 수 있을 것이다.

헤어 토닉 허브

신선한 허브를 사용하는 경우, 허브당 ¼~⅓컵을 사용한다. 말린 허브를 사용한다면 허브당 ⅛~¼컵을 사용한다. 정기적으로 (적어도 3주에서 6주 동안 1주일에 한 번씩) 병을 흔들어 잘 섞어 준다. 사용 시 허브를 걸러 내 머리에 들어가지 않게 한다. 에션셜 오일을 사용할 경우 5~10방울을 첨가해 준다.

허브 종류	중성	건성	지성	민감성	탈모성
바질 basil	X				X
베이 리프 bay leaf (월계수 잎)			X		
홍차 black tea ●					
우엉뿌리 burdock root		X	X	X	X
금잔화 calendula ◐ ●	X	X		X	
캐모마일 chamomile ◐	X	X	X		
컴프리 comfrey ●		X		X	
엘더플라워 elder flower		X			
히비스커스 hibiscus ●					
호스테일 Horsetail	X	X	X	X	
라벤더 lavender	X	X	X	X	
레몬 밤 lemon balm 레몬 그라스 lemon grass 레몬 껍질 lemon peel ◐			X		
네틀 nettle ●	X	X	X	X	X
파슬리 parsley	X	X			
페퍼민트 peppermint			X	X	
로즈 페틀 rose petals / 로즈 힙 rose hips ●					
로즈메리 rosemary ●	X		X	X	X
세이지 sage	X	X		X	X
타임 thyme			X	X	

● 금발 강조
● 흑발 강조
● 붉은 염색 머리 강조

헤어 토닉에 사용하려면 콤부차를 당 성분이 완전히 사라질 때까지 3개월 정도 숙성시킨다. 아무도 끈적거리는 머리카락을 원하지 않을 것이기 때문이다! 그러면 병 안에서 배양균이 증식하는 것도 방지할 수 있다. 콤부차 식초는 일반 식초보다 산 성분이 적기 때문에 모낭에도 더 좋다.

2컵 기준

재료
- 콤부차 식초 2컵
- 허브 또는 에센셜 오일

방법
병에 허브와 식초를 넣고 섞은 뒤 뚜껑을 닫아 준다. 상온에서 2~4주에서 최대 3개월간 숙성시킨다. 그 뒤 편리하게 사용하기 위해 플라스틱 용기로 옮겨 담는다. 이때 허브가 들어가지 않게 걸러 준다. 헤어 토닉은 기간에 상관없이 사용할 수 있다.

콤부차 에세이

박테리아로 박테리아와 싸우기

" 땀은 그 자체로는 냄새가 없지만, 특정한 세균에 노출되면 냄새가 심하게 풍긴다. 겨드랑이를 깨끗하게 씻은 뒤 콤부차 페이셜 토너나 헤어 토닉을 발라 주면 냄새를 유발하는 박테리아를 박멸한다. 따라서 체취 제거제와 같은 화학 성분제를 사용하지 않아도 겨드랑이를 깨끗이 하고 산뜻하게 유지할 수 있다! 이미 냄새가 심하게 풍기면 수건에 콤부차 페이셜 토너 또는 헤어 토닉을 부은 뒤 겨드랑이를 잘 닦아 주면 된다."

가정용 응급 용품, 스코비

콤부차를 상처 부위에 국소적으로 바르면 낮은 pH와 특유의 셀룰로오스 구조로 인해 치유 속도가 빨라지고 감염도 예방할 수 있다. 가벼운 상처에는 스코비나 콤부차 식초를 발라 주면 신속하게 치료할 수 있다. 상처 부위의 이물질을 완전히 닦은 뒤 얇은 스코비를 올려놓거나 깨끗한 붕대를 콤부차 식초에 적셔 상처 부위에 직접 감아 준다.

요오드링크를 발랐을 때와 같이 약간 따끔할 수 있지만 점차 통증이 완화될 것이다. 스코비를 단단히 고정하기 위해 거즈나 깨끗한 천을 사용하고, 스코비가 완전히 마르면 새로 교체해 준다. 콤부차 식초 또는 스코비는 따가운 햇볕에 의한 화상도 진정시키고, 곰팡이의 감염도 치료할 수 있다.

또한 스코비를 사용하면 피부에 여러 유형의 곰팡이 감염을 일으키는 지루성 피부염도 치료할 수 있다. 대개 영유아의 아기머릿기름딱지cradle cap 등의 치료에 효능이 있지만, 성인들의 비듬 치료제로도 사용할 수 있다. 종종 우리 몸에는 독성 성분이 과할 정도로 축적되는데, 이때 콤부차 배양균을 국소적으로 사용하면, 피부의 pH를 조절하여 미생물의 성장도 억제할 수 있다.

피부가 연하고 예민하여 어딘가에 긁혀서 부어오를 경우에는 스코비 또는 수팅 스코비 크림을 발라 주면, 차갑고 얼얼한 느낌을 주면서 통증을 완화시킬 수 있다. 스코비를 피부 위에 올려놓은 뒤 수건이나 거즈로 싸서 최소 10~15분, 최대 24시간 동안 그대로 둔다. 피부가 매우 예민하게 반응하면, 즉시 제거하고 시원한 물로 씻어 준다. 피부의 상처가 완전히 치유되려면 이러한 과정을 적어도 몇 번 정도는 반복해야 한다. 몸의 반응에 따라 콤부차 스코비를 올려놓는 간격을 몇 시간에서 며칠로 적절하게 조절한다. 여기서는 구급상자에 넣거나 주방에서 보관하면서 간편하게 사용할 수 있는 방법들을 소개한다.

의학적 활용

코마타가에이박테르 크실리늄(옛 이름은 아세토박테르) 박테리아에서 생성된 셀룰로오스는 일반 가정에서 사용하는 일 외에도 생체 붕대, 신체 내부 구조 복원(예 : 심장 스텐트), 화상 피부 이식, 찰과상, 궤양 등에 사용되는 인공 피부 대체물 등 의학적으로도 다양하게 활용할 수 있다.

생체 붕대

브라질의 생명공학업체인 피브로셀Fibrocel은 크실리늄 셀룰로오스xylinum cellulose를 이용하여 더마필Dermafill이라는 생체 붕대를 개발하였다. 박테리아는 셀룰로오스를 '방적'하는 역할을 하는데, 콤부차에서도 동일한 작용이 일어나 K. 크실리늄이 축적되는 것이다. 미생물 셀룰로오스는 개방 구조로 인해 자체 무게의 100배까지 물을 흡수하면서도 유연성을 유지할 수 있다. 생체 붕대의 박테리아는 피부에 닿아 '딱지'를 만들어 산소 교환을 허용하면서 치유 속도를 높이는데, 일반 비다공성 붕대에 비해 흉터도 남지 않는다.

콤부차 배양균인 스코비를 대량으로 사용할 경우에는 건강한 산 성분이 작용하여 치료 속도를 높여 준다. 여기에는 피부의 수분을 유지시키는 히알루론산hyaluronic acid, 진통 효과가 있는 우스닌산usnic acid, 염증을 줄이는 카테킨 성분이 포함되어 있다.

혈관

또 다른 생명공학업체에서는 세균성 셀룰로오스를 사용하여 미세 수술을 위한 혈관을 만든다. 박테리아 합성 셀룰로오스 BASYC, Bacterial Synthesized Cellulose라는 생체 물질은 인간의 피부 조직과 매우 비슷하여 부작용과 역반응을 최대한으로 줄여 준다. 오늘날 전 세계의 실험실에서 이와 비슷한 기술들이 한창 연구 및 개발되고 있다.

선번 릴리프 스프레이 Sunburn-Relief Spray

강한 햇볕에 입은 화상의 경우에는 피부를 차갑게 하기 위해 콤부차 용액으로 만든 쿨링 스프레이를 계속 뿌려 주거나 콤부차 용액에 적신 수건을 화상 부위에 덮어 주는 것이 좋다. 단, 눈이나 비강에 용액이 묻지 않도록 주의해야 한다.

약 1컵 기준

재료
- 콤부차 식초 1컵
- 알로에 베라 겔 ¼컵
- 비타민 E 오일 1큰술
- 캠퍼camphor 에센셜 오일 1~2방울

방법
스프레이병에 콤부차 식초와 알로에 베라 겔, 비타민 E 오일, 캠퍼 오일을 넣고 잘 섞어 준다. 화상 부위에 직접 뿌리기 전에 잘 흔들어 주고 필요에 따라 여러 차례 뿌려 주어도 좋다. 냉장고에 보관할 필요는 없지만, 사용 전에 용액을 차게 하면 냉각 효과를 높일 수 있다.

'4인조 도둑' 콤부차 스프레이 'Four Thieves' Kombucha Spray

항균제를 남용하면 박테리아에 내성이 생겨 종종 일반 항생제로는 쉽게 제거되지 않는다. 이러한 박테리아를 '슈퍼버그superbugs'라고 한다. 이와 같은 위험을 피하기 위하여 항균제를 사용하는 대신에 콤부차 식초로 '프로박테리아' 스프레이를 만든 뒤에 병원체를 죽이고, 또한 피부에 건강한 세균체를 형성시켜 보자.

이 스프레이는 추운 계절에 사용하기에 알맞다. 손, 키보드, 문손잡이 등에 뿌려 세균의 번식을 막는 것이다. 신선한 허브를 사용해 만들수록 효과가 좋고(여름에 만들어 두면 겨울에 사용도 가능), 허브의 절반 정도는 건재료로 사용해도 상관없다.

2컵 기준

재료
- 콤부차 식초 2컵
- 생로즈마리 2작은술
- 생세이지 리프 ½작은술(¼개)
- 생마늘 간 것 ¼작은술
- 생라벤더 ¼작은술
- 생민트 ¼작은술
- 생오레가노 ¼작은술

방법
병에 콤부차 식초, 로즈마리, 샐비어, 마늘, 라벤더, 민트, 오레가노를 넣고 뚜껑을 닫아 둔다. 직사광선을 피하여 상온에서 최소 2주에서 최대 2개월 동안 숙성시킨다. 오래 숙성시킬수록 성능이 강해진다.

허브는 걸러 내고 액체만 스프레이 병에 담아 보관한다. 사용 시 눈이나 기타 민감한 부위에 들어가지 않게 조심한다.

콤부차 에세이

콤부차 농축 드롭스

❝ 신선한 스코비를 조각내 압착기에 넣으면 고농축 액체만 추출할 수 있다. 이 '드롭스'와 알코올을 1 : 1 비율로 섞어 그대로 보관한다(예: 농축액 한 스푼과 알코올 한 스푼). 최상의 결과를 위해 알코올은 프루프proof 80~100 제품을 사용한다. 일반 보드카도 괜찮다. 여행 중 또는 콤부차가 없는 경우에 하루에 1~3번씩 15방울씩 마시면 된다.

'벼룩과 진드기' 방충제

사람은 물론 개와 고양이에게 사용해도 안전한 스프레이로 벼룩과 진드기를 물리칠 수 있다. 단, 눈과 같은 민감한 부분은 사용을 피해야 한다. 반려동물의 얼굴에 뿌려 주려면 먼저 손에 뿌린 뒤 눈과 입 주위를 피해 털에 발라 준다.

약 3컵 기준

재료
- 콤부차 식초 2컵
- 증류 식초 ¼컵
- 스위트 아몬드 오일 2큰술
- 레몬 주스 2큰술
- 마늘 간 것 1작은술

방법
병에 콤부차 식초, 증류 식초, 아몬드 오일, 레몬 주스, 마늘을 넣고 뚜껑을 닫아 상온에서 1주일 정도 그대로 둔다. 그런 뒤에 마늘은 걸러 낸다.
스프레이병에 옮겨 담아 보관한다. 진드기와 벼룩이 달라붙지 않도록 숲에 나가기 전에 옷이나 피부, 반려동물의 털에 살짝 뿌려 준다!

공예 용품

스코비는 내구성이 뛰어나기 때문에 일부 사람들은 스코비를 무두질하여 가죽 소재의 독특한 공예품을 만들기도 한다. 스코비는 친수성으로 자체 무게의 100배까지 물을 흡수할 수 있다. 그런데 완전히 건조시킬 경우에는 가죽 같은 질감의 재료가 된다. 스코비로 공예품을 만드는 사람들의 대부분은 천연 무두질 방식을 사용한다. 건조시킨 스코비에 호호바유 jojoba 또는 그 밖의 천연 오일을 칠하여 방수성을 높인다.

스코비 귀걸이

재료

- 스코비 1개(최소 ½인치 두께)
- 가죽 펀치
- 보석 펜치
- 귀걸이 고리
- 가위
- 페인트, 깃털 및 구슬(장식용, 선택 사항)

방법

스코비가 가죽 같으면서도 잘 휘어질 정도로 건조시킨다. 그리고 고안한 모양대로 자른다. 직사각형, 타원, 원 등 단순한 모양이 활용도가 높다. 스코비 윗부분에 구멍을 내고 펜치로 귀걸이 고리를 장착한다. 페인트, 깃털, 구슬로 장식해 독특한 모양으로 만들 수도 있다.

동전 지갑

재료
- 두께 ½인치 이상의 스코비 1개
- 천연 염료(선택 사항)
- 오일/호호바, 밀랍, 코코넛, 라놀린lanolin(유연성 유지 및 찢김 방지용)
- 삼줄linen cord 왁스 칠한 것
- 가죽용 바늘

방법
스코비가 가죽 같으면서도 잘 휘어질 때까지 건조시킨다. 고안한 대로 천연 염료를 사용하여 스코비에 디자인 작업을 한다. 기름칠을 할 경우에 색이 번지지 않도록 염색이 충분히 고착되도록 한다.

건조한 스코비에 부드럽고 고르게 기름칠을 하고 문질러 준다. 원하는 정도의 광택이 나면 가죽용 바늘을 사용하여 스코비 가장자리에서 약 ¼인치 정도 간격을 두어 왁스 칠한 삼줄을 끼운다. 이때 삼줄이 빠지지 않도록 이중 매듭으로 묶어 준다.

물이나 비에 오랜 시간 노출되면 안 되고, 천을 물에 적신 뒤 가볍게 닦아서 세척한다.

스코비 건조 방법

스코비를 건조시키는 방법은 매우 다양하다. 건조기를 사용하는 것도 좋고, 햇빛에 건조하는 것도 물론 좋다. 대부분의 기후에서는 실내에 며칠 정도 놓아두기만 해도 정상적으로 건조된다. 단, 초파리가 들끓지 않도록 한다! 12시간 또는 24시간마다 뒤집어서 신속하고 고르게 건조시킨다.

두께 1인치의 스코비로 처음 시작하였다면, 4분의 1인치 정도 되었을 즈음에 사용하면 된다. 여기서 알아 두어야 할 점은 스코비를 계속 건조시키면 크기도 계속 줄어든다는 사실이다. 이러한 점을 고려하여, 처음부터 필요한 크기보다 약간 크게 잘라 사용한다. 건조시키는 과정에서 여러 단계를 실험하여 스코비의 적당한 건조 상태를 찾아보는 것도 좋다.

스코비에 주기적으로 올리브 오일을 발라 주면. 스코비 '가죽'의 모양과 광택을 유지하는 데 큰 도움이 된다.

찻잎의 방향제 사용

콤부차를 만들고 난 뒤 남은 찻잎은 또 하나의 용도로 활용할 수 있다. 찻잎은 질소가 풍부하기 때문에 퇴비로 사용해도 훌륭하지만, 방향제를 만들어 사용할 수도 있다. 찻잎은 베이킹파우더만큼 냄새를 잘 흡수한다. 사용하고 남은 찻잎에 에센셜 오일을 부려 방향제로 사용하면 그 고유한 향과 분위기도 연출할 수 있는 것이다.

재료
- 사용한 찻잎 1~2큰술
- 에센셜 오일 1~2방울

방법
파라핀지를 깔고 그 위에 사용한 찻잎을 펼쳐서 따뜻하고 양지바른 곳에 두고 건조시킨다. 건조가 완료되면 작은 그릇이나 무명천에 넣어 모아 둔다. 여기에 에센셜 오일을 한두 방울 떨어뜨리고 원하는 장소에 둔다. 찻잎을 주기적으로 휘저어 주고 에센셜 오일을 또 한 방울 떨어뜨려 향기가 계속 풍기도록 한다. 찻잎이 완전히 사용된 것처럼 보이면 퇴비로 활용하면 된다.

박테리아의 세상

스코비 대유행!

콤부차의 배양균인 스코비는 지금까지 음료를 넘어 생체붕대, 귀걸이에 이르기까지 매우 다양하게 활용할 수 있다는 사실을 소개하였다. 아티스트, 패션 디자이너, 의료 연구원들도 박테리아 셀룰로오스를 지속 가능한 자원으로 활용할 수 있는 수많은 방법에 놀라움을 금치 못한다. 과학소설SF에 관심이 많던 패션학과 졸업생인 수잔 리 Suzanne Lee는 콤부차 배양균에 깊은 관심을 갖게 되었고, 『미래의 패션Fashioning the Future』이라는 책을 저술하면서 설치미술 분야에서 바이오섬유의 미래를 발견하였다.

 패션과 섬유 산업의 발전이 점차 둔화되었지만, 수잔은 '의류 산업은 성장할 수 있다'는 확신을 갖고 직접 도전에 나섰다. 2011년도에 수잔은 테드TED, Technology Entertainment Design의 연설자로 초청을 받았다. 신발, 재킷, 치마를 비롯한 여러 작품을 담은 수잔의 강연 영상은 입소문을 탔고, 여러 업체들의 컨설턴트로 일하면서 새로운 직물을 만들게 되었다.

 가장 큰 도전은 의류가 완성되면 직물을 보존하여 물이 흡수되지 않고 손상되지 않도록 방지하는 것이었다. 동시에 의류의 생분해성biodegradability을 유지하는 것이 이 도전 프로젝트의 핵심이었다. 이러한 난관에도 불구하고 다른 예술가들은 박테리아 셀룰로오스를 활용해 '비건 가죽'과 스코비로 만든 보석을 만들어 트렌드를 주도해 나갔다.

정원에 유익한 벌레

스코비는 흙에 사는 미생물을 비롯하여 모든 물질에 유익하다. 퇴비에 묶은 스코비를 섞을 경우에는 분해 속도가 빨라지고, 스코비 퓨레를 토양에 섞으면 식물이 성장하기 좋은 산성 토양이 된다. 뒤뜰 정원에 스코비 퓨레를 뿌리려면 믹서로 살짝 갈아 준 뒤 식물 밑면에서 약 너비 ½~1인치, 깊이 3~6인치 크기의 구멍을 판다. 스코비 퓨레 ½컵을 붓고 흙으로 덮어 준다. 스코비가 흙 속에 묻히면서 냄새까지 묻혀 초파리의 발생도 예방할 수 있다.

식물을 새로 심을 때 스코비를 땅에 넣어 주면 일 년 동안 배양균과 찻잎을 퇴비로 사용하는 셈이기 때문에 봄과 가을의 정원이 매우 아름답고 번성할 것이다.

사람과 다름없는 반려동물?

반려동물이 사람들에게 소중한 가족인 것과 같이 박테리아도 사람에게 적당하게 있어야 건강하게 살 수 있다. 반려동물은 사람과 함께 살아가지만 질이 낮은 음식과 독소에 과다한 노출로 많은 질환들을 앓고 있다. 모든 동물이 다 그런 것은 아니지만, 개, 고양이, 말, 돼지, 닭 등 대다수의 동물들이 '콤부차 간식'을 즐긴다. 개들이 표백 처리된 소가죽이나 영양가 없는 간식보다 훨씬 건강에 좋고 식감도 좋은 말린 스코비를 좋아한다는 사실은 실험을 통해 확인되었다.

개들이 먹는 음식이나 물에 콤부차를 약간 섞어 주면서 유익한 박테리아가 개의 위장 속으로 유입되도록 하는 것이 건강에 좋다. 작은 개는 하루에 1~2온스 정도의 양이면 충분하지만, 큰 개는 4온스 정도면 된다. 식사 때마다 콤부차를 섞어 줄 필요는 없지만, 반려동물의 반응을 보고 관찰한다. 많은 사람들이 그들의 애완견 사료에 소량의 콤부차를 섞어 줌으로써 배변 활동이 훨씬 더 좋아졌고, 털도 훨씬 더 부드러워졌다고 말한다. 품종에 상관없이 개들이 콤부차가 들어간 음식을 좋아하면 다른 반려동물에게도 유익할 것이다. 만약 좋아하지 않는다면 그러한 사료를 결코 먹으려 하지 않을 것이다.

콤부차 식초를 물로 희석시켜 천연 클렌징 스프레이로 사용하면 화학 물질인 샴푸의 사용을 피하면서 개의 털에 붙은 흙과 기름기를 제거할 수 있다. 산 성분은 개의 피부와 털을 부드럽게 하는데, 특히 신맛이 매우 강하면 벼룩의 발생도 막을 수 있다. 스프레이병에 콤부차 식초와 물을 1 대 1로 혼합한 뒤 티트리 오일이나 님나무 오일을 한두 방울 떨어뜨리면 해충도 방지할 수 있는 것이다. 사용할 경우에는 스프레이로 뿌린 뒤 자연 건조시킨다.

반려동물인 애완견의 훌륭한 개껌, 스코비

애완견에게 프로바이오틱이 살아 있는 천연 개껌 장난감을 선물하고 싶다면, 스코비를 완전히 건조시키지는 말고 수분이 거의 없을 정도로만 가볍게 건조시킨다. 그런 다음에 애완견에게 던져 주면 된다. 작은 강아지는 이 스코비 개껌을 다량으로 섭취하면 복통을 일으킬 수 있다. 일단 덩치와 상관없이 스코비 조각을 잘라서 강아지의 입맛에 맞는지부터 확인한다. 대부분은 곧바로 먹어치우지만, 혹시 먹기를 주저하면 땅콩버터를 발라 주면 곧바로 해결된다.

가축 사료

닭은 특히 스코비를 매우 좋아한다. 주변에 닭을 키우는 사람들에게 스코비를 선물할 때마다 닭들이 마치 성난 것처럼 맹렬히 달려든다. 여러 연구 결과에 따르면, 닭 사료에 스코비나 콤부차를 0.75% 정도의 비율로 넣어 주면, 달걀의 크기가 더 커지고, 껍질도 더 튼튼해지는 것으로 드러났다. 콤부차에는 라이신[lysine]과 그 밖의 아미노산 성분이 풍부해 소화에 도움이 될 뿐만 아니라, 영양분의 흡수도 훨씬 더 쉽게 할 수 있다. 또 다른 연구에서는 콤부차를 섭취한 닭의 크기가 그렇지 않은 닭보다 더 크게 자라며, 단백질을 소화하는 능력도 훨씬 더 향상된 것으로 나타났다.

돼지, 소, 말도 물이나 사료에 스코비를 넣어 주면 좋아한다. 한 연구에서는 면역력이 저하된 양에게 콤부차를 경구 보충제[Manuel, R. C., et al.(2014)]로 투여한 결과, 기생충이 감소하고 호흡기 문제가 해소된 것이 입증되었다. 이 연구 결과는 콤부차가 모든 종류의 유기체에 유익한 영향을 준다는 사실을 암시한다. 특히 소화기와 면역력 면에서는 그 유익한 영향력이 특히 두드러진다.

콤부차의 실제 유익한 효과가 입증된다면, 동물 사료에 포함된 독소를 줄이고 가축에 주입하는 약물 사용을 획기적으로 줄일 수 있을 것이다. 오늘날 극소수의 생산자만이 이 방식을 사용하고 있지만, 박테리아 셀룰로오스를 저렴한 가격에 사료로 사용할 수 있는 그날이 오면, 동물 부산물의 활용도 크게 증가할 것으로 보인다.

Part 5
콤부차 이야기

콤부차의 역사와 과학

일반 가정에서 콤부차를 만드는 사람들 사이에서는 그 콤부차의 기원에 관하여 다양한 내용들이 이야기되고 있다. 대부분의 사람들은 콤부차의 역사가 어디까지나 민속적인 고담일 뿐 '내용이 없다'고 생각한다. 그러나 그것은 전혀 사실이 아니다! 사실 콤부차는 과학자들에 의해 이미 지난 100년간 꾸준히 연구되어 왔고, 2000년대에 들어서야 비로소 그 관심이 높아진 것이다. 여기서는 '마법의 버섯'이라고도 불리는 스코비를 둘러싼 허구와 사실들에 대하여 살펴보기로 한다.

콤부차의 중국 기원설

콤부차의 기원을 둘러싼 수많은 전설들이 문자 그대로 사실인지, 상징에 불과한지의 여부는 확실하지 않다. 그 신화도 세월의 뒤안길 속에서 가려져 있다. 일부 전설은 개연성이 낮지만, 그 중심부에는 핵심적인 진실이 숨겨져 있다. 콤부차를 직접 만들어 마시면서 여러 사람들에게도 권하는 사람들은 콤부차의 강력한 치유 효과와 '특이성'에 대해 잘 알고 있었다.

신화의 베일을 벗기고, 기록된 문헌을 찾아보면, 콤부차의 기원에 관한 역사는 우리가 생각하는 것처럼 아주 먼 오래전의 이야기가 아닐 수도 있다. 발효라는 본질은 결코 변하지 않지만, 역사적 관점에 따라 약간씩 달라질 뿐이다.

콤부차의 기원에 관한 가장 오래된 전설은 기원전 221년경에 중국에서 발상되었다는 내용이다. 이로 인해 중국은 콤부차 기원의 가장 유력한 후보지이다. 중국은 '차茶'의 발상지이기도 하고, 더욱이 중국인들은 발효 음식을 수천 년에 걸쳐 만들어 먹었던 역사도 있고, 따라서 콤부차도 발효시켰을 개연성이 매우 높다는 것이다.

그렇다면 콤부차의 역사도 2000년 이상이나 되는가? 가장 현실적인 대답은 '아니오'이다. 콤부차의 기원에 관한 가장 오래된 전설은 중국 진시황의 '불로초설'이다. 진시황은 당시 영생 불멸의 영약으로 알려진 '영지초靈芝草'를 먹었을 것으로 추측된다. 그러나 오늘날 콤부차의 중국식 이름은 '하이바오海寶'(바다의 보물이란 뜻)이고, 또 진시황의 그 영지초는 콤부차가 아니라 영지버섯lingzhi mushroom을 지칭한다. 콤부차의 일반적인 이름 중 하나가 '머시룸 티mushroom tea'인데, 이는 스코비가 버섯의 머리부와 모양이 비슷한 점을 감안할 때 아마도 번역 과정에서 그 의미가 잘못 옮겨졌을 수 있다.

또 한 가지 주목해야 하는 사실은 진시황 이후로 약 1000년이 지난 당나라 시대(618~907)에 이르기까지 일반 사람들이 티를 마실 수 없었다는 점이다. 고대 중국의 발효 역사에 관한 연구를 살펴보아도 발효차에 대한 기록은 찾을 수 없다. 이는 티베트 발효 식품의 역사에서도 마찬가지이다. 티베트 사람들은 티에 야크 우유와 버터를 넣어 수유차酥油茶를 만들어 많이 마셨다. 그 밖에도 보리맥주도 만들어 먹었지만, 배양균이나 식초의 골마지, 즉 초모醋母, vinegar mother로 만든 콤부차에 대한 기록은 어디에서도 찾아볼 수 없다.

일부 중국인들은 콤부차가 중국에 그 기원을 두고 있다는 사실에는 동의하지만, 그 기원지가 만주滿洲인지, 산둥반도山東半島인지, 보하이만渤海灣인지에 대해서는 의견이 엇갈린다. 보하이만 지역은 '하이바오海寶'의 발상지이다. 그러나 구체적인 증거는 거의 없다. 만주는 한반도의 북쪽에 위치하고, 산둥반도*는 한반도 서해의 건너편에 있다. 이와 같은 지리적인 환경 속에서 콤부차가 발상되었다면, 콤부차는 서기 414년 이전에 이미 한반도의 신라 왕국으로 전파되었을 가능성이 있다. 그리고 신라국의 사신 김파진한기무金波鎭漢紀武(파진찬 신분의 김무라는 뜻)가 일본의 인교천황이 병약해 자리에 드러눕자, '특별 치료제'를 가져왔다는 기록이 있다. 아마도 이 과정에서 신라 사신 김무金武의 일본식 발음인 '콤부[kombu]'가 '특별 치료제'의 이름으로 붙었을 가능성이 있다.

* 산둥반도 : 산둥성의 동부 지역의 반도. 특히 등주登州에는 삼국시대에 당나라와의 교역을 위해 신라인들의 유숙소인 신라관이 설치되어 있었다.

콤부차의 일본 기원설?

콤부차의 일본 기원설에 혼란을 가져다주는 가장 큰 요인은 서기 414년 신라국의 사신 김파진한기무金波鎭漢紀武(파진찬 신분의 김무라는 뜻)가 일본의 인교천황을 치료하기 전까지 일본 내에서 티를 소비하였다는 기록이 없다는 점이다. 또 다른 혼란의 요소는 일본의 사무라이가 전통적으로 '다시마昆布, こんぶ'를 물에 담가 우려내 콤부차를 만들어 마셨다는 것이다. 그런데 공교롭게도 이 다시마의 발음이 '콘부[konbu]'로서 '콤부[kombu]'와 발음이 너무 비슷하여 초기 연구자들이 잘못 해석하였을 가능성도 높은 것이다.

러시아에서는 러일 전쟁(1904~1905)을 겪으면서 콤부차가 러시아로 유입되었기 때문에 콤부차의 기원지가 일본이라는 것이다. 그런데 이것도 모순이다. 왜냐하면 실제 전쟁이 일어난 장소는 일본이 아니라 중국 랴오둥 반도 인근의 만주와 오늘날의 한반도(한국)이다. 그리고 이곳은 중국 만주의 베이징에서도 멀지도 않고, 보하이만과도 매우 가까운 지역이다. 따라서 콤부차 기원지에 대해서는 명확히 밝혀진 것이 없지만, 적어도 확실한 사실은 콤부차의 기원지에 관한 거의 모든 이야기들이 한반도 북부인 만주와 보하이만으로 집중되고 있다는 것이다.

콤부차의 기원에 관한 이야기 외에도 케퍼어 등 발효 음식과 음료에 관해 비논리적이고 신빙성이 낮은 이야기들은 정말 많다. 식품과 음료는 대부분 수많은 세부적인 사항들이 문화적인 현상으로 상호 연관되어 있기 때문에 정확한 기원을 찾는 것은 극도로 어려운 일이다.

콤부차의 기원지가 중국, 러시아, 한국, 일본, 그 밖에 어느 국가이든지 간에 가장 중요한 사실은 콤부차가 오늘날 바로 우리 곁에 있다는 사실이다. 발효 과정이 마술로 보일는지도 모르겠지만, 수십억 개의 작은 효모와 박테리아들이 더할 나위 없이 좋은 음식을 우리에게 선사하는 것은 분명하다. 콤부차의 역사가 수천 년이든지, 수백 년이든지 간에, 사람은 발효와 함께 진화되었다. 사람이 박테리아의 세계에서 살아 나가는 것이 무엇을 의미하는지에 대해 과학적인 연구가 거듭될수록, 발효는 인류의 의식과 존재를 지속적으로 확장시켜 나갈 것이다.

콤부차 에세이

콤부차 배양균의 시초에 대한 예측

❝ 수많은 연구 끝에 도달한 한 가지 확실한 결론은 수 세기 전에 누군가가 가당 차나 감미성 포도주 한 잔을 밖에 두었다는 점이다. 여기에 벌레 한두 마리가 잔 속으로 떨어졌고, 이로부터 특정한 효모와 함께 아세토박테르의 박테리아가 증식하였다. 이것이 바로 콤부차 발효의 시초이다.

발효된 콤부차를 최초로 발견한 사람은 훌륭한 맛을 내기 위해 오로지 자신의 감각에 의지해야만 했다. 그러던 중 운이 닿아 훌륭한 맛을 찾았고, 다시 만들기를 반복하면서 '콤부차 배양균인 스코비'가 탄생하기에 이른 것이다.

스코비가 서로 다른 여러 유형의 박테리아와 효모를 증식시킬 수 있다는 사실은 다양한 곳에서도 생존할 수 있다는 것을 의미한다. 스코비는 따뜻한 온도의 장소를 선호하는데, 이는 더운 지역에서는 더 활발히 증식할 수 있다는 사실을 시사한다. 발효 기술은 이미 고대로부터 발달되어 있었기 때문에, 콤부차의 배양균이 처음 발견되었을 당시에 사람들이 어떻게 증식시켰을지는 충분히 짐작이 가고도 남는다.❞

콤부차 주요 연대기

전 세계인의 몸과 마음을 사로잡은 '경이로운 버섯'과 '기적의 티'의 이야기에서 이제는 콤부차에 얽힌 주요 역사, 신화, 인물을 소개하기로 한다. 보다 더 자세한 내용은 #360~361페이지와 부록 1, 2를 참조하면 된다.

여기의 연대표에 등장하는 인물들은 모두 여러 형태로 콤부차 개발에 큰 공헌을 한 사람들이다. 이들 중 일부는 콤부차에 관한 박테리아 및 미생물 연구 분야의 토대를 마련하는 데 도움을 주었다.

414
신라의 사신, 김파진한 기무金波鎭漢紀武(파진찬 신분의 김무라는 뜻)는 일본 인교천황을 치료하기 위해 아마도 '콤부차를 사용하였을 것'이라는 설이 있다.

~600
'하이바오海寶'의 전설에 따르면, 콤부차는 이 시기에 탄생하였다.

기원전

~6000
메소포타미아 시대의 사람들은 야채를 발효시킬 때 단지를 사용하였다. 이것이 발효의 첫 기록이다.

~1300
구약성경에서 보아스Boaz는 룻Ruth에게 식초 음료를 마시면 좋다고 권한다(룻기 2:14).

221
중국 최초 황제인 진시황이 영생을 위해 '콤부차(실은 영지버섯일 가능성이 높다)'를 마셨다는 전설이 있다.

기원후

~1200
몽골의 칭기즈칸 군대와 일본의 사무라이들은 콤부차를 플라스크 용기에 담아서 다녔다.

1805

러시아의 지식인 I. 랴도브스키Ryadovsky는 몽골 여행 도중에 '식초(아마도 콤부차?)'를 마시는 것과 배를 발효시켜 소비하는 것에 대한 내용을 기록하였다.

1880년대

멕시코 북부에 철도를 건설하기 위해 중국에서 이주하였던 노동자들이 당시에 스코비를 들여왔다. 이것이 바로 아메리카 대륙에 콤부차가 처음으로 유입된 최초의 사건이었다. 이 지역에서는 지금도 스코비를 용고 치노hongo chino(중국 버섯이라는 뜻) 또는 단순히 융고hongo(버섯)라고 부르고 있다. 멕시코에서는 현지에서 나는 허브들을 사용하여 전통 음식인 테파체와 비슷하게 발효시킨다.

1890년대

러시아의 민족지 학자이면서 티베트 의학을 두루 섭렵한 니콜라이 바실리예비치 키릴로프Nikolay Vasil'evich Kirilov 박사는 시베리아에서 노인들에게 콤부차를 정기적으로 마시게 하였다. 그 뒤 노인들에게서는 동맥 경화증의 발생률이 감소하였고, 소화력이 증진되면서 위장과 관련된 증상도 완화되는 임상 실험의 결과를 얻었다.

1880년대

1852

독일의 화학자인 로베르트 톰슨Robert D. Thomson은 스코틀랜드의 글래스고 왕립철학학회에서 '발효 및 박테리아 셀룰로오스 생성'에 관한 과학 논문을 최초로 발표하였다. 이 논문은 또한 훗날 '아세토박테리아과Acetobacteraceae family'라고 명명된 것에 관한 최초의 실험 기록이기도 하다.

비록 논문에서는 콤부차보다는 식초에 대해서 주로 다루고 있지만, 실험에서 그는 '식초 공장'이라고 불렀던 스코비가 형성되면서 신맛의 액체도 함께 생성되고, 또 맛과 냄새를 기반으로 하여 이산화탄소와 소량의 알코올도 함께 생성된다는 사실도 밝혀냈다.

1886

영국 왕립학회Royal Society 소속이었던 에이드리언 존 브라운Adrian J. Brown은 박테리아인 크실리눔을 최초로 발견 및 분리하였다. 그는 이 박테리아를 상층부에 배양균이 증식하는 레드와인 식초를 만드는 데 사용하였다. 그리고 이 박테리아는 아세토박테르속의 약 30개의 셀룰로오스 생산균 중의 하나로서 훗날 글루콘아세토박테르 크실누스Gluconacetobacter xylinus로 이름이 바뀐다.

1896

독일의 로스토크 대학의 약리학 교수이면서 다양한 위원회의 회장을 겸임하였던 루돌프 코베르트Rudolf Kobert 교수는 러시아의 민간요법에 깊은 관심을 보였다. 루돌프 교수는 32페이지 분량의 크바스Kvass 가이드 책인 『크바스와 그 준비에 관하여(About Kvass and Its Preparation)』를 출간하였고, 뒤이어 1913년에는 『크바스: 안전하고 저렴한 국민 대중 음료(The Kvass : Safe, Inexpensive and Popular National Drink)』를 펴냈다. 이들 책에서는 빵으로 만든 러시아의 전통 식품인 크바스와 오늘날 콤부차로 알고 있는 '티 크바스'를 소개하고 있다.

1910-1914

러시아의 상트페테르부르크에 위치한 여성식물연구의학연구소 Women's Botanical Laboratory Medical Institute의 연구원이면서 생물학자인 A. 바친스카야A. A. Bachinskaya 박사는 러시아 전역에서 콤부차를 수집해 실험을 진행하였다. 바친스카야 박사는 아세트산을 생성시키는 박테리아인 크실리눔과 토룰라 효모torula yeast로 구성된 배양균의 형태학과 생물학에 관한 4개의 논문을 최초로 발표하고, 콤부차의 다양한 활용법과 건강 효능을 설명하였다.

또한 바친스카야 박사는 박테리아인 크실리눔이 유럽, 아시아, 아프리카 전역에서 발견되고 있으며, 곤충이 박테리아가 증식할 수 있는 적절한 매개체(예: 단맛의 차)를 만나면 효모가 존재하는 환경인 한, 어디든지 확산될 수 있다는 이론을 제시하였다.

1913

독일 균류학자, 식물학자인 구스타프 린다우Gustav Lindau 박사는 이끼류에 관해 심도 있는 연구를 진행한 뒤 논문을 발표하였다. 이 논문에 콤부차를 지칭하면서 오늘날 널리 받아들여진 학명인 메두소미케스 기세비Medusomyces gisevii Lindau가 처음으로 언급되었다. 린다우 박사는 콤부차의 배양균이 해파리의 외관과 비슷하다는 점과 효모 배양균으로만 이루어져 있다는 잘못된 이론을 내세우면서 학명을 그렇게 붙였다.

그 뒤 독일 과학자 P. 린데르Linder 박사가 콤부차 배양균에는 효모분 아니라 아세테이트 박테리아의 유기체도 존재한다는 사실을 확인하고, 린다우 박사의 주장을 반박하면서 바친스카야 박사의 이론을 지지하였다. 즉 배양균의 더 큰 변이를 인정한 셈이다.

1900년대 초기

1910년대

1904-1905

일부 사람들은 한반도와 중국 동북부인 만주 지역에서 벌어진 러일 전쟁이 끝난 뒤에 일본인들이 자국으로 돌아가면서 콤부차를 러시아에 전하였다고 주장한다. 러일 전쟁이 아시아 대륙에서 일어났기 때문에 일본이 콤부차의 기원지일 것으로 믿었을 가능성도 있지만, 또 한편으로는 러시아 군인들이 한반도와 만주 지역에서 배양균을 가져갔을 가능성도 배제할 수 없다. 혹시 일본 포로수용소에 수감되어 있던 부상당한 군인들에게 콤부차가 제공되었던 것이 아닐까? 러일 전쟁이 끝난 뒤에 러시아 군인들이 서둘러 귀향하면서 콤부차도 급속히 확산되기 시작하였다.

아래의 사진에서 볼 수 있듯이, 콤부차와 발효병은 오늘날 러시아에서는 일상적인 풍경이 되었다. 수많은 러시아인들이 집 안에 특별한 공간을 마련해 '그리보크gribok'(러시아어로 곰팡이라는 뜻) 또는 '작은 버섯'을 즐기면서 건강을 유지하고 있다.

1915

독일의 과학자 스테판 바자레프스키Stephan Bazarewski, 1871~1949는 라트비아의 수도인 리가에 소재한 자연연구자협회 Korrespondenzblatt Naturforscher-Vereins에 라트비아어로 '경이로운 버섯'이라는 뜻을 지닌 '브리늄 센느brinum ssene'라는 라트비아 민간요법에 상당한 치료 효능이 있다고 보고하였다. 그 뒤 40년간 러시아의 과학자들은 콤부차 배양균의 성질과 여러 질병에 끼치는 효과들을 조사하게 된다.

필립 쿠바레브Philip Kubarev의 작품, 「아침Morning」

1926-1935

독일분만 아니라 러시아를 비롯해 그 밖의 국가에서도 콤부차의 건강 효능에 대해 다양한 연구들이 진행되면서 다수의 연구 논문과 과학 기사, 의학 연구 조사 결과들이 발표되었다. 이러한 발표에 따르면, 콤부차가 변비, 동맥경화, 고혈압, 근심, 화병, 통증, 두통, 현기증, 통풍, 협심증, 당뇨병, 치질, 이질, 소화불량, 티푸스, 편도선염, 구내염, 심지어 노화 등에도 종합적인 건강 효과를 보인다는 것이다. 따라서 콤부차의 음용을 강력히 추천한다.

1927

독일의 과학자 H. 발트에크 Waldeck는 1915년 러시아와의 전쟁 중에서 직접 경험한 내용을 바탕으로 콤부차에 대해 소개하였다. 당시 발트에크 박사는 심한 변비가 있었는데, 그의 동료 화학자들이 이상한 음료를 조제해 건네주면서 '경이로운 음료'라고 자랑스럽게 소개하였고, 노화 방지 효과뿐만 아니라 '만병 통치약'이라고 설명하였다는 것이다. 또한 한 동료는 제1차 세계 대전 중 부상당한 군인들을 치료한 러시아의 '마법의 병기'라고 소개했다고 한다.

발트에크 박사는 러시아에서 전쟁 기간의 군복무를 마치면서 '푼데르필츠 wunderpilz'(경이로운 버섯이라는 뜻)를 갖고 독일로 귀국하였다. 그 뒤 콤부차를 시험적으로 만들면서, 특히 소화계와 콤부차 사이의 상관관계에 대해 연구를 시작하였다.

1920년대

1916

폴란드 화학자 요제프 볼쉬흐 Josef Bolshich는 콤부차 배양균과 케피어 그레인이 엄연히 다르며, 구조, 형태학, 치료 효과도 다르다는 사실도 입증하였다.

1917

독일의 과학자 루돌프 코베르트 Rudolf Kobert는 과학 저널인 「미크로코스모스 Mikrokosmos」에 콤부차가 소화기 장애, 치질, 관절 류머티즘에 치료 효과가 있다는 논문 결과를 발표하였다.

그 뒤 린데르 박사도 동 저널에서 콤부차가 소화기 장애와 치질에 특히 치료 효과가 있다는 논문을 발표하여, 코베르트 박사의 연구 결과를 다시 한 번 더 확인해 주었다.

케피어 그레인 kefir grains

1928

프라하 대학의 약리·생약학회의 이사였던 W. 비에코프스키 Wiechowski 박사는 「콤부차에 관해 의사는 어떤 입장이어야 하는가?」라는 제목의 논문을 발표한다.

비에코프스키 박사의 논문에 따르면, 협심증, 경미한 변비, 심지어 당뇨병 환자에게도 콤부차를 적극 권장해야 하며, 전반적인 건강을 유지하는 데에도 콤부차가 매우 정교하면서도 강력한 역할을 한다는 것이다. 또한 콤부차에 함유된 성분들은 완전히 무해하기 때문에 치료가 아닌 식이 요법으로 사용할 경우에는 그 용도에 내해 어떤 경고의 이유도 찾아볼 수가 없으며, 콤부차를 정기적으로 마시면 종종 통증을 완화할 수 있다는 사실을 과학이 입증할 수 있는지의 여부를 떠나서, 되도록 많은 사람들이 콤부차를 섭취할 수 있도록 권장하는 일은 지극히 정당하다고 한다.

1931

구소련의 과학자 D. 세르바코프Scherbachov 박사는 소련의 약학부에서 콤부차가 혈압을 낮추고 동맥 경화를 억제하는 데 효능이 있다는 국제 연구를 다시 언급하여, 콤부차에 대한 러시아 사람들의 관심을 다시금 불러일으켰다.

1940년대

제2차 세계 대전 중 러시아의 전장에 나가 있던 독일의 과학자 루돌프 슈클레너Rudolph Sklenar는 현지의 농부들로부터 '기적의 티'를 소개받았다. 그 뒤 슈클레너 박사는 콤부차를 독일로 들여와 40년 이상의 세월 동안 암 환자 등의 수많은 사람들을 치료하는 데 사용하였다.

1950년대

이탈리아에 콤부차가 소개된 역사는 짧지만, 이탈리아 사람들은 콤부차를 열광적으로 좋아한다. 제2차 세계 대전 이후 이탈리아의 군인들이 귀국하면서부터 콤부차는 '마법의 힘'을 지닌 영약으로 받아들여지게 되었다. 이때부터 이탈리아에서는 하나의 새로운 전통이 생겨났는데, 바로 화요일에만 친구에게 스코비를 선물하는 풍습이다. 그렇게 하면 성 안토니오St. Antonio가 세 가지의 소원을 들어 준다는 미신이다.

그 뒤 콤부차는 이탈리아 전역에서 출간되는 수많은 잡지의 표지와 기사를 장식하였다. 시칠리아 출신 팝스타 레나토 카로소네Renato Carosone는 곡 제목이 '이상한 중국 곰팡이'라는 뜻인 '스투푼고 치네세Stu fungo cinese'라는 노래로 대성공을 거두었다.

1953~1957

러시아에서 콤부차에 상처 치료 효과, 장 질환, 발진티푸스의 증상을 완화하는 효과가 있다는 연구 결과가 발표되었다. 이 연구 결과에 따르면, 죽상동맥경화증, 고혈압, 급성 편도선염, 구내염, 구강염 또는 염증과 그 밖의 여러 질환의 치료에 효능이 있는 것으로 나타났다.

1930년대 | **1940년대** | **1950년대**

1938

콤부차가 소화기계에 관한 증상뿐만 아니라 이질과 소화 불량에도 치료 효과가 있다는 연구 결과가 발표되었다. 또한 어린아이들이 콤부차를 마셔도 안전하다는 사실도 확실히 입증되었다.

1942-1959

콤부차 연구 방법이 한층 발전하면서 수많은 연구 성과들이 쏟아졌다. 이러한 연구들은 주로 러시아에서 진행되었는데, 그 연구 결과들은 콤부차의 항균성과 함께 장 질환, 염증, 감염 등의 다양한 증상을 치료하거나 완화시키는 효능이 주를 이루었다.

1950

러시아 연방 옴스크주의 한 병원에 근무하던 의사 3명이 일반 가정에서 콤부차를 만들어 즐겨 마셨던 현지인들을 대상으로 외래 환자 관찰 프로그램을 진행하였다. 그 결과 콤부차를 정기적으로 마셨던 사람들은 급성 염증, 협심증 및 소화 장애를 비롯한 다양한 질병을 피해갈 수 있었던 사실이 밝혀졌다.

1951

구소련의 독재자 이오시프 스탈린Joseph Stalin, 1878~1953은 콤부차에 항암 효과가 있는지 알아볼 것을 지시하였다.

1959

콤부차가 유아동의 이질 치료에 효과가 있다는 연구 결과가 발표되었다. 또 다른 연구에 따르면, 닭 사료에 스코비를 넣어 주면, 닭의 성장률이 15% 증가하는 것으로 조사되었다.

1960년대
샌프란시스코 히피족들의 대항문화가 콤부차 부흥의 모태였다는 소문이 나돌았다.

1970년대
스코비의 셀룰로오스 구조를 기술하고, 발효의 구성 요소들을 확인한 과학 논문이 중국에서 발표되었다.

1980년대
미국의 제40대 대통령인 로널드 레이건Ronald Wilson Reagan, 1911~ 2004은 러시아의 반체제 운동가 알렉산드르 솔제니친Alexandre Solzhenitsyn이 강제 노동 수용소에서 장기간 수용되어 있을 때 콤부차를 마셨다는 소식을 접하였다고 한다. 솔제니친은 실제로도 암 투병을 위해 콤부차를 마셨다. 그러나 그의 소설 『암병동The Cancer Ward』에서는 차가버섯Chaga, Inonotus obliquus을 '자작나무 암birch tree cancer' 또는 '자작나무 버섯birch tree fungus'의 명칭으로 표현하였다. 차가버섯은 1950년대 구소련의 과학자들에 의해 자양강장의 유효 성분을 함유하고 있는 버섯으로 입증되었지만, 콤부차와는 전혀 관련이 없다.

그럼에도 불구하고, 레이건 대통령의 보좌관들은 소문에 따르면 대통령의 암 치료를 위해 배양균을 급구하였다고 한다. 레이건 대통령은 수년 뒤 사망할 때까지 콤부차를 하루에 1리터 정도를 꾸준히 마셨을 것으로 보인다. 이 '진정한 콤부차 이야기'는 지금도 온라인상에서 사람들에게 회자되고 있다.

1960년대 | **1970년대** | **1980년대**

1960
냉전 시대에 러시아와 동유럽에서 콤부차에 관한 많은 연구들이 중단되었다.

1964
독일의 루돌프 스클레너 박사가 그동안 암 환자들을 치료하는 과정에서 콤부차를 사용한 연구 결과를 발표하였다.

1983
미생물 발효 과정에서 발생하는 화학적, 영양학적 변화의 연구 분야에서 저명한 미국의 식품과학자인 케이트 슈타인크라우스Keith Steinkraus가 그의 저서 『토착 발효식품의 안내서Handbook of Indigenous Fermented Foods』에서 콤부차를 소개하였다.

1985
독일의 과학자 루돌프 스클레너Rudolf Sklenar 박사가 그의 조카딸인 로지너 파싱Rosina Fasching과 공동으로 『티 균체 콤부차, 암과 기타 대사성질환에서 자연치료법과 그 중요성』이라는 논문을 발표하였다. 이 논문에는 콤부차로 다양한 치료를 받은 환자의 기록과 함께 치료 방법들도 다수 기록되어 있다.

1987
서독의 제5대 대통령 카를 카르스텐스Karl Carstens, 1914~1992의 영부인이었던 베로니카 카르스텐스Veronica Carstens, 1923~2012 박사는 「암 자연 치료법」이란 제목의 기사를 잡지에 기고하면서, '디톡스', '신진대사 촉진', '면역력 개선'을 위해 자신은 콤부차를 마신다는 내용을 언급하였다.

1991

독일의 열정적이면서도 노련한 전문가였던 귄터 프랑크Gunther Frank가 콤부차의 전파에 큰 기여를 하였다. 프랑크는 『콤부차: 극동 아시아 지역의 자연 치료와 건강 음료Kombucha, Healthy Beverage and Natural Remedy from the East Far East』라는 책을 발간하였다. 이 책은 19세기 후반 이후, 특히 독일, 러시아, 동유럽에서 공표된 연구를 소개하고 있어, 매우 귀중한 자료로 평가된다.

1996

렌 포르치오Len Porzio는 티의 배양균과 구별하기 위하여 스코비를 박테리아와 효모의 공생 배양체로 정의하였다.

렌 포르치오Len Porzio

1990년대

1993

베치 프라이어Betsy Pryor는 로스앤젤레스의 명상센터에서 한 수녀로부터 콤부차 배양균을 선물로 받았다. 곧 자신이 운영하는 로렐 팜스Laurel Farms에서 배양균을 판매하기 시작하였다. 2년 뒤에는 『콤부차 현상Kombucha Phenomenon』이라는 제목의 책을 출간하였다.

1995

- 아이오와주에서 콤부차를 만들던 두 명의 여성이 있었는데, 그중 한 명은 병마에 시달렸고, 나머지 한 명은 사망하는 일이 발생하였다. 이 사건으로 콤부차를 비판하는 여론이 일었고, 지금도 그 내용이 인터넷에 떠돌고 있다.
- 마이클 루진Michael Roussin은 전국에서 수집한 1100개 이상의 샘플을 기반으로 콤부차의 구성 요소를 분석하여 그 결과를 발표하였다.
- GT 데이브가 어머니의 주방에서 콤부차를 만들기 시작하여 상품화에 나섰다.

GT 데이브와 그의 어머니인 라레인Laraine.

2000-현재

콤부차의 특성에 관한 학문적 관심이 높아짐에 따라 미국의 코넬 대학에서도 연구를 시작하였다. 현재 미국에서부터 세르비아, 인도 등에 이르기까지 전 세계의 연구원들이 콤부차에 관하여 연구를 진행하고 있다.

2010

콤부차 산업은 알코올 도수에 대한 우려로 인해 소비자들 사이에 구입을 꺼리는 분위기가 형성되면서 일시적으로 어려움을 겪었다.

2000-현재

2001

콤부차 원더 드링크 Kombucha Wonder Drink 가 설립 되었으며, 2003년에는 하이 컨트리 콤부차 High Country Kombucha가 뒤를 이었다. GT 이후 두 브랜드는 콤부자를 병에 담아 판매했으며, 이로써 콤부차라는 단일 제품이 수백 종류의 상품으로 확장되는 계기가 성립 되었다.

2003

발효 부흥론자인 샌도 카츠 Sandor Katz는 그의 저서 『야생 발효 Wild Fermentation』에서 콤부차를 상세히 소개하였다.

2004

해너 크럼 Hannah Crum은 콤부차 캠프 Kombucha Kamp를 설립한 뒤 일반 가정에서 콤부차를 만드는 방법에 관하여 수업을 진행하였고, 2007년에는 콤부차캠프 웹사이트를 개선하였나.

2011

콤부차 판매 상품 수가 수십에서 수백 가지로 급증하면서 현대 콤부차의 붐이 불었다. 이때부터 콤부차를 찾는 사람들이 매월 더 늘어나고 있다.

2014

해너 크럼과 앨릭스 레이고리 Alex LaGory가 콤부차 브루어스 인터내셔널 Kombucha Brewers International을 설립하였다.

2015

미국 내 콤부차 산업의 연매출액은 약 5~6억 달러에 달한다.

샌도 카츠 Sandor Katz

1920년대~1960년대, 독일 및 러시아에서의 연구

여기서 소개되는 내용 중에서도 중요한 사항은 '콤부차 연대기'에도 제시되어 있다.

독일의 콤부차 연구

1926년 독일의 과학자 빌헬름 헨네베르크Wilhelm Henneberg는 상당한 페이지의 책인 『발효 세균학 안내서: 진균학과 함께 효모, 아세트산 및 젖산 박테리아에 대한 특별 참고서Handbook of Fermentation Bacteriology : Mycology Specialty, with Special Reference to Yeast, Acetic and Lactic Acid Bacteria』을 발간한 뒤부터 10년간 콤부차의 효능에 관한 중요한 연구들이 활발하게 이루어졌다. 헨네베르크의 작업은 주목할 만하다. 왜냐하면 1907년에 『중앙세균학지Central Journal of Bacteriology』에 박테리아를 만드는 식초에 관하여 기고하였기 때문이다. 당시 헨네베르크 박사는 콤부차에 대해 전혀 언급하지 않았다. 그러나 나중에 '모든 종류의 질병, 특히 변비의 치료 수단'으로서 러시아에 널리 알려진 민간요법인 '티콰스Teakwass'에 대해 언급하면서부터 수많은 사람들이 이 분야의 연구에 뛰어들었다.

또 1927년 게르하르트 마다우스Gerhard Madaus 박사는 자신이 직접 저술하고 창간한 서적지인 『아트 오브 힐링Art of Healing』(1938년 총 3권)에서 콤부차가 세포벽을 재생시켜 동맥 경화를 예방할 수 있다고 기술하였다. 같은 해 E. 딘즈라게Dinslage와 W. 루도르프Ludorff 박사는 「데르 인디셔 테필츠Der indisch Teepilz」(인도 곰팡이균이라는 뜻)라는 제목으로 기존의 과학과 연구에 대한 평론을 발표하였다. N. 라코비츠Lakowitz 교수는 1928년에 「티 머시룸과 티크바스Tea Mushroom and Tea Kvass」라는 글에서 '소화불량과 노화로 인한 모든 증상을 치료하는 데 콤부차가 널리 확산될 것'이라고 제안하면서 '약국을 통해서도 곧 공급될 것'이라고 내다보았다.

또 한편으로 막심 빙Maxim Bing 박사는 1928년과 1929년 사이에 3편의 간행물을 발표해 콤부차가 고혈압, 불안, 과민 반응, 통증, 두통, 현기증, 변비, 뇌혈관의 개선에 효과가 있을 뿐만 아니라, '동맥 경화를 예방할 수 있는 매우 효과적인 수단'이라고 강조하였다.

루터Luther 박사는 독일 식초 산업을 위하여 기고한 「콤부차, 의약적 중요성과 배양Kombucha, Its Medical Importance and Breeding」이라는 제목의 기사를 통해 소화불량, 통풍, 동맥 경화가 있는 사람들에게 섭취를 권장하였다. 물론 자신도 협심증을 완화시키기 위하여 콤부차를 내복하고 가글에도 사용하면서 큰 효과를 보았다고 밝혔다.

E. 어라우너Arauner 박사도 동 출판물에서 '일본 곰팡이균'이라는 뜻의 「데르 자파니셰 테필츠Der japanische Teepilz」(1929)라는 제목의 기고문을 통하여, 콤부차가 당뇨병, 불안, 동맥 경화증, 치질 등의 증상에도 탁월한 효능이 있고, 아시아에서는 이미 수 세기 전부터 사용해 왔던 '곰팡이'라고 전하였다.

러시아의 콤부차 연구 시대

1913년에 독일의 과학자인 린다우와 린데르가 독일과 라트비아 간의 학술 연계 사업을 시작한 뒤로, 1915년에는 스테판 바자레프스키 교수가 리가에 소재한 자연연구자협회에 기고한 글을 통하여 라트비아의 리플란트Livland, 쿠를란트Kurland 지역의 사람들은 '경이로운 버섯wonder mushroom'(콤부차를 지칭)을 꾸준히 마시고 있는데, 이 민간요법에는 상당한 치료 효과가 있다고 설명하였다.

한편 구소련의 D. 셰르바코브 박사는 1931년 「소련약학저널」에서 콤부차가 혈압을 낮추고 죽상동맥경화를 억제하는 데 효과가 있다는 내용의 연구 결과를 발표하여 콤부차에 관한 러시아 사람들의 반향을 불러일으켰다. 1938년 T. E. 볼디레브Boldyrev 박사도 콤부차가 소화와 관련된 증상뿐만 아니라 이질과 소화불량에도 치료 효과가 있다는 연구 결과를 발표하였다. 또한 콤부차는 어린아이들에게 사용하여도 안전하다는 사실도 확인하였다. 이로부터 과학자들은 콤부차로 글루콘산을 대량으로 생성시킨 뒤 불순물을 제거하여 치료제로 판매하는 방향으로 연구하고 있다.

K. 두브롭스키Doubrovsky 박사는 1942년부터 1955년까지 티와 배양체가 만성 질환에 주는 영향을 밝히기 위해 오랫동안 심층 연구를 진행해 왔다. 두브롭스키 박사는 카자흐스탄의 전염병학연구소Kazakh Institute of Epidemiology에서 근무하였는데, 마침내 항균 성

질과 치료 효과가 탁월한 메두조민틴meduzomintin이라는 물질을 추출하는 데 성공하였다. 티와 곰팡이의 추출물인 이 물질은 훗날 'MM' 또는 '메두진meduzin'으로 불리게 된다. 이 MM은 황색포도상구균, 이질, 장티푸스, 폐렴 구균 및 디프테리아 바실루스에 대한 살균 효과가 입증되었다.

예레반 수의학협회Yerevan Veterinary Institute의 L. T. 다니엘랸Danielian과 예레반 아동병원Yerevan's Children's Hospital 소속의 다양한 전문가들은 수년간 서로 협력하여 MM의 임상 실험을 실시하여 전 세계에 수많은 연구자들에게 콤부차에 관한 기본 지식을 제공하였다. 1949년 E. K. 나우모프Naumov 박사는 질병에 감염된 다양한 동물에 새로운 농축액의 투약 실험을 진행하였는데, 거의 모든 경우에서 긍정적인 결과를 얻어 냈다. 1950년 다니엘랸 박사는 활성 성분의 존재를 확인하기 위해 한층 더 진보된 실험을 실시하였다.

1950년에 일반 가정에서 만든 콤부차의 효험에 관하여 수많은 문의를 받은 뒤, 옴스크 병원Omsk Hospital의 V. S. 틴디트니크Tinditnik, S. E. 푼크Funk, E. 사비느Sabine 세 의사는 외래환자 관찰 프로그램을 진행해 콤부차가 급성 염증, 협심증, 소화 장애 등의 질환에 치료 효과가 있는지에 관하여 연구에 착수하였다. 그 결과는 「옴스크 프라우다Omsk Pravda」 등 지역 신문에 게재되었고, 그 뒤 전 세계의 수많은 사람들로부터 그 연구 결과를 재확인하는 편지 문의들이 빗발치게 되었다.

이러한 편지 문의는 다른 수많은 의사들의 연구 의욕을 불러일으켰다. 1953년에는 A. 마틴얀Matinjan과 G. 마르카르얀Markarjan 의사에 의해 전염병 및 개방창의 치료와 콤부차 효능에 관한 추가적인 연구들이 진행되었다. 그 이듬해에 A. 누라쟌Nurazjan과 E. 포르치예Porichij가 발표한 연구 결과에 따르면, 콤부차는 장 질환과 발진티푸스의 치료에 큰 도움이 되는 것으로 나타났다.

또한 G. F. 바르반치크Barbanchik와 그의 동료 연구진들은 1953년부터 1957년까지 총 52명의 환자에게 임상 연구를 실시하였는데, 그 결과 콤부차의 섭취가 죽상동맥경화증과 고혈압을 감소시킨다는 사실을 확인하였다. 공동 연구팀은 급성 편도염 환자 75명을 동시에 검사하고 콤부차로 치료하였다. 그 결과 환자들의 회복 속도가 빨라졌고, 또 국부적인 통증이 줄어들면서 발열 증상도 완화하는 사실로부터 콤부차의 병원체에 대한 항균 활성 반응을 밝혀냈다.

1955년 E. 즐라토폴스카야Zlatopolskaya 박사와 모스크바 제2의과대학의 연구진의 공동 연구에 의하면, 2세이 어린이 20명에게 메두진으로 치료한 결과, 심한 구내염(구강염 또는 염증)이 완화되는 것으로 나타났다. 또, 동 연구팀에서 실시한 17건의 사례에서도 이질의 증상이 호전되었다.

1956년 N. M. 오비친니코프Ovichinnikov는 결핵에 걸린 동물들이 티를 섭취하면 병의 증상이 억제되면서 완치되는 현상을 발견하였다. 이에 따라 1957년에는 추가적인 연구들이 진행되었는데, T. 아잔Adzjan이 독성 소화 불량에 대한 개선 효과를 입증하였다. G. 사카란Sakaran은 파라티푸스paratyphus와 브루셀라병brucellosis에 대한 콤부차의 효능을 발표하였다. 그리고 A. 미하일로바Mihajlova는 소아기의 이질과 콤부차의 상관관계를 연구하였고, N. 요이리시Joirisi 박사는 콜레스테롤과 고혈압에 대한 콤부차의 효과를 확인하였다.

콤부차에 관한 기존의 연구 결과를 최초로 집대성하여 팸플릿 형태로 간행물을 펴냈던 G. F. 바르반칙Barbancik은 1958년 티의 항균 효과에 대한 연구 결과를 발표하였다. 1년 뒤 I. N. 코노발로프Konovalow가 그의 연구 내용을 재확인하였고, 다니엘랸과 동료 연구진들은 보다 광범위한 연구를 진행하여 콤부차가 신생아의 이질 치료에 효과가 있다는 사실을 밝혀냈다. 그런데 냉전 시대를 겪으면서 1960년대부터는 콤부차에 관한 연구가 거의 진행되지 못하였다.

현대의 연구 활동

냉전 시대를 거치면서 콤부차의 연구는 이전에 비해 상대적으로 적어 소강상태가 되었지만, 오늘날에 이르러 티와 스코비에 대한 과학적인 관심은 다시 높아졌다. 전 세계의 여러 대학에서 콤부차의 효능 메커니즘에 관하여 약 20년 동안 동물과 사람을 대상으로 한 임상 실험적 연구들이 진행되어 왔다. 2000년 코넬 대학은 콤부차에 관한 연구 결과를 미국에서는 처음으로 발표하면서 콤부차 연구의 주요 대학이 되었다. 연구 내용의 주안점은 항생제로서의 효과였는데, 마이클 루진 박사의 1995년 연구 자료가 인용되었다.

2000년도 이후에 실시된 수많은 연구 결과들에 따르면, 콤부차에 대한 민간 차원의 오랜 믿음이 과학적인 사실로 입증된 셈이다. 일반적으로 콤부차는 발효 과정을 거치면서 티에 함유된 비타민, 폴리페놀, 카테킨 성분이 용해되어 그 건강 효능이 많아지는 반면, 설탕과 카페인은 박테리아와 효모가 에너지원으로 사용하여 우리 몸에 유입되는 양이 오히려 줄어드는 것이다.

콤부차에 관한 가장 중요한 연구 성과는 아무래도 콤부차 내 글루쿠론산의 존재를 입증한 것이다. 마이클 루진 박사를 비롯한 몇몇 과학자들이 초기에 그 존재 여부를 놓고 논쟁을 벌였지만, 실험 기술의 비약적인 향상으로 인해 글루쿠론산이 콤부차 내에 다량으로 존재하고 있다는 사실이 밝혀진 것이다. 과학자들은 콤부차의 해독 효능과 몸의 회복력 등을 증명하기 위해 산 성분의 다양한 사

스탈린이 찾았던 암 치료제

역사상의 다른 지도자들처럼 구소련의 독재자 이시오프 스탈린Joseph Stalin, 1879~1953도 장수의 비밀을 밝히기 위하여 모든 자원을 동원하였다. 러시아 전역에서 암 발생률이 높아지자, 이를 걱정하던 독재자는 암의 원인을 해명하고 더 나은 치료법을 찾기 위해 의료진들을 파견하였다. 이 도시에서 저 도시로 이동하면서 의사들은 암의 발병률, 가계도의 내력, 환경적인 요인 등을 세밀하게 기록하였다.

그러던 중 우연히 암의 발생이 거의 없는 두 지역을 발견하였다. 그런데 이 두 지역은 비교적 유해한 환경에 노출되어 있음에도 불구하고, 암 환자가 거의 발생하지 않았다. 기록에서는 주민들은 비교적 근무 일수도 높고, 공공장소에서 만취 상태로 휘청거리는 사람의 수도 적었으며, 건강 상태도 전반적으로 양호하다고 보고되었다. 그리고 추가적인 조사에서는 대부분의 가정에서 콤부차를 직접 만들어 마시는 점이 주민들의 건강에 주요 요인으로 작용한 것 같다는 분석의 결과가 뒤따랐다.

이 결과를 보고 받은 스탈린은 신약 개발이라는 영감이 떠올랐다. 자신의 주치의였던 블라디미르 비노그라도프Vladimir Vinogradov와 KGB 수장이자 내무부 장관이었던 라브렌티 베리야Lavrentiy Beria, 의사 이사회, KGB 요원들을 중심으로 모스크바 중앙박테리아학회Moscow Central Bacteriological Institute와 생물생화학 중앙연구소Biological-Biochemical Central Institute에서 제약 개발을 목표로 연구에 착수하였다. 이로써 과학자들은 스코비가 다양한 박테리아와 효모들의 공생 배양균제라는 사실을 처음으로 발견하였다.

건강 효능에 관하여 확신에 차 있던 스탈린은 의사들의 조언을 받아서 콤부차를 마셨다. 마침 권력을 장악할 기회를 호시탐탐 노리고 있던 연구이사회 소속의 KGB 요원 두 명이 베리야와 비노그라도프가 스탈린을 독살하려 했다는 내용으로 그들을 모함하였다. 이미 베리야에 대해 의심으로 가득 찼던 스탈린은 비노그라도프와 유대인 의사들을 수감한 뒤 잔혹한 고문을 통해 허위 자백을 강요하였다. 이 의사들은 1953년 스탈린이 사망한 뒤에야 비로소 무죄를 선고 받고 석방되었다. 음모론을 폈던 두 KGB 요원은 사형을 선고받았다. 이러한 일이 있고 난 뒤, 러시아에서는 콤부차에 대한 연구가 1980년대에 사실상 끝이 나게 되었다.

례를 집대성하였다. 또 다른 주요 연구진에서는 스코비와 콤부차의 항균성과 항암 효능에 대해 연구하였는데, 스코비와 콤부차 모두 독소를 스펀지처럼 흡수하는 성질이 강하여 사람이 내복하면 독소의 체내 흡수를 막아 줌과 동시에 체외로 배출하는 효과가 있는 것으로 밝혀졌다.

국제 협력

몇몇 과학자들은 특히 콤부차의 구성 성분에 대해 반복적으로 연구하였다. 세르비아의 라도미르 말브샤[Radomir V. Malbša]는 2001년부터 스코비와 콤부차에 다양한 배양액을 활용해 12가지 이상의 실험을 진행하여 항산화 성분의 함유량과 함께 가장 영양분이 많이 든 범위를 자세히 조사하였다.

인도의 과학자 라수 자야발란[Rasu Jayabalan]은 2007년부터 콤부차의 치료 효능, 항암 특성, 활성 산소의 제거 능력 향상 등 콤부차의 특정한 발효 과정에서 진행되는 기본적인 생화학적인 반응에 중점을 두면서 최소 7종류 이상의 연구를 진행하였다.

2014년에는 연구진들이 공동으로 협력하여 당시까지 콤부차 문헌을 검토한 뒤, 그 결과를 발표하였다(부록 1, 2 참조).

앞으로의 연구 방향

콤부차는 의약품으로 특허를 취득할 수 없고, 약품으로 판매할 수도 없다. 따라서 콤부차 연구의 대부분은 동물을 대상으로 실험하고 있는데, 미국 이외 지역의 대학에서도 연구가 진행되고 있다. 그런데 최근에는 사람도 임상 피험자로 나서고 있는데, 많은 과학자들이 사람의 세포 중에서도 특히 암세포와 관련하여 연구를 진행하고 있다. 한마디로 콤부차 연구는 유망 분야인 것이다.

아직은 신약 개발에 활용되는 수백만 달러 비용의 이중맹검법[double-blind trial]이 콤부차의 연구에 곧바로 적용될 가능성은 매우 적다. 그러나 미국에서는 이미 일부 대학에서 발효 과목을 개설한 뒤 학위까지도 수여하고 있다. 이로써 발효 식품이 사람의 몸에 주는 영향에 대해 보다 더 폭넓은 연구들이 진행되고 있다. 과학이 수천 년 동안

> **용어 해설 : 콤부차 이름에 대한 혼란 요소**
>
> 일본에서는 콤부차를 홍차 버섯이라는 뜻으로 '코차 킨코[紅茶 キノコ]'라고 한다. 참고로 일본 사람들은 다시마[昆布, こんぶ]를 뜨거운 물에 우려내 마시는데, 이를 '콘부차[konbucha]'라고 발음한다. 이것의 뜻은 '다시마차'이다. 이 또한 과연 우연의 일치인가? 실제로 콤부차에서 형성되는 천연의 갈색 효모 가닥은 갈색의 다시마와도 색상이 매우 비슷하다. 콤부차 이름에 대한 기원은 효모의 기괴한 생김새만큼이나 혼란스러운 일이었다.

진화해 온 '몸(장)의 본능'과 역사에 관하여 연구를 지속한다면, 지금까지 항상 그래 왔던 것처럼 발효 식품은 저온살균 및 배종설[germ theory]과 접목되어 놀라울 만큼 중요한 영양 식품으로 자리를 잡을 것이다.

CHAPTER 19

수제 콤부차
훌륭한 선물, 콤부차!

콤부차가 사람들 생활 속의 일부가 되면, 종종 마법과도 같은 일이 일어난다. 콤부차 키스멧Kombucha Kismet, 즉 숙명을 받아들이는 순간 관성적인 삶과 의식적인 선택의 기로에서 명확한 구분선이 제시된다. 일반 가정에서 단 한 번이라도 콤부차를 만들어 마셔 본 사람들은 친구, 이웃, 주변의 사랑하는 사람들, 심지어 얄미운 동료들에게까지도 콤부차를 선물한다. 왜냐하면 주변 사람들이 계속해서 더 달라고 요구하기 때문이다!

주변의 요청이 끊이지 않으면, 콤부차를 만드는 일은 어느새 즐거운 노동이 된다. 일부 애호가들은 생산 규모를 키워 싱업적으로도 판매하기도 한다. 오늘날 콤부치 산업의 기반을 닦은 지티콤부차GT's Kombucha의 창립자 GT 데이브도 처음에는 마찬가지였다. 만약 여러분이 영양이 풍부한 음식을 만들어 주위 사람들에게 전하고, 또 그 사람들이 감사의 뜻을 전하면 상호간에 강한 상승효과가 생긴다. 이 과정에서 느낀 만족감이 콤부차 사업을 이끌었고, 수많은 수익을 창출하고 있는 것이다.

민간요법의 하나였던 콤부차가 상업적으로 판매되는 데는 시대적인 요구도 있었다. 점점 더 독소들이 만연하는 세상에서 콤부차는 우리의 '엔진'이 원활하게 작동할 수 있도록 '필터를 청소하는 데' 도움을 줄 수 있으며, 또한 지역 사회와 글로벌 사회에도 지속적으로 기여할 수 있다.

21세기에 들어서서 전통적인 의미의 직업 경력은 더 이상 존재할 수 없다. 따라서 누군가는 자신이 좋아하는 일자리를 직접 만들어야 한다. 콤부차에 잘 알고 있는 사람이라면 지역 사회에서 콤부차를 공급하는 일도 할 수 있다!

그러나 알다시피 수익이 창출되기까지는 모든 기회가 그렇듯이 어려움을 동반한다. 상업적으로 판매할 경우에는 정확한 검사를 통해 낮은 알코올 도수의 요구 사항을 준수하는 것이 중요하다.

또한 인허가 기관으로부터 음료의 판매를 인증받아야 하고, 제품 공급, 유통, 세금에서도 여러 가지의 어려운 점들도 있다.

콤부차는 소프트드링크?

콤부차가 미국 시장의 경우에는 완전하게 진입하기 어려운 점들이 많다. 콤부차에는 미량의 알코올이 들어가 있기 때문이다. 미국에서 알코올성 음료는 법적으로 알코올 도수가 0.5도 이상이어야 한다.

이 조항은 1919년 설립된 금주법 Volstead Act을 근거로 하고 있다. 그런데 금주법이 폐지된 지 80년이 지났지만, 오늘날의 시대상을 반영하지 않고 그 제한이 고스란히 유지되고 있다.

'소프트드링크'의 정의는 '하드드링크'에 비해 알코올 도수가 낮다는 것을 뜻하지만, 정확히 얼마나 적어야 하는지에 대한 기준은 없다. 수천 년 동안 사람들은 나이에 상관없이 모든 종류의 알코올성 음료를 섭취해 왔다.

20세기 초반에는 어린아이들까지 희석된 '포도주'나 발효된 '진저 에일'나 '루트 비어', 알코올 도수 2도 이하의 맥주를 소량으로 마시는 행동들이 매우 자연스러운 일이었다.

콤부차는 발효 과정에서 알코올이 낮은 도수(0.2~ 1)로 생성되기 때문에 자연적으로 법적인 기준을 초과한다. 따라서 콤부차를 생활 건강 음료로서 상업적으로 판매되는 데에는 많은 어려움이 뒤따른다.

여러 알코올 성분 검사법들은 극히 낮은 알코올 도수를 측정하기에는 정교하지 않다. 그리고 값비싸고 복잡한 기계를 사용하려면 교육을 받지 않는 한 어렵다. 따라서 맥주 제조 면허(또는 와인)를 취득할지, 아니면 콤부차의 알코올 함유량을 줄일지를 양자택일해야 한다. 이와 같은 이유로 GT's 콤부차를 포함한 몇몇 상품들은 알코올 도수가 낮은 상품들만 판매한다.

결국 알코올 도수를 낮추든지, 맥주 제조 면허를 취득하든지 간에 두 경우의 방침이 서로 다르기 때문에 마트 내 판매 코너가 다르거나 매장도 달라져서 소비자들은 혼란스럽기만 하다.

더욱더 혼란을 가중시키는 점은 소다수, 주스, 코코넛 워터, 에너지 드링크 등의 시중에 판매되는 제품의 경우에는 타제품에 합법적으로 규정된 알코올 도수의 기준 이상을 포함할 수 있다는 사실이다. 그리고 이와 같은 음료들은 또한 알코올성 음료로 인식되지 않기 때문에, 결국 알코올을 미량으로 함유하고 있어도 무시되고 제재를 받지 않는 것이다. 실제로 생과일 주스와 발효 음료에는 음료 종류, 발효 과정의 유형에 따라 알코올 도수가 0.3~2도 정도 된다.

콤부차는 사람을 취하게 하지 않음에도 불구하고 미량의 알코올이 함유되어 있어 제재를 받는 반면에, 일반 음료는 영양, 독성, 심지어 알코올 함량 등의 기준을 넘겨도 아무런 제재를 받지 않기 때문에 전체적인 시각에서 볼 때 기준이 왜곡되어 있는 것이다.

2010년 콤부차의 위기

2010년에 콤부차의 최대 유통업체인 홀푸드는 콤부차 공급업체들에 알코올의 실제 도수와 라벨상의 표기가 일치하지 않아 제품들을 전량 회수해 달라고 요청하였던 적이 있다.

그 기막힌 전말은 다음과 같았다. 각기 다른 주에서 근무하는 여러 명의 식품감독관들이 각기 제품에 관해 문제를 제기한 것이다. 식품감독관들은 콤부차의 제품을 냉장 보관하지 않고 선반에 올려놓고 판매되는 것에 대해 심히 우려하였다.

그리고 샘플을 수집한 뒤 당시의 장비로 알코올 도수를 측정한 결과, 비알코올성 음료에 대한 알코올 도수의 법정 한계치인 0.5도를 초과하여 소매 업체들에게 법적인 압력을 행사하였다.

당시의 소매 업체들은 그들을 대표하는 협회가 없었기 때문에 개별적으로 알아서 대응하는 수밖에 없었다. 소매 업체들은 비싼 대가를 치루고 무거운 징계를 받았다.

홀푸드는 자사 제품을 매장에서 재배치할 속셈으로 재고가 있는 자사 제품까지 구입한 반면에, 소매 업체의 콤부차 제품은 새로 만들어 입고하거나 라벨링을 수정해 달라고 요구하였다. 그 뒤 몇 개월 동안 제품의 수가 급격히 늘어나면서 급기야 시장은 혼란 상태에 빠졌다.

제품을 새로 만드는 경우에는 알코올 도수를 인위적으로 낮추기 위해 발효 과정을 변경하거나 발효로 생기는 일부 성분들을 제거해야만 했다. 결국 대부분의 소규모 업체들은 규격에 맞는 제품을 선보이게 되었고, 일부 업체는 맥주 또는 와인 제조 면허를 취득한 뒤, '전통적인 알코올 음료'를 만들게 되었다.

결국 콤부차 제품 회수 요청의 근거는 알코올 도수였고, 그 대부분이 판매 금지의 처분을 받았다. '알코올성' 콤부차는 극히 일부에 불과하지만, 마치 전체 콤부차가 맥주나 와인과 같은 수준의 알코올성 음료라는 오해를 불러일으킨다. 식이요법 측면에서 알코올 도수를 낮추면 실제로 몸의 건강에도 유익하다.

자연적으로 발효된 소프트드링크는 사람이 취하지 않는다. 소프트드링크에 함유된 미량의 알코올 성분은 웰빙의 느낌을 주면서 스트레스를 줄이는 기능을 한다. 연구에 따르면, 적당량의 알코올 섭취는 심장병, 뇌졸중, 당뇨병, 담석증, 치매, 감기 등의 위험을 줄인다고 한다.

무알코올성 음료(알코올 도수 0.5도 이하)의 현행법적 정의의 가장 큰 문제점은 과학적 연구가 아닌 사람의 경험에 근거를 두고 있는 것이다. 따라서 이에 대해서는 논쟁의 여지가 많다.

그리고 이 수치는 오래전부터 전해져 내려온 영양성이 풍부한 저알코올성 건강 발효 음료에 대한 논쟁을 의도치 않게 불러일으켰다. 콤부차를 6팩이나 먹고 취한 사람을 본 적이 있는가? 취하기도 전에 화장실만 들락날락하게 될 것이다.

15세 이하의 청소년이 천연 건강 발효 음료를 구입하지 못하도록 규제한 나라가 있었던가? 당연히 없다. 더욱더 문제인 것은 미국 내에서는 건강 음식에 세금을 부과하지 않는 정책이다. 반면에 건강 음료인 콤부차에는 왜 과세하는 것인가? 미국에서 오늘날 대부분의 콤부차 업체는 세금을 지불하고 있다.

한편 지금은 콤부차 제조업체들이 생산 과정을 대폭 변경하거나 최종 제품을 변경하지 않고도 알코올 도수 1도를 쉽게 준수할 수 있게 되었다. 콤부차 브루어 인터내셔널 Kombucha Brewers International이라는 협회가 설립된 뒤로 새로운 검사 방법이 제시되었기 때문이다. 기존의 검사 방식 및 절차들은 정교함이 떨어지고, 콤부차의 공생 발효 과정이 전혀 고려되지 않았다. 또한 알코올 성분과 콤부차의 건강한 산 성분이 엄연히 다르지만, 엄격한 검사를 거치지 못했던 점도 있었다.

　현재의 관점에서 보면, 콤부차의 회수 명령이 부적절한 검사 방법에 의한 과잉 대응일 수 있다. 지금까지는 소비자로부터 식품 안전성에 관한 위험 요소들이 제기된 적이 없으며, 홀푸드도 신뢰성 있는 정보를 획득하면서 책임성 있게 대처하고 있다.

　그 이유가 무엇이든지 간에 관련 법률이 개정되거나 콤부차에 대해 알코올 도수의 제한 해제가 이루어질 때까지는 미국 내의 규정을 준수해야 한다. 경우에 따라서는 최종 제품을 변경하고 엄격한 표준 규정을 준수해야 할 수도 있다. 그와 같은 열악한 상황 속에서도 콤부차는 오늘날 소비자가 언제 어디서나 즐길 수 있도록 시중에서 판매되고 있다.

국가, 지역, 소규모의 브랜드들

콤부차 업계는 다양한 유형의 업체들로 구성되어 있다. 미국 전역에 콤부차를 판매하는 업체도 있고, 지역 사회에서 느리지만 안정적인 속도로 지속 가능한 방식으로 공급하는 것을 선호하는 업체들도 있다.
이러한 업체들 중의 일부는 통이나 병에 제품을 담아 판매하는 방식으로 탄소발자국을 줄이는 데에도 기여하고 있다. 지역의 로컬 브랜드를 만나고 싶으면 파머스 마켓을 가면 된다. 그곳에서는 음식을 통해 지역 사회와 소통하려는 열정적인 사람들이 콤부차를 판매하고 있는 광경을 쉽게 볼 수 있을 것이다. 발효 분야의 시장이 발전하고 확장하면서 더욱더 많은 사람들이 자연친화적이고 건강에도 유익한 식품을 찾고 있다. 이와 동시에 수요의 증가를 충족시키기 위해 지역에서 소규모로 사업을 운영할 수 있는 기회도 함께 성장하였다. 결국 소비자 입장에서는 건강을 유지할 수 있고, 지역의 콤부차 업체는 지역 사회의 건강을 개선하는 데 큰 기여를 할 수 있는 것이다.

각자의 브랜드 만들기

콤부차 분야는 진입 장벽이 비교적 낮은 데 반해 시장은 급격히 성장하고 있기 때문에 중소기업에는 매혹적인 기회가 아닐 수 없다. 따라서 오늘날 콤부차 업체들은 거의 대부분이 자신의 집에서 콤부차를 생산하고 있다. 그 밖에도 열심히 일하면서 지역 사회에 봉사하려는 사람들에게는 큰 기회로 작용할 수 있다.

　자신과 가족들이 함께 나누어 먹을 수 있을 만큼 소규모로 콤부차를 만드는 것도 좋다. 그러나 더 많은 양을 만들 때 적절한 준비가 없으면 어려움이 뒤따를 수 있다. 위생, 검사 표준, 모범 사례를 준수하는 일은 콤부차의 모험을 성공적으로 이끌어 가는 데 매우 중요하다. 콤부차 브루어스 인터내셔널에 가입하여 학습을 시작해 보는 것도 좋다. 이곳은 전 세계에서 판매되는 콤부차를 홍보하기 위해 노력하고 있는 단체이다.

오늘날의 콤부차 개척자

콤부차에 대한 관심이 부쩍 높아지고 콤부차 생산 공동체가 확장되면서 고대로부터 전해져 온 영약을 현대인의 생활 속 일부로 만들기 위해 노력한 수많은 사람들에게 감사의 뜻을 전한다! 이들은 가족과 주변 사람들의 건강을 위해 일반 가정에서 직접 콤부차를 만드는 사람들이다. 이 사람들은 콤부차캠프의 설립에 영감을 준 주인공들이다. 이들이 바로 사람들의 입맛을 서서히 바꾸는, 진정한 의미에서 세상의 개척자들이다.

콜린 앨런과 오리지널 콤부차 리스트서브

인터넷이 탄생한 1990년대 초반에 수많은 사람들이 커뮤니티인 리스트서브listserv에 가입하였다. 리스트서브에서 사람들은 질문을 제기하면서 서로 다른 사람들과 대화를 나누었다. 이 리스트서브를 통해 수많은 사람들이 정보를 교환하면서 콤부차를 안전하게 만드는 방법들에 대해 처음으로 배우게 되었다. 콜린 앨런Colleen Allen은 1995년 2월에 '오리지널 콤부차 리스트서브Original Kombucha(OK) listserv를 개설하였다. 오늘날 콤부차가 어느 정도 유명세를 얻기까지는 1990년대에 콜린과 리스트서브에서 활동하였던 사람들의 기여가 크다.

콜린은 질병을 앓고 있었음에도 지식 탐구를 향한 진실한 열정과 순수한 의지를 이어나갔으며, 커뮤니티 안에서 활발한 활동으로 사람들로부터 큰 존경을 받았다. 2000년도에 콜린이 사망하기까지 OK 게시판에 올라온 질문과 답변을 바탕으로 콤부차에 관한 방대한 정보를 수집하여 콤부차센터Kombucha Center의 웹사이트에 게시하였다.

콤부차 비즈니스 창업 10단계

1. 일반 가정에서 소량으로 콤부차 제조 기술을 연습한 뒤 레시피를 개발한다.
2. 콤부차를 친구들에게 전해 준 뒤 조언을 받아서 레시피를 수정한다.
3. 콤부차의 생산 규모를 확대하여 대량으로 만들었을 때의 적절한 배양균 상태, 발효 시간, 그리고 향미를 개발한다.
4. 제품의 품질을 일관성이 있게 생산하기 위하여 pH, 설탕의 사용량, 발효 조건을 추적하여 꼼꼼히 기록한다.
5. 시중에 판매할 제품을 만들 생산 공간이자, 주방을 마련한다.
6. 병과 원료를 대량으로 준비하고, 라벨을 디자인하고, 판매할 최종 상품의 맛과 향을 결정한다.
7. 파머스 마켓, 공동체 지원 농업CSA, Community Supported Agriculture, 그 밖의 소규모 매장을 통하여 브랜드에 대해 홍보한다.
8. 사업자 자격과 면허를 신청한다.
9. 무역협회, 비즈니스협회 등에 가입하여 업계의 다른 사업자들과 공동 네트워크를 형성한다.
10. 큰 매장에서 판매할 목적이면 지역의 마트, 요가 클럽, 푸드 트럭을 활용한다.

마이클 루진

청소년 축구 심판이었던 마이클 루진 Michael Roussin은 선수들과 함께 필드를 달려야 하는 일이 많았다. 그러다 보니 무릎이 뻣뻣해지고 통증이 생기며, 달리는 속도가 늦어지게 되었다. 그때 마침 친척 중 한 명이 스코비를 보내주며 콤부차를 권유하였다(콤부차 숙명이 아닌가!). 마이클은 콤부차가 통증을 점차 완화시키고 유연성을 살려 주고, 혈압도 낮춰 줄 것으로 믿었다.

이와 같은 효험을 보았던 마이클은 콤부차에 관하여 더 많은 것들을 배우기 위하여 콤부차에 관해 소개된 자료를 수집하여 전부 섭렵하였다. 그러던 중 마이클은 1995년에 몇 종의 콤부차를 연구소의 실험실로 보내 분석을 의뢰하였다. 18개월 뒤에는 수집한 콤부차의 샘플들이 1100개 이상이 되었는데, 마이클은 이것들을 14개의 박스 분량의 문서 데이터로 축적하였다. 당시로서는 콤부차 분야에서 가장 포괄적인 연구였고, 이는 곧 『콤부차 발효 분석 자료 Analyses of Kombucha Ferments』의 책자로 발간되었다.

당시로서는 상당히 중요한 자료였고, 오늘날의 많은 연구자들에게 큰 영감을 불어넣었지만, 그중 일부는 훗날 틀린 것으로 판명되었다. 대표적인 내용이 콤부차에는 글루쿠론산이 함유되지 않았다고 결론을 내린 것이다. 그러나 당시 마이클의 실험실에는 글루쿠론산을 제대로 검사할 장비와 기술이 없었던 이유도 있었다. 이는 수많은 연구 결과들이 오늘날에 와서 다시 검증되는 일과 마찬가지이다.

그러나 마이클과 관련 연구자들은 콤부차의 해독성이 글루쿠론산의 효능임을 발견하였다. 연구 표본에서는 강력한 효소 억제제인 DSL(D-saccharic acid-1,4-lactone)이 발견되었고, 그것이 몸의 독소를 방출하는 데 큰 도움을 주는 것으로 밝혀진 것이다.

마이클은 콤부차를 마신 사람들의 소변에서 더 많은 양의 글루쿠론산 성분이 발견된 사실을 바탕으로 DSL의 존재를 설명하였다. 또한, 마이클 전후로 여러 과학자들이 콤부차에 글루쿠론산 성분이 있음을 반복적으로 증명하였다. 그의 불완전했던 가설 중 일부가 사실로 인용된 것이다. 콤부차를 마시는 사람들에게 콤부차 내 글루쿠론산 성분이 있고, DSL이 글루쿠로니다아제 억제제 glucuronidase inhibitor로 작용해 신체 내 독소를 배출한다는 사실은 좋은 소식이었다.

콤부차 비어 Kombucha Beer

일부 콤부차 회사들은 맥주 제조 면허를 취득했다. 미시간주 소재 Unity Vibration Living Tea는 일반 콤부차 티 제품을 제공할 뿐만 아니라, 콤부차/맥주를 결합한 상품을 내놓음으로써 찬사를 받았다.

이 기업에서는 여러 크래프트 비어 양조장에서 소량씩 콤부차 비어를 실험했다. 콤부차와 발효 기술에 알코올 함량이 많은 효모 가닥, 홉스 등 여러 요소를 접목해 콤부차 비어를 제조했으며, 동시에 콤부차를 표준 음료로 시중에 내놓았다. 이후 독자적인 기업들이 진출해 콤부차 전용 바를 열었으며 모든 연령대의 사람들이 즐길 수 있는 저알코올 맥주도 갖추고 있다. 자신이 사는 동네에 콤부차 바가 있는지 살펴보고 방문해보는 것도 좋다!

렌 포르치오

1990년대 중반 렌 포르치오Len Porzio는 친구로부터 콤부차에 관한 이야기를 처음으로 들었다. 마라토너였던 렌은 당시 기분이 좋지 않고 무슨 이유에서인지 몸무게가 20파운드나 빠져 비쩍 마른 상태였다. 얼마 뒤, 파머스 마켓에서 콤부차 배양균을 팔던 한 업체를 알게 되었다. 의사와 상담하여도 뾰족한 수가 없었던 상황에서 렌은 콤부차를 만들어 먹어 보기로 결정하였다. 그런데 콤부차를 마시고 1주일 정도 지나자, 렌의 증상이 호전되기 시작하였고, 3개월이 지나자 완전히 치료된 듯한 느낌이 들었다. 나중에 렌은 칸디다균이 자라난 것이 아닐까 하는 생각이 들었다. 그 뒤 렌과 그의 아내는 수년에 걸쳐 콤부차 식이 요법을 유지하였고, 결국 자신이 앓고 있던 계절성 알레르기와 아내의 담석 증상이 완화되었다고 주장하였다.

렌은 또 스코비라는 용어를 만들었다. OK 리스트서브에서는 토론 과정에서 콤부차 액과 콤부차 배양균체를 구별하는 데 약간의 어려움을 겪었다. 렌은 박테리아와 효모의 공생배양균체symbiotic culture of bacteria and yeast의 약자인 스코비(SCOBY)를 제안하였다. 그런데 누군가가 더 나은 이름을 제시할 것이라 예상하였지만, 더 이상의 의견은 나오지 않았다.

리스트서브 그룹이 성장함에 따라, 렌은 사람들의 동일한 질문에 계속적으로 답변하고 있다는 사실을 깨달았다. 마침 리스트서브 관리자의 제안에 따라 '밸런스 유어 브루Balance Your Brew'라는 웹사이트를 개설해 자주 묻는 질문에 대한 답변을 게시하였다. 콤부차를 향한 열정과 콤부차 용어의 정립에 기여한 렌의 노고, 그리고 모든 이가 사용할 수 있도록 정보를 공유한 렌 포르치오야말로 콤부차계의 전설적인 인물이다.

베치 프라이어

작가이면서 콤부차의 열렬한 애호가인 베치는 할리우드의 명상센터를 방문하면서 콤부차를 처음으로 접하였다. 베치는 당시 라이베리아에서 에이즈 전염병에 관한 내용을 보고서로 작성하면서 어떤 방식으로든지 사람들의 건강 증진을 돕고 싶다고 생각하였다. 콤부차를 만들 때만 해도 회의적이었지만, 콤부차를 만드는 과정에 대하여 이해하고, 몸의 상태가 호전되는 것을 느끼면서, 결국 콤부차를 만드는 것이 자신이 가장 좋아하는 일이 되었다.

나중에 베치는 그의 로우렐 팜스를 통해 콤부차 배양균을 전국적으로 유통시키고, 『콤부차 현상』이라는 제목의 책도 공동 집필하였다. 1995년에는 TV 방송 프로그램인 「투데이 쇼The Today Show」에 출연해 콤부차에 대해 이야기하면서 콤부차가 확산되는 데 크게 기여한다.

콤부차 에세이

콤부차 키즈멧(kombucha kismet), 실행에 도전하기!

" 베치 프라이어가 로스앤젤레스에 사는 친구들에게 배양균을 선물로 돌리기 시작하였을 때, 그 친구 중의 한 명이 바로 베버리힐즈 주스Beverly Hills Juice의 대표인 데이비드 오토David Otto였다. 얼마 지나지 않아, 오토는 또 다른 친구에게 콤부차를 선물하는데, 그 친구가 바로 GT Dave의 아버지였다. 콤부차 키즈멧(kombucha kismet), 그 숙명의 길은 바로 이렇게 이어지는 것이다!"

라레인과 GT 데이브

1990년대 중반 주변의 사람들이 콤부차를 만들기 시작할 때 GT 데이브는 십대의 청소년이었다. 데이브는 당시 비건이었고, 건강에 대해서도 항상 의식을 갖고 영적인 생활방식을 즐겼다. 물론 콤부차를 가끔씩은 먹기도 하였지만, 식초 향이 그다지 마음에 들지 않아 사람들을 위해 남겨 주었다.

데이브의 어머니인 라레인은 원래부터 콤부차를 좋아하였지만, 희귀 암이 몸에서 빠르게 전이되면서 콤부차에 더욱더 빠져들었다. 수명이 일 년밖에 남지 않았다는 시한부 사망 선고를 받았을 때, 라레인은 수술과 항암 치료로 생기는 메스꺼움과 통증을 완화하고, 회복 속도를 높이는 데 콤부차의 섭취가 큰 도움이 된다는 사실을 전적으로 믿었다. 그 뒤 라레인은 암을 완전히 극복하였다.

한편, 어머니가 암에서 회복된 뒤 데이브는 콤부차를 만들어 판매하면서 사람들에게 도움을 줄 수 있다는 사실에 매료되었다.

고등학교 중퇴자에「워롱 크라우드 wrong crowd」의 노래에 빠져 지내던 데이브는 콤부차 매장을 만들어 사업을 시작해야겠다는 생각을 갖게 되었다. 대기업과 같은 모습을 보이기 위해 데이브는 영업 담당자, 사업 소유자, 지점 관리자의 다중 역할을 하면서 여러 가지의 업무를 진행하였다. 그리고 지역의 건강식품 판매 매장인 에류원 Erewhon에서 콤부차를 처음으로 판매하였다. 이를 시작으로 사업장을 10곳 이상으로 늘리면서, 결국 사업 전체가 확장되었다.

GT's 콤부차는 불과 10년 만에 전국적인 유통망을 형성하였다. 당시 경쟁 업체는 콜로라도 이글에서 에드 로스바우어 Ed Rothbauer와 스티브 딕먼 Steve Dickman이 공동으로 설립한 '하이 컨트리 콤부차 High Country Kombucha'와 스태시 Stash와 타조 티 Tazo Tea 업체에서 스티브 리 Steve Lee가 운영하는 콤부차 원더 드링크 Kombucha Wonder Drink의 두 곳이었다. 두 브랜드 모두 오늘날까지 명맥을 이어가고 있는데, 전국적으로 수백 개의 점포를 운영하고 있다.

불과 20년 만에 GT's 콤부차는 전통적인 민간요법을 건강을 위한 하나의 문화 현상으로 승화시키는 데 큰 도움을 주었다. 또한 콤부차가 상업적으로 판매되는 데 큰 공헌을 하였다. 데이브는 수많은 사람들이 업체를 창업하고 콤부차의 맛을 일관성 있게 유지하여 소비자가 꾸준히 찾을 수 있도록 하는 데 큰 영감을 주었다. 그의 어머니인 라레인 역시도 콤부차 제품을 만들고 배양균을 공급하는 등 GT's 콤부차에 필요한 지원을 아끼지 않고 있다.

콤부차 브루어스 인터내셔널

2010년에 콤부차 회수 명령이 내려진 뒤로 신생 업체들이 우후죽순처럼 시장에 대거 진입하면서 콤부차 업계는 엄청난 속도로 크게 성장하였다. 여기에 각 지역을 거점으로 하는 브랜드와 이들 브랜드를 좋아하는 지역 소비자들의 수요도 증가하면서 콤부차의 유통 범위도 더욱더 확장되었다.

모든 산업 분야에서 그렇듯이, 공통된 문제를 해결하기 위하여 경쟁 업체들 간에 협력도 있지만, 아직 성숙하지 않은 분야에서는 잘 뭉치기 어렵고, 서로에 대한 신뢰도도 부족하다.

그리고 알코올 함유량에 관한 문제가 계속 터질 것이라는 두려움을 갖고 있지만, 대부분의 업체들은 다른 업체들과의 대화를 피하고 있다. 또한 경쟁 업체들은 법적인 규정을 준수하면서 맛있는 음료를 만들기 위하여 홀로 외로이 고군분투하고 있다.

그런데 컨설턴트로 다양한 업체들과 협력하거나 콤부차의 인지도를 넓히는 마케팅 캠페인에 참여하고, 로스앤젤레스 내에 해너 홈브루 Hannah's Homebrew, 2010~2013를 내는 등의 사업을 몇 년 간 계속한 결과, 업계 내 많은 사람들과 신뢰를 쌓고 그들이 직면한 문제를 보다 긴밀하게 이해할 수 있는 위치에 놓이게 되었다. 무역협회에 관한 토론이 진행될 때에도 GT's 콤부차가 여러 회에 걸쳐 추천을 받아 의사 진행을 맡았다.

당시 몇 년간은 어려움이 있었지만, 2014년 40개 이상의 업체가 가입하여 교육, 모범 사례 권장, 마케팅 이니셔티브를 통해 콤부차 산업을 홍보하고 육성하기 위한 무역협회인 '콤부차 브루어스 인터네셔널 Kombucha Brewers International'이 설립되었다.

많은 소비자들이 점점 더 음료수와 주스의 대안을 모색

하면서 콤부차를 병에 담아 판매하는 분야의 전망도 지금은 매우 밝다. 성장하는 산업은 항상 새로운 문제에 직면하기 마련이지만, 콤부차 업체들은 모체 배양균을 모방하여 공생 배양균체를 촉진하여 표준을 확립하고, 소비자, 소매 업체, 도매 업체 등의 회원들을 교육하는 등 다양한 운동을 펼쳐 나가고 있다.

부록 1 : 콤부차의 다양한 유효 성분들

아는 것이 많을수록, 모르는 것도 많이 보인다는 이야기가 있다. 우리가 아직 밝혀내지 못하였든지, 완전히 이해하였든지 간에, 적어도 영양에 관해서는 식품에 함유된 고유한 성분이라고 생각하는 데 매우 익숙해져 있다. 여기서 소개하는 발효과정을 통해 생성되거나 증가하는 산류, 비타민, 그리고 항산화 성분들은 콤부차의 효능을 입증하는 것이 아니다. 다만 최신 연구 성과를 근거로 이 고대 영약에 깃든 건강한 효능의 잠재적인 기초 메커니즘에 대하여 설명하는 것이다.

하나의 박테리아 종이나 영양소에 집착하는 것은 대단히 잘못된 일이라 할 수 있다. 박테리오사피엔스는 미시적인 수준에서 영양분을 얻는 매우 복잡한 유기체이기 때문이다. 만약 영양소가 쉽게 소화되고 생물학적으로 이용할 수만 있다면, 소위 말해서 우리 몸이 필요한 것을 공급하는 데에는 극히 소량의 섭취만으로도 충분할 수 있다. 콤부차를 소량으로 자주 음용하면, 가장 효율적으로 활용하도록 진화해 온 우리 몸에 맞춰서 영양소를 공급함으로써 몸의 조직을 최상으로 만들어 준다.

모든 콤부차가 발효 단계에서 모든 유효 성분들을 다 생성시키는 것은 아니다. 일부 특정한 박테리아나 효모는 특정한 성분들만 생성시킬 가능성이 높다. 반면 그 밖의 다른 요소들 사이에서 티, 설탕, 시간, 온도는 최종 결과물과 그 생성량을 변화시킬 것이다. 그렇다고 해서 여기서 소개되는 내용들이 액면 그대로 전부인 것은 아니다. 다른 아미노산이나 효소나 비타민이나 효모 종들도 오늘날 전 세계의 콤부차 발효 과정에서 수백만 종류들로 생성될 수 있다. 콤부차에 관한 연구들이 지속됨에 따라 더욱더 상세하고 효과적인 연구 결과들이 쏟아져 나왔고, 앞으로도 그와 같은 성과들은 더욱더 늘어날 것이다.

콤부차에 든 주요 성분들

수백 년에 걸쳐 전 세계에서 콤부차를 소비해 왔던 수백만 명에 달하는 사람들의 일화적인 추천서들과 수백 종류에 이르는 연구들에도 불구하고, 콤부차에 관한 연구는 의약품 개발을 위한 임상 실험에 준하는 엄격한 기준에 따라 진행되어 왔다. 여기서 소개하는 내용들은 미국식품의약국(FDA)에 의해 평가된 것이 아니라는 점을 분명히 알아야 한다. 그리고 콤부차와 스코비는 진단, 처방, 치료, 질병 예방을 위한 것이 아니다.

여기서는 그러한 임상 데이터 대신에 콤부차에 대한 지식의 본체, 즉 콤부차는 만병통치약이 아니라 살아 있는 형태로 영양을 공급하기 위해 발효 과정을 통해 만든 맛있고도 티를 기반으로 한 자양강장제라는 사실을 소개한다.

아미노산

아미노산(amino acids)은 단백질의 구성 요소이다. 스코비는 9종류의 필수 아미노산을 비롯해 다양한 아미노산들을 함유하고 있다. 스코비는 그 자체로 완벽한 단백질인 것이다. 콤부차는 다음과 같은 아미노산들을 함유하고 있다(* 표시는 필수 아미노산).

- 알라닌(Alanine)
- 아르기닌(Arginine)
- 아스파르트산(Aspartic acid)
- 시스테인(Cysteine)
- 글루탐산(Glutamic acid)
- 글리신(Glycine)
- 히스티딘(Histidine)*
- 이소류신(Isoleucine)*
- 류신(Leucine)*
- 리신(Lysine)*
- 메티오닌(Methionine)*
- 페닐알라닌(Phenylalanine)*
- 프롤린(Proline)
- 세린(Serine)
- 트레오닌(Threonine)*
- 트립토판(Tryptophan)*
- 티로신(Tyrosine)
- 발린(Valine)*

콤부차에서 아미노산의 함유량은 발효 과정의 기간이 길어짐에 따라 늘어나는데, 홍차를 기반으로 한 발효 시작일로부터 21일째에 최고의 함유량을 보인다. 아래의 관련 연구에 따르면, 리신, 이소류신, 류신, 글루탐산, 알라닌, 아스파르트산, 프롤린이 고농도로 함유되어 있다는 사실이 밝혀졌다.

● 관련 연구

Jayabalan, Rasu, Kesavan Malini, Muthuswamy Sathishkumar, Krishnaswami Swaminathan, and Sei-Eok Yun. Biochemical characteristics of tea fungus produced during kombucha fermentation. *Food Science Biotechnology* 19, no. 3 (2010): 843:847.

유기산류

유기산류(organic acids)는 일반적으로 산도가 약하고 물에 완전히 용해되지도 않는다. 유기산류는 잘 발효된 콤부차의 시큼한 펀치를 비롯하여 수많은 음식들에 독특한 신맛을 제공한다. 이와 같은 거의 모든 유기산류가 전체적으로 균형을 이루어야 콤부차도 적정 산도에 이를 수 있다

아세트산

적당히 발효된 콤부차에 나는 시큼한 향의 주요 성분인 아세트산(acetic acid)은 수많은 긍정적인 영향을 촉발한다. 예를 들면, 원기 회복, 소화 촉진, 칼슘과 마그네슘의 장 내에서 흡수 촉진, 혈중 콜레스

테롤, 혈중 트리글리세리드, 혈당의 수치 강하, 포만감 증가 등이다.

● 관련 연구
Liu, C. H. Liu, C. H., W. H. Hsu, F. L. Lee, and C. C. Liao. The isolation and identification of microbes from a fermented tea beverage, Haipao, and their interactions during Haipao fermentation. *Food Microbiology* 13, no. 6 (1996): 407–415.
Shade, Ashley (Gordon and Betty Moore Foundation Fellow of the Life Sciences Research Foundation –Yale University). The Kombucha Biofilm: A Model System for Microbial Ecology. Final report on research conducted during the Microbial Diversity course, the Marine Biological Laboratory, Woods Hole, Mass., 2011.
Steinkraus, K. H., K. B. Shapiro, J. J. Hotchkiss, and R. P. Mortlack. Investigations into the antibiotic activity of tea fungus/kombucha beverage. *Acta Biotechnologica* 16, no. 2–3 (1996): 199–205.
Sreeramulu, Guttapadu, Yang Zhu, and Wieger Knol. Kombucha fermentation and its antimicrobial activity. *Journal of Agricultural Food Chemistry* 48 (2000): 2589–94.

5-케토글루콘산(5KGA)

설탕이 아세트산으로 변환되는 과정에서 생기는 부산물인 5-케토글루콘산(5-keto-gluconic acid, 5KGA)은 건강에 유효한 성분들 중에서도 타르타르산과 비타민 C의 전구체(precursor)이다. 타르타르산은 시큼한 향미를 내고, pH를 내리면서 식품의 부패를 막는다.

뷰티르산

버터, 우유, 무산소(혐기성) 발효 식품에 든 짧은 사슬 지방산인 뷰티르산(butyric Acid)은 우리 몸의 체취에서도 나고, 사람의 토사물에서 볼 수 있는 주요 산이다. 결코 유쾌하지 않은 그 냄새의 성분인 뷰티르산은 결장 감염을 억제하고, 궤양성 대장염을 막고, 결장 암세포를 억제하는 데 매우 중요한 역할을 한다. 그 밖에도 결장 상피 세포의 건강을 증진시키는 역할도 한다.

카프르산(데칸산)/카프로산(헥산산)/카프릴산

이 산류들은 우리 몸에 좋은 콜레스테롤(HDL)은 증가시키는 반면, 나쁜 콜레스테롤(LDL)은 줄여 준다. 이 외에도 항바이러스, 항종양의 특성도 있다. 일반적으로 바이러스성 감염을 치료하기 위하여 내복하기도 한다. 원칙적으로는 음식이 접촉하는 표면을 소독하는 약품에서 살균, 항균의 화학 성분으로 주로 사용되고 있다.
이러한 산류는 또한 칸디다 알비칸스(Candida albicans)를 비롯하여 다양한 유형을 보이는 칸디다증 세포막 장애의 치료에도 큰 효능을 보인다

시트르산(감귤산)

알파하이드록시산(alpha-hydroxy acid)의 일종인 시트르산(citric acid)은 주로 감귤류에서 볼 수 있다. 이 시트르산은 향긋하고 즐거운 신맛을 제공하면서도 천연 방부제의 기능도 한다. 요리 용도에서는 마리네이드(marinade) 향신료에 향미를 더해 주고, 미백 용도에서는 죽은 세포를 제거해 준다. 킬레이트 시약(chelating agent)(또는 착화제)으로서 우리 몸에 축적된 독소들을 점진적으로 제거하고, 싱크대와 수도꼭지에 침착된 미네랄 성분들을 용해하는 데 사용될 수도 있다.

● 관련 연구
Malbaš, Radomir V., Eva S. Lončr, Jasmina S. Vitas, and Jasna M. Čnadanović Brunet. Influence of starter cultures on the antioxidant activity of kombucha beverage. *Food Chemistry* 127, no. 4 (2011): 1727–1731.

락트산(젖산)

락트산(lactic acid)은 두뇌와 근육의 에너지원이면서, 이들 기관이 탄수화물을 더욱더 효율적으로 사용할 수 있도록 한다. 또한 간이 글리코겐을 생성하도록 촉매 작용도 한다. 상업적으로 락트산은 제석제, 비누거품 제거제, 항세균제로 사용하고 있는데, 친환경적인 선택이다.
콤부차에 들어 있는 양은 배양균체, 배양액, 발효 환경의 차이로 인해 매우 광범위하게 변화한다.

● 관련 연구
Malbaš, Radomir V., E. S. Lončr, and L. J. A. Kolarov. L-lactic, L-ascorbic, total and volatile acids contents in dietetic kombucha beverage. *Romanian Biotechnological Letters* 7, no. 5 (2002): 891–896.

4-에틸페놀

페놀계 화합물인 4-에틸페놀

콤부차에서 검출되는 다양한 산류(Acids)

아세트산(Acetic Acids)
벤조산(Benzoic Acids)
뷰티르산(Butyric Acids)
카프르산(Capric Acids) : 데칸산(decanoic Acids)이라고도 한다.
카프로산(Caproic Acids) : 헥산산(hexanoic Acids)이라고도 한다.
카프릴산(Caprylic Acids)
시트르산(Citric Acids) : 감귤산이라고도 한다.
글루콘산(Gluconic Acids)
글루쿠론산(Glucuronic Acids)
히알루론산(Hyaluronic Acids)
락트산(Lactic Acids) : 젖산이라고도 한다.
말산(Malic Acids) : 사과산이라고도 한다.
핵산(Nucleic Acids)
옥살산(Oxalic Acids) : 수산이라고도 한다.
우스닌산(Usnic Acids)

(ethylphenol) 콤부차, 와인, 사우어 비어(sour beers)에서 흔히 볼 수 있는 효모인 브레타노마이세스(Brettanomyces)에 의해 생성된다. 전문적으로는 약품 향 또는 퇴비 향을 지닌 것으로 기술되어 왔지만, 발효가 균형을 잘 이룬다면 우아한 흙 향을 더해 준다. 4-에틸페놀은 또한 위장에서 발암 물질의 생성을 줄여 주는, 식초와 와인에서 흔히 찾아볼 수 있는 강력한 항산화 성분인 4-하이드록시신남산(p-coumaric acid)으로부터 만들 수도 있다. 이 성분은 콤부차에 매우 독특한 향미를 제공하고, 항암 효능도 안겨 주는 것으로 설명되고 있다.

에틸아세테이트

아세트산 생성의 부산물인 에틸아세테이트(ethyl acetate)는 달달한 과일 향을 풍기지만, 또 한편으로는 콤부차의 새콤달콤한 특징적인 맛을 생성시키는 데 도움을 주는 날카로운 신 풍미를 생성시킨다. 상업적으로는 보통 티와 커피에서 카페인을 제거하기 위해 사용되거나 향수의 원료나 용제로도 사용되고 있다.

페네틸 알코올

방향성 알코올에 속하는 페네틸알코올(phenethyl alcohol)은 다양한 종류의 에센셜 오일에서 볼 수 있는데, 가향제 및 향수 재료로도 많이 사용되고 있다. 항세균성 작용이 있고, 특히 캔디다 알비칸스에 대한 천연 항생제로 사용된다.

항산화제

항산화제(antioxidants)는 산화적 스트레스에 대항하여 질병을 예방한다. 콤부차에 사용되는 티는 이미 항산화 성분의 풍부한 원천이며, 발효 과정을 통해 그와 같은 성분들은 더욱더 증가한다.

● 관련 연구

Bhattacharya, Semantee, Prasenjit Manna, Ratan Gachhui, and Parames C. Sil. Protective effect of kombucha tea against tertiary butyl hydroperoxide induced cytotoxicity and cell death in murine hepatocytes. Indian Journal of Experimental Biology 49 (2011): 511–554.

Chen, Chinshuh, and Sheng-Che Shu. Effects of origins and fermentation time on the antioxidant activities of kombucha. Food Chemistry 98, no. 3 (2006): 502.

Dipti, P., B. Yogesh, A. K. Kain, T. Pauline, B. Anju, M. Sairam, B. Singh, S. S. Mongia, G. I. Kumar, and W. Selvamurthy. Lead induced oxidative stress: beneficial effects of kombucha tea. Biomedical and Environmental Sciences 16 (2003): 276–282.

Gharib, Ola Ali. Does kombucha tea attenuate the hepato-nepherotoxicity induced by a certain environmental pollutant? Egyptian Academic Journal of Biological Science 2, no. 2 (2010): 11–18.

Gharib, Ola Ali. Effects of kombucha on oxidative stress induced nephrotoxicity in rats. Chinese Medicine 4 (2009): 23.

Ibrahim, Nashwa Kamel. Possible protective effect of kombucha tea ferment on cadmium chloride induced liver and kidney damage in irradiated rats. World Academy of Science, Engineering and Technology 5 no. 7 (2011).

Jayabalan, Rasu, P. Subathradevi, S. Marimuthu, M. Sathishkumar, and K. Swaminathan. Changes in free-radical scavenging ability of kombucha tea during fermentation. Food Chemistry 109, no. 1 (2012): 227–234.

Jayabalan, Rasu. Effect of kombucha tea on aflatoxin B1 induced acute hepatotoxicity in albino rats —prophylactic and curative studies. Journal of the Korean Society for Applied Biological Chemistry 53, no. 4 (2010): 407–416.

Malbaš, Radomir V., Eva S. Lončr, Jasmina S. Vitas, and Jasna M. Čnadanović Brunet. Influence of starter cultures on the antioxidant activity of kombucha beverage. Food Chemistry 127, no. 4 (2011): 1727–1731.

Murugesan, G. S., M. Sathishkumar, R. Jayabalan, A. R. Binupriya, K. Swaminathan, and S. E. Yun. Hepatoprotective and curative properties of kombucha tea against carbon tetrachloride-induced toxicity. Journal of Microbiology & Biotechnology 19, no. 4 (2009): 397–402.

Velianski, Aleksandra S., Dragoljub D. Cvetkovič Siniš L. Markov, Vesna T. Tumbas, and Slađna M. Savatovič Antimicrobial and antioxidant activity of lemon balm kombucha. Acta Periodica Technologica 38 (2007): 1–190.

Yang, Zhi-Wei, Bao-Ping Ji, Feng Zhou, Bo Li, Yangchao Luo, Li Yang, and Tao Li. Hypocholesterolaemic and antioxidant effects of kombucha tea in high-cholesterol fed mice. Journal of the Science of Food and Agriculture 89 (2008): 150–156.

비타민 C

우리 몸을 이루는 모든 조직의 재생과 성장에 꼭 필요한 영양소인 비타민 C는 강력한 항산화 성분으로서 과도한 활성 산소를 제거한다. 그리고 몸의 건강을 유지해 주면서 질병에 내성을 갖도록 한다. 콤부차의 발효 기간이 길수록 비타민 C의 함유량도 증가한다. 한 연구(Malbaš, 2011)에 의하면, 발효는 비타민 B2를 증가시킬 뿐만 아니라 비타민 C의 함유량도 0mg/L에서부터 25mg/L까지 증가시키는 것으로 드러났다.

● 관련 연구

Djuric, M., E. Lončr, R. Malbaš, L. J. Kolarov, and M. Klašja. Influence of working conditions upon kombucha conducted fermentation of black tea. Food and Bioproducts Processing 84, no. 3 (2006): 186–192.

Bauer-Petrovska, Biljana, and Lidija Petrushevska-Tozi. Mineral and water-soluble vitamin content in kombucha drink. International Journal of Food Science and Technology 35 (1999): 201–205.

Malbaš, Radomir V., Eva S. Lončr, Mirjana S. Djurić Ljiljana A. Kolarov, and Mile T. Klašja. Batch fermentation of black tea by kombucha: a contribution to scale-up. Acta Periodica Technologica 36 (2005): 221–229.

Malbaš, Radomir V., Eva S. Lončr, Jasmina S. Vitas, and Jasna M. Čnadanović Brunet. Influence of starter cultures on the antioxidant activity of kombucha beverage. Food Chemistry 127, no. 4 (2011): 1727–1731.

비타민 B군

세포의 신진대사에서 중요한 역할을 수행하는 비타민 B군은 수용성 비타민으로서 콤부차에서는 효모가 설탕(당분)을 분해하는 과정에서 합성된다. 한 연구에 의하면(Malbaš, 2004), 발효는 비타민 B군의 함유량을 증가시키는 것으로 드러났는데, 기본 티에서의 함유량 대비 콤부차에서 161~231%나 증가한 것이다.

● 관련 연구
Bauer-Petrovska, Biljana, and Lidija Petrushevska-Tozi. Mineral and water-soluble vitamin content in kombucha drink. *International Journal of Food Science and Technology* 35 (1999): 201.
Malbaš, Radomir V., Milan Z. Maksimović Eva S. Lončr, and Tatjana I. Branković The influence of starter cultures on the content of vitamin B2 in tea fungus beverages. *Central European Journal of Occupational and Environmental Medicine* 10, no. 1 (2004): 79–83.

비타민 B1/티아민(thiamine) : 티아민은 탄수화물을 에너지로 전환하고, 신경 전달 물질을 생성하며, 미엘린(myelin) 생성을 위한 지질 대사 등 다양한 신진대사와 신경 기능을 통해 우리 몸에서 급속히 고갈되는 필수 영양소이다. 그리고 심장박동과 근육 및 신경계의 기능을 적당히 유지시켜 준다.

비타민 B2/리보플라빈(riboflavin) : 리보플라빈은 우리 몸의 각 부위가 적당히 기능하는 데 꼭 필요한 영양소이다. 녹내장, 백내장과 같은 안구 질환, 편두통, 자궁경부암의 발생률을 줄이는 것으로 드러났다. 다른 비타민 B군과 마찬가지로, 원기와 면역계의 기능을 촉진하는 한편, 노화를 지연시킨다. 그 밖에도 젖산 산증과 기억력 감퇴를 동반하는 알츠하이머병을 예방하고, 간 질환을 치료하는 데 사용된다.

비타민 B6/피리독신(pyridoxine) : 피리독신은 다량영양소의 소화, 세로토닌(serotonin)과 멜라토닌(melatonin)과 같은 호르몬과 신경 전달 물질의 체내 합성 등 수십 종류의 효소 반응에 관여한다. 두뇌 발달과 정상적인 일상 기능에 꼭 필요한 중요한 영양소이다. 피리독신 보충제는 1940년 이후로 입덧(구토증)의 치료에 사용되어 왔으며, 월경전증후군의 증세도 완화하는 것으로 드러났다.

비타민 B12/코발라민(cobalamin) 또는 사이아노코발라민(cyanocobalamin) : 찻잎은 코발라민의 실용적인 공급원으로 평가되고 있다. 코발라민은 보통 동물성 식품이 그 공급원인데, 육식을 하지 않는 사람들에게는 찻잎이 매우 중요한 영양 공급원이 된다. 비타민 B군 중에서도 가장 복잡한 성분으로서 DNA 합성뿐 아니라 우리 몸을 이루는 모든 세포의 신진대사에도 관여하고 있다. 조혈을 비롯하여 신경계와 두뇌의 기능에서 중요한 역할을 수행하고 있다. 이 영양소가 결핍되면, 빈혈을 비롯하여 두뇌와 신경계에 치명적인 손상을 일으킬 수 있다.

카테킨류
카테킨류는 화학 전달 물질로서 식물의 생리를 조절하고 강력한 항산화 작용을 한다. 그리고 거의 모든 물질에 대항력을 지닌다. 예를 들면, 항염증, 항진균, 항알레르기, 항암, 항바이러스, 항균(생), 항설사제의 강한 특성이 있는 것이다. 티에는 다음과 같은 카테킨류의 성분들이 함유되어 있다.

- 에피카테킨(EC, epicatechin)
- 에피카테킨 갈레이트 (ECG, epicatechin gallate)
- 에피갈로카테킨 (EGC, epigallocatechin)
- 에피갈로카테킨 갈레이트 (EGCG, epigallocatechin gallate)
- 테아플라빈(TF, theaflavin)

다른 많은 영양소와 마찬가지로, 카테킨류도 발효 과정이 진행되면서 증가한다. 이는 산의 환경 속에서 증가된 안정성과도 관련이 있을 수 있다. 콤부차에서 카테킨류의 농도는 홍차보다 녹차에서 더 높은 경향을 보인다. 그리고 한 연구 결과에 의하면,(Jayabalan, 2008), 발효를 시작한 지 12일째에 최고치를 보이는 것으로 드러났다.

● 관련 연구
Chen, Chinshuh, and Sheng-Che Chu. Effects of origins and fermentation time on the antioxidant activities of kombucha. *Food Chemistry* 98, no. 3 (2006): 502–507.
Jayabalan, Rasu, S. Marimuthu, K. Swaminathan. Changes in content of organic acids and tea polyphenols during kombucha tea fermentation. *Food Chemistry* 102, no. 1 (2007): 392–398.
Jayabalan, Rasu, Subbaiya Marimuthu, Periyasamy Thangaraj, Muthuswamy Sathishkumar, Arthur Raj Binupriya, Krishnaswami Swaminathan, and Sei Eok Yun. Preservation of kombucha tea: effect of temperature on tea components and free radical scavenging properties. *Journal of Agricultural Food Chemistry* 56 (2008): 9064–9071.

효소
효소는 수없이 많은 물리적인 과정의 촉매제로 작용하는 단백질 고분자이다. 콤부차에 든 가장 기본적인 수준의 효소인 인버타제(invertase), 아밀라아제, 헥소키나아제(hexokinase)는 발효를 위한 연료를 공급하기 위해 당의 결합을 끊어낸다.

잔류 피타아제 활성 단백질과 같은 효소 작용을 알리는 마커들은 건조시킨 스코비에서도 볼 수 있다. 이러한 마커들은 서로 다른 발효 상태의 콤부차에는 수많은 다른 효소들이 존재한다는 사실을 알려준다. 또한 효소들이 활동을 중단하는 반면, 박테리아들은 작용을 시작하는 것도 암시한다.

연구자들이 전 세계의 다양한 콤부차 발효 과정에서 효소의 작용을 확인하고 관련 문제를 풀기 위해서는 수많은 시간과 돈이 필요할 것이다. 지금까지 콤부차에서 발견된 효소들에는 다음과 같은 것들이 있다.

- 아밀라아제(Amylase)

- 카르보히드라아제(Carbohydrase)
- 카탈라아제(Catalase)
- 헥소키나아제(Hexokinases)
- 인버타아제(Invertase)
- 리파아제(Lipase)
- 피타아제(Phytases)
- 프로타아제(Protease)
- 수크라아제(Sucrase)

프록토오스(과당)

가장 맛이 단 천연 당류인 프록토오스는 몇몇 생물학적인 과정들을 통해 생성된다. 콤부차에서 효모는 이산화탄소를 생성시키는 세포 호흡의 연료를 공급하기 위해 수크로오스(자당)을 프록토오스(과당)와 글루코오스(포도당)으로 분해하여 신진대사를 한다.

콤부차에 잔여 설탕 농도가 낮은 경우에는 글루코오스보다는 프록토오스가 대부분을 차지하고 있는데, 이는 수많은 당뇨병 환자들이 아무런 문제없이 콤부차를 소비할 수 있는 한 이유이기도 하다.

글루코오스(포도당)

거의 모든 형태의 생명체에서 주요 에너지원인 글루코오스(glucose)(포도당)은 우리 몸에 글리코겐으로서 저장되어 있으며, 포도당이 필요할 때마다 활성화되어 사용된다. 글리코겐의 저장분이 소진되면, 우리 몸은 피로를 느낀다. 그리고 글리코겐이 불균형하면 당뇨병 증세가 나타난다. 발효 과정에서 글루코오스(포도당)는 글루콘산(gluconic acids)과 글루쿠론산(gluconic acids)으로 대사 진환된다. 그리고 콤부차의 다양하고도 독특한 건강 효능의 원천이 되고 있다.

글루콘산

박테리아가 글루코오스를 대사 전환하면서 글루콘산(gluconic acid)의 일종인 몇몇 건강에 좋은 산류들이 합성된다. 글루콘산은 콤부차는 물론 꿀, 과일, 와인 등 다양한 음식 속에서 찾아볼 수 있다. 포유동물에서 글루콘산은 탄수화물 대사 작용에서 중요한 역할을 하기 때문에 소화 기능에 도움을 준다. 식품업계에서 글루콘산을 상업적으로 사용한다는 것은 콤부차가 산도조절제(acidity regulator), 킬레이트제(chelator), 그리고 쓴맛을 제거하는 연육제로서 효과가 매우 높다는 사실을 암시한다. 글루콘산은 아세트산에 의해 생성되는 톡 쏘는 자극적인 맛의 균형을 잡아 주고, 치유 및 항산화적 특성을 촉진하기 위해 서로 다른 성분들과의 결합을 유도한다. 예를 들면 철과 칼슘의 흡수를 증가시키는 것이다.

● 관련 연구

Bhattacharya, Semantee, Prasenjit Manna, Ratan Gachhui, and Parames C. Sil. Protective effect of kombucha tea against tertiary butyl hydroperoxide induced cytotoxicity and cell death in murine hepatocytes. *Indian Journal of Experimental Biology* 49 (2011): 511–524.

Chen, C., and B. Y. Liu. Changes in major components of tea fungus metabolites during prolonged fermentation. *Journal of Applied Microbiology* 89 (2000): 834–839.

Talawat, Sulak, Pimpan Ahantharik, Sajeena Laohawiwattanakul, Apinya Premsuk, and Sunanta Ratanapo. Efficacy of fermented teas in antibacterial activity. *Kasetsart Journal: Natural Science* 40 (2006): 925–933.

글루쿠론산

간에서 자연스럽게 생성되는 글루쿠론산(Glucuronic acid)은 우리 몸에서 독소를 제거하는 영양소이다. 이 글루쿠론산은 몸이 마약류, 식품 오염 물질, 환경 독성 물질, 그리고 빌리루빈(bilirubin), 산화된 지방산, 과잉 콜레스테롤, 과잉 호르몬을 제거하도록 돕는다. 글루쿠론산 분자가 한 번 그와 같은 독성 물질들과 결합하면 문제의 독소들은 몸에서 배출된다. 글루쿠론산은 또한 글루코사민으로 쉽게 전환된다. 이 글루코사민은 쉽게 말해서, 몸의 관절에 윤활성과 힘을 주고, 연골을 형성시키며, 콜라겐 밀도를 높여 주고, 전체 조직이 부드럽게 작용하도록 윤활성을 제공하는 골격계의 기반을 이루는 물질이다. 우리의 몸이 글루콘산을 만드는 동안에는 해독과 체온 상승을 위해 사용할 수 있는 만큼 많이 만들 수는 없다. 최근의 연구 결과에서는 콤부차가 상당한 양의 글루콘산을 합성한다는 결론이 나왔다. 물론 그 정확한 생성량은 사용되는 배양액(티 또는 설탕의 종류), 발효 조건, 스코비에 존재하는 박테리아와 효모의 종류에 따라 굉장히 심한 변동을 보인다.

한 연구(Vīna, 2013)에서는 포도 주스와 홍차에서 발효시킨 콤부차 배양균체가 글루콘산의 생성량이 매우 높은 수치를 보였다. 이는 포도에서 배어 나온 글루코오스(포도당)의 높은 함유비 때문인 것으로 보고 있다. 대부분의 연구에서는 홍차를 사용해 발효를 시작한 지 적어도 2주 뒤에 글루콘산의 생성량이 가장 높은 수치를 보였다.

● 관련 연구

Jayabalan, Rasu, S. Marimuthu, and K. Swaminathan. Changes in content of organic acids and tea polyphenols during kombucha tea fermentation. *Food Chemistry* 102, no. 1 (2007): 392–398.

Suhartatik, Nanik, M. Karyantina, Y. Marsono, Endang S. Rahayu, and Kapti R. Kuswanto. Kombucha as anti-hypercholesterolemic agent. In Proceedings of the 3rd International Conference of Indonesian Society for Lactic Acid Bacteria (3rd IC-ISLAB). Better Life with Lactic Acid Bacteria: Exploring Novel Functions of Lactic Acid Bacteria (Gadjah Mada University, Bulaksumur, Yogyakarta, Indonesia, January 21–22, 2011).

Vīna, Ilmāa, Pāels Semjonovs, Raimonds Linde, and Artūs Patetko. Glucuronic acid containing fermented functional beverages produced by natural yeasts and bacteria associations. *International Journal of Research and Reviews in Applied Sciences* 14, no. 1 (2013).

Vīna, Ilmāa, Raimonds Linde, Artūs Patetko, and Pāels Semjonovs. Glucuronic acid from fermented beverages: biochemical functions in humans and its role in health protection. *International Journal of Research and Reviews in Applied Sciences* 14, no. 2 (2013).

Yavari, Nafiseh, Mahnaz Mazaheri Assadi,

Mohammad Bamani Moghadam, and Kambiz Larijani. Optimizing glucuronic acid production using tea fungus on grape juice by response surface methodology. *Australian Journal of Basic and Applied Sciences* 5, no. 11 (2011): 1788–1794.
Yavari, Nafiseh, Mahnaz Mazaheir Assadi, Kambiz Larijani, and M. B. Moghadam. Response surface methodology for optimization of glucuronic acid production using kombucha layer on sour cherry juice. *Australian Journal of Basic and Applied Sciences* 4, no. 8 (2010): 3250–3256.

카페인(테인)

크산틴 알칼로이드(xanthine alkaloid)인 카페인(caffeine)은 찻잎에도 들어 있는데, 티 분야에서는 종종 테인(theine)이라고도 한다. 식물에서 카페인은 해충으로부터 자신을 보호하기 위한 살충제로 작용하는 신경독이다. 사람에게 카페인은 심박동수를 높이고, 기관지의 근육을 부드럽게 이완하여 기도를 열어 주는 자극제이다. 콤부차의 발효를 위해서는 꼭 필요한 영양소이지만, 발효 과정이 진행되면서 그 양은 점차 줄어든다.

테오브로민 및 테오필린

테오브로민(theobromine)과 테오필린(theophylline)은 쌍둥이 알칼로이드로서 티에 미량으로 들어 있다. 두 영양소 모두 이완 효능이 있는데, 특히 기관지계의 근육 조직을 부드럽게 이완시켜 호흡 활동이 보다 더 쉽도록 만들어 준다.

콤부차에 함유된 그 밖의 성분들

수많은 유기산들과 생물학적인 구성 성분들이 콤부차에 향미와 활기를 불어넣어 준다. 여기서 소개하는 성분들은 콤부차에 함유되어 있어 자주 언급되지만, 심층적인 연구는 아직 진행되지 않은 상태이다.

벤조산

식물에서 볼 수 있는 벤조산(benzoic acid)은 성장 조절제, 방어기제 화합물, 곤충과 같은 꽃가루 매개자의 유인제로서 작용한다. 이 벤조산은 또한 항진균제, 방부제의 특성도 있다. 이와 같은 특성으로 백선(ringworm), 무좀과 같은 피부병의 치료제로서 자주 사용되고 있다. 그 밖에도 일부에서는 항암제로도 사용되고 있다. 19세기 초에는 진통제, 거담제, 살균제로도 사용되었다. 오늘날에도 진균 감염의 전통적인 치료제로 여전히 사용되고 있다.

벤조니트릴

벤조니트릴(benzonitrile)은 용제의 일종으로서 감기바이러스의 증식을 막아 주는 데에도 효과가 있는 것으로 밝혀졌다.

히알루론산

히알루론산(hyaluronic acid)은 긴사슬 구조의 뮤코다당류이다. 사람 몸의 동작 부위와 관절에서 윤활성을 주는 젤라틴과 같은 유사한 특성이 있다. 화장품에서는 천연 보습제로 첨가되고 있다.

이타콘산

이타콘산(itacinic acid)은 항균제로서 식중독균인 살모넬라 엔테리카(*Salmonella enterica*), 결핵균인 미코박테리움 투베르쿨로시스(*Mycobacterium tuberculosis*)와 같은 병원성 세균의 증식을 억제한다.

옥살산

옥살산(oxzlic acid)은 건강한 초록식물의 잎, 견과류, 찻잎, 초콜릿에서 볼 수 있다. 이 옥살산은 종양의 형성과 성장을 억제하는 효능이 있다. 공장에서 생산된 것은 대량인 경우에서 사람의 몸에서 독성을 보일 수 있다. 그러나 콤부차에 자연적으로 생성된 소량의 경우에는 소화를 돕고 결장의 건강에 도움을 준다.

숙신산

숙신산(succinic acid)은 역사적으로 호박에서 추출되었기 때문에 호박산이라고도 한다. 이 숙신산은 산도조절제로서 작용할 뿐만 아니라 발효에서 산도, 쓴맛, 짭짜름한 향미를 더해 준다.

우스닌산

우스닌산(usnic acid)은 오직 이끼류에서 거의 발견되고 있다. 그러나 콤부차에도 미량으로 함유되어 있다. 우스닌산은 항염증성, 항알레르기성을 비롯해 그 밖의 다양한 특성을 보인다. 또한 일부 병원균을 비롯해 포도상구균, 연쇄상구균과 같은 다양한 종류의 병원체인 그람양성균(gram-positive bacteria)에도 항균성을 보인다.

글루쿠론산의 신진대사 물질

우리의 몸은 글루쿠론산과 신진대사로부터 다음과 같은 성분들을 유도 생성한다. 그와 같은 성분들은 콤부차에 들어 있을 수도, 아니면 없을 수도 있다. 한 가지 분명한 것은 콤부차를 소비하는 사람들에게서는 그와 같은 성분들이 몸속에 있다는 사실을 소변 샘플 조사를 통해 확인되고 있다는 사실이다.

D-글루카르산

신진대사 물질인 D-글루카르산(glucaric acid)은 발암 물질과 과잉 스테로이드 호르몬을 제거하여 몸을 해독하는 간의 기능을 도와주는 글루쿠론산과 유사한 특성을 보인다. 또한 에스트로겐 분비를 조절하고, 혈중 지방을 낮추는 데 도움을 주면서 화학적 보호제의 기능도 보이는 것으로 드러났다. 몸이 글루카르산을 일부 만들긴 하지만, D-글루카르산의 대부분은 십자화가의 야채와 과일과 같은 식품으로부터 섭취되고 있다.

D-사마린산-1,4-락톤(DSL)

D-글루카르산의 유도체인, D-사마린산(saccharic acid)-1,4-락톤(lactone)(약어로 DSL)은 글루쿠로니드(glucuronide)의 가수분해 촉매제인 글루쿠로니다아제(glucuronidase)의 생성을 억제하여 몸에서 독소를 세서하는 데 도움을 준다.
DSL은 글루쿠론산의 분자가 독소 분자 위에서 접촉해 붙잡을 때 형성된 결합을 유지해 준다.
만약 그 결합이 글루쿠로니다아제 효소에 의해 끊어지면 글루쿠론산과 독소는 모두 분리되어 혈류 속으로 떨어져 나가면서 해독 작용이 사라지는 것이다.
만약 DSL이 제 기능을 수행하면, 독소는 물에 용해되어 소변을 통해 우리 몸 밖으로 배출될 수 있다. 몇몇 연구에서는 DSL이 간기능 부전증, 암, 고지혈증, 당뇨병과 같은 대사 장애에 예방적, 보호적인 효능이 있다는 사실이 밝혀졌다.

콘드로이틴 황산

연골의 중요한 구조적 성분인 콘드로이틴 황산(Chondroitin sulfate)은 퇴행성 관절염의 치료를 위한 보조제로서 규정되어 있다. 이 콘드로이틴 황산은 글루쿠론산의 일종, 당이 엇갈리게 결합된 복잡한 사슬 구조이다. 항염의 특성이 있고 히알루론산의 생성을 촉진하는 한편, 연골을 손상시키는 물질의 합성을 방해한다.

헤파린

헤파린(Heparin)은 천연적으로 생성되는 항혈액응고제이다. 그러나 우리 몸에서의 완전한 기능은 아직까지 밝혀지지 않았다. 일부 연구소들을 중심으로 헤파린은 상처의 치료 속도를 높이고, 병원체에 대항하기 위해 몇몇 조직에 특별히 존재하는 비만 세포 내의 저장되는 일을 막고, 박테리아의 감염도 예방하기 위해 상처 부위에서 사용하고 있다. 약의 형태에서 헤파린은 심폐의 바이패스 수술(bypass surgery)과 심부 정맥 혈전증(deep-vein thrombosis)과 같은, 심장과 폐와 관련된 조직을 치료하기 위해 사용되고 있다.

● 관련 연구

Bhattacharya, Semantee, Prasenjit Manna, Ratan Gachhui, and Parames C. Sil. Protective effect of kombucha tea against tertiary butyl hydroperoxide induced cytotoxicity and cell death in murine hepatocytes. *Indian Journal of Experimental Biology* 49 (2011): 511–524

Kan Wang, Gan Xuhua, Tang Xinyun, Wang Shuo, and Tan Huarong. The effect of nutrients on the concentrations of DSL and gross acid in kombucha. *Food and Fermentation Industries*, 2007.

Wang, Yong, Baoping Ji, Wei Wu, Ruojun Wang, Zhiwei Yang, Di Zhang, and Wenli Tian. Hepatoprotective effects of kombucha tea: identification of functional strains and quantification of functional components. *Journal of the Science of Food and Agriculture* 94, no. 2 (2014): 265–272.

Yang, Zhi-Wei, Bao-Ping Ji, Feng Zhou, Bo Li, Yangchao Luo, Li Yang, and Tao Li. Hypocholesterolaemic and antioxidant effects of kombucha tea in high-cholesterol fed mice. *Journal of Scientific Food Agriculture* 89 (2009): 150–156

글루코오스의 산화에 의한 글루쿠론산과 글루콘산의 형성

$$\begin{array}{c} O \\ \| \\ C-OH \\ | \\ (CHOH)_4 \\ | \\ CH_2OH \end{array}$$ 글루콘산

↑ C_1에 산화

$$\begin{array}{c} O \\ \| \\ C-H \\ | \\ (CHOH)_4 \\ | \\ CH_2OH \end{array}$$ 글루코오스

↓ C_6에 산화

$$\begin{array}{c} O \\ \| \\ C-H \\ | \\ (CHOH)_4 \\ | \\ C-OH \\ \| \\ O \end{array}$$ 글루쿠론산

부록 2
콤부차 효능 연구의 하이라이트

다시 한 번 오해의 소지가 없도록 분명히 말하면, 콤부차는 결코 만병통치약이 아니다. 콤부차는 면역계의 균형을 되찾아 주면서 우리 몸이 자체적으로 치유할 수 있도록 하는 데 효과적인 도움을 주는 해독제이다. 부록 1에서 개관하였듯이, 콤부차는 산류, 비타민류, 미네랄류, 화학물들을 함유하고 있다. 그리고 그러한 성분들은 특정한 증세들을 완화할 수도 있을 것이다. 그 외에도 수많은 영양소들이 콤부차에 함유되어 있다. 면역계의 기능이 심각하게 손상된 사람들은 발효 음식이나 콤부차를 주치의의 감독 하에 매우 조심스럽게 마셔야 한다는 조언을 받는다.

전 세계의 연구진들은 콤부차 또는 스코비를 사용하여 연구를 진행해 왔는데, 매우 다양한 유효 성분들과 특성에 대하여 검사를 실시하였다. 최근 몇몇 연구 보고서들은 매우 유용한 방식으로 현대의 연구들을 통합하기도 했다. 의약식품저널(*Journal of Medicinal Food*)(2014)에 실린 "발효 음료 콤부차의 기대 건강 효과 및 생리 활동에 관한 현재의 증거(*Current Evidence on Physiological Activity and Expected Health Effects of Kombucha Fermented Beverage*)"라는 연구 보고서에 따르면, 라트비아 미생물생명공학연구소(Institute of Microbiology and Biotechnology in Latvia)의 일마 빈나(Ilmāa Vīna)를 중심으로 한 연구진들은 '수많은 생물학적인 활동을 위해 필요한, 콤부차가 지닌 네 가지의 주요 효능'에 관하여 연구를 진행하였다고 한다. 이때 네 가지의 주요 효능은 해독성, 활성산소에 의한 손상 예방, 활동을 위한 에너지 공급, 면역성의 증진이었다.

그 외에도 라수 자야발란(Rasu Jayabalan), 라도미르 V. 말바스(Radomir V. Malbaš) 등을 주축으로 한 연구진들이 『식품과학및식품안전에 관한 종합적 고찰』(*Comprehensive Reviews in Food Science and Food Safety*, 2014)이라는 저널에 보고한 "콤부차 고찰-미생물학, 조성, 발효, 효능, 독성, 그리고 스코비(*A Review on Kombucha Tea—Microbiology, Composition, Fermentation, Beneficial Effects, Toxicity, and Tea Fungus*)"라는 논문에서는 최신 연구들이 개인적인 일화와 과학 사이의 연결 고리를 얼마나 확립하였는지를 잘 보여 주고 있다.

앞으로도 더욱더 많은 연구들이 진행됨에 따라, 우리는 수백 년, 어쩌면 수천 년 동안 증가해 왔던 일화적인 증거들이 추가 연구들을 통해 계속 입증될 것으로 기대하고 있다. 여기서 소개하는 내용들은 다양한 질병들을 제거하거나 치유하는 데에 있어서 콤부차의 효능에 관한 연구들을 요약한 것들이다.

관절염 / 류머티즘 / 관절통

아마도 콤부차의 가장 중요한 '무기'라 할 수 있는 성분은 글루쿠론산이다. 이 글루쿠론산은 사람 몸에서 일어나는 수많은 과정들에 도움을 주고, 체내에서 몇몇 다른 필수적인 산인 뮤코다당류, 즉 히알루론산, 콘드로이틴 황산, 글루코사민을 비롯하여, 관절의 건강을 유지하고 형성하는 데 관련된 모든 성분들로 전환될 수 있다.

● 관련 연구

Danielian, L. T. Kombucha and Its Biological Features. Moscow: Meditsina, 2005. Jayabalan, Rasu, S. Marimuthu, and K. Swaminathan. Changes in content of organic acids and tea polyphenols during kombucha tea fermentation. *Food Chemistry* 102, no. 1 (2007): 392–398

Vīna, Ilmāa, Pāels Semjonovs, Raimonds Linde, and Artūs Patetko. Glucuronic acid containing fermented functional beverages produced by natural yeasts and bacteria associations. *International Journal of Research and Reviews in Applied Sciences* 14, no. 1 (2013).

Vīna, Ilmāa, Pāels Semjonovs, Raimonds Linde, and Artūs Patetko. Glucuronic acid from fermented beverages: biochemical functions in humans and its role in health protection. *International Journal of Research and Reviews in Applied Sciences* 14, no. 2 (2013).

Yavari, Nafiseh, Mahnaz Mazaheir Assadi, Kambiz Larijani, and M. B. Moghadam. Response surface methodology for optimization of glucuronic acid production using kombucha layer on sour cherry juice. Australian *Journal of Basic and Applied Sciences* 4, no. 8 (2010): 3250–3256.

천식

아래의 관련 연구에 따르면, 콤부차는 홍차를 재료로 발효시켜 만들면, 천식의 치료제로 사용할 수 있을 만큼의 치료선량(therapeutic dose)에 도달할 수 있을 정도로, 기관지확장제로 사용되는 테오필린(theophylline)의 생성 수치를 증가시키는 것으로 드러났다. 카페인과 헤파린도 또한 천식의 증세를 완화시킬 수 있다.

● 관련 연구

Rosales, Manuel Cortes, Esther Albarran

Rodriguez, Guillermo Nolasco Rodriguez, Raul Leonel de Cervantes Mireles, Leticia Avila Figueroa, Jesus Jonatan Iniguez Orozco, and Erika Rizo de la Pena. Evaluation of the properties of healing of the extract of kombucha in sheep growth with malnutrition, parasitocis and respiratory problems. *Open Journal of Veterinary Medicine* 4, no. 8 (2014).

Vīna, Ilmāa, Pāels Semjonovs, Raimonds Linde, and Ilze Deniņ. Current evidence on physiological activity and expected health effects of kombucha fermented beverage. *Journal of Medicinal Food* 17, no. 2 (2014): 179–188.

암

암의 정확한 발병 원인을 콕 집어 이야기 하기는 불가능하다. 왜냐하면 수많은 유전적 요인들과 환경적인 요인들이 결합되어 그 질병을 일으키기 때문이다. 21세기 전반에 걸쳐 루돌프 스켈레너(Rudolf Sklenar), 베로니카 카르스텐(Veronica Carstens)과 같은 의사들은 전반적인 치료 과정에 도움을 주기 위한 면역계의 균형 효과를 기반으로 하여 암을 치료하려는 계획서에 콤부차를 포함시켰다.

R. 자야발란(R. Jayabalan)의 논문(2011년도)에서는 콤부차의 성분들을 혼합된 상태에서 분리해 낸 뒤, 그 성분들이 사람의 암세포에 주는 영향을 체외 실험을 통해 연구하였다.

그 연구는 콤부차의 항암적 특성의 기능에 의한 메커니즘이 암세포 전이의 억제에 의한 효과임을 보여 주었다. 구체적으로는 말론산디메틸(dimethyl malonate), 비텍신(vitexin)이 암세포에 세포 독성과 항침습 효과가 있다는 사실을 보여 준 것이다.

M. 데그리거(Deghrigue)에 의한 또 다른 연구(2013년)에서는 홍차를 사용해 발효시킨 콤부차가 폐암 세포의 두 가지 유형 중 하나의 유형에 대해 치료 효과를 보였다. 녹차를 사용한 콤부차는 체외 실험에서 더욱더 효과적이었다. 연구진들은 항암 특성의 메커니즘을 정확히 규명하지는 못하였지만, 폴리페놀류와 항산화 성분들에 의한 것으로 예측하였다. 또 다른 사람들은 박테리아와 효모의 공생 관계로 생성된 대사 산물(알코올, 유기산, 비타민류, 아미노산 등)에 의한 것으로 예측하였다.

화학보호제적 또는 항종양적 특성을 지닌 콤부차의 다른 성분들로는 뷰티르산, 옥살산, 4-에틸페놀, 사마린산, 헤파린, 항산화 성분, 카테킨류가 있다. 티에 함유된 폴리페놀류는 또한 일반적으로 항암적인 특성이 있는 것으로 인식되고 있다. 그리고 콤부차의 효능은 그와 같은 폴리페놀류뿐 아니라 발효 과정에서 생성되는 다른 성분들과도 연결되어 있을 수도 있다.

● 관련 연구

Cetojevic-Simin, D. D., G. M. Bogdanovic, D. D. Cvetkovic, and A. S. Velicanski. Antiproliferative and antimicrobial activity of traditional kombucha and Satureja montana L. kombucha. *Journal of the Balkan Union of Oncology* 13, no. 3 (2008): 395–401.

Deghrigue, Monia, Jihene Chriaa, Houda Battikh, Kawther Abid, and Amina Bakhrouf. Antiproliferative and antimicrobial activities of kombucha tea. *African Journal of Microbiology Research* 7, no. 27 (2013): 3466–3470.

Jayabalan, Rasu. Effect of solvent fractions of kombucha tea on viability and invasiveness of cancer cells — characterization of dimethyl 2-(2-hydroxy-2-methoxypropylidine) malonate and vitexin. *Indian Journal of Biotechnology* 10, (Jan. 2011), 75–82.

Sriharia, Thummala, Ramachandran Arunkumar, Jagadeesan Arunakaran, and Uppala Satyanarayana. Down regulation of signaling molecules involved in angiogenesis of human prostate cancer cell line (PC-3) by kombucha (lyophilized). *Biomedicine & Preventive Nutrition* 3, no. 1 (2013): 53–58.

방사선 치료 및 화학적 요법의 부작용에 관한 개선 효과

방사선 노출은 DNA에 돌연변이를 일으켜 암의 발병률을 높일 수 있다. 그런데 가장 일반적인 암 치료 방법으로는 화학적 요법을 동원하는 방사선 치료가 있다. 일화이기는 하지만, 화학적 요법으로 치료를 받는 동안에 콤부차를 마시는 사람들은 구역질이 줄어들고 식욕이 살아나는 것으로 보고되었다. 더욱이 일부 최신 연구에서는 방사선에 의해 유발되는 심각한 문제들에 관한 콤부차의 효과들이 다양하게 조사되었다.

첫 연구(Cavusoglu, 2010)에서는 건강한 사람의 혈액 세포에 콤부차를 주입한 뒤 고강도의 방사선에 노출시켰다. 고농도의 콤부차가 주입된 그 혈액 세포들은 '이상이 있는 중기(metaphases)'(DNA 파괴)의 비율이 가장 낮게 나타났으며, 세포 분열은 매우 높은 비율을 보였다.

그 연구에 따르면, 콤부차가 전리 방사선(ionizing radiation)에 대하여 방사선 방어 효과를 주었고, 콤부차의 양을 증가시키면 그 보호 효과도 더 커진다는 중요한 결과가 도출된 것이다.

두 번째 연구(Ibrahim, 2013)에서는 감마선과 염화카드뮴에 노출시킨 쥐를 대상으로 연구를 진행하였다. 연구진들은 감마선에 노출시키거나 염화카드뮴을 주입한 실험용 쥐들을 조사한 결과, 콤부차를 흡수시킨 먹이를 꾸준히 섭취한 쥐들이 그렇지 않은 쥐들보다 독소의 수치가 훨씬 더 낮게 나타났다. 매일 같이 콤부차를 소비하면 방사선 피폭이나 염화카드뮴의 섭취에 따른 독성 효과를 줄이는 것으로 드러난 것이다.

● 관련 연구

Cavusoglu, K., and P. Guler. Protective effect of kombucha mushroom (KM) tea on chromosomal aberrations inducod by gamma radiation in human peripheral lymphocytes in-vitro. *Journal of Environmental Biology* 31, no. 5 (2010): 851–856.

Ibrahim, Nashwa Kamel. Possible protective effect of kombucha tea ferment on cadmium chloride induced liver and kidney damage in irradiated rats. *International Journal of Biological and Life Sciences* 9, no. 1 (2013).

콜레스테롤 질환과 동맥경화증

1920년대부터 1890년대까지 거슬러 올라가면, 콜레스트레롤 질환과 동맥경화증의 개선을 위한 콤부차의 소비와 관련된 연구들이 수없이 많다. 1950년대에 러시아에서 진행된 몇몇 연구에서는 콤부차의 그런 질환과 관련된 치료 효과를 입증하였다고 주장하였다. 혈장 콜레스테롤이 매우 높은 수치를 보였던 52명의 동맥경화증 환자들을 대상으로 한 실험에서 환자들이 콤부차를 정기적으로 섭취한 뒤로 혈중 총콜레스테롤이 정상적인 수치로 낮아졌다는 것이다.

몇몇 동물 실험에서는 콜레스테롤을 조절하는 콤부차의 효능이 조사되었다. L. 아드리아니(Adriani)의 연구(2011)에서는 연구진들이 오리의 식수에 콤부차를 첨가한 결과(콤부차 함유비 25%), 저밀도지질단백질(LDL, low-density lipoprotein)이 줄어들었고, 4주간의 섭취 끝에는 고밀도지질단백질(HDL, high-density lipoprotein)이 증가하였던 것이다. 즉 콤부차 성분인 글루쿠론산이 있음으로 해서 긍정적인 효과를 보였던 것이다.

A. 알로루(Aloulou)의 또 다른 연구(2012)에서는 쥐(rat)를 대상으로 발효되지 않은 홍차나 발효된 콤부차를 먹이는 실험이 진행되었다. 발효된 콤부차를 먹은 개체에서는 콜레스테롤의 수치가 낮게 보였을 뿐만 아니라 체중 감량 효과도 탁월하였다.

N. 슈하르타티크(Suhartatik)가 2011년에 진행한 연구에서는 생쥐(mice)에 콤부차를 먹인 결과, HDL은 27%나 증가하였고, LDL은 91%나 줄어들면서 총콜레스테롤의 수치가 52%나 줄어들었다.

이와 같은 효능이 글루쿠론산, 데칸오로부터 유도된 것이든지, 항산화성분으로부터 유도된 것이든지 간에, 이 연구는 콤부차가 콜레스테롤을 조절하여 인체에 유익한 효과를 가져다주는 이유에 대해 설명해 주고 있다.

스코비(SCOBY) 그 자체를 섭취하는 것도 건강에 유익하다. 비록 셀룰로오스는 그것을 소화시킬 효소를 가지고 있지 않아 사람의 체내에서는 소화가 잘되지는 않지만, 장 내벽을 깨끗이 청소하고, 콜레스테롤과 당질 노폐물의 혈중 농도가 높을 경우에 그 양을 줄여 주는 빗자루 역할도 한다.

● 관련 연구

Adriani, L., N. Mayasari, and Angga, R. Kartasudjana. The effect of feeding fermented kombucha tea on HDL, LDL and total cholesterol levels in the duck bloods. *Biotechnology in Animal Husbandry* 27, no. 4 (2011): 1749–1755.

Aloulou, Ahmed, Khaled Hamden, Dhouha Elloumi, Madiha Bou Ali, Khaoula Hargafi, Bassem Jaouadi, Fatma Ayadi, Abdelfattah Elfeki, and Emna Ammar. Hypoglycemic and antilipidemic properties of kombucha tea in alloxan-induced diabetic rats. *BMC Complementary and Alternative Medicine* 12, no. 63 (2012).

Khaled Bellassouedab, Ferdaws Ghrabc, Fatma Makni-Ayadid, Jos Van Peltb, Abdelfattah Elfekia, and Emna Ammarc. Protective effect of kombucha on rats fed a hypercholesterolemic diet is mediated by its antioxidant activity. *Pharmaceutical Biology* 53, no. 11 (2015).

Semjonovs, P., I. Denina, and R. Linde. Evaluation of physiological effects of acetic acid bacteria and yeast fermented non-alchocolic beverage consumption in rat model. *Journal of Medical Sciences* 14 (2014): 147–152.

Suhartatik, Nanik, M. Karyantina, Y. Marsono, Endang S. Rahayu, and Kapti R. Kuswanto. Kombucha as anti-hypercholesterolemic agent. In Proceedings of the 3rd International Conference of Indonesian Society for Lactic Acid Bacteria (3rd IC-ISLAB). Better Life with Lactic Acid Bacteria: Exploring Novel Functions of Lactic Acid Bacteria (Gadjah Mada University, Bulaksumur, Yogyakarta, Indonesia, January 21–22, 2011).

Yang, Zhi-Wei, Bao-Ping Ji, Feng Zhou, Bo Li, Yangchao Luo, Li Yang, and Tao Li. Hypocholesterolaemic and antioxidant effects of kombucha tea in high-cholesterol fed mice. *Journal of the Science of Food and Agriculture* 89 (2009): 150–156

당뇨병

콤부차의 당뇨병 치료 효과에 관한 연구는 1929년에 E. 아라우너(Arauner) 박사팀이 처음으로 진행하였다. 연구진들은 "알록산 유발 당뇨병 쥐에서 콤부차의 혈당 강하 및 고지혈증의 치료적 특성(*Hypoglycemic and Antilipidemic Properties of Kombucha Tea in Alloxan-Induced Diabetic Rats*)"(2012)이라는 논문을 통해, 30일 이상 콤부차를 다양한 양으로 먹인 당뇨병 쥐들을 대상으로 한 실험에서 혈당치가 낮아지고 혈장 콜레스테롤이 줄어들면서 콤부차를 먹이지 않은 대조군에 비해 신장과 간의 독성 수치가 정상 수치로 되돌아오는 것을 입증하였다. 또 2013년의 또 다른 연구인 "스트렙토조토신 유발 당뇨병 쥐에서 콤부차의 항당뇨병 효능(*Antihyperglycaemic Efficacy of Kombucha in Streptozotocin-Induced Rats*)"의 논문에서도 그와 유사한 효과를 보였다.

● 관련 연구

Aloulou, Ahmed, Khaled Hamden, Dhouha Elloumi, Madiha Bou Ali, Khaoula Hargafi, Bassem Jaouadi, Fatma Ayadi, Abdelfattah Elfeki, and Emna Ammar. Hypoglycemic and antilipidemic properties of kombucha tea in alloxan-induced diabetic rats. *BMC Complementary and Alternative Medicine* 12 (2012).

Arauner, E. Der japanische Teepilz. *Deutsche Essigindustrie* 33, no. 22 (1929): 11–2. Chandrakala Shenoy, K. Hypoglycemic activity of bio-tea in mice. *Indian Journal of Experimental Biology* 38 (1999): 278–279.

Srihari, Thummala, Krishnamoorthy Karthikesan, Natarajan Ashokkumar, and Uppala Satyanarayana. Antihyperglycaemic efficacy of kombucha in streptozotocin-induced rats. *Journal of Functional Foods* 5, no. 4 (2013): 1794–1802.

위장 질환/위산 역류/위궤양

콤부차의 효능 중에서도 가장 많이 주장되는 것의 하나로는 소화 개선이 있다. 이는 일부 사람들에게는 변비의 해소를 뜻하지만, 또 다른 사람에게는 설사의 진정을 뜻한다. 과민성 대장증후군과 음식의 소화 흡수 불량, 위산 역류, 위궤양을 앓고 있는 수많은 환자들은 콤부차가 몸에 이롭다는 것을 오래전부터 알고 있다. 위산 역류는 미국 성인 인구의 약 60%나 앓고 있는 질환이다.

콤부차의 항균성은 꾸준히 연구되어 왔는데, 접촉성 위궤양을 유발하는 박테리아인 헬리코박터 필로리균(Heliobacter pylori)을 죽인다는 사실을 보여주었다. D. 배너지(Banerjee) 박사팀의 연구(2010)에 의하면, 콤부차는 위산 역류를 줄이고 위궤양을 치료하는 데에 있어서 궤양치료제인 프릴로섹(Prilosec)의 일반 약품인 오페프라졸(omeprazole)만큼 효과적이라는 사실이 밝혀졌다. 연구진들은 이 연구에서 그 효능에 대하여 콤부차의 항산화 성분의 높은 수치와 함께 위산분비를 줄이는 특성 때문인 것으로 보았다. 그리고 항산화 농도는 홍차를 사용하여 발효시킨 콤부차에서 더욱더 높은 수치를 보이는 것도 밝혀졌다.

● 관련 연구
Banerjee, D., Sham A. Hassarajani, Biswanath Maity, Geetha Narayan, Sandip K. Bandyopadhyay, and Subrata Chattopadhyay. Comparative healing property of kombucha tea and black tea against indomethacin-induced gastric ulceration in mice: possible mechanism of action. *Food & Function* 1, no. 3 (2010): 284–293.
Wright, Jonathan V., and L. Lenard. Why Stomach Acid Is Good for You. Lanham, MD: M. Evans, 2001.

면역력, 감염증, 그리고 전염병

수많은 연구에서 볼 수 있듯이, 콤부차의 발효 과정이 비발효된 티와 대조적으로 항상화 성분의 함유량을 월등히 높인다. 항산화 성분들은 활성산소를 제거하여 몸의 균형을 유지해 준다. 콤부차의 항균 효과는 낮은 pH로 인해 유발되는데, 바킬루스 케레우스(Bacillus cereus), 에스케리키아 콜리(Escherichia coli), 헬리코박터 필로리(Helicobacter pylori), 리스테리아 모노사이토게네스(Listeria monocytogenes), 마이크로코쿠스 루테우스(Micrococcus luteus), 프세우도모나스 아이루기노사(Pseudomonas aeruginosa), 살모넬라 티피무리움(Salmonella typhimurium), 스타필로코쿠스 아우레우스(Staphylococcus aureus), 스타필로코쿠스 에피데르미디스(Staphylococcus epidermidis), 칸디다종류와 같은 병원체를 파괴하는 것으로 나타났다.

콤부차에 함유된 약한 산성의 글루콘산과 아세트산은 특히 병원체의 세포막을 붕괴시키고, 대사 활동을 억제하며, 병원체 세포 내의 pH를 변화시키고, 유독성 음이온을 과도하게 만들도록 하여 그 활동을 중단시킨다. 벤조니트릴(Benzonitrile), 벤조산(benzoic acid), 이타콘산(itaconic acid)도 사람의 면역력을 높이는 데 중요한 역할을 하며, 콤부차의 감염 예방적 특성에도 큰 기여를 하고 있다.

● 관련 연구
Battikh, H., A. Bakhrouf, and E. Ammar. Antimicrobial effect of kombucha analogues. *Lebensmittel-Wissenschaft + Technologie* 47, no. 1 (2012): 71–77.
Deghrigue, Monia, Jihene Chria, Houda Battikh, Kawther Abid, and Amina Bakhrouf. Antiproliferative and antimicrobial activities of kombucha tea. *African Journal of Microbiology Research* 7, no. 27 (2013): 3466–3470.
Santos, Jose Rodrigo, Rejane Andrade Batista, Sheyla Alves Rodrigues, Lauro Xavier Filho, and Alvaro Silva Lima. Antimicrobial activity of broth fermented with kombucha colonies. *Journal of Microbial & Biochemical Technology* 1, no. 1 (2009): 72–78.
Veliċnski, Aleksandra, Dragoljub D. Cvetković Siniš L. Markov, Vesna T. Tumbas, and Sladna M. Savatović Antimicrobial and antioxidant activity of lemon balm kombucha. *Acta Periodica Tecnologica*, no. 38 (2007): 165–172.

신장 및 간의 기능

건강한 간은 혈액 속의 약리적, 천연적인 약물, 알코올, 기생충과 같은 생체 이물질을 잘 걸러 낸다. 그 간은 과잉의 호르몬, 박테리아, 노쇠한 혈구, 그 밖의 세포 파편들을 깨끗이 청소한다. 신장은 몸 속의 독소를 배설기관을 통해 배출하고, 혈액을 걸러 낸다. 몇몇 연구에서는 콤부차가 환경 독성 성분에 대해 보호 효과가 있는 것으로 드러났다.

2009년도의 O. A. 가리브(Gharib) 연구에서는 트리클로브로에틸렌에 노출시킨 쥐를 대상으로 실험이 진행되었다. 트리클로브로에틸렌은 일반적인 환경 독성 성분으로서 간과 신장에 과부하를 일으키고, 몸 속의 항산화 효소를 교란시키면서 산화적인 스트레스를 유발시키는 물질이다. 여기에서 소개된 거의 모든 연구들에서 쥐들은 신장과 간의 건강 지표인 혈청 크레아티닌(serum creatinine)과 말론디알데히드(malondialdehyde)의 수치가 증가하는 것으로 밝혀졌다.

2003년 P. 딥티(Dipti) 연구진들은 쥐를 대상으로 한 실험에서 콤부차의 간 보호 효과를 입증하였고, 2013년 N. K. 일브라힘(Ibrahim)은 간이 손상된 쥐를 대상으로 콤부차를 주입하는 실험을 진행한 결과, 쥐들이 모든 간질환 증세로부터 회복되는 사실을 보여 주었다.

● 관련 연구
Aloulou, Ahmed et al. Hypoglycemic and antilipidemic properties of kombucha tea in alloxan-induced diabetic rats. *BMC Complementary and Alternative Medicine* 12, no. 63 (2012).
Bhattacharya, S. Hepatoprotective properties of kombucha tea against TBHPinduced oxidative stress via suppression of mitochondria dependent apoptosis *Pathophysiology* 18, no. 3 (2011): 221–224.
Dipti, P., B. Yogesh, A. K. Kain, T. Pauline, B. Anju, et al. Lead induced oxidative stress: beneficial effects of kombucha tea. *Biomedical and Environmental Sciences* 16, no. 3 (2003): 276–282.
Gharib, Ola Ali. Does kombucha tea attenuate the hepato-nepherotoxicity induced by a certain environmental pollutant? *Egyptian Academic Journal of Biological Sciences* 2, no. 2 (2010): 11–18
Gharib, Ola Ali. Effects of kombucha on oxidative stress induced nephrotoxicity in rats. *Chinese Medicine* 4 (2009).

Ibrahim, Nashwa Kamel. Possible protective effect of kombucha tea ferment on cadmium chloride induced liver and kidney damage in irradiated rats. *International Journal of Biological and Life Sciences* 9 (2013).
Jayabalan, Rasu. Effect of kombucha tea on aflatoxin B1 induced acute hepatotoxicity in albino rats —prophylactic and curative studies. *Journal of the Korean Society for Applied Biological Chemistry* 53, no. 4 (2010): 407–416.
Murugesan, G. S. Hepatoprotective and curative properties of kombucha tea against carbon tetrachloride-induced toxicity. *Journal of Microbiology & Biotechnology* 19, no. 4 (2009): 397–402.
Pauline, T., P. Dipti, B. Anju, S. Kavimani, S. K. Sharma, et al. Studies on toxicity, antistress and hepatoprotective properties of Kombucha tea. *Biomedical and Environmental Sciences* 14, no. 3 (2001): 207-213.
Semjonovs, P. Evaluation of physiological effects of acetic acid bacteria and yeast fermented non-alchocolic beverage consumption in rat model. *Journal of Medical Sciences* 14 (2014): 147–152.

다발성 경화증

1980년대 독일의 의사 라인홀트 바이스너(Reinhold Weisner)는 콤부차를 마시겠다는 제안에 동의한 환자 약 250명을 대상으로 임상 연구를 진행하였는데, 그 결과 콤부차가 정상 세포를 공격하는 바이러스의 능력을 방해하는 특정한 단백질과 인터페론(interferons)의 생성을 촉진한다는 사실을 밝혀냈다.

콤부차는 또한 다발성 경화증(MS, Multiple Sclerosis)에 의해 저하되는, 신경섬유 주위를 둘러싼 지방질인 미엘린 조직(myelin tissue)의 생성에서 중요한 역할을 하는 비타민 B1(티아민)을 다량으로 함유하고 있다.

테리 발스(Terry Wahls) 박사는 개인적인 차원에서 그의 저서에서 다발성 경화증으로부터의 회복과 투병에 관한 노력들에 대하여 기술하였다. 개인적인 처방 프로그램인 발스 치료 계획서(프로토콜)에서는 콤부차를 식단에 포함시켰다.

● 관련 연구

Marzban, Fatemeh et al. Kombucha tea ameliorates experimental autoimmune encephalomyelitis in mouse model of multiple sclerosis. *Food and Agricultural Immunology* 26, no. 6, 2015.
Wahls, Terry, and Eve Adamson. *The Wahls Protocol: How I Beat Progressive MS Using Paleo Principles and Functional Medicine*. Avery, 2014.

피부 질환
(화상/병변/습진/건선)

스코비 셀룰로오스의 나노섬유들은 피부에 영양분을 공급하고, 그 자체로도 자연치유 능력을 지원해 준다. 콤부차의 낮은 pH는 피부를 부드럽게 연화시킨다. 스코비나 그와 유사한 아세토박테르(초산균) 성장 배양체는 또한 상처나 감염 부위에 살균 덮개를 제공할 수 있어 스코비나 스코비와 유사한 물질들은 의약품 분야에서 새로운 선택지로 급속히 떠오르고 있다. 이와 관련해서는 텍사스 대학 오스틴 캠퍼스의 연구진들이 보고한 논문 "미생물의 셀룰로오스-상처 치료를 위한 자연력(*Microbial Cellulose —the Natural Power to Heal Wounds*)"에서 상세히 소개되어 있다.

학술 도서 『박테리아 나노셀룰로오스(BNC, Bacterial NanoCellulose: A Sophisticated Multifunctional Material)』(2013)에는 박테리아 셀룰로오스 치료제의 미래와 유용성에 관한 심도 있는 연구 논문 9편을 수록하고 있다. 여기는 현재, 그리고 앞으로 기대되는 수많은 의약적 용도들도 소개되어 있다.

연구 차원에서도 모두 흥미로운 내용들인데, 박테리아 셀룰로오스로 만든 처방용 시트 마스크를 오늘날 아시아와 남아메리카에서는 화장용으로 사용하고 있다는 사실은 이제 크게 놀라운 일도 아니다. 클렌징 제품에서 스코비나 콤부차를 재료로 사용하는 것도 오늘날 큰 흐름이 되고 있다.

● 관련 연구

Barati, Fardin. Histopathological and clinical evaluation of kombucha tea and nitrofurazone on cutaneous full-thickness wounds healing in rats: an experimental study. *Pathology* 8 (2013).
Czaja, Wojciech. Microbial cellulose —the natural power to heal wounds. *Biomaterials* 27 (2006): 145–151.
Gama, Miguel. *Bacterial NanoCellulose: A Sophisticated Multifunctional Material*. Boca Raton, Fla.: CRC Press, 2013.
Parivar, Kazem, et al. Effects of synchronized oral administration and topical application of Kombucha on third-degree burn wounds regeneration in mature rats. *Medical Science Journal of Islamic Azad University Tehran Medical Branch* 22, no. 1 (2012).
Persaud, R. T. Re, and V. Srinivasan. A weight-of-evidence approach for the safety evaluation of kombucha extract in cosmetic products. Study by L'Oreal Research & Innovation at the Society of Toxicology 51st Annual Meeting and ToxExpo, March 11–15, 2012, San Francisco, California.
Rosales-Cortes, Manuel, et al. Healing effect of the extract of kombucha in male Wistar rats. *Open Journal of Veterinary Medicine* 5, no.4 (2015).

체중 관리

콤부차는 천연 알파하이드록시산(말산, 락트산 등)을 함유하고 있다. 알파하이드록시산은 역도 선수와 다이어트 중인 사람들이 식이 요법의 효과를 높이기 위해 사용되고 있는 합성 성분제이다. 쥐를 대상으로 한 연구에 의하면, 콤부차의 섭취는 고지혈증 치료와 깊은 연관성이 있다고 한다. 이는 콤부차는 몸에 지방이 과도하게 흡수되는 것을 막아 준다는 것을 의미한다. 또 다른 연구에서는 녹차를 사용해 발효시킨 콤부차는 체중 증가를 방지하고, 당뇨병에 걸린 쥐의 체중 감소 증세를 개선하는 것으로 밝혀졌다. 많은 사람들이 콤부차는 육류의 섭취 욕구를 줄이고 소화를 증진하여, 결과적으로 칼로리 섭취를 줄이고 영양 흡수를 훨씬 더 쉽게 만든다고 주장한다.

● 관련 연구
Aloulou, Ahmed. Hypoglycemic and antilipidemic properties of kombucha tea in alloxan-induced diabetic rats. *BMC Complementary and Alternative Medicine* 12, no. 63 (2012).
Hosseini, Seyed Ahmad, Mehran Gorjian, Latifeh Rasouli, and Saeed Shirali. A comparison between the effect of green tea and kombucha prepared from green tea on the weight of diabetic rats. *Biosciences Biotechnology Research Asia* 12 (Spl. Edn. 1), (March 2015): 141–146.
Yang, Zhi-Wei. Hypocholesterolaemic and antioxidant effects of kombucha tea in high-cholesterol fed mice. *Journal of the Science of Food and Agriculture* 89 (2008): 150–156.

● 관련 연구
Battikh, H., A. Bakhrouf, and E. Ammar. Antimicrobial effect of kombucha analogues. *Lebensmittel-Wissenschaft + Technologie* 47, no. 1 (2012): 71–77.

진균 감염, 칸디다증

칸디다 알비칸스균은 사람의 장속에 일반적으로 서식하고 있다. 정상적인 경우에는 그 개체수가 적어서 관리할 수 있는 수준으로서 건강에도 아무런 위협이 되지 않는다. 그러나 장이 장내세균불균일증에 빠지면, 아무런 해가 없던 칸디다 알비칸스균과 그 밖의 균들이 과잉으로 증식하면서 새로운 질환을 유발한다.

콤부차는 특별히 건강에 좋은 산들을 생성시킨다. 예를 들면, 칸디다균 살균제로 알려진 폴리페놀 알코올, 데칸산과 카프릴산, 카테킨류 등이다.

2012년에 있었던 "콤부차 유사체의 항균 효과(*Antimicrobial Effect of Kombucha Analogues*)"라는 연구의 논문에서 콤부차가 칸디다균의 7개 유형 중에서 6개에 대하여 항균 작용을 한다는 사실이 입증되었다.

이 실험에서는 홍차를 사용해 발효시킨 콤부차, 레몬 밤을 사용해 발효시킨 콤부차, 페퍼민트를 사용해 발효시킨 콤부차가 사용되었는데, 이 세 종류의 콤부차 모두가 칸디다균에 대해 항균 효과가 있는 것으로 입증되었다. 특히 레몬 밤 콤부차는 가장 항균 효과가 뛰어난 것으로 나타났다.

전체 인용

페이지 37: Leclercq, Sophie, et al, Intestinal permeability, gut-bacterial dysbiosis, and behavioral markers of alcohol-dependence severity. *Proceedings of the National Academy of Sciences of the United States of America* 111, no. 42 (2014).

페이지 74: Djuric, M., et al, Influence of working conditions upon kombucha conducted fermentation of black tea. *Food and Bioproducts Processing* 84, no. 3 (2006): 186–192.
Tu, You-Ying, and Hui-Long Xia. Antimicrobial Activity of Fermented Green Tea Liquid, *International Journal of Tea Science* 7, no. 4 (2008).

페이지 78: M.A. Heckman, K. Sherry, and E. Gonzalez de Mejia, Energy drinks: an assessment of their market size, consumer demographics, ingredient profile, functionality, and regulations in the United States, *Comprehensive Reviews in Food Science and Food Safety* 9, 2010.

페이지 82: Chen, C., and B. Y. Liu, Changes in major components of tea fungus metabolites during prolonged fermentation. *Journal of Applied Microbiology* 89 (2000): 834–839.
R. Malbaš, R. E. Lončr, M. Djurić and I. Došnović Effect of sucrose concentration on the products of Kombucha fermentation on molasses. *Food Chemistry* 108, no. 3 (2008): 926–932.
Tu, You-Ying, and Hui-Long Xia. Antimicrobial Activity of Fermented Green Tea Liquid, *International Journal of Tea Science* 7, no. 4 (2008).
Kallel, Lina, V. Desseaux, M. Hamdi, P. Stocker, and E. Ajandouz. Insights into the fermentation biochemistry of Kombucha teas and potential impacts of Kombucha drinking on starch digestion. *Food Research International* 49, no. 1 (2012): 226–232.
Lončr, Eva, K. Kanurić R. Malbaš, M. Đrić and S. Milanović Kinetics of saccharose fermentation by kombucha. *Chemical Industry and Chemical Engineering Quarterly* 20, no. 3 (2014): 345-352.

페이지 345: Afsharmanesh, M., and B. Sadaghi. Effects of dietary alternatives (probiotic, green tea powder, and Kombucha tea) as antimicrobial growth promoters on growth, ileal nutrient digestibility, blood parameters, and immune response of broiler chickens. *Comparative Clinical Pathology* 23, no. 3 (May 2014): 717–724.
Murugesan, G. S., M. Sathishkumar, and K. Swaminathan. Supplementation of waste tea fungal biomass as a dietary ingredient for broiler chicks. *Bioresource Technology* 96, no. 16 (December 2005): 1743-1748.
Jayabalan, Rasu, K. Malini, M. Sathishkumar, K. Swaminathan, and S. Yun. Biochemical characteristics of tea fungus produced during kombucha fermentation. *Food Science Biotechnology* 19, no. 3 (2010): 843–847.
Rosales, M. C., A. R. Esther, N. R. Guillermo, R. L. de Cervantes Mireles, L. A. Figueroa, J. J. I. Orozco, and E. R. de la Pena. Evaluation of the properties of healing of the extract of kombucha in sheep in growth with malnutrition, parasitocis and respiratory problems. *Open Journal of Veterinary Medicine* 4, no. 8 (2014).

추천 도서

Buhner, Stephen Harrod. *Sacred and Herbal Healing Beers*. Siris Books, 1998.

Fallon, Sally, and Mary G. Enig. *Nourishing Traditions: The Cookbook That Challenges Politically Correct Nutrition and the Diet Dictocrats*. NewTrends Publishing, 1999.

Frank, Gunther W. *Kombucha: Healthy Beverage and Natural Remedy from the Far East: Its Correct Preparation and Use*. Ennsthaler Verlag, 1991.

Heiss, Mary Lou, and Robert J. Heiss. *The Tea Enthusiast's Handbook*. Ten Speed Press, 2010.

Katz, Sandor Ellix. *The Art of Fermentation: An In-Depth Exploration of Essential Concepts and Processes from around the World*. Chelsea Green Publishing, 2012.

——— *Wild Fermentation*. Chelsea Green Publishing, 2003.

Page, Karen, and Andrew Dornenburg. *The Flavor Bible. Little*, Brown and Company, 2008.

Price, Weston A. *Nutrition and Physical Degeneration*. Heritage ed. Price-Pottenger Nutrition Foundation, 1970.

Pryor, Betsy, and Sanford Holst. *Kombucha Phenomenon: The Miracle Health Tea*. Sierra Sunrise Publishing, 1995.

Sklenar, Rudolf, and Rosina Fasching. *Tea Fungus Kombucha: The Natural Remedy and Its Significance in Cases of Cancer and Other Metabolic Diseases*. 6th ed. Ennsthaler Publishing, 1995.

Solzhenitsyn, Aleksandr. *Cancer Ward*. Bodley Head, 1968.

부록 3 : 콤부차 생산 차트(Brew Minder Logs)

PERSONAL BREWING LOG

Brew Date	Recipe Notes (type of tea/sugar)	Harvest Date	Observations and Flavor Notes (pH, taste, etc.)

* 이 양식은 콤부차캄프닷컴(KombuchaKamp.com/DIY)에서 내려 받을 수 있다.

PROFESSIONAL BREWING LOG

Date	Sweet Tea: Brix	pH	Qty	Starter Liquid: Brix	pH	Qty	Temp	SCOBY Qty

Date	Ending Brix:	pH	% ABV	# Days Brewing	Flavor	Notes		

Date	Sweet Tea: Brix	pH	Qty	Starter Liquid: Brix	pH	Qty	Temp	SCOBY Qty

Date	Ending Brix:	pH	% ABV	# Days Brewing	Flavor	Notes		

Date	Sweet Tea: Brix	pH	Qty	Starter Liquid: Brix	pH	Qty	Temp	SCOBY Qty

Date	Ending Brix:	pH	% ABV	# Days Brewing	Flavor	Notes		

The Big Book of Kombucha
콤부차

2020년 1월 3일 초판 3쇄 발행

지은이 해나 크럼, 앨릭스 레이거리
번역 한국 티소믈리에 연구원
감수 정승호
펴낸곳 한국 티소믈리에 연구원
출판신고 2011년 12월 22일, 제2019-000071호
주소 서울시 성동구 아차산로 17 서울숲 L타워 12층 1204호
전화 02)3446-7676
팩스 02)3446-7686
이메일 info@teasommelier.kr
웹사이트 www.teasommelier.kr

펴낸이 정승호
출판팀장 구성엽
디자인 이종훈

한국어 출판권 ⓒ 한국티소믈리에연구원(저작권자와 맺은 특약에 따라 검인을 생략합니다)

ISBN 979-11-85926-54-4(13570)

값 39,000원

이 도서의 국립중앙도서관 출판예정도서목록(CIP)은 서지정보유통지원시스템 홈페이지(http://seoji.nl.go.kr)와 국가자료공동목록시스템(http://www.nl.go.kr/kolisnet)에서 이용하실 수 있습니다.(CIP제어번호: CIP2019032734)

이 책은 저작권법에 따라 보호를 받는 저작물이므로 무단 전재와 복제를 금지하며, 이 책 내용의 전부, 또는 일부를 이용하려면 반드시 저작권자와 한국티소믈리에연구원의 서면 동의를 받아야 합니다.

CIP : 2019032734

사단법인 한국티(TEA)협회 인증

한국티소믈리에연구원
글로벌 시대에 맞는 티 전문가의 양성을 책임지는

한국티소믈리에연구원은 국내 최초의 티(tea) 전문가 교육 및 연구 기관이다. 티(tea)에 대한 전반적인 이론 교육과 함께 티 테이스팅을 통하여 다양한 맛을 배워 가는 과정으로 창의적인 티소믈리에와 티블렌더를 양성하는 데 주력하고 있다.

티소믈리에는 고객의 기호를 파악하고 티를 추천하여 주거나 고객이 요청한 티에 대한 특성과 배경을 바로 알아 고객에게 추천하는 역할을 한다. 티블렌더는 티의 맛과 향의 특성을 바로 알아 새로운 블렌딩티(Blending tea)를 만들 수 있는 전문가적 지식과 경험이 필요하다.

티소믈리에, 티블렌딩 교육 과정은 1급, 2급 자격증 과정과 골드 과정을 운영하고 있다. 사단법인 한국티(TEA)협회와 한국티소믈리에연구원이 공동으로 주관하고, 한국직업능력개발원이 공증하는 1급, 2급 자격증은 단계별 프로그램을 이수한 후 자격시험 응시가 가능하다. 골드 과정은 티소믈리에, 티블렌딩 1급 과정 수료자를 대상으로 한 티 전문가 교육 과정이다. 골드 과정은 각 교육 과정의 깊이 있는 연구를 통해 티 전문가로서 갖춰야 할 전문 교육 프로그램을 이수하여 강사로 활동하거나 지식과 경험을 통합하여 티(TEA)비즈니스에 대해 이해할 수 있는 프로그램으로 티 산업의 다양한 영역에서 활동할 수 있도록 한다.

현재 한국티소믈리에연구원은 본원에서 교육 및 연구를 진행하고 R&D센터에서 교육 및 응용, 개발을 실시하고 있으며, 지금까지 수많은 티 전문가들을 배출해 왔다.

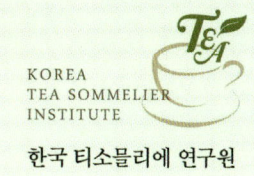

사단법인 한국티(TEA)협회 인증

티소믈리에 & 티블렌딩 & 한방차 티테라피 교육 과정 소개

티소믈리에, 티블렌딩 1급, 2급 자격증

사단법인 한국티협회와 한국티소믈리에연구원이 공동으로 주관

티소믈리에 1급, 2급 자격증 과정

티소믈리에 2급
티소믈리에 1급

티소믈리에 골드 과정

강사 양성 과정, 티 비즈니스의 이해 과정

티블렌딩 1급, 2급 자격증 과정

티블렌딩 2급
티블렌딩 1급

티소믈리에 골드 과정

강사 양성 과성, 티블렌딩 응용 개발 과정

한방차 티테라피 교육 과정

한방차 티테라피 1 [입문/개론]
한방차 티테라피 2 [심화/응용]

한국 티소믈리에 연구원 출간 도서

티소믈리에를 위한
영국 찻잔의 역사·홍차로 풀어보는 영국사

**티소믈리에를 위한
〈영국식 홍차문화 이야기〉 시리즈 제1권**

서양 티의 시작에서부터 영국 도자기 산업의 탄생.
애프터눈 티의 문화, 찻잔과 홍차의 미래상을 소개한다.

티소믈리에를 위한
허브티 블렌딩

**허브에 대한 상세한 소개와
목적별 블렌딩 레시피**

65가지 허브의 맛과 향, 성분,
블렌딩에 관한 에피소드까지!
성분별·목적별 허브티 음용에 유용한 허브티의 교과서!

티소믈리에를 위한
중국차 바이블

**홍차·녹차·청차·백차·흑차·
황차·꽃차·공예차 등 중국차의 총결서!**

차마무역으로 거래된 총 137종의
중국차와 차별 제다법.
향미의 비밀, 그리고 건강 효능에 관한 모든 것!

티 세계의 입문을 위한
국내 최초의 '티 개론서'

**티의 역사·테루아·
재배종·티테이스팅 등**

전 세계 티의 기원, 산지,
생산, 향미, 테이스팅을
과학적으로 체계화한 개론서이다!

CHAI
인도 홍차의 모든 것

영국식 홍차의 시작, 인도 홍차의 숨은 이야기!

홍차 생산 세계 1위인 인도 정부의 주한 인도 대사가
공식 추천한 인도 홍차의 기념비적인 책!
인도 홍차의 모든 내용을 화려한 사진들과 함께 소개한다!

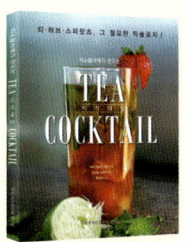

티소믈리에가 만드는 티칵테일

티·허브·스피릿츠, 그 절묘한 믹솔로지!

역사상 가장 오래된 두 음료, 티와 칵테일을 세이킹해 티칵테일을 만드는 실전 가이드! 다양한 향미의 티와 허브, 생과일, 칵테일의 환상적인 세이킹을 소개한다.

기초부터 배우는 홍차

사단법인 한국티협회 '홍차 마스터' 과정 지정 교재

누구나 홍차 전문가가 될 수 있도록 홍차 40년 경력의 베스트셀러 저자가 '홍차의 기초부터 모든 것'을 들려주는 총정리서!

세계 티의 이해
Introduction to tea of world

세상의 모든 티, 티의 역사와 문화, 티를 즐기는 세계인, 티 여행 명소, 다양한 티 레시피, 그리고 그 밖의 모든 티들을 소개한다.

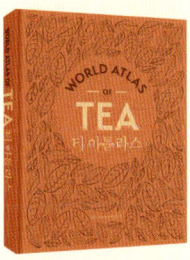

티 아틀라스
WORLD ATLAS OF TEA

티 세계의 로드맵! '커피 아틀라스'에 이은 〈월드 아틀라스〉 시리즈 제2권

전 세계 5대륙, 30개국에 달하는 티 생산국들의 테루아, 역사, 문화 그리고 세계적인 티 브랜드들을 소개한다.

기초부터 배우는
101가지의 힐링 허브티

사단법인 한국티협회 '티블렌딩 과정' 지정 부교재

현대인들의 몸과 마음의 건강을 위한 힐링 허브티 블렌딩의 목적별, 상황별 101가지 레시피를 소개한다.

한국 티소믈리에 연구원 출간 교재

티소믈리에 1급, 2급 자격 과정 교재

티소믈리에 이해 1 [입문]
티소믈리에 2급 자격 과정 교재

티의 정의에서부터 티 테이스팅의 이해.
티의 역사, 식물학, 티의 다양한 분류,
허브티, 블렌디드 허브티 등의
교육을 위한 개론서.

티소믈리에 이해 2 [심화_산지별 I]
티소믈리에 2급 자격 과정 교재

홍차의 이해에서부터 인도 홍차.
스리랑카 홍차, 다국적 홍차, 중국 홍차,
중국 흑차(보이차) 등의
교육을 위한 심화 교재.

티소믈리에 이해 3 [심화_산지별 II]
티소믈리에 1급 자격 과정 교재

녹차의 이해에서부터 중국 녹차,
일본 녹차, 우리나라 녹차, 중국 청차(우롱차),
타이완 청차(우롱차), 백차, 황차 등의
교육을 위한 심화 교재.

대한민국 No.1 티 교육 및 전문 연구 기관

사단법인 한국티협회 인증

티소믈리에 이해 4 [심화_올팩토리]
티소믈리에 1급 자격 과정 교재

커핑(테이스팅)의 방법에서부터
식품 관능 검사, 맛의 생리학,
감각의 표현 기술, 올팩토리 등의
교육을 위한 심화 교재.

티블렌딩 1급, 2급 자격 과정 교재

티블렌딩 이해 1 [입문_블렌딩]

티블렌딩 2급 자격 과정 교재

티블렌딩의 정의에서부터 홍차 블렌딩의
기본 기술, 다국적 블렌딩 홍차,
가향·가미된 홍차, 허브티 블렌딩 등의
교육을 위한 개론서.

티블렌딩 이해 2 [심화_블렌딩]

티블렌딩 1급 자격 과정 교재

백차, 녹차의 블렌딩 기술에서부터
가향·가미된 녹차, 가향·가미된 홍차,
청차(우롱차), 흑차(보이차), 허브티 블렌딩,
한방차 블렌딩 등의 교육을 위한 심화 교재.

한방차 티테라피 1급, 2급 자격 과정 교재

한방차 티테라피 1 [입문_개론]

한방차 티테라피 2급 과정 교재

한의학의 기본인 음양학에서부터
경부학, 약리학, 그리고 다양한 목적으로
사용할 수 있는 한방차 재료 등의
교육을 위한 개론서.

한방차 티테라피 2 [심화_응용]

한방차 티테라피 1급 과정 교재

한방차의 티테라피의 다양한
응용 과정과 실습을 위한 심화 교재.

글로벌 시대의 티 전문가의 양성을 책임지는
사단법인 한국티협회

사단법인 한국티협회(www.tak.or.kr)

사단법인 한국티협회(회장 정승호)는 티 관련 교육 및 전문가 양성을 목적으로 정부로부터 허가를 받아 2013년 12월 17일에 설립되었다. 현재 국내 다수 대학의 식음료, 관광, 식품 관련 기관과 양해 각서(MOU)를 체결하여 한국 티소믈리에 연구원과 공동으로 국내 티 산업의 기반이 될 티 교육 산업에 앞장서고 있다. 또한 「차산업 발전 및 차문화 진흥에 관한 법률」에 따라 티 관련 교육 훈련 기관 및 전문 인력 양성 기관으로 지정되었다.

특히 국내에서는 한국직업능력개발원이 인증하는 민간 자격사인 티소믈리에, 티블렌더, 티코네이터의 자격 과정을 국내 최초로 개설하여 지속적으로 티 전문가들을 양성해 오고 있다. 현재는 상당수의 티 전문가들이 전문 인력으로 산업계로 배출되었다. 특히 2017년부터는 식음료 시장에서 티가 새로운 메인스트림으로 떠올라 홍차에 대한 관심도 증가되면서, 사단법인 한국티협회는 일반 대중들이 티 문화를 보다 쉽게 접할 수 있도록 대중화를 위해 '홍차 마스터 과정', '홍차 마스터 지도자 과정'도 개설한다.

사단법인 한국티협회는 앞으로도 글로벌 티 시장에서 미래의 리더가 될 티 전문가를 양성하고, 티 산업계에 비전을 제시하면서 대한민국 티 산업의 발전과 위상을 드높이기 위해 집중적으로 매진하고 있다. 또한 국내 주요 시, 도에서도 협회의 지부들을 통하여 티 문화의 대중화를 위해 다양한 티 교육 및 전문가 양성 활동을 활발히 펼치고 있다.